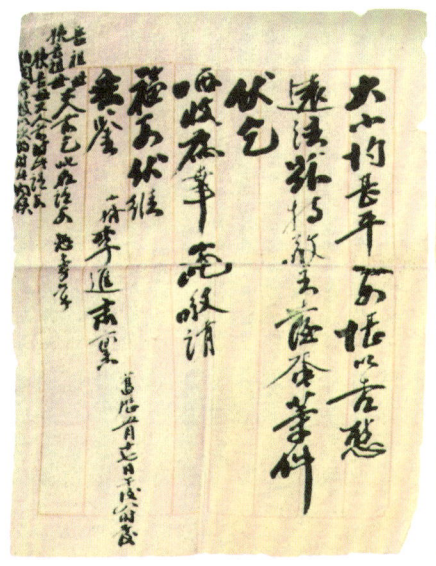

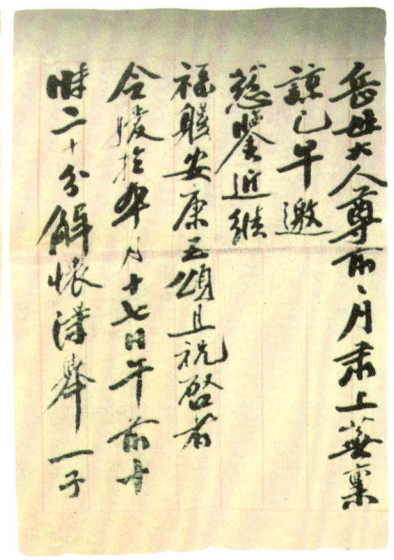

图一　李泽厚出生当日，父亲写给外婆的报喜信（1930）。

图二　1936年李泽厚全家福（前排右起为父亲、李泽厚、祖母、弟弟，后排右起为二姑、母亲）。李泽厚曾说："假使能回到那时，该多好！"

图三 李泽厚与赵宋光,20世纪50年代初北大哲学系同学,经常讨论学问,是最要好的朋友。"人类学本体论"即二人商拟(1951)。

图四 20世纪80年代参加学术会议(左为李泽厚)。

图五 李泽厚与夫人马文君女士(2010)。

理论的新选篇及对20世纪选篇的彻底更新，使得此书甚至更为丰富多彩及更具权威性。"

此书在卷首排列两份目录，其一按著者的生年排序，其二按理论和批评的类别排序。在第二份目录中，李泽厚的名字被分别列举于三种类别之下：美学、马克思主义及身体理论。其中美学一类最引人注目。此类仅收录13位学者，几乎皆是声名赫赫的大哲学家，包括休谟、康德、莱辛、席勒、黑格尔等。李泽厚是其中唯一的非西方现当代哲学家。

与其他条文一样，李泽厚的条文包括了著者评介、评注式书目及包含详细注释的选篇。在著者评介中，编者称："李泽厚是当代中国学术界的一个奇观！……他所发展的精致复杂、范围宽广的美学理论持续地值得注意，特别是其中关于'原始积淀'的独创性论述。"编者认为，李泽厚在融合东西方众多思想传统的基础上构建起他的哲学和美学体系，而其著作的最深根基则是康德、马克思及传统中国思想。他通过提出有关主体性、人文知识及美学的崭新论述，将马克思和康德联系在一起，并通过与传统中国思想的贯通而对此两位思想家做出独到的再阐释。李泽厚挑战康德先验认识论的形而上学理念，将眼光投向人类历史，从而发展出自己的一系列思想，其中最著名、最具独创性的是其"积淀"（或"文化—心理构成"）理论。他致力于为康德的先验主体性提供一个马克思式的物质基础，并以"天道即人道"的传统中国信仰加以融解。他从两个方向强调一种宇宙物力论的拓展：首先，人类人化了自然界，使之成为更适合生存的地方；其次，人类同时也人化了他们自己的身体和思维构成，从而日益拉大他们与动物的距离。通过融合中国和西方的视境，李泽厚以"人的自然化"弥补了马克思的"自然的人化"，又以基于中华民族长期的经验和实践的、唯物论的"实用理性"弥补了康德的"超越理性"。

编者接着指出，李泽厚对于美学理论的主要贡献在于将实践引入关于美的本质的研究。他认为个体有能力对自然进行审美欣赏，是因为作为集体的人类实践已经改变了自然与人的关系，将原本的对立力量转换成服务于人的

图六　思想者李泽厚（2011）。

图七　2014年元旦，李泽厚在美国寓所接待国内来访学者。

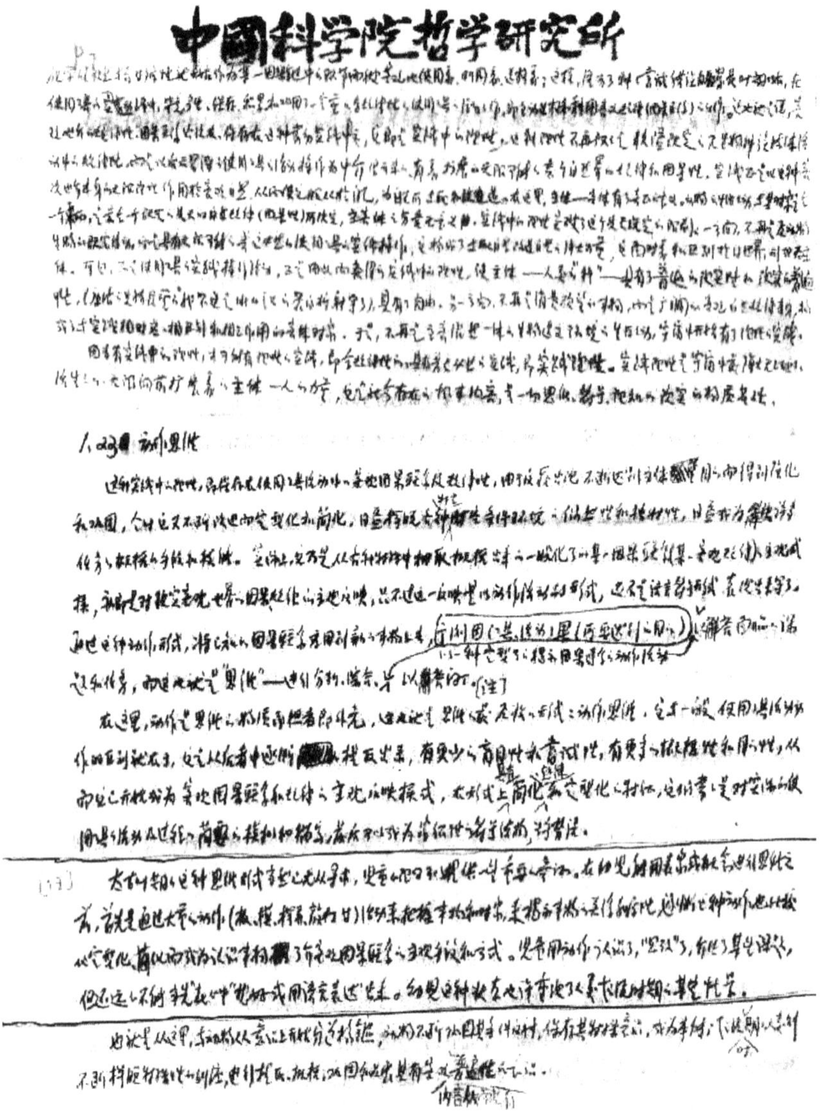

图八　李泽厚1960年代手稿。

思 路

李 泽 厚
学 术 年 谱

杨 斌

编著

孔學堂書局　广西师范大学出版社

图书在版编目（CIP）数据

思路：李泽厚学术年谱 / 杨斌编著. — 贵阳：孔学堂书局，2021.2
　ISBN 978-7-80770-264-1

Ⅰ.①思… Ⅱ.①杨… Ⅲ.①李泽厚—学术研究—年谱 Ⅳ.①K825.1

中国版本图书馆CIP数据核字(2020)第260856号

思路：李泽厚学术年谱　杨斌　编著
SILU: LIZEHOU XUESHU NIANPU

责任编辑：陈　真　刘光炎
特约编辑：凌金良　徐碧姗
封面设计：潘振宇 774038217@qq.com
责任印制：张　莹

出　　品：	贵州日报当代融媒体集团　广西师范大学出版社集团
出版发行：	孔学堂书局　广西师范大学出版社
地　　址：	贵州贵阳市云岩区宝山北路372号　广西桂林市五里店路9号
印　　制：	北京博海升彩色印刷有限公司
开　　本：	787mm×1092mm　1/16
字　　数：	338千字
印　　张：	27.5　彩插4
版　　次：	2021年2月第1版
印　　次：	2021年2月第1次
书　　号：	ISBN 978-7-80770-264-1
定　　价：	148.00元

版权所有·翻印必究

走进世界的李泽厚
（代序）*

贾晋华**

一

《诺顿理论和批评选集》（*The Norton Anthology of Theory and Criticism*）由诺顿出版公司出版（New York & London: W. W. Norton Company, 2010），是甄选、介绍、评注从古典时期至现当代的世界各国批评理论、文学理论的权威性著作，所入选的篇章皆出自公认的、有定评的、最有影响力的杰出哲学家、理论家和批评家。第一版由文森特·利奇（Vincent B. Leitch）主编，出版于2001年，出版后好评如潮，很快成为全世界各地大学最流行、最重要的批评理论教材之一。2010年此书出第二版，文森特并有其他六位世界级教授参编。此版收录148位著者的185篇作品，始于古希腊的高尔吉亚、柏拉图、亚里士多德，终于美国女学者朱迪思·哈伯斯塔姆（Judith Halberstam），此书号称"最全面深广""最丰富多彩"的选本，将成为理论和批评的"黄金标准"（gold standard）。

编者在"前言"的开头自豪地宣称，第二版的最重要新特色之一是选入四位非西方学者的作品，包括中国的李泽厚、阿拉伯的Adūnīs、日本的柄谷行人及印度的C. D. Narasimhaiah。在"前言"的结尾处，编者又指出："虽然理论仍然保持欧洲中心，我们那些来自非洲、亚洲及中东地区的选篇开始敞开更广阔的境界。"诺顿出版公司为此书所写的简介也宣布："来自非西方

---

* 本文第一部分原题为《走进世界的李泽厚》，刊《读书》2010年第11期；本文第二部分原题为《二十世纪哲学指南中的李泽厚》，刊《东吴学术》2013年第6期，《中华读书报》2013年12月11日。
** 贾晋华，澳门大学教授。

理论的新选篇及对20世纪选篇的彻底更新，使得此书甚至更为丰富多彩及更具权威性。"

此书在卷首排列两份目录，其一按著者的生年排序，其二按理论和批评的类别排序。在第二份目录中，李泽厚的名字被分别列举于三种类别之下：美学、马克思主义及身体理论。其中美学一类最引人注目。此类仅收录13位学者，几乎皆是声名赫赫的大哲学家，包括休谟、康德、莱辛、席勒、黑格尔等。李泽厚是其中唯一的非西方现当代哲学家。

与其他条文一样，李泽厚的条文包括了著者评介、评注式书目及包含详细注释的选篇。在著者评介中，编者称："李泽厚是当代中国学术界的一个奇观！……他所发展的精致复杂、范围宽广的美学理论持续地值得注意，特别是其中关于'原始积淀'的独创性论述。"编者认为，李泽厚在融合东西方众多思想传统的基础上构建起他的哲学和美学体系，而其著作的最深根基则是康德、马克思及传统中国思想。他通过提出有关主体性、人文知识及美学的崭新论述，将马克思和康德联系在一起，并通过与传统中国思想的贯通而对此两位思想家做出独到的再阐释。李泽厚挑战康德先验认识论的形而上学理念，将眼光投向人类历史，从而发展出自己的一系列思想，其中最著名、最具独创性的是其"积淀"（或"文化—心理构成"）理论。他致力于为康德的先验主体性提供一个马克思式的物质基础，并以"天道即人道"的传统中国信仰加以融解。他从两个方向强调一种宇宙物力论的拓展：首先，人类人化了自然界，使之成为更适合生存的地方；其次，人类同时也人化了他们自己的身体和思维构成，从而日益拉大他们与动物的距离。通过融合中国和西方的视境，李泽厚以"人的自然化"弥补了马克思的"自然的人化"，又以基于中华民族长期的经验和实践的、唯物论的"实用理性"弥补了康德的"超越理性"。

编者接着指出，李泽厚对于美学理论的主要贡献在于将实践引入关于美的本质的研究。他认为个体有能力对自然进行审美欣赏，是因为作为集体的人类实践已经改变了自然与人的关系，将原本的对立力量转换成服务于人的需求的事物。因此,对于美的本质的探讨就不仅要考虑个体的感官、心理和文化反应,而且要注意集体创造性实践的物质和社会范畴,包括美感在时间中的发展。李泽厚对于宇宙和历史的双重强调引出一种内在的、基本的张力,他称之为"主体实践的哲学",其中包含了"积淀"。在美学的领域,"积淀"指人类普遍化的艺术形式的历史形成。李泽厚描述了原本为其他目的而创造的物件和活动如何发展成为艺术。他指出古代工具展示出美的成分和模式,特别是对称、比例、均衡及韵律。人的能量(气)通过劳动(他们的产品)而呈现出美的形式。审美对象在其制造过程中激发起美感愉悦。诸如舞蹈者的动作和诗歌的诵读声的物质载体触发情感,早于批评的理解。每一种物件或作品,无论其实用因素如何随着时间而消退,也无论其具备多纯粹的美学意味,"人世的情感"总是积淀于其中。它保存了物质化的、劳动的及感知的遗产,也保存了社会历史、心理历史及形式。编者认为,李泽厚的积淀理论明确地将劳动理论添入凝结于构成艺术传统的美学形式中的社会心理和历史,这是具有重大意义的。

编者还注意到,李泽厚通过分析一些艺术形式,展示了这些原本从属于实际功用的形式结构随着其实际功用的消失而变成独立的审美对象。当此类艺术品形成后,它们影响了人的头脑。从哲学上看,它们历史性地影响了审美心理的构造,使得艺术技能的发展和审美遗产的存留成为可能。李泽厚质疑关于艺术统一欣赏者和物质载体、主体和客体的流行观点,认为审美经验中的原始成分是审美心理形成的前构。这种审美经验通过积淀而获得一种客观的性格。他将艺术品看成既是特定社会和特定时间的物质产品,也是人类头脑构成的相应产品。在这里,他背离了将艺术品看成是社会力量和人的关系的反映的通常社会学观点。他通过分析古代中国历朝历代不同文学形式的出现,论证了上述历史主义和心理学的转换。

编者进一步分析,李泽厚阐述了艺术品的三个层面:形式、形象及意义,并将之与三种积淀形式相联系——原始积淀、艺术积淀及生活积淀。虽然他关于层面和积淀的完整理论是他自己的和新创的,但如同他自己所标明，这一理论受到西方思想家诸如维柯、马克思、弗洛伊德和荣格的启发。编者最赏重的是李泽厚关于原始积淀的论述。李泽厚将原始积淀与形式层和自然的人化相关联，认为正是通过形成于劳动过程的原始积淀，人们学会了认识美。他进一步注意到任何艺术品的魅力依赖于其材料，并运用中国的"气"观念来探讨控制"材料"的特定方式所产生的艺术魅力。气既与人的生理有关，也与物质质料和结构有关。艺术作品的感知形式层的存在、发展和变迁，正好是人的自然生理性能与社会历史性能在五官感知中的交融会合。艺术作品的形式层与人的感知能力的人化相应，包含相互联系的两个方面。其一是创作者和欣赏者的身心向自然的节律接近、吻合和同构，李泽厚称之为"人的自然化"，不只表现为如中国的气功、养生术、太极拳之类的身体—精神活动，也呈现在艺术作品的形式层。其二是朝向不断变迁的、反映不同时代和社会的事件、物体及关系的延伸。李泽厚总结说，原始积淀、自然的人化及个体感知能力的社会化在艺术品的生产和接受的过程中错综交织和相互作用。

　　如同选集中的其他条文一样，编者本着批评的精神，对李泽厚的美学理论提出一些疑问。这一理论揭示了艺术家和时代、欣赏者和艺术品、身/心和社会等的和谐一致，但对不和谐、不一致和争论却未给予充分的注意。虽然它以历史为指向，却仍有将艺术普遍化及将之降低为反映力量的倾向。这一理论将身体、感知和情感置于思想、逻辑和想象之前，却未展开充分论证或探讨它们之间的相互关联。然而，编者最后以高度的肯定和称赞作为总结："通过将身体、劳动及气置于美学推论的核心，李泽厚提供了一种关于艺术生产和接受的独一无二的、宽广的、具有说服力的论述。由于强调历史变化，他避免了多数原型理论的永恒化特征，却又能够坚持将艺术植根于社会心理和历史。其'原始积淀'的理论伴随着一股强烈的民主化推力，作为均衡的力量运作于人和社会躯体的微观层面。在李泽厚的分析中，工艺和伟大作品始终都是艺术实践和艺术史的部分。"

　　在书目部分，编者详细列举介绍李泽厚的著作及其被翻译为多种语言的情况，以及西方对李泽厚思想的研究，并准确全面地将其著述划分为三个领域：哲学和美学，中国思想史和艺术史研究，中国文化和社会研究。编者选入此集的篇章，则出自李泽厚所著《美学四讲》英文版的第八章"形式层与原始积淀"（"The Stratification of Form and Primitive Sedimentation"）。英文版书名为 *Four Essays on Aesthetics: Toward a Global View*，由李泽厚和 Jane Cauvel 共同翻译（Lanham, MD: Lexington Books, 2006），与中文版有所不同。

李泽厚曾经说，他希望中国理论不仅"走向世界"，而且真正"走进世界"。继1988年当选巴黎国际哲学院院士之后，李泽厚的著述又入选《诺顿理论和批评选集》，并获得与世界古今第一流哲学家、理论家、批评家相提并论的高度评价，这些代表了当代中国哲学、理论及批评"走进世界"的重大业绩，成为华夏学人的骄傲。无独有偶，与诺顿选集的推出大致同时，刘再复出版了《李泽厚美学概论》，对李泽厚的美学体系进行全面深刻的总结、概述和评价，其中有不少看法与诺顿编者不谋而合，从而共同代表了中西学界的权威性评判。这两份有意无意之中献给李泽厚先生八十华诞的厚礼，或许可聊慰哲人的寂寞之心？

二

由著名哲学家 Constantin V. Boundas 主编的《哥伦比亚二十世纪哲学指南》(*Columbia Companion to Twentieth-Century Philosophies*) 于2007年由哥伦比亚大学出版社出版，是一部面向哲学研究者和研究生的权威性著作。此书是第一部全面覆盖20世纪哲学的指南，各主题论文的撰写者皆为其领域的杰出专家，出版以来深受好评并产生重大影响，被称为"为一个极其重要的世纪的哲学史提供了珍贵无比的评述和全景视角"。全书分为三大部分，第一部分评述分析哲学（Twentieth-Century Analytic Philosophy），第二部分评述大陆哲学（Twentieth-Century Continental Philosophy），第三部分评述非西方哲学（Non-Western Philosophies in the Twentieth-Century），包括印度、中国、日本和非洲哲学。

中国哲学的论文由著名汉学家安乐哲（Roger T. Ames）撰写。他在论文开端提出区分"在中国的哲学"（philosophy in China）和"中国哲学"（Chinese philosophy）两者的必要性。前者指的是英国和欧洲的分析哲学和大陆哲学在中国的翻版，后者指的是中国本土的哲学思想传统。而在"中国哲学"中，又需要进一步区分中国哲学经典的阐释传统（the commentarial history of Chinese philosophy）和中国哲学本身两者。安乐哲认为，20世纪以来，一批重要的核心中国哲学家通过有意地吸收西方经典，特别是德国唯心主义和马克思主义哲学，在有关中国传统的思维和著作中形成了他们自己的哲学思想。这些具有创新性的"比较"哲学家运用西方哲学作为资源，将中国传统本身哲学化。安乐哲所介绍评述的中国哲学，主要涵括的就是这一批中国哲学家。

安乐哲将这一批核心中国哲学家分为两类，第一类是"新儒家"（the New Confucians），包括梁漱溟（1893—1988）、熊十力（1885—1968）、牟宗三（1909—1995）、唐君毅（1909—1978）、冯友兰（1889—1990）、钱穆（1895—1991）、徐复观（1904—1982）七人。第二类中国哲学家是"马克思主义的改革者"（the transformation of Marxism），先用一小段文字评介毛泽东，接着以整整两页文字评述李泽厚，在全文所介绍的九位中国哲学家中所用篇幅最长，可见作者对李泽厚的突出重视。

安乐哲将李泽厚称为"康德学者"，指出他是"当代中国最著名的社会批评家之一"。他赞同庄爱莲（Woei Lien Chong）的观点，认为李泽厚对于康德的评论是他拒绝毛泽东的唯意志论（Maoist Voluntarism）的一个整体的基本成分。毛泽东的唯意志论并不是新东西，而是产生自人类的自我实现依赖于道德意志的改造力量的儒家传统观念，并持续地与这一观念相一致。在李泽厚看来，对于道德意志的无限信任，以及这一信仰在毛主义的中国被转换成由思想意识而驱动的群众运动，这些造成了中国从西方殖民化到"大跃进"和"文化大革命"的当代危机。

安乐哲指出，自古至今的中国哲学家都强调天人合一，亦即人类存在和自然环境的持续不断的融合，但是这种融合经常被误解为对自然科学的削弱。李泽厚认为人类自由的前提是在主体和客体之间建立一种创造性的关系，既尊重人类群体创造性改造环境的能力，也承认自然界对人类改造的抵抗。在李泽厚看来，康德所面对的问题和当代中国知识分子是相似的。对于马克思主义的中国，"决定论的"科学进步及其政治体现如何能够与人类自由相调和？对于康德的世界，机械论的牛顿科学、教会信条及莱布尼茨的理性主义如何能够与卢梭的人文主义相调和？康德乐观地宣称科学的形式和范畴并非独立于人类而存在，而是构成人类思想的活跃结构。这一思想的先验结构综合我们的体验而构成我们的科学认知的世界。因此，科学认知不但远非与人类自由的可能性相矛盾，而且是人类自由的一种表达。李泽厚从康德那里汲取了这一人类认知范畴的观念，但通过将其历史化和特殊化而使之"中国化"。传统上中国已经强调心的活跃状态和知识的"本体"力量，李泽厚将这一观念扩展为"积淀"理论，说明人类文化心理结构的共时性、历时性和进化性。人类认识的构成不是先验的而是不断发展的，这一共享的人类体验的作用具有历史和文化的特定性。人类改造了各种环境，而被改造过的环境形成了他们认知的范畴。

安乐哲进一步援引庄爱莲和 Jane Cauvel 的研究而评述李泽厚的积淀理论。积淀是社会记忆的积累，正是通过这种积累，每一个体被社会化和文明化。积淀开始于人类对工具的设计和制造，逐渐发展于特定的地域和体验。李泽厚强调中国学者必须通过考察他们自己的传统资源而形成中国的远景，他的艺术哲学中描述了积淀的三个层次。

安乐哲认为，与康德一样，李泽厚以其积淀理论调和科学和人类自由，但同时又从中国的视角反对康德的心灵形而上学。李泽厚早期对康德的研究后来促成他转向与儒家传统的潜在前提相一致的中国哲学，目标为释放中国龙，为它注入继续发展的新活力。在李泽厚那里，康德式的范畴并非提供一个发现普世原则的基础，而是成为阐发和尊重文化差异的动态过程。

虽然安乐哲在此篇评介中国哲学的论文中为李泽厚提供了最长的篇幅，给予了最重要的位置，但两页的篇幅毕竟有限，李泽厚哲学思想中的许多重要命题在此文中仍然未能涉及。此外，由于此书的目标是20世纪哲学，李泽厚在21世纪第一个十年的思想高峰期中的大量重要哲学观念也未能进入此文的评述范围。其后出版于2010年的《诺顿理论和批评选集》，对李泽厚哲学思想有更为详细的评介，但侧重于他的美学思想，并同样主要涉及20世纪。我们期待更为全面细致地评述介绍李泽厚哲学思想的论著出现。

编写凡例

一、本谱内容以谱主学术活动、学术成果、学术思想为主，兼顾学术交往、学术渊源和学术评价；着力突出谱主学术思想发生、发展及演变脉络。

二、谱文按年、月、日次序排列。无日可考者，以"月"记之；无月可考者，均置于年末，以"是年"记之。

三、本谱纪年以公元为主，附以干支及谱主岁次。谱主年龄循例用虚岁计算。

四、谱主系哲学家、思想家，为便于读者了解谱主思想及其发展线索，谱中于谱主之著作，除记明发表日期、刊物、出版者外，亦客观摘要介绍其内容或观点。

五、本谱所述事实，大多以谱主公开出版、发表的为据，酌收少量他人重要评述，均注明出处。诸多未见诸公开出版物内容，系笔者和谱主交流所得之第一手资料，或面谈，或电话交谈，或谱主亲笔修订，恕未一一注明。

六、酌收与谱主学术相关的人物重要讯息，置于有关年份之末。

七、本谱对谱主一律称"先生"，转述他人话语时除外。

八、涉及外文，除引文外，采用中文加外文注释方式。

九、按照年谱通常习惯，谱文以征引原始资料为基础的史事叙述为主，一般不加评论，只在确实需要之处略作交代、论说。

目 录

引 言 · · · · · 001
1930年（庚午）· 诞生 · · · · · 003
1932年（壬申）· 3岁 · · · · · 005
1933年（癸酉）· 4岁 · · · · · 006
1935年（乙亥）· 6岁 · · · · · 007
1936年（丙子）· 7岁 · · · · · 008
1937年（丁丑）· 8岁 · · · · · 009
1938年（戊寅）· 9岁 · · · · · 010
1939年（己卯）· 10岁 · · · · · 011
1940年（庚辰）· 11岁 · · · · · 012
1941年（辛巳）· 12岁 · · · · · 013
1942年（壬午）· 13岁 · · · · · 014
1943年（癸未）· 14岁 · · · · · 016
1945年（乙酉）· 16岁 · · · · · 017
1946年（丙戌）· 17岁 · · · · · 018
1947年（丁亥）· 18岁 · · · · · 021
1948年（戊子）· 19岁 · · · · · 024
1949年（己丑）· 20岁 · · · · · 025
1950年（庚寅）· 21岁 · · · · · 027
1951年（辛卯）· 22岁 · · · · · 028

1952年（壬辰）·23岁 ·········· 030

1953年（癸巳）·24岁 ·········· 031

1954年（甲午）·25岁 ·········· 032

1955年（乙未）·26岁 ·········· 033

1956年（丙申）·27岁 ·········· 036

1957年（丁酉）·28岁 ·········· 042

1958年（戊戌）·29岁 ·········· 046

1959年（己亥）·30岁 ·········· 049

1960年（庚子）·31岁 ·········· 054

1961年（辛丑）·32岁 ·········· 055

1962年（壬寅）·33岁 ·········· 056

1963年（癸卯）·34岁 ·········· 061

1964年（甲辰）·35岁 ·········· 064

1966年（丙午）·37岁 ·········· 074

1967年（丁未）·38岁 ·········· 075

1968年（戊申）·39岁 ·········· 076

1969年（己酉）·40岁 ·········· 077

1970年（庚戌）·41岁 ·········· 078

1971年（辛亥）·42岁 ·········· 079

1972年（壬子）·43岁 ·········· 080

1973年（癸丑）·44岁 ·········· 081

1974年（甲寅）·45岁 ·········· 082

1975年（乙卯）·46岁 ·········· 083

1976年（丙辰）·47岁 ·········· 084

1977年（丁巳）·48岁 ·········· 086

1978年（戊午）·49岁 ·········· 088

目　录

1979年（己未）·50岁 · · · · · · · 091

1980年（庚申）·51岁 · · · · · · · 103

1981年（辛酉）·52岁 · · · · · · · 114

1982年（壬戌）·53岁 · · · · · · · 122

1983年（癸亥）·54岁 · · · · · · · 127

1984年（甲子）·55岁 · · · · · · · 135

1985年（乙丑）·56岁 · · · · · · · 143

1986年（丙寅）·57岁 · · · · · · · 160

1987年（丁卯）·58岁 · · · · · · · 176

1988年（戊辰）·59岁 · · · · · · · 186

1989年（己巳）·60岁 · · · · · · · 198

1990年（庚午）·61岁 · · · · · · · 214

1991年（辛未）·62岁 · · · · · · · 218

1992年（壬申）·63岁 · · · · · · · 221

1993年（癸酉）·64岁 · · · · · · · 229

1994年（甲戌）·65岁 · · · · · · · 233

1995年（乙亥）·66岁 · · · · · · · 245

1996年（丙子）·67岁 · · · · · · · 252

1997年（丁丑）·68岁 · · · · · · · 257

1998年（戊寅）·69岁 · · · · · · · 259

1999年（己卯）·70岁 · · · · · · · 265

2000年（庚辰）·71岁 · · · · · · · 274

2001年（辛巳）·72岁 · · · · · · · 276

2002年（壬午）·73岁 · · · · · · · 284

2003年（癸未）·74岁 · · · · · · · 295

2004年（甲申）·75岁 · · · · · · · 297

2005年（乙酉）·76岁 · · · · · · · 304
2006年（丙戌）·77岁 · · · · · · · 315
2007年（丁亥）·78岁 · · · · · · · 328
2008年（戊子）·79岁 · · · · · · · 333
2009年（己丑）·80岁 · · · · · · · 338
2010年（庚寅）·81岁 · · · · · · · 343
2011年（辛卯）·82岁 · · · · · · · 354
2012年（壬辰）·83岁 · · · · · · · 362
2013年（癸巳）·84岁 · · · · · · · 367
2014年（甲午）·85岁 · · · · · · · 370
2015年（乙未）·86岁 · · · · · · · 378
2016年（丙申）·87岁 · · · · · · · 384
2017年（丁酉）·88岁 · · · · · · · 387
2018年（戊戌）·89岁 · · · · · · · 394
2019年（己亥）·90岁 · · · · · · · 398
2020年（庚子）·91岁 · · · · · · · 401

附录一　李泽厚著作目录 · · · · · · · · 403
附录二　推荐杨斌的《李泽厚学术年谱》
　　　　（刘再复）· · · · · · · · · · 407
《李泽厚学术年谱》（复旦版2016）后记 · · 413
后　　记 · · · · · · · · · · · · · · · 419

引 言

　　湖南之为省，北阻大江，南薄五岭，西接黔蜀，群苗所萃，盖四塞之国；其地水少而山多，重山叠岭，滩河峻激，而舟车不易为交通；顽石赭土，地质刚坚，而民性多流于倔强。以故风气锢塞，常不为中原人文所沾被；抑亦风气自创，能别出中原人物以独立。人杰地灵，大儒迭起，前不见古人，后不见来者，闳识孤怀，涵今茹古，罔不有独立自由之思想，有坚强不磨之志节，湛深古学而能自辟蹊径，不为古学所囿；义以淑群，行必厉己，以开一代之风气；盖地理使之然也。

——钱基博《近百年湖南学风》

1930年

（庚午）·诞生

6月13日（农历五月十七日），先生出生于汉口。

出生当日，父亲给外婆写信报喜：

岳母大人尊前：

　　前月肃上芜禀，谅已早邀慈鉴。近维福体安康，至颂且祝。启者：令嫒于本月十七日午前十时二十分解怀，得举一子，大小均甚平安，堪以告慰远注。兹特敬呈喜蛋等件，伏乞哂收为幸。专此敬请福安，伏维垂鉴。小婿　李进肃禀　旧历五月十七日午后四时发

　　岳祖母　姨岳祖母　大人前叱名请安，恕未另禀

　　姨岳母大人前附此请安

　　伯阎哥嫂以次均附此问候

祖籍湖南长沙。高祖父李朝斌，清朝湘军高级将领，屡建战功，官至江南提督，1894年卒于家，赐恤，建专祠。《清史稿》有其传。墓在长沙，是文物保护点；以前有石人石马，墓碑还在。祖父李同寿，曾任云南知州，辛亥革命前离官回乡。父李进（自取名，本名世裕，字叔陶，学名景范，1904年生）时任汉口邮局高级职员，母陶懋栩（1907年生）读过几天女校，但人很聪明，自学了很多知识。

《清史稿》载：

李朝斌，字质堂，湖南善化人，清朝将领。由行伍隶长沙协标。咸丰四年，曾国藩调充水师中营哨官……十一年……加提督衔，授湖北竹山协副将……同治元年，擢浙江处州镇总兵……二年，署江南提督……光绪四年，两江总督沈葆桢疏请以外洋兵轮统归朝斌节制，允之。十二年，以病乞归。二十年，卒于家，赐恤，建专祠。朝斌本姓王氏，父正儒，生子四，朝斌最幼，襁褓育于李氏。朝斌官江南提督时，牒请归宗，曾国藩引《金史》张诗事，谓："朝斌所处相同，定例出嗣之子，亦视所继父母有无子嗣为断。今若准归宗，王氏不过于三子外又增一子，李氏竟至斩焉不祀。参考古礼今律，朝斌应于李氏别立一宗，于王氏不通婚姻。一以报顾复之恩，一以别族属之义。王氏本生父母由朝斌奉养残年，庶为两全之道。"诏如议行。

汤用彤（37岁）赴北京大学任教，推荐宗白华（33岁）继任中央大学哲学系主任。

8月，贺麟（29岁）由德国留学归来，赴北京大学哲学系任教。

1932年

(壬申)·3岁

弟李泽民诞生。

1933年

(癸酉)·4岁

随家迁回湖南长沙。

10月,朱光潜留学欧洲归来,赴北京大学文学院,担任西洋语言文学系教授。

熊十力《新唯识论》(文言本)由浙江省立图书馆出版发行。

1935年

（乙亥）·6岁

4月,汤用彤、冯友兰、金岳霖等哲学界同人发起成立"中国哲学会",并在北京大学举行第一届哲学年会。

1936年

(丙子)·7岁

朱光潜《文艺心理学》由开明书店出版。
10月19日,鲁迅逝世。

1937年

(丁丑)·8岁

在长沙孔道小学读一年级。"父亲家教很严,吃饭时祖母未上桌坐下,未动筷子,我们便不能动筷子吃,所以从小便习惯于克制自己。"❶

抗日战争全面爆发。为避战乱,先生随母迁至宁乡道林便河外婆家。

宁乡道林是母亲陶懋枏娘家。道林是著名历史文化古镇。宁乡四水之一的靳江,流经宁乡境内40多公里,在道林烧汤河出境,进湘潭,入湘江。典籍记载,处士谢英因不满奸臣秦桧残害忠良,愤而退隐于此,卒即葬焉。以英抱道,名曰道林。

---

❶ 李泽厚:《李泽厚近年答问录》,天津社会科学院出版社,2006年,第63页。

1938年

(戊寅)·9岁

11月12日晚,"文夕大火",长沙化为废墟;时全家在晃县(今湖南省新晃侗族自治县)。父在邵阳湖南邮政管理局任职。

汤用彤《汉魏两晋南北朝佛教史》由商务印书馆出版。

1939年

(己卯)·10岁

冯友兰《新理学》由商务印书馆出版。

1940年

(庚辰)·11岁

11岁以前,辍学,母亲教读《幼学琼林》。读《西游记》《水浒传》《三国演义》,喜武侠小说。中国武侠小说里面的"定身法""鼻孔里哼出两道剑光"等描述虽然荒诞,却也颇能满足儿童的想象力。

3月5日,蔡元培病逝。
钱穆《国史大纲》由商务印书馆出版。

1941年

(辛巳)·12岁

父由湖南邵阳调江西。"父亲的收入每月有二百多块,所以我小时候的生活很好。我很早就吃过巧克力、烧烤等食物,而且在家里很受宠爱。记得抗战中,随全家从湖南调江西,坐的是带篷的卡车(运一些行李),前面司机旁边那个位置永远要么是我父亲,要么是我祖母。可我总是坐在前面,他(她)们抱着我。我母亲和弟弟就从来没有这个待遇,从没坐过前面。"[1]

在江西赣州插班保粹小学六年二级毕业。大读福尔摩斯,甚为喜欢。作文受老师激赏。

夏,在江西赣县考入匡庐中学。

---

[1] 李泽厚:《李泽厚近年答问录》,第62页。

1942年

(壬午)·13岁

在赣州上中学。是年,曾产生"精神危机":"初中一年级时,曾有一场精神危机:想到人终有一死而曾废书旷课数日,徘徊在学校附近的山丘上,看着明亮的自然风景,惶惑不已……"❶

秋,父亲于江西吉安去世,未及见最后一面,终年38岁。父亲去世后,家境一落千丈,因为父亲从不攒钱,没有什么积蓄。靠父亲工资维持的家庭生活陷入困境,母亲带全家回湖南宁乡,教小学谋生。插班入靳江中学读初中。"那时我没有与任何人来往,独自读着艾青的诗、艾芜的小说、聂绀弩杂文,生活极其单调穷困。"❷靳江中学离家三十里,每周往返一次,回家过星期天。和表姐是同班同学,家同在便河老屋,总愿意邀表姐同路回家。有时一个人走,为了打发时间,只好在路上背要考试的古文,背不出来,就拼命想,这样不知不觉走了不少路。

自父离世后,开始大量阅读鲁迅著作。尤对欧阳凡海著的《鲁迅的书》(桂林文献社,1942年)印象深刻,称是对自己思想、理论、治学影响很大的书。"感受到人情冷暖,世态炎凉。比如,过春节,同住在一所大屋的亲戚们大鱼大肉,鸡肥鸭瘦,热闹非常;我们一家母子三人肉片豆腐,蛋羹一碗,冷冷清清……我就是这样,不是由大富而是由小康人家一下子坠入困顿(但也不是赤贫),我更深感触的与其说是残酷,不如说是虚伪,人情冷暖中

---

❶ 李泽厚:《我的选择》,《杂著集》,生活·读书·新知三联书店,2008年,第21页。
❷ 李泽厚:《往事如烟》,《杂著集》,第384页。

的虚伪。所以我最恨虚伪。"❶

　　父生前曾有《书示厚儿》诗:"潦倒谁于邑,谋生哪自由;韶华过似箭,期望渺如钩;身世两同恨,乡心一样愁;壮怀终是梦,有负少年头。"为让两个儿子上学,母亲甚至跑几百里路去教书赚钱,备尝艰辛。时有人说,等儿子长大,你就可以享福了。母亲回答:"只问耕耘,不求收获。"❷

---

❶ 李泽厚:《李泽厚近年答问录》,第62—63页。
❷ 李泽厚:《我的选择》,《杂著集》,第4页。

1943年

（癸未）·14岁

时读初二。主办《乳燕》壁报，内容主要有文学和政治，版面比学校办的刊物《青年园地》还多一倍。用笔名"李我"在壁报上发表文章。

"我在这里读了不少课外新书，交了张先让、杨章钧、谢振湘等好朋友。还办过壁报，每期四版，刊名《乳燕》，小说创作占了大半篇幅。"❶

写过新诗和小说，模仿过艾青和艾芜，也填过词写过骈文。母亲曾把他的一篇骈文拿给别人征求意见，竟被误认为是大学生的手笔。"我小时候，曾经写过小说，老师夸奖得不得了。我不是没有考虑过当作家，但冷静一想，认为自己才力不够。我有王国维同样的感慨：做文学，才力不够；做哲学，思辨不够；一辈子不喜欢与人打交道，'没有生活'，怎么写小说？一辈子不喜欢苦思冥想，精雕细琢，怎么做哲学？本想做历史，却丧失了机会，做历史要有大量的资料、书籍。我下乡劳动、'四清'，不下乡则开会、检讨，浪费了二十年；出国后不能大读中国书，又是二十年，于是一生报销了。"❷

让-保罗·萨特《存在与虚无》出版。

---

❶ 李泽厚：《我的选择》，《杂著集》，第46页。
❷ 李泽厚、刘绪源：《该中国哲学登场了？——李泽厚2010年谈话录》，上海译文出版社，2011年，第43页。

1945年

（乙酉）·16岁

爱上表姐，却不能表白。

春，填词《虞美人》：

> 绵绵风雨家园泪，极目江山碎。晓来烦扰上危楼，千里沉云何处放离忧。
>
> 凭栏欲向东风恼，莫笑年华早；少年心意总殷勤，望遍山花春恋却难寻。

（1945年春）

原稿为"少年心意总如狂，望遍山花初恋却难忘"，2006年公开发表时改为"少年心意总殷勤，望遍山花春恋却难寻"。

初夏，从靳江中学初中毕业。考取著名的湖南省立一中、一师，因交不出学杂费，入吃住均不收费的省立第一师范学校。当时，一师校址在安化桥头河。徒步四百余里去学校，路上听到了日本投降的消息。

湖南第一师范学校，创建于1903年，始称湖南师范馆。其前身为建立于宋代的长沙城南书院。同年11月，师范馆与城南书院合并为湖南全省师范学堂。辛亥革命后，1912年改为湖南公立第一师范学校，1914年改为湖南省立第一师范学校。1937年抗日战争期间，长沙时遭空袭。1938年2月，一师辗转于湘乡酉阳、安化桥头河等地办学。

1946年

（丙戌）·17岁

2月，湖南省立一师迁至长沙岳麓山左家垅山坡上，以原长沙高级农业学校为校舍。学校规模为12个班，学制3年。1946年至1949年，一师共有教学班20个（79班至98班），在校学生共809人。时先生所在班级为第86班，班级同学为54人。

湖南一师重视师资质量，有遴聘名师传统，教师不得兼任校外职务，原则上都得住校；学历都是本科或大专毕业；重视业务基础；注重理论联系实际，重视教师的教学实践经验，到一师执教的教师，必须具备三年至五年的教学实践。故教师多在长沙乃至省内教育界闻名。

时开设课程有公民、卫生、国文、数学、地理、历史、博物、化学、物理、劳作、美术、音乐、地方自治、教育通论、教育心理、教材教法、童子军教育、参观实习、教育测验与统计、军事训练、军事救护、家事、体育、农艺、工艺、社会教育、文字学、英文等。

为了活跃学生的学术思想，学校帮助学生组织了各科学术研究会，如三民主义教育研究会、儿童教育研究会、国语科教学研究会、算术科教学研究会、自然科学研究会、社会科学研究会、艺术研究会、时事座谈会等。

在一师读书时，作文《反东坡晁错论》《夏池听蛙》《说难》《书项籍论后》《五四校庆献词　作三百体》《试就名贤中取其言行之足景行者纪之以征尚友之识》（之一、之二）等，颇获语文老师嘉言褒奖。

《反东坡晁错论》曰："魏徵有言：'非独君择臣，臣亦择其君。'鲁人不用孔子，孔子行；故大丈夫行事，宜再三择之而后可，非聪明睿智之主，则不能舒我之才,而合则留,不合则去,又何复惓惓于此哉?虽然,错实有所不得已者:其固知景帝为无能也,而所以铤而走险,舍性命于不顾,实所以欲解家国于危亡者也,而景帝遽斩之,千古之下犹使忠臣义士英雄豪杰深为痛惜也。呜呼!错之死,是帝之过也,又乌能以为错自取者耶!"

《书项籍论后》曰:"而籍倘值此危急之秋,背怀王之命,走函谷,争关中,与沛公敌,是强敌在外而自相鱼肉也,令人收渔人之利矣,是一不可也。邯倘见籍既入关中矣,返亦无济于事,遂举兵破赵,定北方,南下取怀王,而邦、羽方相持关中,仓皇返师,其势则亦危矣,是又不可也。且籍舍诸父之仇,是不孝也;背怀王之命,是不忠也;不救赵之危,是不义也;手足之相残,是不仁也。不忠不孝,不仁不义,而自图勋业,将何以取天下之心?是三不可也。有此三者,则天下诸侯,海内民人,皆可唾其面而数其罪也,民心既去,则籍虽有百战百胜之才,据龙盘虎啸之地,尚何益哉?尚何益哉?且沛公之入关也,名正言顺,除暴安良,天人同归矣。今乃令籍逆天下之势而先行入关,是欲籍为天下所弃,而不待其死于乌江也,是乌乎可?"

《试就名贤中取其言行之足景行者纪之以征尚友之识》(之一)曰:"余既少志于学,游于文章典籍之场,因得遍观中外古今圣贤豪杰之所行藏。其一言一行之足景行者,盖亦众矣,然余今皆弃而不取,似无有与为友者。有,则余独喜乎虬髯公之怪诞焉。"

《试就名贤中取其言行之足景行者纪之以征尚友之识》(之二)曰:"英雄功败于垂成,君子道隐于没世,是皆所以以取天下之才,当天下之乱,而思定天下之危,挽天下之颠持者也。是故振臂而呼,挺身而出,为天下之所不敢为,立天下之所不能立,逆峻坂之险,不失其道,驰骋纵横,天下震惊,然卒或以身败成仁,或以老而见弃,其名不称焉,而其一生突兀不平之气,则沛然发之于事,泄之于词章,千载之下,吟而思之,此所以令忠臣志士景其行之高伟而悲其志之苦也。"愿引石达开、辛弃疾为友。引子贡"君子以友辅仁"语,云:"余愿友其人,友其志,而所以友其不平之心浩然之气也。"

老师评语诸如"辩苏之失　词圆理沛　若苏复生　亦当心许""反洄之论　深入肌理　词流气沛　犹其余事美才也""叙事娓娓　杂以议论　雅挚之至",等等。随笔《张家四杰传》系即兴之作,亦尽显深厚文字功力。❶

先生以上早期习作,已初步显示其文章风格的基本特点:一是富有理性,议论条分缕析;二是敢于挑战权威(苏轼父子);三是理性思辨中蕴含浓郁的情感意味。

---

❶ 以上李泽厚作文原稿存笔者处。

1947年

(丁亥)·18岁

　　时任校长熊梦飞,毕业于湖南第一师范,年轻时曾参加新民学会,在"五四"中曾响应新文化运动,时为国民党湖南省党部委员,竭力为国民党效劳。他根据国民党训育要旨,对学生实行极严格的控制:不准学生组织非学术团体,禁止学生与校外接触,配合当局拘捕进步学生等。此时期的一师,教学内容突出了军事化,对学生思想上进行严格控制,学生没有民主,学校政治空气保守、沉闷。校长派其亲信到各教室没收游行传单,对学生进行威胁。先生苦闷至极,想找中共党组织,受过恐吓,挨过打,行李、抽屉等被搜查。

　　星期天经常过江,在书店看书,主要是哲学社会科学方面的新书。"正是在这种大量的阅读和比较中,我选择了马克思主义。"[1]

　　上课时偷偷地在课堂上看自己爱看的书,有些书是禁书,要冒风险来读。正因为不是被动灌输而是主动接受,所以印象特深。从初中起逐渐养成了读书时独立判断的习惯。"应该说,这对我后来的研究工作起了很大的作用。我不喜欢人云亦云的东西,不喜欢空洞、烦琐的东西,比较注意书籍、文章中的新看法、新发现,比较注意科学上的争辩、讨论……这恐怕都应追溯到自己那个贫困、认真、广泛阅读的青年时期。"[2]

　　"一九四九年以前,我已经看了一些哲学书了,像艾思奇的《大众哲

---

[1] 李泽厚:《我的选择》,《杂著集》,第5页。
[2] 李泽厚:《我的选择》,《杂著集》,第6页。

学》，翦伯赞的《历史哲学教程》，葛名中的《科学的哲学》，等等，其中周建人编译的《新哲学手册》中有马克思的节译，好像是《德意志意识形态》第一章，记不准确了，只记得很难啃，硬着头皮啃下来了，对自己影响很大，那大概是接受马克思的起点。"❶

先生还曾自云："回想起来，对我影响最大的是1948—1949年读周建人编《新哲学手册》中第一篇《德意志意识形态》费尔巴哈章的节译，所以从一开始，我的实践论与唯物史观便不可分割，直到如今。而不同于毛或王若水或西马的实践论，转眼六十余年，可叹。"❷论者认为，马克思1845年写成的《费尔巴哈论纲》，对20世纪五六十年代的李泽厚产生了如下深刻影响：第一，"实践论"，乃《费尔巴哈论纲》的思想精华，这已为李泽厚所接受的核心思想；第二，"社会性"，是李泽厚从《费尔巴哈论纲》中所接受的要点；第三，"人类性"，也是李泽厚深受《费尔巴哈论纲》影响的结果。先生曾言影响主要来自《德意志意识形态》中费尔巴哈章。

《新哲学手册》是先生接受马克思主义的源头。

《新哲学手册》由英人E.朋司选辑、周建人翻译，上海大用图书公司1948年8月出版。其主要目录如下：

> 马克思与恩格尔斯：德意志观念统系
>
> 唯物观与唯心观间的对立：观念统系一般，特别关于德意志的哲学
>
> 恩格尔斯：鲁德维息·费尔巴哈
>
> 唯心论与唯物论——辩证唯物论
>
> 马克思：费尔巴哈论纲
>
> 恩格尔斯：杜林君在科学中的革命（反杜林论）

---

❶ 李泽厚：《李泽厚近年答问录》，第63页。
❷ 刘悦笛：《实践哲学与美学来源的真正钥匙：新发现的李泽厚〈六十年代残稿〉初步研究》，《文艺争鸣》2017年第5期。

第一卷哲学

分类：先验论——自然哲学；宇宙论、物理学、化学——道德与法律；永久真理——平等，自由与必然——辩证法；量与质——否定的否定

第二卷政治经济学

暴力说

第三卷社会主义

理论——国家，家族，教育（宗教）

恩格尔斯：家族私有制财产及国家的起源

家族——半开化与文明

恩格尔斯：居住问题

普鲁东怎样解决居住问题——资产阶级怎样解决居住问题

马克思：哲学的贫乏

法经济学的形上学

3月，冯友兰由美国返回清华大学。9月，当选为中央研究院院士。蔡仪《新美学》由上海群益出版社出版。

1948年

(戊子)·19岁

夏,从湖南省立第一师范毕业。与湖南大学中共地下党的单线联系被切断。

毕业之际,给同学毕业赠言:"不是血淋淋的斗争,就是死亡——敬录KM语赠别本班同学。"

毕业后失业。"那时师范毕业不发文凭,必须两年后才发。即要求担任小学教师至少两年,但工作得自己找,我没找到(当时人们怀疑我是共产党,那时我思想相当左)。但我在师范读书时便下决心考大学,学校没英语课,我就自己学。还想造假文凭去考。"❶

---

❶ 李泽厚:《李泽厚近年答问录》,第63页。

1949年

（己丑）·20岁

春，母亲陶懋柟在其教书的地方（长沙之南）去世，终年42岁。先生兄弟二人均未及见其最后一面。

先生曾多次忆及母亲对自己的深刻影响。"鲁迅叫我冷静地、批判地、愤怒地对待世界；冰心以纯真的爱和童心的美给我以慰藉和温暖；而母亲讲的'只问耕耘'的话语和她艰苦奋斗的榜样，则教我以不求功名富贵，不怕环境困苦，一定要排除万难去追求真理的决心和意志。"❶ "在小时候，母亲就教导我要'取法乎上'。但我做得很差。大量的时间无可奈何地被浪费掉了。"❷ "儿子的健壮成长使我更悲痛地纪念含辛茹苦养我教我却不幸早逝的母亲。她活到现在该多好！这本来是完全可能的。社会历史和个体生活中的某些偶然总是那样惊心动魄，追悔莫及，令人神伤。今天，我只能以这本不像样子但在家乡出版的小书奉献给她——我儿子所不及见的慈祥的祖母、我亲爱的母亲宁乡陶懋柟。"❸2002年，先生将其大部分藏书捐赠给岳麓书院，设立"陶懋柟书室——李泽厚赠书"专柜。

8月，湖南和平解放。解放前夕，在宁乡道林麟峰完小担任历史教师。学校共有13位教师，校长肖斗南，同事有蒋沛昌、成惕四等。校长请美术老师王承渭按年龄顺序，将这13人用剪纸头像排列起来，做成扇形，贴在

---

❶ 李泽厚：《走我自己的路》，《杂著集》，第4页。
❷ 李泽厚：《我的选择》，《杂著集》，第22页。
❸ 李泽厚：《〈李泽厚哲学美学文选〉序》，《杂著集》，第130页。

一条很高大的木栏上。木栏是黑的,剪纸是白的,黑白相映,分外鲜明。先生年龄最小,故排在最后。

秋,赵宋光考入北京大学哲学系。

1950年

（庚寅）·21岁

夏，报考武汉大学、北京大学哲学系，同时录取，选择上北京大学。报考武汉大学时的考场作文，是用文言而且是骈文写的，写得非常好，以至于两年后全国院系调整时，还有武汉大学的老师记起此事。家贫，因买不起到北京的车票，迟到一个多月；为筹川资曾想去卖血，因身体情况不佳被拒。到北京大学时被高班同学梅得愚戏称为"状元"。学校通知其免修大一国文、大一英文，开始学德文、俄文。没有任何经济来源，生活异常艰苦。曾因买不起牙膏用盐刷牙，因买不起笔记本只用活页纸。学校每月发三元钱生活补助，都寄给正在上中学且也失怙恃之堂妹。但乐观，作激情演讲。"五一"劳动节、"十一"国庆节大游行后，在举办焰火晚会的天安门广场玩到天明。

听艾思奇的辩证唯物论课，不满当时照搬苏联的许多课程。经常逃课，利用北京大学图书馆丰富藏书自修。由于买不起书，经常挨饿进城看书，朝去晚归，站立书店竟日。思想也由新中国成立前的"革命""狂热"逐渐趋于"冷静""怀疑"。

上大学前，以笔名在《新湖南报》《学习》发表过一些短文，其中《学习折角划线》，强调要学会抓住书或文中的关键要害。晚年曾言自己身体力行了一辈子。❶

和赵宋光成为好朋友，经常见面讨论哲学问题。

---

❶ 李泽厚、刘绪源：《该中国哲学登场了？——李泽厚2010年谈话录》，第12页。

1951年

(辛卯)·22岁

祖母去世。由北京返长沙奔丧。时父母双殁，弟泽民参军。

听石峻、任继愈、齐良骥等老师的"近代思想史"课。因肺结核病与班上同学隔离住宿，直至毕业。"当时我有肺病，学校把我们得病的学生隔离在一栋楼里，两个人一间宿舍。楼顶层还有一些没人住的房间，为什么没人住？因为有个斜下来的大屋顶，靠墙这边很矮，蹲下去都没有空间，窗户很小，白天也要开灯。我发现了这种房间，就破门而入！在那里一个人看书，谁也不来往，抄了很多最原始的资料。我一直强调要重视资料，这都是硬功夫、苦功夫。"❶

开始研究谭嗣同。以为谭嗣同33岁即已去世，比较简单。后来发现研究非常之难，因为谭的思想不成熟，矛盾之处多。过早开始研究工作，"现在看来，为时略嫌早一点：自己太性急了，在基础还不够宽广的时候，牺牲了许多学外文和广泛阅读的时间而钻进了小专题之中。当时正值抗美援朝捐献运动，学校支持身无分文的穷学生们以编卡片或写文章的方式来参加这个运动"❷。

兴趣仍在哲学。大学同班及高班好友赵宋光、王承祖等转系。"在美学讨论之前，我就喜欢美学了。大一就自己读英文美学书。在初中时就是文艺爱好者，以后，对哲学有兴趣，也喜欢心理学，而在美学里，这三方面结合

---

❶ 武云溥：《当下中国还是需要启蒙》，《新京报》2010年11月22日。
❷ 李泽厚：《我的选择》，《杂著集》，第18页。

在一起了。"❶

秋，赵宋光转入燕京大学音乐系，先生与之讨论问题依旧。

4月29日，约翰·维特根斯坦逝世。

---

❶ 李泽厚:《李泽厚近年答问录》，第63页。

1952年

（壬辰）·23岁

听理夫等青年教师的联共党史、新民主主义革命史等课程，自己大读西方哲学史。读《资本论》，与读达尔文的《物种起源》同时，深刻感到两书是如此不同，主要是方法上的不同。"达尔文是通过极其大量的具体经验现象的归纳来验证其'原理'，马克思的'辩证逻辑'则是从抽象的思辨的原理推演出整个政治经济学，尽管马克思说，叙述的方法不是研究的方法，但他研究的结果却是使经验材料在根本点上通过这些思辨的原理来支配。一是理性主义（马克思），一是经验主义（达尔文），中国学哲学的人包括我自己，更容易为理性主义所吸引，所以当时认为马克思《资本论》展示的方法了不起，远胜达尔文。这一直到'文革'中才开始怀疑。"[1]

秋，开始研究改良派和康有为。借用任继愈老师借书证借书，摘录线装书资料。当时学生允许借书5种，教师30种。

燕京大学音乐系并入当时在天津的中央音乐学院，夏天搬迁。赵宋光每月至少回北京一次，继续和先生见面讨论哲学。

4月，高校院系调整，各地高校原有的哲学系均陆续并入北京大学哲学系，集中了全国的哲学教授进行思想改造，不让开课。北京大学校址由原来的沙滩搬到西郊离清华园不远的燕京大学原址，并加以扩充。冯友兰、宗白华、邓以蛰等调任北京大学哲学系教授。

6月1日，约翰·杜威逝世。

---

[1] 李泽厚：《马克思主义在中国》，香港：明报出版社，2006年，第139页。

1953 年

(癸巳)·24岁

写作并完成谭嗣同、康有为研究的论文(初稿)多篇。

唐君毅《中国文化之精神价值》在台湾出版。

1954年

（甲午）·25岁

6月，从北京大学哲学系毕业。肺病咳血。毕业分配时，冯友兰、任继愈、汪子嵩教授等要他留校，但学生代表与人事处决定将其分配至上海。上海高教局见其咳血厉害，又将其退回北京。住北京大学第一食堂宿舍，无家可归。

冬，作七律一首："浮云翳日洛阳城，化作长蛇海上行。常州月冷嘲孤客，历下舟横满戍情。憔悴年华羞旧识，蹉跎疾病恨书生。旧叶已随流水尽，归来又听读书声。"❶

---

❶ 毕业分配至复旦大学，赴沪报到途中，因不堪劳累，曾在常州、济南下车休息，故有常州、历下句。

1955年

(乙未)·26岁

2月，被分配至中国科学院哲学研究所筹备处，任实习研究员，工作证号为"哲字01号"。《哲学研究》创刊，成为创刊办事人。当时北大教授们戏称"哲学所两个人"，一潘（所长潘梓年）一李（李泽厚）。当时哲学所一共才6个人。

被分配前，以前写就的论文《论康有为的〈大同书〉》发表（刊《文史哲》1955年第2期），其中称《大同书》是"有卓越识见的天才著作"，对康有为的许多启蒙主张给予相当高的评价，自言"这是在当时历史条件下给康有为的最高评价"。

4月10日，发表《评古典文学研究中的一些错误观点》（刊《光明日报》；后收入《门外集》，长江出版社，1957年），指出关于文学中的人民性问题，研究者存在两种错误。一是对古典作品中的人民性的内容和成因缺乏了解或根本忽视，用对作家个人生活和主观思想情况的研究来替代或引申出对作品形象世界中客观的人民性内容的研究，把两者完全混同起来，举张芝《陶渊明传论》和周汝昌、吴恩裕关于《红楼梦》的研究等为例。二是把研究简单化、庸俗化，举林庚"李白研究"、冯雪峰"《水浒》研究"为例。

5月，批判"胡风反革命集团"运动开始。先生因说过路翎一些好话和说过"胡风是鲁迅相信的人"而挨整，被说成是"反革命"。经内查外调将近一年之后，被定论为"思想问题"。时留北京大学任助教的好友王承祒因该案自杀。

6月9日、26日，《关于中国古代抒情诗中的人民性问题》发表（刊《光明日报》副刊《文学遗产》)。这是先生发表的第一篇美学论文,通过对古代抒情诗的分析,论述了艺术的时代性与永恒性、阶级性与人民性。《光明日报》为该文加按语:"在这里所发表的这篇论文,我们觉得是经过一番深思熟虑写出来的,而且关于中国古代抒情诗歌的人民性问题,作者也坦率地提出了自己的正面意见,很可供大家参考。"该文认为,古代抒情诗中的人民性在于"它以形象反映了一定历史环境下的人民思想情感和它所形成的社会氛围;反映了生活的真实,历史的真理;反映了先进的社会理想和美学理想"。因而提出不能将抒情诗的内容和风格完全看作是个人情感的现象。这种对社会性内容的强调和先生此后形成的美学思想一脉相承。在《美学四讲》(1989年)一书中,先生曾特别指出:"我在1955年曾用'社会氛围'来代替普列汉诺夫的'社会心理'讲说艺术创作。我认为,'社会心理'一般来说比较抽象、静止、平面、持久,'社会氛围'则非常具体,它可以是突发性的,范围可大可小,时间可长(可以是一个时代的)可短(也可以是半个小时的),它是动态的、立体的,与社会的物质现实(具体事件)直接相连,它常常是时代、问题、力量的具体呈现。"强调"社会氛围"更具有深刻的人生意味。此文影响甚大,1987年先生赴新加坡访学,新加坡大学中文系主任林徐典教授在欢迎会上曾提及该文的巨大作用。

7月,《论谭嗣同的哲学思想和社会政治观点》发表(刊《新建设》1955年第7期),指出对封建纲常和君主专制的猛烈抨击是谭嗣同思想中最光辉的部分。全文分谭嗣同思想产生的历史背景、谭嗣同的哲学思想、谭嗣同的社会政治思想三部分,指出:不能把谭嗣同思想的激进特点完全看作是偶然的个人的主观特征和个别现象,它是有着一定的阶级基础和社会根源的;谭嗣同是改良派左翼的代表者,大概是中国近代最富哲学气质的思想家之一;谭在其主要著作《仁学》中强调提出了"仁"这一概念,并以"仁"为轴心来展开这一切思想;其"不成熟的理论反映了不成熟的社会政治力量,谭嗣同的哲学深刻反映了中国近代资产阶级改良派要求自由与解放,而又缺乏和找不到进行现实斗争的力量。正因为找不到'体魄'的斗争,这就必然逃向'灵魂'的空想"。最后强调:"因之,我以为与其凭几个公式去争论不休谭嗣同到底是唯物主义还是唯心主义,还不如具体研究问题,深入揭露和分析矛盾,论证谭嗣同的思想各个方面如何具体联系关联着,如何既矛盾又统一的,以展开问题的全部复杂丰富的性质,并历史地评价和肯定他那'以太'—'仁'—'通'—'平等'的反封建主义的思想主线。"

多年以后,先生曾经回忆道:"我这一篇分析得很细致,花功夫太大了。发表以后是有影响,二十多年前哈佛的一个德国博士生翻成了英文,没出版,储存在哈佛大学图书馆,他寄了份给我,我不知弄到哪里去了。他当时说佩服我分析得那么细,认为我应该搞分析哲学。当时那是哲学主流。他还说想翻译我的《批判哲学的批判》,我说我还要修改,等再版时再说。""当时搞谭嗣同正逢抗美援朝提倡捐献,这是外在原因,内在原因是历史和哲学的兴趣趋向了思想史,搞谭嗣同后就停不下来了。我本来想写的题目还有《从嘉庆到乾隆》,但一直没搞。我的东西都是提纲式的,很多就是提纲稍加充实拿出来发表。'文革'中拟了九个提纲,本来想变成书,结果提纲变成的还是提纲,由于主客观的一些原因,变不成书,真是抱愧又遗憾。爱看书不爱写书。"❶

冯友兰被聘为中国科学院哲学社会科学学部委员、哲学研究所兼职研究员。

春,中国科学院院务会议决定成立哲学研究所筹备委员会,由潘梓年、胡绳、李达、冯定、杜国庠、杨献珍、艾思奇、金岳霖、冯友兰、赵纪彬等著名学者组成。9月底,正式成立中国科学院哲学研究所,隶属于中国科学院哲学社会科学学部,下设辩证唯物主义、历史唯物主义、中国哲学史、西方哲学史、自然辩证法、逻辑学六个研究组。

---

❶ 李泽厚、刘绪源:《该中国哲学登场了?——李泽厚2010年谈话录》,第15—16页。

1956年

(丙申)·27岁

年初,苏联《共产党人》杂志《关于文学艺术中的典型问题》一文在中国翻译发表,引起中国美学界极大反响。6月,第12期《文艺报》刊发朱光潜文章《我的文艺思想的反动性》,朱在该文中完全否定自己新中国成立前所写的美学著作,认为自己的文艺思想是从根本上错起的,因为它完全建筑在主观唯心论的基础上,从而引发美学讨论。贺麟在《人民日报》发表《朱光潜文艺思想的哲学根源》,黄药眠在《北京师范大学学报(社会科学版)》发表《论食利者的美学》,此后蔡仪发表《评〈论食利者的美学〉》(刊《人民日报》1956年10月1日)、朱光潜发表《美学怎样才能既是唯物的又是辩证的——评蔡仪同志的美学观点》(刊《人民日报》1956年12月25日)等引起论战。李泽厚、吕荧、高尔泰、宗白华、周来祥、侯敏泽、洪毅然、周谷城等纷纷撰文参与讨论。

据甘霖概括,美学大讨论的主要问题如下。

第一,美是什么?第一种意见,以吕荧为代表,认为美是主观的,把美看成人的主观的观念与意识。第二种意见,是蔡仪的看法,认为美是客观的,美是不依赖于鉴赏的人而存在的。第三种意见,是朱光潜的看法,认为美是客观与主观的统一。第四种意见,是李泽厚的看法。他认为美是客观的,是不依赖人的主观意识的客观存在,在这一点上,他与蔡仪是相同的。但是再前进一步,对美的客观存在的解释二人就不同了。李认为,蔡把美的客观存在理解为不依存于人类社会生活的自然属性是不对的,美是人类生活的属性、现象和规律,是人类社会生活的产物,没有人类社会就没有美。

第二，关于美感。蔡仪认为美感是主体对于事物的美的认识和认识时主体的感受。朱光潜认为美感是一种快感。李泽厚在解释美感性质时，提出了美感矛盾的二重性，即"美感的个人心理的主观直觉性质和社会生活的客观功利性质"。

第三，关于自然美。朱光潜认为任何自然状态的东西，包括未经认识与体会到的艺术品在内，都还没有美学意义的美，自然美是"客观与主观的统一"。蔡仪与此相反，认为自然美就在自然物本身，根本不需要什么主观意识作用。李泽厚既不赞同蔡的意见，也反对朱的看法，认为："自然美既不在自然本身，又不是人类主观意识加上去的，而与社会现象的美一样，也是一种客观的社会性的存在。""自然对象只有成为'人化的自然'，只有在自然对象上客观地揭开了人的本质的丰富性的时候，它才成为美。"❶

美学讨论主要集中在美的本质问题上，即美究竟是客观的还是主观的，由此形成了不同派别：主观派（高尔泰）、客观派（蔡仪）、主客观统一派（朱光潜）、实践派（李泽厚）。时年不足30岁的先生成为实践派美学的领军人物。论者认为："发生在五六十年代的中国学术界的这场美学讨论及其所产生的美学派别，实际上是中国马克思主义美学家们对马克思主义基本原理的不同理解而产生的，因而都是属于马克思主义美学范围的。在这个意义上，可以把这场讨论看做是中国马克思主义美学研究的一种展开和深化的标志。"❷

1月，撰《谈李煜词讨论中的几个问题》（后收入《门外集》），具体提出文艺作品的永恒性问题。指出历史和文学都是极端复杂的现象，上层统治集团的贵族作家在反映和展开人的内心世界上向前跨进了一大步，也可以写出优美的抒情诗篇。认为李后主的方法和特点主要有两点："首先，后主是'通过人生的慨叹'来表达和抒发自己的屈辱和不幸的。""第二个特

---

❶ 甘霖：《美学问题讨论概述》，新建设编辑部：《美学问题讨论集（五）》，作家出版社，1962年，第30页。
❷ 徐碧辉：《实践中的美学——中国现代性启蒙与新世纪美学建构》，学苑出版社，2005年，第29页。

点，是它'通过往事的追怀'来表达其痛苦的情绪。"批评有些同志把后主词孤立起来研究，而不愿去探索和了解具有特定的题材内容风格的"词"在五代北宋之所以突然崛起并广泛流行在当时的上层社会中，成为文学的主流和一时的风尚，有其深刻的历史背景，"只有不畏艰难险阻，真正深入到这种复杂曲折的历史背景中去探索，才能打开作品的社会根源的秘密"，而不这样做，只是暴露了这些研究者在基本观点和方法上的谬误。该文和《关于古代抒情诗中的人民性问题》，是先生在美学大讨论之前最早的两篇美学论文。此两文中的美学观点在之后的美学大讨论中得到深化并系统形成独树一帜的美学思想。而其独立思考、勇于挑战、不畏权威的理论勇气也于此初露锋芒。

4月，《十九世纪改良派变法维新思想研究》发表（刊《新建设》1956年第4、5期），此文被视作第一篇探讨晚清改良思想来龙去脉的专题论文，颇受关注，编辑部曾拟介绍至国外发表。文章指出："从龚自珍到冯桂芬这些三十至六十年代的地主资产阶级的改良派思想家，的确正是七十至九十年代地主资产阶级改良派思想家的'前驱先路'。他们是改良派思想家的真正的血缘亲属。""如果说，龚自珍给较远的晚清（十九世纪九十年代至二十世纪初年）煽起了浪漫的热情；那末，魏源即给紧接着他的七八十年代留下了现实的直接主张。而冯桂芬的特点在于：他承上启下，是改良派思想的直接的先行者，是三四十年代到七八十年代思想历史中的一座重要的桥梁。"而康有为、谭嗣同那里则产生了一整套的资产阶级性质的社会政治理论和哲学观点作为变法思想的巩固的理论基础，是这一阶段改良派思想最重要的发展和最卓越的成就。文章肯定19世纪中国改良派的自由主义改良思想具有抵抗侵略拯救祖国的爱国主义和反封建的特征，在历史上起了深刻的启蒙作用。同时也意味深长地指出："我们高度评价和追怀这些曾为中国的独立富强而努力奋斗过的先进思想家，同时也日益注意到中国近代思想发展留给我们的深厚教训。"值得注意的是，先生提出了"在当时情况下，渐进的改良并非完全不可能走通"的思想,认为只是因为低估了封建专制反动力量的顽固和残暴才导致改良失败。

5月,《论康有为的托古改制思想》发表(刊《文史哲》1956年5月号),认为康有为在被其门徒誉为"火山大喷火"的著名的《孔子改制考》以及早期著作《春秋董氏学》等书中,的确是利用孔子进行政治斗争,"尽量利用着公羊学解说'微言大义'素来的灵活性和神秘性,偷偷地暗中变换了其原本的封建思想的内容,从历史进化到婚姻自主,从立宪民主到个人自由,喜剧式地全面输进了资产阶级的社会政治思想和变法维新的主张,来为其改良派现实政治活动服务"。

9月,马克思《1844年经济学—哲学手稿》中文版出版,由何思敬从德文版翻译。此前,苏联学界尤其是万斯洛夫与斯托洛维奇等人,积极引用《手稿》中关于自然在人的社会劳动中被"人化"的观点来重新解释"美的本质",他们从人类社会历史关系入手,主张"美不能脱离人和社会而存在",强调社会历史实践的重要性,由此获得"社会派"的称谓。李圣传认为苏联美学界的这些论争通过《学习译丛》《译文》《哲学译丛》《新建设》《哲学研究》等杂志源源不断地即时翻译到国内,从而对中华人民共和国成立之初的学术界、思想界产生了广泛深刻的美学影响。其中最有代表性的是"社会派"美学纲领性人物万斯洛夫在苏联《哲学问题》1955年第2期发表的《客观上存在着美吗?》一文,它同样通过林牧生的翻译刊载在《学习译丛》1955年第7期上,而李泽厚也受到了此种影响和启发。❶此说存疑待考。如前所述,先生接受马克思主义的源头在1949年以前对《新哲学手册》的阅读;在《关于中国古代抒情诗中的人民性问题》(1955年6月发表)等文中对时代氛围和历史背景的着重强调,也可清晰看出其所受到的马克思主义影响。因此,即使苏联美学讨论对先生有所启发,也不会是主要的和决

---

❶ 参见李圣传《"实践美学"的苏联缘起与本土变异——李泽厚"客观社会说"与苏联"社会派"美学的比较阅读》,《四川大学学报(哲学社会科学版)》2016年第2期。

定性的。

11月，《论孙中山的民生主义思想》发表（刊《历史研究》1956年第11期）。此文与杨宽、黎澍、范文澜等人的文章共同被收入民主德国介绍中国史学的专集《中国新史学》一书，该书收文七篇。

12月，《论美感、美和艺术——兼论朱光潜的唯心主义美学思想》发表（刊《哲学研究》1956年第5期），参加美学大讨论，提出美感两重性、形象思维特征等重要问题，建立起关于美的本质的"客观社会说"。指出："美感的矛盾二重性，简单说来，就是美感的个人心理的主观直觉性质和社会生活的客观功利性质，即主观直觉性和客观功利性。美感的这两种特性是互相对立矛盾着的，但它们又相互依存不可分割地形成为美感的统一体。前者是这个统一体的表现形式、外貌、现象，后者是这个统一体的存在实质、基础、内容。"该文在国内美学文章中第一次运用马克思的《1844年经济学—哲学手稿》观点，其后以此为基点展开美的本质探讨。李泽厚从人类历史的宏观背景入手，着眼于探究人的审美意识从哪儿来，认为美的本质离不开人，人类的实践是美的根源，内在自然的人化是美感的根源；提出自然本身并不是美，美的自然是社会化的结果，也就是人的本质力量对象化的结果。"积淀"思想在此文中已有萌芽。❶朱光潜曾写信给贺麟，说这是所有批评他观点文章中最有分量的一篇。先生的哲学美学观，后来被学术界称为"实践美学"。

1990年代蔡仪批判先生时说，李泽厚的严重问题就是从1956年提出"美感两重性"开始的。先生自谓，在美学上我一开头就提出美感二重性，它来自黑格尔和马克思，1948年曾仔细读了马恩一些重要原著，而与苏式马克思主义无关。❷

12月，发表《论孙中山的哲学思想》（刊《科学通报》1956年第12期，与张磊合作。张磊时为北京大学历史系研究生），指出：中国近代先进思想

---

❶ 参见张荣生《记上个世纪五十年代的美学大讨论》，《中华读书报》2012年2月1日。
❷ 李泽厚、刘绪源：《中国哲学如何登场？——李泽厚2011年谈话录》，上海译文出版社，2012年，第22页。

在哲学上有两个基本特征：其一，在自然观上对近代西方自然科学的接受和吸取；其二，喜欢夸张主观心知、精神、意识的作用。由于缺乏物质现实基础或力量（从近代大工业的生产力到真正发达的自然科学），中国近代哲学家们容易过分吹胀和片面强调主观精神、意识、意志的作用，而轻视客观规律，沉溺于夸张主观的空想，想把愿望尽快变为现实。康有为、谭嗣同、孙中山皆然，"就是后人（包括毛泽东），也仍以本体形态在重复着这一特点，尽管毛还批判孙为二元论"❶。

9月，《文艺报》组织成立"文艺报美学小组"，组长黄药眠，成员有朱光潜、宗白华、张光年、王朝闻、刘开渠、蔡仪、贺麟、陈涌、李长之等。

---

❶ 引号内内容为该文 1979 年收入《中国近代思想史论》时增补。

1957年

(丁酉)·28岁

1月9日,《美的客观性和社会性——评朱光潜、蔡仪的美学观》发表(刊《人民日报》),是其《论美感、美和艺术——兼论朱光潜的唯心主义美学思想》一文的缩写。提出:"自然美既不在自然本身,又不是人类主观意识加上去的,而与社会现象的美一样,也是一种客观社会性的存在……自然在人类社会中是作为人的对象而存在着的。自然这时是存在于一种具体社会关系之中,它与人类生活已休戚攸关地存在着一种具体的客观的社会关系。所以这时它本身就已大大不同于人类社会产生前的自然,而已具有了一种社会性质。它本身已包含了人的本质的对象化。它已是一种'人化的自然'了。"

1月,《论康有为的哲学思想》发表(刊《哲学研究》1957年第1期),认为:"康有为的哲学思想,从内容说,它是当时传入的自然科学影响和当时初起的中国资产阶级政治、经济要求的表现,从形式说,它是中国古代哲学的继续,是这一古典传统在近代的终结。"

春,回北京大学看望宗白华先生,并作唯一一次谈话。

5月7日,在北京师范大学发表讲演"关于当前美学问题之争论——试再论美的客观性和社会性"(讲演稿刊《学术月刊》1957年第10期),指出在自然美问题上最易暴露各派美学的特点:"因为社会生活的美的社会性实际上是自明的,因为生活总是社会生活,当然就有社会性。困难的问题在于自然美……因为在这里,美的客观性和社会性似乎很难统一。正因为如此,就产生了各持一端的片面的观点,不是认为自然本身无美,美只是人类主观意识加上去的(朱);便是认为自然美在其本身的自然条件,它与人类无关

(蔡)。承认或否认自然美的社会性是我们与蔡仪同志的分歧处。"

5月，"大鸣大放"开始。离京赴敦煌考察，由中央美术学院牵头，有多个部门的人同行。从敦煌县赶到千佛寺，考察整一月，对每个洞穴都做了简记和感受。当时即想做敦煌壁画藻井图案不同时代装饰风格的研究，如唐的自由舒展而含混，宋的清明规范而呆板，联系唐喜牡丹宋重松槐以及唐宋诗的不同，觉得是非常好的美学题目，可以从审美趣味的变迁看人类心灵的积累和丰富。独自顺游太原晋祠、龙门石窟、华山等，还观览了山西永乐宫、麦积山、西安博物馆、半坡。

作七律："轻车快马玉门关，万里风尘谈笑间。夜色苍茫过大漠，云峰邈远看天山。鸣沙古壁惊殊彩，麦积危崖喜共攀。今日愿君精取炼，明朝画笔色斑斓。（一九五七年夏，赠同行陈绍丰兄）"躲过"反右"一劫。之前曾和同所的徐亦让联名发表一篇文章，认为定息不是剥削。先生自云仅凭这一篇文章就可能被打成"右派"。

6月9日、16日，发表《"意境"杂谈》（刊《光明日报》），提出"意境"是"形"与"神"、"情"与"理"的统一，是比"形象""情感"更高一级的美学范畴。指出意境包含两个方面：生活形象的客观反映方面和艺术家情感想象的主观创造方面，前者叫作"境"的方面，后者叫作"意"的方面；形象要形神统一，"神似"的形象中须能包含住社会生活的深远的内容，鉴照出生活的内在本质；"由形而神"的过程，典型意境的塑造过程，也就是艺术家主观情绪感受的表达过程，反映的过程就是生产的过程；"神韵"的获得的过程，也就是"性灵"抒发的过程。认为中国美学思想基本的和主要的则还是古典主义的美学思想，它所强调的是一唱三叹言不尽意式的含蓄和沉郁，这主要是由封建社会的历史条件所决定的。直言批评当下文艺家们还不善于去塑造壮美或优美的"意境"，而批评家们也往往不从艺术所塑造的"意境"的特色出发，不去细致具体地分析作品所反映的客观生活的深广度和体现作家主观的风格手法等倾向，只是固执在僵死的主题内容的逻辑的复述上。

此文在1980年代、1990年代仍被引用。

9月,《〈大同书〉的评价问题与写作年代》发表(刊《文史哲》1957年第9期),与汤志钧等人争论,强调《大同书》是康有为早年形成的思想,其初稿写作甚早。

秋,写作《〈康有为谭嗣同思想研究〉序》,指出:"燃眉之急的这个近代紧张的民族矛盾和阶级斗争,迫使得思想家们不暇旁顾而把全力集中投在当前急迫的现实的社会政治问题的研究讨论和实践活动中去了。因此,社会政治思想在中国近代思想史中就占有了最突出的位置,是它主要的部分。"先生1980年代问世的"救亡压倒启蒙"重要思想,于此可见萌芽。

12月,《门外集》出版(长江文艺出版社),收美学文章多篇。扉页题词:"献给彬彬,我童年的朋友。"序云:"因为自己于文艺素来外行,这几年的研究工作,也主要是摆在近代思想史方面,对美学和古典文学,大都只是作为业余爱好,写了点札记式或提纲式文章,还谈不上什么认真研究。自己现在最多也还不过是处在'才窥见室家之好'的门墙之外的阶段。要真正升堂入室,还得下苦工夫。不过这种可怜情况倒又逼使我下决心好好努力,我希望今后能够真正踏踏实实做些工作。"先生自言"封面印得太糟糕""献词字印得太大,难看之至,年轻时很在乎这些,不敢拿去送人"。❶

12月,和哲学研究所里几十个人被下放到太行山区河北省赞皇县黄连沟王家坪、千根作田间体力劳动,彻底执行与农民"三同"(同吃、同住、同劳动),达一年之久,每天劳动和农民一样评工分。次年冬返京。

据先生手记,春节前每天计6分,春节后每天计7分。自12月至次年8月11日,共计劳动出勤146.5天,工作出勤49.5天,总计工分1025分。1958年8月11日后的记录缺失。

12月30日,作个人劳动总结,云:

---

❶ 李泽厚、陈明:《浮生论学——李泽厚、陈明2001年对谈录》,华夏出版社,2002年,第31页。

（1）时间：从12月13日起至12月29日止，除赶集二次（12月16日、25日）及12月21日下午外，余均坚持按时上下工。（上午9：30—1：00；下午3：15—5：15）。

（2）劳动种类及进度：全部时间均在水库工地劳动。除打方未参加外，其他打土块、铲土、挑土、挖土曾交叉进行（其中挖土作得较少，今后应注意补足）。开始数日打土块较多，颇感吃力，现已感轻松，可望在较短时期内接近一般农民水平。铲土和短距离情况略同。较长距离的挑土暂时还只能连续做1—2小时，但比开始时已有显著进展。挖土现仍感很吃力，特别是作较长之连续劳动时。

（3）身体状况：一方面体力觉得已有较明显之增长，除曾腹泻及轻微胃疼外（仍坚持劳动），无何病痛。同时亦无严重肩疼腰疼等现象。另一方面，身体似仍不够平稳，常不规律地出现全身疲乏，虽坚持劳动，但颇感劳累，这种现象最近仍有。

（4）主要问题及经验：现在主要问题是，如何从长远着眼，极力巩固这一阶段的成果，使身体平稳坚实下来。以便在春耕前夕，再作一次大的跃进。一开始比较猛，在未过分超过限度不累垮身体情况下，自己觉得这有一定好处……

朱光潜在《哲学研究》1957年第4期发表《论美是主观与客观的统一》一文，回应李泽厚、蔡仪等人的批评。

1958年

（戊戌）·29岁

3月，劳动中。拟订春季个人计划：

一、劳动锻炼：（1）坚决执行分队计划，积极参加试验田劳动，努力学会技术。（2）参加路外开渠、林叶（业）、种菜及晚班深翻地等多种劳动。早上担粪四担八桶。（3）注意身体健康，防止病倒。

二、整风学习：（1）积极按照分队规定方针、计划进行学习。（2）认真准备思想检查，写好详细提纲，彻底分析批判各种根本性的缺点，寻求自己红专统一的道路。

三、业务学习：（1）以阅报为主要内容，注意文艺界、学术界大辩论的情况。（2）如有时间，适当温习外文。

5月，《论美是生活及其它——兼答蔡仪先生》发表（刊《新建设》1958年第5期），继续与蔡仪等论争。指出蔡仪的美学观要害在于"漠视和否认了美的社会性质，认为美可以脱离人类社会生活而存在""把美归结为简单的低级的机械、物理、生理的自然属性或条件，认为客观物体的这种自然属性、条件就是美""把物体的某些自然属性如体积、形态、生长等等从各种具体的物体中抽象出来，僵化起来"，以为这就是美的法则。

之后，蔡仪发表论文《李泽厚的美学特点》《再谈李泽厚的美学特点》，回应李泽厚对其美学观提出的批评，认为"李泽厚不仅在美感论中接受了朱光潜的唯心主义的基本论点，在美论中也接受了朱光潜的唯心主义的基本论点"。同时认为"李泽厚的文章中也有过比较正确的观点，这就是关于美与美感的关系这一根本问题的解答，所谓'美的客观性'，'美感是美的反映'这种解答虽是不明确的、不完全的，但基本上是唯物主义的"。

8月，《康有为谭嗣同思想研究》出版（上海人民出版社，17万字）。苏联科学院院士、汉学家齐赫文斯基赠其著作与先生，书中高度评价先生文章，并在这本论康有为思想的专著的俄文版中称其为"中国年轻的历史学家"。英美学者来信称其为教授，而先生当时职务为实习研究员（大学助教级别）。

9月，在河北千根订立个人规划（3日订立，22日修改）：

一、劳动：（1）积极参加秋收，学会谷子、玉茭、棉花、山药的收割、脱粒及贮藏等技术知识，11月底至年终总结自己全年所学2—3种主要农作物（玉茭、山药、小麦）的全套操作经验及问题，争取用书面写出。结合总结，系统学习农作物生产性能等理论知识。（2）保证每月劳动出勤20天。在村、队参加指导下，与分队同志一起搞小麦高产试验田，秋收后至明年麦收前，自己在劳动方面拟以此为重点，通过实践，深钻小麦高产问题。（3）协助村队搞化肥、细菌肥的制造工作，拟制造固氮菌肥料1000斤，化肥另订。（4）开动脑筋，发现生产及组织管理中的问题。积极参加农具改革工作，争取11月以前提出图纸或建议。

二、思想：（5）决心长期锻炼，红在农村，专在农村，全心全意地进行劳动和社会工作，要求自己首先能做一个有共产主义觉悟有文化的劳动者。（6）在劳动和工作中严格遵守纪律，服从任何调配，彻底清扫自由主义和个人主义，真正树立集体主义思想和组织观念，经常地进行自觉的思想检查，巩固收获，实现跃进。（7）认真地虚心地向农民学习，交好朋友，争取做到在感情思想上溶

（融）（融——笔者注，下同。）洽无间。（8）学习用阶级斗争观点来观察和处理问题，注意在人民公社运动中和农村大办工叶（业）的过程中各种问题和各阶层的动态，以锻炼自己的立场、观点、方法。（9）结合实际，学好红专大学课程。抓紧读报，认真进行时事政治学习。（10）写文章10篇，另与其他同志合作写文章15—20篇。

12月，劳动结束返京。

元旦，唐君毅、牟宗三、徐复观、张君劢四人联名发表《为中国文化敬告世界人士宣言——我们对中国学术研究及中国文化与世界文化前途之共同认识》，标志着海外新儒学的真正崛起。

1959年

（己亥）·30岁

2月，《试论形象思维》发表（刊《文学评论》1959年第2期），系统阐述了下列四个问题。一、有没有形象思维？有。二、形象思维的实质和特点是什么？形象思维的过程，在实质上与逻辑思维相同，也是从现象到本质、从感性到理性的一种认识过程；不同的是，形象思维在整个过程中思维永远不离开感性形象的活动和想象，相反，在这个过程中，形象的想象是愈来愈具体、愈生动、愈个性化。三、形象思维与逻辑思维有什么关系？逻辑思维是形象思维的基础。四、形象思维的不同特色：形象思维因艺术种类、创作方法、民族特色、作家个人才情的不同而不同。提出"只有充分具备和抒发正确优美的主观情感态度，才能真正完满地客观地反映事物的本质真实"。周扬很赏识，拟调文艺界予以重用。❶后回忆说："据说'文革'前康生曾看上过我的'文采'，有人透露'消息'给我，我赶紧躲得远远的……据说周扬也想提拔我，这是潘梓年亲口和我说的，我自然是退避三舍，一些人说我'太不争气'了。"❷

5月12日，《以"形"写"神"——艺术形象的有限与无限、偶然与必然》发表（刊《人民日报》），指出：要突破形象的有限，就不能只着重在表面的外形摹写或场面铺张上——在"形似"上作文章，而更应尽量使形象具有深度，尽量提炼形象，使它最大限度地反映和表达出丰富的生活真实，也

---

❶ 李泽厚、陈明：《浮生论学——李泽厚、陈明2001年对谈录》，第73页。
❷ 李泽厚：《世纪新梦》，安徽文艺出版社，1998年，第392页。

就是使"形"来传"神"。认为"艺术所选择集中的偶然,比历史和生活中出现的偶然,更有必然性,更能反映生活的本质真实;它更巧,也更真;它是一,更是十;它故事性愈强,真实性就必须愈高"。

7月14日,《山水花鸟的美——关于自然美问题的商讨》发表(刊《人民日报》)。指出:某些自然对象是因为与人们社会生活具有这种比较明显而重要的"实用""功利"关系,从而使人们在其中感到生活的巨大内容和理想,才成为美的;离开人的生活,自然就很难讲有什么美不美。认为"自然的人化"的真正含义是:因为社会生活的发展,造成自然与人的丰富关系的充分展开。强调应该区别两种"人化":客观实际上的"自然的人化"(社会生活所造成)与艺术欣赏中的"自然的人化"(意识作用所造成),自然之所以成为美,是由于前者而不是后者,后者只是前者某种曲折复杂的能动反映。认为张庚《桂林山水》(刊《人民日报》1959年6月2日)一文是混淆了两种不同的"人化",从而和朱光潜的意思很接近。

7月,写作《〈新美学〉的根本问题在哪里?》(后收入《美学论集》,上海文艺出版社,1980年),归纳蔡仪的"美是典型"理论主要问题有两个:一是所谓"种类的属性条件"亦即所谓"种属";二是所谓"一般性""普遍性"。文章对此辩驳道:第一,"种类范畴"的等等与美并不相干,只是完全脱离了活生生的社会生活实践的抽象的静止的实验室里的事物的概念、范畴;第二,抹杀了美的客观标准;第三,没有从自然与实践的活生生的关系中去考察和把握自然的美;第四,不仅仅是自然美,其整个美学体系都缺乏生活实践、缺乏社会性;第五,在艺术美方面,艺术不能通过典型来美化现实的丑;第六,把美丑看作种类一般性的优劣问题,与人的征服自然、改造世界及使现实愈来愈美的实践斗争并无关系;第七,美的分类是形式主义的,把形式的规定性当成美的本质;第八,所谓"普遍性"与"个别性"不是统一的,实际上是互相排斥和敌对的两个东西。提出:"要真正由现实事物来考察美、把握美的本质,就必须从现实(现实事物)与实践(生活)的不可分割的关系中,由实践(生活斗争)对现实的能动作用中来考察和把握，才能发现美（包括自然美）的存在的秘密。而蔡仪恰恰没有这样做。"认为蔡仪美学的根本缺陷，首先在于缺乏生活—实践这一马克思主义认识论的基本观点，它不能解决具有深刻社会性质的美的问题。

7月11日，《新建设》编委会邀请当时北京的一些学者召开座谈会，座谈会内容刊《新建设》1959年8月号。参与美学论争的不少人与会，如朱光潜、宗白华、蔡仪、李泽厚、何其芳、李希凡、王庆淑、甘霖、马奇、潘梓年、杨辛等，由《新建设》编委会召集人张友渔主持，会议内容主要是总结几年来的美学大讨论之经验教训，讨论以后论争的方向，使美学讨论更为深化，更具学术价值。

朱光潜在发言中提出：在探讨基本理论问题的同时，要多研究些实际问题；要注意文风；要实事求是，在批评别人观点时，至少应当弄清对方的论点，不要断章取义地在一字一句上做文章，不要对别人的论点进行歪曲。蔡仪在发言中说：《新美学》受到许多人的批评，我并不后悔，总比没有人理会它好些；别人批评了我，我也批评了别人。宗白华在发言中认为：今后的美学讨论应该同现实生活、艺术实践紧密结合起来。过去搞美学的人（如康德、黑格尔等），一般都不是艺术家，对具体的艺术是了解得不太够的，谈美学往往从抽象的哲学概念出发，让艺术家也来搞美学，是很必要的。

何其芳在发言中对李泽厚有关国旗的美的解释提出不同意见，认为："我们觉得五星红旗很美，固然和它代表我们的祖国有很大的关系，但在它还没有确定为国旗的时候，也就有一个美不美的问题存在。当初确定国旗的时候，一共提出了几十种图案。为什么大家选定了它而没有选其他那些图案呢？可见在未成为国旗以前，它就被大家认为比其他图案美。不过成为国旗以后，又加上了代表我们的祖国的意义，我们就觉得它更美了。"

先生在会上提供书面发言。指出："随着社会生活的发展，人们在各方面都会愈来愈要求美，美学的规律会愈来愈大地在生活中起作用。所以，这门科学确是大有可为。现在只不过是起点,但是个崭新的起点。"提出:讨论应该更好地体现时代的精神,摆脱种种烦琐的纠缠不清的学院派作风(某些论文中就似乎开始有这种毛病),生动活泼地去概括探讨今天现实生活中,特别是艺术实践中的美的本质和规律。表示不赞成洪毅然主张美学与艺术完全分家的观点,"要求美学与现实紧密地联系,并不也不应该妨碍它的哲学的抽象概括性质。把美学搞成一些琐碎的失去概括意义的东西,我认为也不合适"。同时强调除了时代精神,还可以更多地具备民族特色:"中国民族是很懂得美的。传统的诗歌、绘画、戏曲以及艺术品鉴等等都说明,中国人早就了解和掌握了许多很深刻很根本的美学规律,形成了一套颇具特色的美学思想。如何来发掘、整理、继承和发扬它们,是一件要紧的大事。并不只是研究或套用几个名词几条原则(如'形神'等),而更在于探讨那凝结在中国美学中的民族的心理、性格、风貌的本质特征。因为这些东西在今天现实中仍在起作用。"认为国旗的美和何以选定为国旗是两个问题。后来先生也认为用国旗的美讲美的客观性是不准确的。

冬,作七律:"半载春欢如白云,十年悲苦竟无痕。身惊弱客偏多蹇,魂为强思总一囷。此日已休言科第,他年难卜共晨昏。贫贱可作牛衣泣,咫尺天涯恨不同。"

写作《关于崇高与滑稽》(1963年略作修改。后收入《美学论集》,上海文艺出版社,1980年),澄清美与崇高、滑稽之间的关系,指出:"'美'这个词作为本质与作为范畴或形态,其含义是不同的。作为前者,它包括优美、崇高、滑稽等范畴,是这些形态、范畴的存在的根据。在这里'美'包括了所有的审美对象。作为后者,它只是美学范畴的一种,与崇高、滑稽平行并列,在这里,'美'实际上即是'优美'。"认为"崇高"根源产生在人类社会生活的客观实践和斗争中,而不是根源或产生在人们主观的观念感受中;不是什么抽象的理性、无限的理念,而是实实在在的人对现实的不屈不挠的社会生活;"崇高(包括悲剧)是现实肯定实践的严重形式","滑稽(comic)则是这种肯定的比较轻松的形式",前者因为丑恶的危害巨大而激起人们奋发抗争之情，后者则因丑恶的渺小而引起人们轻蔑嘲笑之情。

该文用客观性、社会性、历史性、必然性等来阐述"崇高""滑稽"等美学范畴。有论者认为其"意义深远"，因为"融合了马克思与康德的术语"。这是先生首次沿着马克思加康德的学术理路展开思想，其重大学术方向于此初步显现。❶

---

❶ 王斑：《历史的崇高形象——二十世纪中国的美学与政治》，上海三联书店，2008年，第156页。

1960年

(庚子)·31岁

4月,下放山东曲阜大雨居村劳动。全身浮肿,拉犁耕田。此后忆及此段经历,慨叹不已:"就是想回北京。1958年我第一次下放,还没有家。第二次下放的时候也还没有家。当时在山东,我躺在一个场地上,坡上就是火车道。火车开来开去,哎呀,我想,什么时候能坐火车回去,回北京看看啊……因为那乡下的生活实在太单调,太没有什么东西,什么也没有。早上起来就是劳动,什么也没有。我也不爱和人交往。我们真是倒霉,最好的时间被浪费掉。"[1]

6月,作《三十自寿诗》:"三十年华不自知,心怀犹似少年时。如经百劫天真在,愿乘春风再写诗。"

11月,结束下放回北京。

时古脊椎动物与古人类研究所的学报上展开"先有劳动,还是先有人?"的学术争鸣。于是,先生和好友赵宋光开始讨论人类起源问题。这是一场意义深远的私人学术讨论,而且一直持续至1963年,几乎每个星期天都在一起讨论,二人共同商定了"人类学本体论"的哲学概念。这场讨论对此后二人的学术发展产生十分重大的影响,人类学视角成为二人共同的学术研究取向,先生由此走向哲学,赵宋光由此走向音乐美学和教学实验,若干年后分别产生了不同凡响各具特色的学术成果。

北京大学成立美学教研室,朱光潜被从西语系调到哲学系,开设西方美学史课程,并培训各高校的美学教师。

---

[1] 李泽厚、陈明:《浮生论学——李泽厚、陈明2001年对谈录》,第119页。

1961年

(辛丑)·32岁

　　冬,任图书馆资料员,大量阅读英文著作。被周扬点名调到高级党校参加王朝闻主编的《美学原理》编著工作,主要负责现当代西方美学专题,撰写该书"审美意识"部分。最初参加《美学原理》编写的有北京大学、中国人民大学的教师,后先生与叶秀山、刘纲纪、周来祥、洪毅然等人加入。次年8月,李泽厚、叶秀山、刘纲纪、杨辛、甘霖、刘宁等在党校继续写作,其他人都陆续回原单位。1964年,编写组完成40多万字的铅印讨论稿。1966年"文革"爆发,编书中断。"文革"后,该书定稿出版,改名为《美学概论》,先生未参与。

　　开始写作《积淀论论纲》,写作过程持续至1963年。

　　赵宋光开始探索儿童智慧开发问题。
　　4月,中共中央宣传部组织召开文科教材编选会议,周扬作工作报告,要求编写全国通用的文科教材。5月,《美学原理》编写组成立;8月,编写组住进高级党校。

1962年

(壬寅)·33岁

春，重游北京大学校园，作七绝一组[1]：

少年时节住此园，今日重来又十年。荒草遍生春已老，字林何处勒燕然。

别后重来心转迷，依旧清波荡夕晖。前日少年今早去，且看春色又芳菲。

芳菲桃李满园长，独惜韶华学舍残。北地十年终若客，心随逝水向江南。

江南春水碧如天，岂有豪情问酒船。盼得明朝归去也，杜鹃花里觅童年。

2月，《美学三题议——与朱光潜同志继续论辩》发表（刊《哲学研究》1962年第2期）。文章分三部分。第一部分，美学的哲学基础问题。针对朱光潜"主观"概念的变化和复杂性，指出朱是在"主观"这一概念下，把两种应该严格区分的东西混淆起来了，即把人的意识（认识）与人的实践、把社会意识与社会存在混淆起来了，因而就出现了常常上一句话没有讲错，而下一句话却完全错了的奇异现象；因而也就必然在"实践""生产"概念下混淆两种本质不同的实践、生产——生产实践与艺术实践、物质生产与精神

---

[1] 初发表时署1961年春。

生产，因此，这是一条以唯心主义哲学作基础的美学路线。从而正面提出："美是诞生在人的实践与现实的相互作用和统一中，而不是诞生在人的意识与自然的相互作用或统一中，是依存于人类社会生活、实践的客观存在，但却不是依存于人类社会意识的所谓'主客观的统一'。"

第二部分，自然美问题。提出自然美问题是一个极端复杂的问题，需要今后作一番深入细致的研究。1956年之所以提出这个问题，只是为了论证一下哲学基础问题而已。指出："人化的自然"本见于马克思的早期著作，但马克思并不是谈艺术或审美活动问题时提出这个概念，而是在谈人类劳动、社会生产等经济学和哲学问题时用这个概念的；按马克思的理解，自然的人化是指经过社会实践使自然从与人无干的、敌对的或自在的变为与人相关的、有益的、为人的对象，用马克思的原话来说这就是"自然的向人生成"，自然变成了"人类学的自然"，是"人类的非有机的躯体"，完成这个变化，只有靠实践，靠生产劳动才能办到，所以，人化的自然，是指人类社会历史发展的整个成果；自然美的本质"人化"，是一个极为深刻的哲学概念，而不能仅仅从表面字义上来狭隘、简单、庸俗地去理解和确定。同时，简要而深刻地指出："实践在人化客观自然界的同时，也就人化了主体的自然——五官感觉，使它不再只是满足单纯生理欲望的器官，而成为进行社会实践的工具。正因为主体的自然人化与客观的自然的人化同是人类几十万年实践的历史成果，是同一事情的两个方面，所以，客观自然的形式美与实践主体的知觉结构或形式的互相适合、一致、协调，就必然地引起人们的审美愉悦。"

此处有关自然美的简略讨论，在先生此后漫长的学术生涯中，始终构成其实践美学的哲学基础，从未改变，并在1980年代的《美学四讲》一书中得以充分而深刻阐述。而关于"人化自然"的解释，已明确将自然分为客观自然界和人类主体的自然，成为《批判哲学的批判——康德述评》（1979）中人类主体性包括"工艺—社会结构"和"文化—心理结构"这一重要思想的先声。

该文第三部分——美学对象问题——对姚文元相关观点提出尖锐批评。指出姚文元《照相馆里出美学》《论生活中的美与丑》等提出的美学研究方向、方法并不可靠，并不科学，并不是什么"马克思主义美学研究方向"和"创造性……的道路"，"如果说得严重一点，照这个方向、方法搞下去，就会走到一条庸俗的实用主义的道路上去"。认为姚文元美学研究方法论上的错误在于轻视理论思维，直接从感觉经验来推演立论，就不但不能驳倒朱光潜，相反，恰恰走到朱光潜的主观唯心主义道路上去了。

该文对"美"的阐释、论述和"定义"与先生1956年的第一篇美学论文《论美感、美和艺术——兼论朱光潜的唯心主义美学思想》已大不相同。先生自云："我的思想发展过程，说起来也很简单。从哲学上讲，就是从五十年代到1962年发表《美学三题议》止，可以说是一个阶段。"[1]

关于这一场美学大讨论，有学者评论认为，在当时政治高压、学术凋敝的社会文化环境中，出现了这一场美学大讨论——第一次"美学热"，"主要由于朱光潜充满智慧又无可奈何的理论策略、表述艺术与李泽厚在主流框架内的学术创造。使得讨论自身保持了某种学术气氛与学术水准，在一定程度上开展了逻辑的较量、智力的交锋、思维的碰撞。然而说到底，这场美学讨论表现出来的有限的活跃，不过是鱼缸里的波澜"，而以李泽厚为代表的客观社会论实践美学则是这场大讨论诞生的最有创见的学派。[2]"作为当代中国美学学术大规模研讨史之开篇，美学大讨论在学科形态、审美观念、学派萌生、学术交流与交锋上都对当代中国美学的发展起到了铸型式的历史作用，尤其是美学大讨论后期形成的以李泽厚为代表的'实践美学'更在1980年代'美学热'中引领风骚，至今仍发挥着重要影响。"[3]

7月22日，《虚实隐显之间——艺术形象的直接性与间接性》发表（刊

---

[1] 李泽厚、刘绪源：《该中国哲学登场了？——李泽厚2010年谈话录》，第18页。
[2] 赵士林：《李泽厚美学》，北京大学出版社，2012年，第15—19页。
[3] 李圣传：《美学大讨论的学术史分歧与重写美学史》，《河北学刊》2014年第3期。

《人民日报》），结合大量文学艺术实例，深刻分析艺术形象直接性和间接性之辩证关系："太疏远不行，太密切也不行；太浅露了不行，太深藏了也不行。过犹不及，虚实之间的这种种妙处，全在艺术家去朝夕揣摩，匠心独运。"

11月15日、16日、17日，《略论艺术种类》发表（写于1959年12月，1962年修改，刊《文汇报》），提出各类艺术的某些特征。指出："艺术是人们审美意识（通过作家或艺术家的创作实践）的物态化，是人们这种意识所特有的本质力量的对象化……艺术总是一定社会生活在人们头脑中反映的产物，是人们主观审美意识与客观世界相统一的成果，是人们审美意识作用于现实材料的物态化形态"，这一点是艺术的根本美学本质和特性，应该成为艺术分类的原则和依据所在。由此提出：表现与再现是艺术分类的第一原则，这是就审美意识的物态化的内容特性来说的；动与静是艺术分类的第二原则，这是就审美意识的物态化的形式特性来说的；"这样，一经一纬，相互交织，以前者为主导，就构成了总的分类原则"。后先生自称这些原则未必正确，也不再坚持。

对此，姚文元在1963年4月《新建设》杂志上发表《论艺术分类问题——美学笔记之七》提出批评："李泽厚在《略论艺术种类》一文中，提出'表现与再现''动与静'作为艺术分类的两个原则，我觉得这里的缺点，是没有考虑到历史发展过程同认识论的统一。他说：'静的材料如石头偏重于产生静的创造，动的材料如声音多偏重于动的过程的表现。'这就只看到现象而没有抓住本质，没有从社会生活形式本身去研究艺术形式的特点，而单从使用的材料去区别艺术形式……艺术类型是长期历史发展的产物，艺术是上层建筑，不考虑到一定的社会经济条件对艺术的作用，就会离开历史唯物主义。"认为李泽厚在论述舞蹈时，只提到舞蹈"表达出来的情感是类型性的"悲、喜、爱等，而没有谈类型性中渗透着阶级性，乃不够全面。

为《美学原理》编写组撰写《英美现代美学述略》（打印稿，《美学》

1979年第1期发表）。

冯友兰《中国哲学史新编》第一册由人民出版社出版。

高教部召开文科教材会议，决定在大专院校文科逐步开设美学课。

1963年

(癸卯)·34岁

6月,《审美意识与创作方法》发表(刊《学术研究》1963年第6期),指出:"从审美意识角度来看艺术创作,其核心正是有关审美理想的问题。我们今天特别需要现实主义,而应坚决摈弃一切假浪漫主义。"认为一定的现实主义或浪漫主义的高涨,是一定时代、社会的要求,一定的经济、政治的反映,而并不是艺术家个人的性格、爱好所能随意支配;相反,时代、社会的这种要求,倒反过来要来支配、控制甚或改变艺术家个人的性格、爱好或倾向,来改变他的"艺术天性"。"原始陶器和殷周铜器、《诗经》与《楚辞》,理论上的儒家与道家(庄子),可说是中国现实主义和浪漫主义的最早的标志。""继六朝消极浪漫主义(游仙、山水)和自然主义(宫体)之后,'盛唐之音'是浪漫主义的,积极的流派(李白、岑、高诗派)是主导。它的时代和阶级的背景,是世俗地主阶级在经济政治上突破了六朝贵族门阀制度及其在文艺上的束缚。"明代中叶以来,"从上述市民阶级的现实主义(话本和《水浒》《三国演义》)到随后的积极浪漫主义(《西游记》、《牡丹亭》、公安派的散文等),到清初的感伤主义(《桃花扇》、《长生殿》、《聊斋》、归庄的散曲等),直到成熟形态的典型的批判现实主义(《红楼梦》《儒林外史》),这种种创作方法的演变正是由当时特定的时代、社会、阶级,通过对艺术家及其审美理想的作用,而决定和支配着的","《桃花扇》可说是这个转折的预告"。《红楼梦》《儒林外史》这样的巨著,"产生它们的时代和社会背景,是封建统治回光返照的最后阶段,是一个死气沉沉的漆黑的反动年代"。

该文对中外文学史上创作方法和时代精神的鸟瞰式评述，可视作若干年后《美的历程》之先声。

7月31日，高尔泰来信，云："你对于北魏壁画的看法我很同意。魏画色彩粗犷，笔墨遒劲，的确是奔放而热烈的。但是由于它的主题是苦行和牺牲（如割肉贸鸽、舍身饲虎等），慷慨中又不免掺杂着一些悲凉。这调子，我觉得正与建安诗歌相同。记得你曾经在一篇论人民性的文章中谈到过'社会氛围'的问题，那个观点可以从敦煌壁画（不但魏隋，而且唐宋）中找到许多旁证。"

10月，《典型初探》发表（刊《新建设》1963年第10期），提出艺术典型与形式偶然性具有密切关系。该文结尾在谈到艺术种类形式时指出："艺术典型是一个内容丰富、形态复杂的问题，在各种不同艺术种类里，它便有各种不同的规律和特点……但艺术的种类形式对典型形态的制约，却是不容忽视的。这是美学所应研究的一个重要问题，只有对这些问题有了具体的把握，才能具体地了解各门艺术中的典型的性质和特征，才能深入地了解各门艺术的发展规律和趋向。这就要求对马克思主义基本原理采取郑重的态度，要求真正严肃认真地研究艺术史的大量材料，真正科学地找出它的规律性的内容，而不能将马克思主义庸俗化，夸夸其谈，任意编造。"这段话在当时原稿和校样上均注明是针对姚文元而言，发表时被删去。[1]

10月，结婚。夫人马文君女士（1938年生），中国煤炭文工团舞蹈演员。两人1961年相识于赵宋光家。夫人生于晚秋，时有"秋英不比春花落，愿逐星光永照君"之句。始将住所由哲学所办公室楼上搬至蒋宅口煤矿文工团宿舍。伉俪情深，婚后每逢先生下乡，夫人到火车站送行，总难免一哭。

赵宋光参与中国音乐学院创建筹备工作，于是不得不中断了与好友李泽厚持续多年的哲学讨论。

---

[1] 李泽厚：《美学旧作集》，天津社会科学院出版社，2002年，第299页。

朱光潜《西方美学史》由人民文学出版社出版。

7月16日,《人民日报》发表王若水文章《桌子的哲学》,该文后受到毛泽东的表扬。

刘再复大学毕业被分配到中国科学院哲学社会科学部,和先生同在一座楼办公。"文革"后交往密切,始成朋友。

1964年

（甲辰）·35岁

1月18日，刘纲纪来信，云："提纲我已仔细读过一次，脉络分明，基本论点我都同意，只是在具体的发挥和行文上可能小有出入。此外，我还有以下的一些想法：各个论点均须从姚文中选取典型的例证，以不可辩驳的事实证明我们的看法。你们已分头准备很好，是应严肃认真地对待。希望秀山能尽快把有关文章（特别是'分类'）寄来。不大体浏览一下姚文（指姚文元1963年4月在《新建设》杂志上发表的《论艺术分类问题——美学笔记之七》。——笔者注），难于把问题挖准、挖深。他过去的文章我很少有从头到尾仔细读了的。某些部分在措辞上我想尽可能外交式一些，以不使人觉得刺激为宜。关于简单化、忽视理论抽象的社会根源问题，我打算略去。因为这一问题牵涉较大，在文内不宜说清，我想我们只就美学谈就行，不作为一种社会倾向去讨论。文章我争取在月底前寄给你们。这是一个半制品，还请你们加工、补充、纠正。特别是具体例子的剖析更需由你们补充，我着重正面的见解的发挥，搭一个架子。"这篇多人（指当时同在《美学概论》编写组的洪毅然、甘霖、叶秀山、周来祥等）参与讨论，拟与姚文元大论战的文章后因"四清"运动没有完成。

1月22日，刘纲纪来信，云："在写作中深感真正建立和发展马克思主义的美学是一件十分艰巨的任务。我们总算多少念了一点马克思的书吧，真正的马克思主义的科学的东西是什么样子，也总算多少有了一点概念。无论如何，我们应守住阵地，和一切廉价的、'通俗的'马克思主义作斗争。作为一个同道，我是对你怀着无限的希望。"且附言曰："来祥、甘霖及毅然先生何时返校,乞代致深深的惜别之意为盼。"

是年,读皮亚杰《发生认识论》《结构主义》和卡西尔《符号形式的哲学》及存在主义哲学、大量英文杂志等。❶

应《人民日报》力邀,写批判周谷城文章《两种宇宙观的分歧》和批判电影《北国江南》等两篇发表。此前,李希凡特意致函:"泽厚:我部杨昌凤、姜德明同志去看你,想约你写一下《北国江南》的文章,请你协助。时代精神一文最近就要发表了。……无暇顾及最近的斗争。敬礼 希凡 八月十八日。"

先生曾自云:"1964年批周谷城时,我写过文章,还写过一篇批电影《北国江南》的,是《人民日报》约的稿,都发表了。那时感觉一场灾难要来了,我估计要搞第二次'反右',知识界非常恐慌。当时我虽然年纪不大,但有点名气了,所以得赶快出来自救,就写了文章,以为这样政治上就平稳了,其实太幼稚了。"❷

写作《试论人类起源(提纲)》(后收入《李泽厚哲学美学文选》湖南人民出版社,1985年。注曰:"此文为1964年写成的研究提纲,1974年略改。同年与赵宋光同志多次讨论后,由赵执笔扩展写成上面论述文章:《论从猿到人的过渡期》,刊《古脊椎动物与古人类》第12卷第2期,1976年,署名方耀。但该文似毫无影响,乃发表此原始提纲,也不再增改。"),提出工具的使用、制造是人类起源的关键。先生曾云:"在这里,我要提及赵宋光教授。赵是我大学时期的同学和好朋友。我们在60年代共同对人类起源进行过研究,我们对使用—制造工具的实践操作活动在产生人类和人类认识形式上起了主要作用,语言很重要但居于与动作交互作用的辅助地位等看法完全一致。我们二人共同商定了'人类学本体论'的哲学概念。"❸

---

❶ 李泽厚、刘绪源:《该中国哲学登场了?——李泽厚2010年谈话录》,第69页。
❷ 卫毅、施雨华:《我现在是静悄悄地活着,也准备静悄悄地死掉——对话李泽厚》,《南方人物周刊》2010年第20期。封面标题为《八十李泽厚:寂寞先知》。
❸ 李泽厚:《哲学自传》,《读书》2003年第7期。

文章不同意许多古人类学家直立行走是人类形成关键性环节的观点，认为应该更重视人手的形成："双手的逐渐形成标志着多种多样使用工具活动的历史成果。""在从猿到人的进化史中，使用工具的活动却有'量变成质'的巨大含义！所以它才产生了猿类所没有的人的双手。"引用马克思等经典作家的论述，强调工具的出现突破了猿类生物种族的局限，各种自然物日益成为原生物既定肢体的"延长"；这种"延长"主要不是"量"的增长，而是"质"的变化，即使用工具的活动的多样性的特点。第一次提出主体性或人类学主体概念："动物的生活活动与其对象是受同一个自然规律所支配，主客体之分毫无意义；楔入工具之后，情况便大不相同：产生了主动利用自然本身规律并具有无限扩展可能的改造自然的强大力量，它面对自然和区别于自然（客体）而构成主体。这就是主体性或人类学的主体存在。"

论述语言起源，认为最早是动作思维，最后可以发展简化为一套象征性的符号结构，并成为用以传递经验的交际手段，如手势语。强调："在语言的双重内容（作为客观经验的贮存而构成语义与作为传达交流所必需的语音或符号形式）中，我更注重前一方面。这一方面便是与所谓'思维'相联系的。"即自然的声音符号不是语言，具有思维活动、能客观地传达和反映客观经验等语义内容的声音才是语言。"总之，偶发的、自发的、个体的制造工具，不可能诞生自由的双手；偶发的、自发的、个体的制造工具，也不可能诞生真正的人……它经历了一个由物质（使用工具的本能性的劳动实践）到精神（原始语言、意识）再到物质（制造工具）的过程。""在使用工具的实践基础上，动作思维、原始语言日益成为巫术礼仪的符号工具，建构起了根本区别于动物的人类的原始社会。"

从人类起源角度来论证人类整体文化心理和人类个体主体性的人性结构，即人类的文化心理积淀。如果说"积淀论"是先生哲学思想的最重要基石，那么，人类起源研究则是"积淀论"形成的最根本路径和方向。先生在《关于主体性的补充说明》（1983年）中曾明确指出："我是从人类起源来论证这一问题的……从而，'原始劳动—意识、语言—人类劳动'便是这个从猿到人的全程。物质生产的实践是根本，是基础，它历史地和逻辑地领先了一步。这种'领先'的实质就在：第一，它把客观活动所发现的众多因果规律等等通由经验移入、保存、积累在语言、符号的系统即文化之中。它给语言以语义，形成了世代相传的人类知识。第二，它给个体心理以语言的深层结构和能力形式（甚至大脑生理中的遗传印痕）。它是主体性的人性结构的根本动力。"❶1999年，先生在英文论文《"主观性"和"主体性"：回应》中论及此问题时，坦言"（在）'生产力'的结构理论里，马克思说它最活跃的成分是'生产工具'，其对生产力、社会经济及人类历史的发展起着决定性的作用。恩格斯甚至认为制造工具的劳动决定了从猿进化成人……但是马克思和恩格斯都没能将这个重要的概念进行展开说明……更重要的是，马克思和恩格斯没有建立一个关于人类心理与制造和使用工具之间关系的真正理论"，认为制造和使用工具是人类起源的关键点，正是它将人类与其他动物区别开来，语言、思维、逻辑、心理结构等概源于此。❷

赵宋光在《论从猿到人的过渡期》中提出"过渡期"概念，并称"过渡期"的开始为"始渡线"，结束为"终渡线"。认为："作为使用工具的器官的手的形成，是越过始渡线的标志，用工具与制造工具的活动的出现，是越过终渡线的标志。始渡之前，非人乃猿，是'似人的猿'；终渡之后，是人非猿，是'完全的人'；在过渡期，亦人亦猿，是'形成中的人'。"并且认为这个过程有几百万年。

《试论人类起源（提纲）》与赵文基本观点高度一致，即认为使用—制造工具的实践活动是人类起源的根本和关键，甚至连许多概念用语都完全相同，确可看出此乃两人较长时间共同深入探究的智慧结晶，此可构成科学研究史上的一段合作佳话。两相比较，也有明显差别。在主旨上，李文直击"起源"，紧扣"手"的形成这一关键，单刀直入，观点鲜明，明确提出

---

❶ 李泽厚：《关于主体性的补充说明》，《中国社会科学院研究生院学报》1985年第1期。
❷ 转引自林琪（Catherine Lynch）《李泽厚与实用主义》，安乐哲、贾晋华编《李泽厚与儒学哲学》，上海人民出版社，2017年，第214页。

了"主体性"或"人类学主体"的概念，体现出哲学家视野；赵文着眼"过渡"，多从矛盾双方入手剖析，试图揭示因果联系，在过渡的时间上画出界限，有科学家风格。在语言起源上，李文更注重双手使用工具对思维、意识萌芽的促进作用，在语言的双重内容（语义和语音）中，更看重作为客观经验的贮存而构成语义的内容；赵文既高度肯定双手使用工具的重要作用，同时也强调群体之间交流的影响，认为传达信号这一方中产生出萌芽状态的语言，使用工具的这一方产生出萌芽状态的思维。在文字风格上，李文简明扼要，晓畅易懂；赵文比较晦涩，显得复杂艰深。据先生云，双方在讨论时，赵认为在人类本体外，还有自然本体论；李则只承认人类本体，而不赞成自然本体，并认为这是一大分歧。

完成《积淀论论纲》（存留部分以《六十年代残稿》刊《中国文化》2011年秋季号，简称《残稿》），先生整个哲学思想的核心观点在此文中形成。该文首次提出康德的认识如何可能应该由人类如何可能来解答，亦即什么是人性的问题。"积淀""心理结构""实践理性""情理结构""实用理性"等重要观点都在该文初有展露。提出："认识如何可能只能由人类如何可能来解答。""其实，人所以能是万物的尺度，正在于只有人类能够按照任何物种的尺度来生产，并且到处适合内在的尺度于对象。而主体所以能够认识世界，是以长期的历史实践为基础，从上述原始人类的社会意识活动开始，逐渐将自然客观规律移入而化为即积淀（积累沉淀）为主体自身的逻辑——心理结构。主体凭这套结构去认识外物掌握外物，就是纯粹理性。所以，以形成人手为标志的使用工具的劳动实践不仅为直立行走从而为脑量（思维）和发声器官（言语）的发展提供了生理学的先决条件，而且它通过动作思维、原始语言和社会意识形态为所谓（'先验'的）'纯粹理性'的发展提供了根本基础。"第一次提出了"积淀"概念。此《残稿》为先生后来思想的核心起点或"圆心"。

先生自谓，这些思想"基本上是一九六一年开始形成的"[1]。"积淀论"是

---

[1] 李泽厚、刘绪源：《该中国哲学登场了？——李泽厚2010年谈话录》，第22页。

先生思想大厦最重要的基石,其哲学观(人类学本体论)、美学观(自然人化和人的自然化)、思想史观(民族文化心理结构)波澜壮阔的思想历程,均发轫于此。《积淀论论纲》是先生全部思想的"真正诞生地和秘密"。

关于"积淀说"和荣格理论之关系,先生在英文版《美学四讲》中坦言两者有某些相似性:"我认为卡尔·古斯达夫·荣格的'集体无意识'及其中的'原型'观念为人类的心理—情感方面提供了一种有价值的方法。荣格认为,随着人的大脑演化,人种的原始社会经验在脑神经中留下了生理印记,并形成了各种无意识的原型。通过遗传,这些无意识的原型代代相传,从而形成了集体无意识。艺术家的作用就在于唤醒尚隐藏在个体心智中的强有力的原型,以使得这些个体的心智对剩余的原始经验以及那些原型的力量作出回应。荣氏揭示了艺术中超个体的集体无意识以及审美体验,他的这一洞见与我的积淀学说有相似之处。"❶

重要的是两者的区别。论者认为:"荣格的'原型'是固定的、静态的结构形态,它可以被看作是一种先验形式……这种先验形式是遭到李泽厚绝对否认的。因此,李泽厚的'积淀'并非某种生物学意义上'遗传而得'的东西;它是心理—文化发展的一个动态的、常变的过程……换言之,李泽厚的'积淀'与荣格的'原型'这两者的区别就在于荣格假定原型是从遥远的过去获得的,是存在于我们所谓'集体无意识'中的先天的或原初的模式;李泽厚的积淀理论则明显不同,因为它强调我们意识变化的动态过程,这是社会的物质进步对我们精神的文化—心理结构产生影响的后果。"从而认为:"李泽厚是将马克思主义唯物史观的重要成分,叠加在荣格观点的唯心主义和推测的性质之上。但同时,李泽厚亦通过揭示出在这些进程中由属于人类心理范围内的诸因素所承担的重要作用,来提升马克思主义的社会发展理论。因此,如果我们考虑上述诸因素,那么荣格的'集体无意识'和'文

---

❶ Li Zehou and Jane Cauvel, *Four Essays on Aesthetics*, p.112. 转引自沈德亚(Téa Sernelj)《以跨文化的方法对李泽厚"积淀"理论和荣格"原型"说的批判比较》,安乐哲、贾晋华编《李泽厚与儒学哲学》,第340页。

化—心理结构'之间肤浅的相似处就相当微不足道了。"❶

有论者认为，李泽厚之"积淀说"可以同荣格（Carl G. Jung）的"原型"相比较，后者是被嵌于集体无意识之中的，而李泽厚的"积淀"概念更具有历史性。

还有论者认为，李泽厚的"积淀说"观点虽然无化石记录，但是，"考古学和人类学可通过研究与人类残骸一起遗留下来的工具、文物以及残骸的大脑尺寸来测评认知能力和审美情感的水平。至于语言，虽然它含有美感，却也无化石可寻。但是人类学、儿童发展研究、灵长类动物学、语言学及人类灵长近亲的证据却与李泽厚的'积淀说'显示出高度的一致性"。❷同时，由于"积淀说"坚持认为人类历史和人类社会是个体的载体，从历史角度和逻辑上将"大我"看作比"小我"更重要，因此，"积淀说不但与当代科学证据相符，而且还为当代社会科学纠正某些个人主义的假设打开了一个视角"。❸

该手稿由先生在2011年交刘悦笛整理而成。先生最初名之曰《积淀论手稿》，刘悦笛则坚持称之为《六十年代手稿》，后来先生定之为《六十年代残稿》，因为首页页眉处注有："写于60年代，前十页不见了。与政治攸关，'文革'中撕去。"先生曾曰："实际上，我的一些核心思想，如'情理结构''实用理性'等，基本上是1961年开始形成的。"❹

2014年先生和刘悦笛谈话时说："那手稿前面有伦理学的，后面有美学的。前面首先是讲伦理学的，实际上是和政治混在一起的，那些都毁掉了。后面就讲美学的。我不记得了，但是个很重要的手稿。我留的是讲认识论的那部分，讲认识论的与政治无关。"据刘悦笛介绍，先生曾在《1844年经济

---

❶ 沈德亚（Téa Sernelj）：《以跨文化的方法对李泽厚"积淀"理论和荣格"原型"说的批判比较》，安乐哲、贾晋华编《李泽厚与儒学哲学》，第341、342页。

❷ 罗亚娜（Jana S. Rosker）：《李泽厚与现代儒学：一种新全球文化的哲学》，安乐哲、贾晋华编《李泽厚与儒学哲学》，第37页。

❸ 千孟思（Marthe Chandler）：《李泽厚、康德和达尔文：积淀说》，安乐哲、贾晋华编《李泽厚与儒学哲学》，第280—281、299页。

❹ 李泽厚、刘绪源：《该中国哲学登场了？——李泽厚2010年谈话录》，第22页。

学—哲学手稿》英文版（先生曾补充说是莫斯科的英文版，购买于北京国际书店）上用中英文做过批注，而且可以看出，先生的观点是从这本手稿演化来的，同时受到了一本心理学小册子的影响。刘悦笛在《中国实践哲学与美学来源的真正钥匙：新发现的李泽厚〈六十年代残稿〉》（刊《文艺争鸣》2017年第5期）中指出："李泽厚的这篇手稿《六十年代残稿》，要比写于1964年的《人类起源提纲》充实与深入得多。在这部手稿当中，李泽厚思想的萌芽几乎都可以找到，其中最明显的有如下方面：第一，实践论就是'人类学的唯物主义'。第二，从'实践中的理性'（reason in practice）飞跃到'实践理性'（practical reason）。第三，《六十年代残稿》首度提出了'积淀'这个概念。"

有论者认为，"积淀"概念经历了"积累""沉淀"再到"积淀"的发展过程。李泽厚自1956年参加美学大讨论，即用"积累"一词指称艺术家经过漫长创作实践而陶积养成的艺术素养，直接指向人类历史反复层累、堆积而成的文化心理结构。1963年，在《典型初探》中又用"沉淀"代替"积累"去描述这一美感的历史生成过程。虽然都从"历史积累"的角度去把握审美感知的历史生成效果，但此时与早期将美感集中落实到"外在的"历史的"客观社会性"相比，意蕴有所微调：开始将"内在的"个体的、感性的、直观的主体心理作为其解释美感的路径。认为"这种思想的转捩显然与他这一时期对西方美学思想的批判吸收密切相关"。并且提出李泽厚的"积淀说"仍是中国本土美学语境中对前辈黄药眠"积累说"的思想继承，但通过对西方理论资源的批判改造，又从"工艺—社会本体"和"文化—心理本体"的双向"自然人化"中拓展了其理论内涵，蕴含着创造性的发展，具有理论再创性。[1]此说对"积累"到"沉淀"的意蕴辨析，看似精细，但总体上显然忽视了先生早在1940年代即深入接受马克思主义的历史事实，以及

---

[1] 李圣传：《从"积累说"到"积淀说"——李泽厚对黄药眠文艺美学思想的继承与发展》，《文学评论》2013年第6期。

1960—1963年和赵宋光共同深入探索人类学起源的深厚哲学背景。至于说直至1979年出版的《批判哲学的批判——康德述评》才将"沉淀"易名为"积淀",并由此走上了"积淀说"的理论系统化创构之路,更是没有顾及先生《六十年代残稿》这一极其重要的历史文献。

《帕克美学思想批判》发表(帕克《美学原理》中译本序言,商务印书馆,1964年;刊《学术研究》1965年第3期;后收入1980年出版的《美学论集》),被删节甚多。此为"文革"前发表的最后一篇文章。

先生在收入论集时曾有补注云:"本文写于1964年,原系帕克《美学原理》中译本(商务印书馆,1964年)序言。本文目的在于选择一个代表性的对象作较具体的分析。之所以选择帕克,不是因为他的理论的重要、独创或有特殊价值,恰好相反,是因为这一理论的杂凑折中,能从较多侧面表达出各派现代理论。"该文认为帕克的哲学是十分露骨的主观唯心主义:这些欲望都是脱离了历史具体条件下的抽象的东西,是一种超脱历史性、阶级性的抽象的需要或欲望,而且,就在这些混杂笼统的需要或欲望之中,最根本、最主要的欲望或需要,如按帕克所讲,则是各种动物性、生理性的原始冲动和本能需求,也就是帕克所称的"自然人"的欲求。先生有关帕克哲学美学思想的分析,一方面打上了鲜明的时代印记,如认为其实质上只是现代资产阶级欲望论的一种美学装饰罢了;另一方面,确也反映出先生和帕克哲学美学思想的根本分歧点,如帕克把美感归结为所谓人性、人的欲望,而先生则认为这就抽取了其中活生生的历史具体的社会内容。这与先生在之前美学大论战中的美学观点是高度一致的,因而仍具有浓厚的学术讨论性质。

写作《英美现代美学述略》(刊《美学》1979年第1期)。自注曰:"文中材料以当时所见到的为限。"文章分六个部分:一、19世纪末以来美英资产阶级美学简述;二、分析哲学的"美学观";三、苏珊·朗格的符号论;四、托马士·门罗的新自然主义;五、心理学的美学;六、结语。值得重视的是第五部分对荣格理论的分析,可以见出先生"积淀"思想与荣格集体无意识理论的相通和共鸣之处。

有论者认为西方现代美学既是先生的批判对象，也是其自身理论形成的重要参照系，对其西方现代美学的学术研究和自身思想发展具有双重的意义。

参加"四清"工作队。1964年至1966年初先后在湖北襄阳、河北徐水两地参加"四清"运动。先生言自该年起，深感"山雨欲来风满楼"，非常忧惧第二次"反右"，曾想如何积钱辞职离开单位以保身家，也赶紧将《积淀论论纲》写出收藏。

5月2日，汤用彤逝世。

1966年

(丙午)·37岁

5月,《红旗》杂志1966年第5期发表郑季翘关于形象思维的文章《文艺领域内必须坚持马克思主义的认识论——对形象思维论的批判》。该文认为现代形象思维论是一个反马克思主义的认识论体系,是现代修正主义文艺思潮的一个认识论基础:修正主义在文艺理论上对马克思主义的修正是多方面进行的,而形象思维论则是从认识论的根本问题上进行修正的,它的作用就是要在文艺理论中挖掉马克思主义的根基,使文艺成为非理性的、神秘主义的东西,以便于他们在其中兴妖作怪。该文重点批判对象即先生发表于《文学评论》1959年第2期的《试论形象思维》。先生曾撰文据理反驳,寄《红旗》杂志,被退回。

尽可能不去所里,开病假条,在家看书,成为"逍遥派"。

1967年

(丁未)·38岁

"文革"风暴日急。

时姚文元权倾一时,而姚早就是先生论敌。1960年代初,李、姚曾互相尖锐地点名批评过。先生自谓"文革"初期有些紧张,对姚的文章、思想太熟悉,遂引发对"文革"思考,云:"'文革'开始的时候,我在北京,算是个'逍遥派',看法虽然也有一些,但是不介入那些纷争。不过机关跟学校有很大不同。因为都是成年人,所以不像学校里闹得那么凶,虽然两派之间斗得也很厉害。我那时候已经结婚了,就尽可能地不去所里,开个病假条,一个礼拜、两个礼拜都不到所里去,在家里看看书。"❶

6月2日,马一浮逝世。

---

❶ 李泽厚:《李泽厚近年答问录》,第94页。

1968年

(戊申)·39岁

秋,工宣队进驻中国科学院哲学社会科学部,有人想整先生,说先生是"学术权威",工宣队不同意,认为只挣那么几个工资够不上"权威"。读书,思考,列研究提纲,曾拟了九个提纲(题目),云:"我读书、写文章,但文章没有发表。能发表的文章我不愿意写。那段日子我也不断想问题。我后来发表的文章,不少是在那个时候思考的。"❶

5月24日,熊十力逝世。

牟宗三《心体与性体》在台湾出版。

---

❶ 李泽厚:《答香港记者章浪问》,《走我自己的路》(增订本),安徽文艺出版社,1994年,第425页。

1969年

(己酉)·40岁

读书。思考。

10月7日,陈寅恪逝世。

1970年

（庚戌）· 41岁

到中国科学院河南信阳专区息县、明港"五七干校"劳动。隐蔽地研读康德《纯粹理性批判》，开始为《批判哲学的批判——康德述评》写作作准备。此后忆及此段经历，慨叹不已：就是想回北京。

1971年

(辛亥)·42岁

继续在"五七干校"劳动。思考。

1972年

（壬子）·43岁

秋，结束干校劳动回到北京。和哲学所诸人参加任继愈主编之《中国哲学史简编》和《中国哲学史》第四卷的编著工作，撰写谭嗣同、太平天国等章节。集中精力写作《批判哲学的批判——康德述评》。

作《蝶恋花》词："绿满长安尘满路，双燕归来，不识韶华暮。柳絮轻狂迎面舞，回头往事无心绪。漫道飞花浓似许，万里烟云，尽是伤春语。一夜雷声无驻处，明朝欲下滂沱雨。"先生曾解释："双燕"指诗人夫妇从干校双双归来；"柳絮轻狂"指姚文元，"文革"前曾与姚论战美学问题，此时姚正炙手可热。❶

拜访朱光潜，聊天，只叙友情，不谈美学；一起喝酒。曾向朱光潜出示此词，未作任何解释。朱言"牢骚太盛防肠断"。❷朱光潜赠先生两大函线装的《五灯会元》及两本英文书。见朱光潜在翻译联合国文件，即把外交文件中译英或英译中，先生颇为愤慨，认为完全是糟蹋人才。❸

1972—1974年，考古工作者在长沙马王堆先后发掘了三座西汉时期墓葬。墓葬的结构宏伟复杂，出土丝织品、帛书、帛画、中草药等遗物3000余件。此外，还出土了保存完好的女尸一具，以及方剂书籍帛书《五十二病方》。马王堆汉墓的发现，为研究汉代初期手工业和科技的发展及长沙国的历史、文化和社会生活等方面提供了重要资料。

---

❶ 本谱关于李泽厚对自己诗词的解释，均源自笔者与李泽厚的交谈（面谈或电话交谈），下同不注。
❷ 李泽厚：《悼朱光潜先生》，《杂著集》，第49页。
❸ 李泽厚、戴阿宝：《美的历程：李泽厚访谈录》，《文艺争鸣》2013年第1期。

1973 年

（癸丑）·44 岁

3月，儿子李艾出生。因为自己学文科吃尽了苦头，"因此无论从学科本身来说，或从客观条件和环境来说，这两点就决定了生下来不管是男是女，（我）都不会让他（她）学文科。从小我就培养他注重数学，教他 $2+2=4$、$4+4=\cdots\cdots$他一直作文不好，说，没话说，一篇作文三四句就没有了。我说没关系，写不出就不要勉强了。这是我有意引导的。现在看来，仅就其个性来说，这个决定也是对的"。[1]

秋，作《菩萨蛮》词："濛濛细雨漫天落，晚来秋意添萧索。归后又经年，花期仍渺然。佳人无可望，辗转翻惆怅。心事欲成灰，春风何日吹。""欲"初发表时为"即"，后改此。先生曾谓：词里的"佳人"乃指毛泽东；"辗转"乃数换接班人，美人香草，此之谓也。

后，又作《菩萨蛮》词："新枝旧树怜依伴，风尘梦境双召唤。相见怕猜嫌，相思何悄然。云天徒渴望，咫尺偏惆怅。心意莫曾违，心魂长日随。"其意待考。

---

[1] 李泽厚：《李泽厚近年答问录》，第72页。

1974年

（甲寅）·45岁

作七律："学书学剑岂无成，卅载青春若梦行。前岁江南伤异客，今朝燕北骂儒生。烟云变幻悲前路，风雪凄迷接帝城。盼得惊雷天外至，挂帆千里听涛声。"先生曾解释："今朝燕北骂儒生"指"批林批孔"运动及"文革"之批"臭老九"，"异客"指1949年前自己被视为"红色分子"。

1975年

(乙卯)·46岁

秋,作《鹧鸪天》词:"已矣长安百尺楼,西风有意笑君侯。席排桃偶神开宴,月冷荒沙鬼碰头。蛮触斗,几时休,万般心意付东流。黄花不下伤时泪,一样悲秋一样愁。"先生曾解释:"百尺楼",指当时正建的北京国际饭店;"席排桃偶神开宴",指当时正在召开的全国人大会议。

另作《题稿费单打油黄鹤楼体》:"钱币早如流水去,此处空留稿费单。稿费一去不复返,文章虽在空荡荡。风华历历浮云散,岁月萋萋世路长。日暮乡关何处是,阮囊羞涩使人难。"具体写作时间不详,姑且存此。

《思想战线》创刊。胡绳对刘再复(刊物筹备组成员)说,创刊号应当把哲学社会科学部各学科第一流的学者请来亮相,登他们的文章。刘问:目录上的约稿名单已有任继愈、唐弢等,您觉得还应当约请谁?胡绳说:请钱锺书、何其芳、李泽厚嘛![1]

---

[1] 刘再复:《师友纪事》,生活·读书·新知三联书店,2011年,第47页。

1976年

（丙辰）·47岁

4月，发生以悼念周恩来、反对"四人帮"为主要内容的全国性群众抗议运动——四五运动。作七绝："瓦釜雷鸣玉剑埋，八方哀怨究难排。素衣白马飘风后，万木无声待雨来。"

8月，于抗震棚中坚持写作，《批判哲学的批判——康德述评》完稿。该书强调"使用和制造工具是人类社会的根基"，以"人类如何可能"回答了康德的"认识如何可能"。

作七绝二首："忽有凶光动地开，二十万人同刻醢。惨凄残酷万古无，我欲问天谁主宰。""昨夜犹然谈笑闹，今晨化作血尸尿。千万春宵瞬息无，人生哲理谁能道。"

9月9日，毛泽东逝世。作七绝二首，有"呼风唤雨霸中原，功业文章万口传""一统江山寿八旬，风流运会迈前人"之句。

9月21日，胡绳复信，云："看了你的书的序言和目录后，我觉得这样一本书是应该出版的，但我不知道现在的出版社能否接受这本书。虽然我颇想读一下你的稿子，但又怕没有时间读，反而耽误了。可否你把其中的某一章给我。我想，也许把第二章给我是适当的。"信中所云书稿指《批判哲学的批判——康德述评》。

10月，粉碎"四人帮"。作七绝二首："四害驱除反掌间，小丑横行竟十年。斯文扫地民财尽，补缀衣冠又一编。""响罢惊雷旱未除，运筹难算几崎岖。醉深酒醒凭谁唤，举目无人作黑夫。"先生曾解释："黑夫"，即赫鲁晓夫，之所以不写"赫"而写"黑"，为避祸也。

10月，写作《批判哲学的批判——康德述评》后记。称："很早就对康德哲学有兴趣，但从未打算研究论述它。一九七二年明港干校后期，悄悄将携带身边的《纯粹理性批判》又反复看了几遍，觉得可以提出某些看法。同年秋，干校归后，'四人帮'凶焰日张，文化园地，一无可为。姚文元在台上，我没法搞美学；强迫推销'儒法斗争'，又没法搞中国思想史。只好远远避开，埋头写作此书，中亦略抒愤懑焉。"将书稿交出版社，此后即回到了"美学和中国思想史"的原领域，自谓"没能再去碰康德这位庞然大物了"。

11月26日，《实用主义的破烂货》发表（刊《人民日报》），批判姚文元的"美学体系"。先生自谓此类文章有如大字报，并无价值，没有收入文集。先生在将其收入《美学论集》时曾有尾注云："本篇和下篇（指《美学的丑剧》。——笔者注）不过是《美学三题议》中对姚的批评的政治化而已，录此聊备一格。一九七九年十二月。"诚如先生所云，这两篇文章中确有一些批判"四人帮"时的时代烙印，即政治大批判色彩，但仍然体现出一定的学术性和论战风格，绝然不同于当时一般的大批判文章。譬如，在批判姚的唯心主义美学观时，指出："姚文元并不是从生产斗争和阶级斗争这个人类社会生活的根本实践中，去寻找和论证美的客观根源；相反，而是从所谓'接触''深切体会'中，亦即人们的主观经验中，去寻找和论证。"先生1960年代和姚论战时曾批评其美学"有点经验主义偏向"，此文进一步指出："其实，岂止是有点偏向，是地地道道的经验主义。实用主义本来就是立足于主观经验的经验主义。其实，又岂止是经验主义，而且又是教条主义。"

5月26日，马丁·海德格尔逝世。

1977年

（丁巳）·48岁

2月，《论严复》发表（刊《历史研究》1977年第2期），不同意当时学界定论，认为严复的历史地位不再代表改良派，而在给近代人以新的世界观。首度提出英国自由派（改良、渐进，以洛克为代表）较法国革命派（革命、激进，以卢梭为代表）为优的思想。指出："严复对资本主义社会的了解比改良派任何其他人更为深入，他把个人自由、自由竞争，以个人为社会单位，等等，看作资本主义的本质，从政治、经济以及所谓'物竞天择'的生存竞争进行了论证。并且指出，民主政治也只是'自由'的产物。这是典型的英国派自由主义政治思想，与强调平等的法国派民主主义政治思想有所不同。在中国，前者为改良派所主张，后者为革命派所信奉。然而，以'自由贸易'为旗号的英国资本主义，数百年来的确建立了比其他资本主义国家（如法国）更为稳定、巩固和适应性强的政治体系和制度。其优越性在今天也仍是一个值得研究的课题。严复当年的眼光是锐利的。"先生"改良优于革命"思想在"文革"中开始萌生，此时已经进入潜滋暗长的长期孕育过程之中。先生此后曾经说过，他是"胆战心惊"地插入一句"与主题并无直接关系"的话来肯定改良。

同时，该文第一次论及救亡和启蒙的关系问题："迫切的救亡局面，把国家富强问题推到当务之急的首位，使严复愈来愈痛感'小己自由非今日之所急，而以合力图强……为自存之至计'（《法意》卷18按语）。这样，国家富强又比个体的德智体，比个人思想言论上经济上的自由和发展要紧得多、急迫得多，应该摆在前面。这是近代思想家包括严复在内所实际着重的首要主题。"这一观点自此不断在先生论述中出现,终于形成了"救亡压倒启蒙"之时代强音。

文章结尾意味深长:"数千年中国传统经常把好些'向西方学习'的分子又逐渐吞噬、消化进去了。严复不过是一个典型例子。其后有更多的人走的都是这条路。这是一个值得好好研究的课题。中国意识形态的顽强力量,本不是数年数十年所能清除,特别是小生产社会基础没有彻底改变之前,资本主义的东西不一定能生根,封建主义的东西倒驾轻就熟,可以改头换面地一再出现,并把人们从思想到行动、从灵魂到肉体都吃掉。严复介绍西学、新学的故事提醒我们的注意。"

文中提到并驳难史华慈的名著《寻求富强》,使一些美国学者颇感惊异,他们以为中国年青一代学人已不知晓当代国外学术信息。此事曾记录在某内参中。

1978年

(戊午)·49岁

1—2月,相继发表《形象思维的解放》《关于形象思维》《形象思维续谈》(分别刊《人民日报》1978年1月24日、《光明日报》1978年2月11日、《学术研究》1978年第1期),参加当时形象思维大讨论:梳理形象思维概念的历史,阐述形象思维基本特征,指出形象思维是文艺创作的客观规律,阐述形象思维和逻辑思维的区分、先后、优劣,从美感看形象思维与逻辑思维的关系等问题。《形象思维的解放》收入《美学论集》时,先生自注曰:"本文写于1978年,原载《人民日报》1978年1月24日,内容系政治批判,为纪念形象思维的遭遇(许多同志因此问题而受尽迫害),特此收录,以留历史之鳞爪也。"在该组论文中,仍提出了甚为重要的问题,认为"审美包含认识—理解成分或因素,但决不能归结于、等同于认识",由此完成了从认识论到审美、情感论的转变,强调了艺术的情感逻辑。该组论文集中反映了先生突破认识论哲学的束缚,把握人类审美活动个性精神特征的努力。

3月,《章太炎剖析》发表(刊《历史研究》1978年第3期),认为评价历史人物,"应看一个人在历史上所起的客观作用,从推动或阻碍历史发展的大小着眼,确定其在历史上所起的主要作用,而予以肯定或否定的评价;而不是单纯从个人着眼,沉溺在个人的各种思想、行为的细节中纠缠不清。首要的是在历史上的客观功过,而不是个人某些主观言行……应该以历史学而不是以伦理学的校准来作为衡量尺度……"该文实际针对1949年以来道德主义盛行,几乎压倒一切,纯以道德标准来评价历史人物的学风,如"文革"开始时对李秀成、瞿秋白的评价等。

7月,《洪秀全和太平天国思想散论》发表(刊《历史研究》1978年第7期),指出:"解放后研究成果肯定了这场革命的农民战争性质,缺点是未深入探讨其客观规律,总结历史经验。"此文并非影射史学,针对现实的性质却很强,吸引了不少读者,当时影响颇大;后收入《中国近代思想史论》作为开篇。

论者认为,该文集中反映了李泽厚在1976—1978年间对中国革命的再认识,指出:"李此文有着极强的针对性和论战性。全文贯穿着一个论调,不完成资产阶级工业经济大发展,中国的封建生产关系以及附着在封建生产方式之上的小生产者的种种空想(平均主义、禁欲主义、单一集体生活等)就无法得到彻底清算,宫廷政变、阴谋权术、专制割据等,就会不断在中国历史中上演。"❶

7月15日,苗力田来信,谈及对《批判哲学的批判——康德述评》书稿阅读意见,云:"泽厚同志:您好!承重托,盛暑中展读大作,一副清凉剂也。在这部分里,您对结合卢梭和牛顿这一根本思想也是表现得很显明的。质而言之,不是就'科学与民主'这个老口号吗?康德在这里强调目的论,搞了一套上帝存在的道德证明,但其思想并非神学,这是很允当的。唯盼能早日见书,是(使)这片荒芜得不成样子的园地,得其硕果……苗力田 七月十五日。"

9月,写作《美学论集》后记,云:"在一些相识和不相识的同志热情建议下,我编了这个集子,文章绝大部分是'文化大革命'前已发表的。这些相当幼稚的东西居然曾发生微末影响,今天还有人提及它,足见这块园地的荒芜和面貌之亟待改变。那末,就让这些东西作为铺路的碎石,供开辟大道的科学车轮碾压吧。为保存历史面目,除增删个别字句外,尽量少作变动。各篇文字、材料重叠处亦未芟除。有必要说明的地方,添了一些补注、补记

---

❶ 何浩:《1979—1984:李泽厚对马克思主义的历史重构及其与中国革命遗产的关系》,《文艺理论与批评》2016年第2期。

附在正文之下或之后。"

《美学的丑剧——评姚文元的〈美学笔记〉》发表（刊《文艺论丛》第4期），文章指出，对姚文元发表于1960年代初的系列"美学笔记"，当时就曾批评过："照这个方向、方法搞下去，就会走上一条庸俗的实用主义的道路上去"，现在看来，"他早就是一个彻头彻尾的实用主义者了。作为美学研究方向、方法提出来的照相馆理论体系，正是这种挂着革命招牌贩卖实用主义的反动路线"，"这与他日后作为'四人帮'用超阶级、超时代的所谓'爱人民''反倒退''主张统一'等条条，来作为所谓'法家'的绝对标准到处套用，倒是完全一致的"；他的所谓"艺术辩证法"，"完全失去了社会历史具体内容的分析，离开了事物、对象（艺术作品、艺术种类）作为一个矛盾发展的历史过程的具体研究"。

2月2日，唐君毅逝世。
6月12日，郭沫若逝世。

1979年

(己未)·50岁

1月,《康德的美学思想》发表(刊《美学》1979年第1期)。此文写于1973年,分"美的分析""崇高的分析""美的理想""审美理念与艺术""人是按照美的规律来造形的"等部分。主要内容即《批判哲学的批判——康德述评》最后一章,提出:"不是神,不是上帝和宗教,而是实践的人、集体的人,即亿万劳动群众的实践斗争,使自然成为人的自然。不仅外在的自然界,而且作为肉体存在的人本身的自然(五官感觉到各种需要),也超出了动物性的本能而具有了人(即社会)的性质。人在自然存在的基础上,产生一系列超生物性的素质:审美就是这种超生物性的需要和享受,正如在认识领域内产生了超生物性的肢体(不断发展的工具)和认识能力(语言、思维),伦理领域产生了超生物性的道德一样,这都是人所独有的不同于动物的社会产物和社会特征。不同的只是,前两个领域的超生物性质表现为外在的,而在审美领域,则已积淀为内在的心理结构了。"在"美的分析"一节中指出,康德把"质"(主要是把审美愉快与其他愉快作重要区别)作为第一要点,实际关系人与自然的哲学问题,即作为主客体对峙的人(主体)与自然(对象),作为主体自身内部的人(理性)与自然(感性)的统一。这既是一个美学问题,也是一个重大的哲学问题。正因为此,先生认为,康德的《判断力批判》所以比黑格尔的艺术哲学无论在美学上或哲学上影响都更为深广,从根本上说原因在此,但是,康德企图在传统美学内部来统一人与自然、理性与感性、伦理与认识的对立,却是不可能实现的。在"人是按照美的规律来造形的"一节中,更是进一步明确论述:"'自然向人生成',是个深刻的哲学课题,这个问题作为美学的本质,是由于自然与人的对立统一关系,历史地积淀在审美心理现象中。它是人之所以为人而不同于动物的具体感性成果,是自然的人化和人对象化的集中表现。"并且强调:美是真、善的统一,是二者交互作用的历史成果,它远远不是一个艺术欣赏或艺术创作的问题,而是"自然的人化"这样一个根本哲学—历史学问题。

先生的这一论断,既和1950年代参加美学大讨论时的观点有深厚渊源,如美的社会性、历史性等,显示出前后思想的关联性和一致性,同时更显示出1960年代由于探究人类起源问题而产生的新的认识高度,标志着先生由美学进而转向哲学思想建构的重大学术进展。

2月,《从〈海瑞罢官〉谈起》发表(刊《戏剧报》1979年第2期),指出:"人民群众今天对清官已经不满足了,人民群众要彻底跨越封建时代,要求自己的社会主义民主。'四五'运动就是这样,它的真正意义在于这是一个伟大的新起点。"

3月,哲学专著《批判哲学的批判——康德述评》出版(人民出版社),强调马克思主义应是历史唯物论,不赞成辩证唯物论,提出了"使用和制造工具是人类社会的根基"等许多重要思想和观点,公开发表其人类学本体论哲学思想,但仍隐蔽在阐述康德先验论于哲学史上的枢纽意义的讨论中。对实践做出十分重要而严格的界定:"所谓社会实践,首先和基本的便是以使用工具和制造工具(这里讲的工具是指物质工具,例如从原始石斧到航天飞机。也包括能源——从火到核能)为核心和标志的社会生产劳动,最后集中表现为近代科学实验在认识论上的直接的先锋作用。"认为马克思主义哲学就是历史唯物论,而历史唯物主义就是实践论,从实践论哲学出发,人是历史活动的主体,在历史过程中积淀建构了人的主体性结构,即人性结构。

该书提出,应当"纠正、加深、概括、扩大"康德的论点。"所谓'纠正',就是把康德所强调的普遍必然性问题放在具有一定客观社会性的人类历史的基础上来考察,即使是自然科学,也要和社会历史联接起来。例如似乎与社会生活和经验世界毫无关系的独立自主的真理形式(如数学),其最终根源也仍在社会实践的最初的基本形式——原始操作活动中。如同物质生产—劳动操作展现了人类实践的能动性一样，符号操作—数学构造正好展现着人类所特有的认识能动性，而这种能动性便正是人类主体性的文化心理结构的一个重要方面，即人类的文化—智力结构中的一个基本因素。从心理学上讲，它也正是由实践—操作活动内化而成的。用传统的哲学认识论的话讲，它就是对社会实践活动的一种'反映'。这才是我所理解的马克思主义的能动的反映论——人类学本体论的实践哲学。可见，本书所讲的'人类的''人类学''人类学本体论'，就完全不是西方的哲学人类学之类的那种离开具体的历史社会的或生物学的含义，恰恰相反，这里强调的正是作为社会实践的历史总体的人类发展的具体行程，它是超生物族类的社会存在；所谓'主体性'，也是这个意思。"这是1949年以来中国哲学界首次提出"主体性"这一概念并对其内涵做出了明确界定："人类主体性既展现为物质现实的社会实践活动（物质生产活动是核心），这是主体性的客观方面即工艺—社会结构亦即社会存在方面，基础的方面。同时，主体性也包括社会意识亦即文化—心理结构的主观方面。"先生认为这里讲的主体性心理结构主要不是个体主体的意识、情感、欲望等，而恰恰首先是指作为人类集体的历史成果的精神文化：智力结构、伦理意识、审美享受。

该书指出，康德所谓先验的认识结构，从人类学角度来说，其实还是有经验根源的，它源自人类漫长的社会历史实践，是在长期的社会历史实践中社会性的理性所内化、凝聚、积淀而来，因此，康德哲学的问题"认识如何可能"的前提是"人类如何可能"。提出："认识如何可能，根本上源起于人类如何可能。只有从后一问题出发，从人类的社会存在来看人类的社会意识，包括因果之类的认识范畴，才能历史唯物主义地解答问题，也才是贯彻'不离开人的社会性'这一实践的观点。"

评析康德、席勒的美育观，认为："马克思从劳动、实践、社会生产出发，来谈人的解放和自由的人，把教育学建筑在这样一个历史唯物主义的基础之上。这才在根本上指出了解决问题的方向。"强调指出："'自然向人生成'，是个深刻的哲学课题，这个问题又正是美学的本质所在……美不只是一个艺术欣赏或艺术创作的问题，而是'自然的人化'的这样一个根本哲学—历史学问题。美学所以不只是艺术原理或艺术心理学，道理也在这里。"在哲学思想阐述中首次展现其对教育的重视和关注，提出美育不只是艺术教育问题。这种关注此后逐步加深且日益强烈，最终形成其哲学思想视域下的教育观，即教育美学思想。

若干年后先生评论此书时指出："我通过这本书表达了我的哲学。后来我由他的美学扩展到他的认识论、伦理学和历史哲学。我将康德与马克思联结了起来。"云："我提出'积淀'应从'人类（共同）的''文化（共同）的'和'个体的'三个层面进行剖析，认为'认识是理性的内化'，表现为百万年积累形成似是先验的感性时空直观、知性逻辑形式和因果观念；伦理是'理性的凝聚'，表现为理性对感性欲求的压抑、控制和对感性行为的主宰、决定；审美则是'理性对感性的渗透融合'。'积淀'理论重视理性与感性、社会与自然、群体与个体、历史与心理之间的紧张以及前者如何可能转换成后者，最终落脚在个体的独特性和创造性，以获取人的自由：认识的自由直观，伦理的自由意志，审美的自由享受等等。"❶"我在这本书里讲人类主体性，强调人类的本体……而我强调人类主体性时，又特别强调人类的发展首要在于他们在生产实践活动中所使用的工具的发展，也就是科学技术的发展，生产力的发展。我认为生产力——经济基础的理论即唯物史观，是马克思主义哲学的'硬核'。我确实为改革提供了马克思主义的理论根据。"❷王浩1983年看望先生时曾说："从《批判》（指《批判哲学的批判——康德述评》）里已经能看出一个新的哲学体系。"先生自谓："从八十年代该书出版至今，人们都认为这本书是研究康德的，这一半对，因为该书确实是讲康德的……但一半却错了，这一半在书中不明显，对我却非常重要，因为这本书通过

---

❶ 李泽厚：《哲学自传》，《人类学历史本体论》，天津社会科学院出版社，2008年，第365—366页。
❷ 李泽厚、刘再复：《告别革命——二十世纪中国对谈录》，台北：麦田出版社，1999年，第37—38页。

'批判'康德,初步表达了我自己的哲学思想……那本书里的一些基本命题,我在'文革'以前都有了。一直到现在讲的'认识如何可能''人类如何可能',那时都有。"❶

"《批判》一书在当时写作情境和认识水平下,至少在表述上是以肯定的态度来讲从黑格尔到马克思的实体辩证法,即基本认同了辩证法是客观世界或事物所具有的普遍规律,直到《实用理性与乐感文化》一书中,才明确否定任何客观实体辩证法,强调辩证法只是人们在'存在层'的认知方法,并与'操作层'认知方法的逻辑——数学相区分。正如《告别革命》一书前后对革命的评价有所不同一样,在某种意义上,这也都是更清晰更公开地向康德回转。""我的《批判》一书则一方面全面回到康德,从认识论、伦理学、美学和目的论,通过康德全面延伸了马克思。另方面,这一种延伸的强有力的背景却是实用理性和乐感文化的这个传统,这一点具有根本性。'人类学历史本体论'以中国传统为基地和背景,坚持在人本、历史、积极入世的基础上反思过去、展望未来和把握现在,以此来融化康德和马克思。这就是我十年前所说的'儒学四期'。其中所说的自由主义就主要指康德,当然也包括罗尔斯等人。人类学历史本体论包容了马克思主义、自由主义以及存在主义和后现代。"❷

在该书初版后记中,先生曾引用龚自珍的一首诗,后来接受好心的同志建议,删去了所引龚诗:"河汾房杜有人疑,名位千秋处士卑。一事平生无齮龁,但开风气不为师。"引该诗隐含此书开时代风气之意。

有论者曰:"在用康德解释把握时代命脉甚至推动时代精神的意义上,李泽厚无人可比。康德在廿世纪的某个时刻居然如此激动人心,究其原因,天时地利因素占据泰半。但把这种因素转化为活生生的现实力量,李氏解释厥功至伟。"❸还有论者进一步评价道:"李泽厚的历史本体论哲学的提出,是

---

❶ 李泽厚、刘绪源:《该中国哲学登场了?——李泽厚2010年谈话录》,第20页。
❷ 李泽厚:《马克思主义在中国》,第269—271页。
❸ 丁耘:《启蒙主体性与三十年思想史——以李泽厚为中心》,《读书》2008年第11期。

中国哲学对马克思哲学的一个极大的发展,是在20世纪70年代中国的社会历史条件下提出来的中国式马克思主义的一个学说……实践主体的地位便被突出、彰显出来,从而使得哲学从没有主语的、互不相干的辩证唯物主义和历史唯物主义两大块变成为以人为主体的主体性实践哲学,为80年代的思想解放和新一轮现代性启蒙运动提供了理论依据,并为以后进一步探讨个体生存的意义和价值留下空间。"[1]该著拉开了中国1980年代现代性启蒙的序幕,在学术界和社会上产生了极其广泛的影响。

也有论者追根溯源,认为康德哲学并不是主体性实践哲学思想的唯一思想根源,马克思《1844年经济学—哲学手稿》(以下简称《手稿》)才是主体性实践哲学的思维起点,其重要性不亚于康德哲学,并指出"李泽厚不只受惠于《手稿》,于《手稿》亦有功焉"。马克思的《手稿》所云"人化的自然",着重在人类对外在物质自然界之改造,而李泽厚"自然的人化"中的"自然",除了指物质自然界,还包括人类主体自然,即"内在自然",这是一个重要的理论贡献。李泽厚主体实践哲学可以看作是中国马克思主义学者《手稿》研究极有价值的理论成果。[2]

该著1984年由人民出版社出版修订版,1994年由安徽文艺出版社出版第三版,1996年由台湾三民书局出版第四版,2003年由天津社会科学院出版社出版第五版,2007年由生活·读书·新知三联书店出版第六版,每版都有修改。

3月20日,致信刘纲纪,云:"你如能参加《中国美学史》(我们正在编写第一卷先秦部分),当然万分欢迎。如能定下来,当找个机会仔细商谈一下,意下如何?美学理论准备下步进行,拟先译出卢卡契等人著作后,再着手。这样,更有把握(100万字的美学乃其晚年成熟期著作)一些,因为脱手必须是国际水平才好交代。这也是我们决定先搞中国美学史的一个原因。

---

[1] 徐碧辉:《从人类学实践本体论到个体生存论——再论李泽厚的实践美学》,《美学》2008年第2卷。
[2] 薛富兴:《李泽厚主体性实践哲学的理论根源——马克思〈1844年经济学哲学手稿〉对主体性实践哲学之规定》,《贵州师范大学学报(社会科学版)》2003年第3期。

你的想法如何？近期、远景如何打算？均望告之一二。"

4月14日，刘纲纪来信，云："写中国美学史一事，我意是由你来主持，这是很适合的。参加者恐不需太多，以精干为好，同时研究问题的方法和观点要基本一致才行。你在理论观点上作全盘考虑，大家分工合作来搞，争取弄出一部有较长的生命的东西。在写法上，尽可能详细一些，弄一个大部头的东西，这叫一不做，二不休，要搞就搞彻底一些。在你的主持下，我认为完全有把握搞好。我甚愿意来贡献自己的一份力量。"

6月，《二十世纪初资产阶级革命派思想论纲》以首篇地位发表（刊《历史研究》1979年第6期），指出："五四运动提出科学与民主，正是补旧民主主义革命的思想课，又是开新民主主义革命的启蒙篇。然而，由于中国近代始终处在强邻四逼外侮日深的救亡形势下，反帝任务异常突出，特别是长期处在军事斗争和战争形势下，封建意识和小生产意识始终未认真清算，资产阶级民主观念始终处于次要地位。一方面，历史告诉我们，经济基础不改变，脱离开国家、民族、人民的富强主题，自由民主将流为幻想，而主要的方面，则是没有人民民主，封建主义将始终阻碍着中国走向富强之道。从而，科学与民主这个中国民主革命所尚未实现的目标，倒成了今天无产阶级社会主义革命的巨大任务。"该文第三节"一束历史教训"的脚注明确指出："不仅革命派，当年改良派的讲民权（如谭嗣同）、自由（如严复），也都是为了'救亡'，即为了反侵略争独立而提出的手段和方案（详见各文），反帝救国成了整个中国近代思想的压倒一切的首要主题。""救亡压倒启蒙"思想于此已基本形成，呼之欲出。

6月，作"形象思维再续谈"演讲（该文后收入《美学论集》，上海文艺出版社，1980年），指出形象思维并不是思维，艺术不只是认识，并肯定创作过程中的非自觉性，对逻辑思维应否干预形象思维略有修正。反对逻辑思维过多地干预形象思维，指出："如果硬要类比逻辑思维，要求形象思维也要有'逻辑'的话，那么，我认为，其中非常重要而今天颇遭忽视的是情感的逻辑，也就是我以前文章中提出的'以情感为中介，本质化与个性化同时进行'。"强调情感性比形象性对艺术来说更为重要，艺术的情感性常常是艺术生命之所在。此说引来许多文章批评，也有论者给与高度评价，认为该文"对形象思维判了一个死刑，形象思维从此划时代地结束"。❶

7月，《梁启超王国维简论》发表（刊《历史研究》1979年第7期），指出梁启超、王国维均是中国近代史上应予肯定的人物，功大于过：梁启超广泛介绍了资本主义人生观、历史观、文艺观，起到反封建的作用，是影响最大的中国资产阶级启蒙思想家；王国维是中国资产阶级史学家的代表。该文为1949年以后为梁启超、王国维翻案的第一篇文章。

7月，《略论鲁迅思想的发展》发表（刊上海文艺出版社《鲁迅研究集刊》），指出对下层人民的爱与对上流社会的恨是鲁迅一生特色。提出"中国革命的六代知识分子"观点：辛亥一代，五四一代，大革命一代，"三八"式一代，解放的一代，"文革"的一代；第七代将是一个全新的历史时期。先生认为，"每一代都各有其时代所赋予的特点和风貌、教养和精神、优点和局限"。"总之，这几代知识分子缩影式地反映了中国革命的道路，他们在辛亥革命失败之后，迈过了启蒙的二十年代（1919—1927），动荡的三十年代（1927—1937），战斗的四十年代（1937—1949），欢乐的五十年代（1949—1957），艰难的六十年代（1957—1969），萧条的七十年代（1969—1976），而以四人帮的垮台迈向苏醒的八十年代。""他们的命运和道路，他们的经历和斗争，他们的要求和理想，他们的悲欢离合和探索追求，他们所付出的沉重代价、牺牲和苦痛，他们所迎来的胜利、欢乐和追求……如果谱写出来，将是一部十分壮丽的中国革命的悲歌。鲁迅的遗志应当有人来完成。"关于中国现代知识分子的这一代际划分，为先生所首创。

7月，《中国近代思想史论》出版（人民出版社）。该书"后记"指出："偶然性与必然性是历史哲学的中心范畴。""历史的必然总是通过事件和人物的偶然出现的。但并非每一偶然都一定是必然的体现。"

---

❶ 高建平：《在"李泽厚与80年代思想界"座谈会上的发言》，《开放时代》2011年第11期。

该书"后记"再次重申:"燃眉之急的中国近代紧张的民族矛盾和阶级斗争,迫使思想家们不暇旁顾,而把注意力和力量大都集中投放在当前急迫的社会政治问题的研究讨论和实践活动中去了。因此,社会政治思想在中国近代思想史上占有最突出的位置,是它的主要组成部分。其他方面的思想,如文学、哲学、史学、宗教等等,也无不围绕这一中心环节而激荡而展开,服从于它,服务于它,关系十分直接",这是优点也是缺点。指出:优点是思想与人民、国家、民族的主要课题息息相通,休戚相关;缺点是政治掩盖、渗透、压倒和替代了一切,各个学科的独立性质和理论思辨都没有得到长足发展,重申其"救亡压倒启蒙"之卓越思想。2001年先生和陈明对谈时曾说:"近代史现在看就是很普通一本书,但是这个书啊,假设差半年就要碰上'反精神污染'运动,这本书就出不来了。……当时人家认为我离经叛道已经很远了……现在看那都是常识,当时并不是,我讲时是石破天惊。"❶

在论述该书写作风格时,先生在"后记"中指出:"政治史中充满了繁复多变的偶然和机遇,思想史却不然,它只指示着必然的行程。正是从这一观点出发,我所讲的中国近代思想史,重在主要思潮,而不在搜奇找异;重在真正具有时代代表性的人物,而不在包罗万象各色俱全。不强调从思潮着眼,无法了解个别思想家的地位和意义;不深入剖解主要代表人物,也难以窥见时代思潮所达到的具体深度。因为有时甚至整个时代思潮所达到的深度,还不及一个思想家,这就是思想史的偶然性。思想家哲学家的意义和价值也正在于此,他独到而深刻地反映了把握了时代的脉搏。"多年以后,有论者说:"李泽厚本人就正是这样一位代表了时代前进潮流的思想家。"❷有论者认为:"在某种意义上,李泽厚的中国近代思想史论述可以看作是对毛泽东的旧民主主义论的思想补充和内容充实,从而对中国走上社会主义道路提

---

❶ 李泽厚、陈明:《浮生论学——李泽厚、陈明2001年对谈录》,第129页。
❷ 于传勤:《李泽厚学术思想概述》,《原道》第7辑,贵州人民出版社,2002年。

供了一个更为具体的历史解释。《中国现代思想史论》也可以从类似的角度来看待，即在理论上对应于毛泽东的新民主主义论。"❶

《中国近代思想史论》一书共收录12篇论文，其中发表于50年代的有6篇，发表于70年代的有4篇，有2篇直接收入书中。

该书当时产生的影响比《美的历程》远为巨大。

夏，在西北大学中文系座谈会上作"读书与写文章"发言（该文刊《书林》1981年第5期），说："在上大学时，我对文史哲三个系的弱点有个判断。我认为哲学系的缺点是'空'，不联系实际问题，抽象概念比较多，好处是站得比较高。历史系的弱点是'狭'，但好处是钻得比较深，往往对某一点搞得很深，但对其他方面总以为和自己无关，而不感兴趣，不大关心；中文系的缺点是'浅'，缺乏深度，但好处是读书比较博杂，兴趣广泛……我当时在哲学系，文史哲三方面的书全看。上午读柏拉图，下午读别林斯基，别人认为没有任何联系，我却不管它。所以我从来不按照老师布置的参考书去看，我有自己的读书计划。其中读历史书是很重要的，我至今以为，学习历史是文科的基础，研究某一个问题，最好先读一两本历史书，历史揭示出一个事物的存在的原因，从而帮助你分析它的现在和将来。"

会上坦言："我现在也没有打算着手写一部建立哲学体系的专著。不是不能写，如果现在写出来，在目前思想界也可以出点风头，但是我觉得还靠不住，我想以后更成熟时才能写吧……我们要立志写出有价值的书，写出的东西能经得起时间的检验才好。写出的东西一定要对人类有所贡献，必须有这样的远大抱负。"

10月，作"谈谈形象思维问题"演讲（该文刊《社会科学通讯》1979年第20期），不赞成当时参与形象思维争论双方的观点，认为都是完全承继了新中国成立以来文艺理论中流行的一种很普遍的理论，把文艺看作是认

---

❶ 唐文明：《打通中西马：李泽厚与有中国特色的社会主义道路》，赵士林主编《李泽厚思想评析》，上海译文出版社，2012年，第21页。

识。提出:"形象思维是一种多种心理功能的综合体,如美感一样。它不简单地是一种狭义思维过程,而是包含着人的很多心理因素功能的综合过程,交错在一起。"本文收入《美学旧作集》时先生自注:"与前文《形象思维再续谈》内容全同,不同的记录稿而已。"

10月20日,胡绳来信,云:"送还你的稿子。我虽未全部仔细看过,但我觉得很有味道,我希望你能把全稿整理出来。你曾在美学问题上同姚文元等人交过锋。三年前我翻阅过去在美学问题上的讨论集,觉得姚文这方面的确说了些乱七八糟的东西。不知道你是否认为还值得把他那些东西再加以剖析一下。不过,如果是只就美学而谈美学,那似乎意义就不大了。敬礼 胡绳 十月廿日"。❶

11月,由中国社会科学院哲学研究所美学研究室和上海文艺出版社文艺理论编辑室合编的《美学》杂志创刊,标志着新时期美学事业的复苏。先生实际担任《美学》杂志主编,所有编务均由其一人负责,未能署名,自谓只看质量不看人。因为开本较大,人称"大美学"。《美学》共出版七期,在学术界产生重要影响,后先生主动提出停办,理由是:"现在的文章太一般化,还是在原有的水平上抄来抄去,而要深入下去,也不是短期可以做到的。与其这样平平庸庸地维持这种局面,还不如结束这种局面,以求新生。"❷

被任命为中国社会科学院美学研究室副主任,先生自称并未到任。提议集体编写一部多卷本《中国美学史》,后主要由刘纲纪执笔,至1989年完成两卷(先秦至魏晋)。围绕《中国美学史》的著述,两人学术通信持续至1996年,累计200余封。

蔡仪发表《马克思究竟怎样论美?》(刊《美学论丛》1979年第1期),

---

❶ 此件只有月日,缺少年份,信中所言稿子似为《美的历程》部分章节。书稿内容以及写信年份均为笔者推断。
❷ 聂振斌:《〈大美学〉的时光》,靳大成主编《生机:新时期著名人文期刊素描》,中国文联出版社,2003年。

对"实践派"美学提出批评。一批美学家对蔡仪观点提出反批评,如:刘纲纪《关于马克思论美——与蔡仪同志商榷》(刊《哲学研究》1980年第10期)、朱狄《马克思〈1844年经济学—哲学手稿〉对美学的指导意义究竟在哪里?——评蔡仪同志〈马克思究竟怎样论美?〉》(刊《美学》1981年第3期)、陈望衡《试论马克思实践观点的美学——兼与蔡仪先生商榷》(刊《美学》1981年第3期)等。争论焦点主要集中在如何评价马克思的《1844年经济学—哲学手稿》,除蔡仪外,1950年代美学论战中的其他各派也逐渐向"实践派"观点接近和靠拢。由此,被称为"实践美学"的中国现代美学形态于1980年代正式诞生。

1980年

（庚申）·51岁

1月10日，美国卫斯理大学到北京大学的交流生舒衡哲（Vera Schwarcz）博士来信如下。

> 尊敬的李泽厚教授：
>
> 　　李舒（音译——编者注）教授可能已经向您提起过我，我非常渴望和您见面，和您探讨中国近代思想史。目前，我正怀着莫大的兴趣拜读您写的《中国近代思想史论》一书，但还未能找到康德的作品。
>
> 　　现在，中国和美国的学者们面临一个共同的挑战：真正的历史比较哲学。我希望，我们的对话交流能朝着这个方向努力，迈出有收获的第一步。您什么时候方便，请告知我，我来学院见您。我在北大的工作安排表上，周三和周四下午都有空。
>
> 　　期待在不久的将来和您会面。
>
> 您真诚的
舒衡哲

2月，《孔子再评价》发表（刊《中国社会科学》1980年第2期，收入《中国古代思想史论》时补"附论孟子"）。认为孔子以"仁"释"礼"，将社会外在规范化为个体的内在自觉，是中国思想史的创举，为汉民族的文化心理结构奠定了基础,成为中国文化的象征和代表:"尽管不一定自觉意识到,但建立在血缘基础上,以人情味(社会性)的亲子之爱为辐射核心,扩展为对外的人道主义和对内的理想人格,它确乎构成了一个具有实践性格而不待外求的心理模式。孔子通过教诲学生,删定《诗》《书》,使这个模式产生了社会影响,并日益渗透在广大人们的生活、关系、习惯、风俗、行为方式和思维方式中,通过传播、熏陶和教育,在时空中蔓延开来。对待人生、生活的积极进取精神,服从理性的清醒态度,重实用,轻思辨;重人事,轻鬼神;善于协调群体,在人事日用中保持情欲的满足与平衡,避开反理性的炽热迷狂和愚盲服从……它终于成为汉民族的一种无意识的集体原型现象,构成了一种民族性的文化—心理结构。"

"礼"的特征、"仁"的结构是该文主要内容。明确提出"实践(用)理性"这一重要概念,认为"实践理性"是中国民族文化—心理结构的主要标志,并且这个结构形式在长期封建社会中与封建主义的各种内容混为一体紧密不分了。分析"实践理性",认为其既有弱点和缺陷,也有优点和强处。稍后(1985年)在《试谈中国的智慧》中则完全使用"实用理性"概念,并且自注曰,也正因为此,"实用理性"一词有时以"实践理性"一词替代,当它着重指示伦理实践特别是有自觉意识的道德行为时。

该文还提出"历史前进是在悲剧性的二律背反中进行"的观点,历史主义和伦理主义二律背反的重要思想于此萌生。首次提出"巫术礼仪"是"礼"的根源,为后来"巫史传统说"的先声。

有论者认为该文"第一次用一种新的理论方法,即我们现在大家很熟悉的结构主义方法,把儒家思想概括为几个关键要素,并对这些要素之间形成一种特殊的结构进行考察,从而能从结构角度来解释儒家思想的意义与内在困境"。❶

2月,写作《刘再复〈鲁迅美学思想论稿〉序》(后收入《走我自己的

---

❶ 萧功秦:《超越左右激进主义:走出中国转型的困境》,浙江大学出版社,2012年,第330页。

路》,生活·读书·新知三联书店,1986年),指出中国社会有两面镜子:"一是《红楼梦》,一是鲁迅。"

3月12日,在家中与舒衡哲首次会面,讨论了中国近代史上的一些问题,包括救亡与启蒙、中国的六代知识分子等。时在家接待外宾,引起院内、所内的调查、询问和警告。

4月2—17日,参加以副院长宦乡为团长的中国社会科学院访日代表团,受到大平首相接见;讲述《孔子再评价》,受到贝塚茂树、桑原武夫等日本一流学者的重视。2001年谈到自己性格时曾提及此次访问:"很多人都以为我外向,因为我也能应酬。有一次跟宦乡到日本去,我非常活泼,有人说你可以搞外交,因为很多日本人讲话后都是我即兴作答,我这方面不是没有才能,但是我十分不喜欢,实际上我内向……包括散步我都喜欢一个人,既不跟朋友,也不跟老婆……人家讲你散步,怎么不和你太太一起散步啊?当然这与我太太不愿意、不喜欢散步也有关系,但是我的确是喜欢一个人。我也不喜欢和朋友包括最好的朋友天天一起散步,那受不了。我就是喜欢一个人,在房间里呆着,也可以……至少总要有一部分时间完全属于自己。"❶

6月17日,第三次在家中与舒衡哲会面,继续谈及救亡与启蒙等有关问题。先生笔记云:"修养——约束自由(阶级斗争、战争的须要);启蒙——要求自由(个性解放)。"先生曾解释说:"修养指延安整风和刘的《共产党员的修养》等等,即救亡对个体整顿的落实,当时谈得很细,我还举了好些例子。如我完全不同意周扬名文中讲延安整风是第二次思想解放,实际恰好相反,但当时奉为圭臬。所以才有'修养—约束'的说法。"❷所谓"周扬名文",指1979年5月3日周扬在中国社会科学院纪念五四运动60周年学术讨论会上作的《三次伟大的思想解放运动》报告(刊《人民日报》1979年5月7日)。周扬认为,20世纪以来,中国有三次伟大的思想解放运动:五四运

---

❶ 李泽厚、陈明:《浮生论学——李泽厚、陈明2001年对谈录》,第58—59页。
❷ 2018年8月7日李泽厚致马群林微信。

动是第一次，延安整风运动是第二次，当时进行的思想解放运动是第三次。

6月，赴昆明出席全国第一次美学会议，会议简报刊载其发言摘要，文中指出，"有价值的翻译工作比缺乏学术价值的文章用处大得多"，要求研究生"深入研究、批判现代美学某家某派，而不要去写那种空洞的文章"。会上成立中华全国美学学会，周扬任名誉会长，朱光潜任会长，王朝闻、蔡仪、李泽厚任副会长。

6月，《美学的对象与范围》发表（刊《美学》1980年第3期），认为要学好美学，"我总以为应该好好念哲学，特别是德国哲学。我仍然认为，从康德开端经由黑格尔到马克思以及海德格尔的德国传统哲学的这根线索，尽管有现代极为发达的实证科学的淹没冲击，它没有也永远不会失去其潜在活力和深厚价值。因为，正是这条线索深刻地把以人为中心的哲学真正建立了起来。而离开人，我以为是没法谈哲学，也没法谈真善美的"。提出美学分基础美学和应用美学：基础美学包括哲学美学和科学美学，科学美学分心理学的和社会学的研究；应用美学或称实用美学，包括艺术部类的美学、建筑美学、科技美学、社会美学、教育美学等。

深刻阐述其关于"积淀"的美学意蕴："作为审美特征的'积淀'（理性溶在感性中、社会溶在个体中、历史溶在心理中……）虽表现为某种无意识的感性状态（美感二重性），但仍然是千百万年来的人类历史的成果。深层历史学（即在表面历史现象底下的多元因素结构体），如何积淀为深层心理学（人性的多元结构），将成为今日哲学和美学的一大基本课题。""'积淀'将成为今后的哲学和美学的一个重要课题。它可能提供一个社会与个体、理性与感性、历史与心理的统一如何可能的中介。在这里，深层心理学恰恰是颠倒过来的弗洛伊德心理分析理论，不是动物性的欲求本能，而是历史积淀着'人的本性'……'积淀'将会是'人化自然'说的发展关键。"

重申："关于美的本质，我还是1962年《美学三题议》中的看法，没有大变化……仍然认为美的本质和人的本质不可分割。离开人很难谈什么美。我仍然认为不能仅仅从精神、心理或仅仅从物的自然属性来寻找美的根源，而要用马克思主义的实践观点,从'自然的人化'中来探索美的本质或根源。"认为1858年版《新亚美利加百科全书》中的美学条目,虽至今尚无足够材料证实,但倾向认为出自马克思的手笔(大概少数词句被人修改过,但基本上是马克思写的)。强调指出:"马克思关于'自然的人化'观点,关于'人是依照美的规律来造形的'简要提法,不仍然是马克思主义美学理论的基石么?在我看来,它比普列汉诺夫关于艺术的大量理论论著加起来还要远为重要。因为在这些言短意深的涉及美的哲学谈论中,对美究竟是甚么作了划时代的新回答,即实践论(历史唯物主义)的回答。"

指出:"如果说,自古典哲学解体之后,十九世纪曾经是历史学派(马克思、孔德、杜克海姆等),二十世纪是心理学派(弗洛伊德、文化心理学派等)占据人文科学的主流,那末,二十一世纪也许应是这二者的某种形态的统一。寻找、发现由历史所形成的人类文化—心理结构,自觉地塑造能与异常发达了的外在物质文明相对应人类内在的心理—精神文化(教育学、美学),将是时代、社会赋予哲学和美学的新任务。"此说第一次鲜明地揭示了先生所治美学、哲学、思想史三大学科的内在联系,即在《积淀论论纲》《批判哲学的批判——康德述评》中从哲学角度已经提出的"积淀说",在美学研究中进一步从心理层面予以探究,而寻找、发现由历史所形成的人类文化心理结构,则由思想史研究予以担当,明确预告了下一步治学重点的转变:思想史研究。由此可见,先生即将开始的中国思想史研究课题,和之前的哲学、美学研究一脉相承,内在逻辑高度一致。对教育学的关注也与此密切相关。

7月,《美学》第2期出版,《美的历程》书稿以《关于中国古代艺术的札记》为题在该期先行刊出。该期同时发表了由朱光潜从美学角度重新翻译的马克思《1844年经济学—哲学手稿(节选)》,由此引发了美学界持续多年的《手稿》研究热,推动了中国美学的研究。

7月,《美学论集》出版(上海文艺出版社),该书汇集了1950年代以来发表的美学论文25篇。

10月,致信刘纲纪,指出:"但孔子文我已增加一点意思:即孔子甚重视人的全面发展（所以是反异化的），美学思想应站在这个大前提下来讲才能深刻。"

11月，致信刘纲纪，指出："原拟和你细商的美学史工作计划，只能俟诸他日了。第一卷先秦部分大体完初稿，即进入两汉。想请你来写绪论（也是全书绪论），讲讲中国美学史的对象、目的、意义、特点之类，不知意下如何？环顾海内，似以阁下最为合适。望勿推卸。能否明年春天交稿？望复。拙作康德书，反应似可。外国人之意见，是对原发表在吉林《社会科学战线》上之该书第九章中的一个小注批评了葛兰西、阿尔都塞，表示不满，认为他们是左派。其余没看到或听到甚么。但我仍坚持原有看法，认为他们（葛、阿等人）在理论上有错误。现在有不良倾向，似乎外国人放个屁也值得大惊小怪，真真可怜。"

12月，致信刘纲纪，指出："我也认为，孔子应以仁学为主体，从人的全面发展讲美育，因此，'游于艺''咏而归''好之者不如乐之者'等都很重要，它要求一个完整的非异化的人性。其价值甚高，超乎柏、亚（确如你所说）。这样从哲学上写，便很有意义，脱出目前文艺理论史平庸框架。"

12月，担任"美学译文丛书"主编并为之作序（后收入《走我自己的路》），指出"值此所谓'美学热'，大家极需书籍的时期，许多人不能读外文书刊，或缺少外文书籍，与其十年磨一剑，慢腾腾地搞出一两个完美定本，倒不如放手先译，几年内多出一些书"。该丛书出版苏珊·朗格《情感与形式》、鲁道夫·阿恩海姆《艺术与视知觉——视觉艺术心理学》、W.沃林格《抽象与移情——对艺术风格的心理学研究》、罗兰·巴特《符号学美学》及H.R.姚斯、R.C.霍拉勃《接受美学与接受理论》等著作30部，影响甚大，对推动1980年代国内美学讨论和人文学术思潮的走向产生了巨大作用。多年之后，先生曾自云没搞过翻译，但很高兴自己所翻译的三个词语都被人接受了，"那就是杜威的一个书名《艺术即经验》，以前包括钱锺书都翻译为《作为经验的艺术》(*Art as Experience*)。第二个是'有意味的形式'，以前都翻译为'有意义的形式'(*Significant Form*)，当时这么翻有好些人批评过。第三就是康德的名言：'位我上者，灿烂星空；道德律令，在我心中。'康德以之作墓志铭。原文是德文，有好几种译法。翻译是再创造，不容易，既要吃透原作本意，特别要中文好"。❶

12月，担任"美学丛书"主编并为之作序（后收入《走我自己的路》），云："也不能光出翻译书而没有写作成果……但愿它们作为前驱先路，创榛辟莽，从各方面，通过各种方式，为我们中国的马克思主义的美学研究积砖累瓦，并从而为开创一条走向灿烂未来的广阔通道，为在美学领域里树立起脚踏实地的良好学风，贡献出自己的力量。"该丛书只出了四本，分别为《艺术的起源》（朱狄著，中国社会科学出版社，1982年）、《审美心理描述》（滕守尧著，中国社会科学出版社，1985年）、《黑格尔与艺术难题——一段问题史》（薛华著，中国社会科学出版社，1986年）、《兴的源起——历史积淀与诗歌艺术》（赵沛霖著，中国社会科学出版社，1987年）。

是年，撰写《康德哲学与建立主体性论纲》（刊《论康德黑格尔哲学》，上海人民出版社，1981年；后收入《李泽厚十年集·批判哲学的批判　附：我的哲学提纲》，安徽文艺出版社，1994年），提出人性是自然性与社会性的融合，文化心理结构和教育学课题是马克思主义哲学发展的重要方面之一。云："我所强调的人性主体性，恰好不是这种唯意志论，而是建立在客观历史规律基础上的。它不同于动物性，也不同于一般的社会性，而是沉积在感性中的理性，它才是真正具有活力的人性……我叫它为人类学本体论的实践哲学，也就是主体性的实践哲学。"提出主体性问题或曰文化心理结构问题"这可能是唯物史观的未来发展方向之一。不仅是外部的生产结构，而且是人类内在的心理结构问题，可能日渐成为未来的焦点"。提出教育学——研究人的全面生长和发展、形成和塑造的科学，可能成为未来社会的最主要的中心学科。

先生自注曰："人类学本体论与主体性二词在本文中基本通用，但前者

---

❶ 李泽厚：《李泽厚近年答问录》，第89页。

更着眼于包括物质实体在内的主体全面力量和结构，后者更侧重于主体的知、情、意的心理结构方面。二者的共同点在强调人类的超生物种族的存在、力量和结构。"

论述人类主体性的由来及其对教育学的意义："人类一切认识的主体心理结构（从感觉直觉到概念思维等等）都建立在这个极为漫长的人类使用、创造、更新、调节工具的劳动活动之上。多种多样的自然合规律性的结构、形式，首先是保存、积累在这种实践活动之中，然后才转化为语言、符号和文化的信息体系，最终内化、凝聚和积淀为人的心理结构，这才产生了和动物根本不同的人类的认识的主体性。从哲学上提出这个问题，在今天，对科学认识论和儿童心理学、教育学都有重要意义。例如，它告诉我们，人类的学习行为不同于动物的学习行为，人类从儿童时代起学习所得到的智力结构不能等同于巴甫洛夫所说的'信号的信号'。这种智力结构是一种符号性的能力，它一方面是实践操作活动内化的成果，同时其中包含非演绎非归纳的理性直观能力（这也就是爱因斯坦讲的自由创造能力，我称之为'自由直观'）。而信号的信号却仍然是信号，二者有根本区别。""人的理性正是这种内化了的形式结构。在这个形式建构的物质（实践）和符号（理性）的两种活动中，都有美的方面（立美）。而所谓人的智力结构中的'自由直观'也正是从这里生发和发展起来的。"第一次明确提出"立美"概念，其教育美学思想于此呼之欲出。并且批评皮亚杰的"内化"理论只说出部分真理，却缺少人类学视角，没有将其提升到人性—主体性的哲学高度。

比较康德与黑格尔哲学，认为康德比黑格尔更加重视人的生命意义："康德在某些方面比黑格尔高明，他看到了认识论不能等同也不能穷尽哲学。黑格尔把整个哲学等同于认识论或理念的自我意识的历史行程，这实际上是一种泛逻辑主义或唯智主义。这种唯智主义在现代受到了严重的挑战，例如像存在主义即使没有提出什么重大认识论问题，却仍无害其为哲学。人为什么活着？人生的价值和意义？存在的内容、深度和丰富性？生存、死亡、烦闷、孤独、恐惧等等，并不一定是认识论问题，却是深刻的哲学问题。它们具有的现实性比认识论在特定条件下更为深刻，它们更直接地接触了人的现实存在。人在这些问题面前更深切地感受到自己的存在及其意义和价值。把一切予以逻辑化、认识论化，像黑格尔那样，个体的存在的深刻的现实性经常被忽视或抹掉了。人成了认识的历史行程或逻辑机器中无足道的被动一环，人的存在及其创造历史的主体性质被掩盖和阉割掉了。"

正式提出"主体性实践哲学"概念，其基本思想在1979年写就的《批判哲学的批判——康德述评》中已有系统阐述，此时正式命名："我叫它为人类学本体论的实践哲学，也就是主体性的实践哲学。从哲学史的角度看，这种哲学可追溯到康德。他用唯心论的方式提出了作为主体性的课题。"

《康德哲学与建立主体性论纲》，为1980年代知识界"主体"的觉醒提供了重要的理论资源。"上海有个读者写信来，把它（指该《论纲》。——笔者注）和《共产党宣言》并列到一起，让我大吃一惊，那还了得，叫他赶紧别这样说。"[1]

刘再复论曰：偶然读到《康德哲学与建立主体性论纲》之后，我立即想到："李泽厚哲学的重心发生位移了，主体才是重心，人和人类才是重心……文学理论的哲学基点也应当移向人，应当用主体论取代反映论。哲学基点一变，整个理论框架就会变。因此我立即着笔写作《论文学的主体性》，并引发了一场全国性的论争。"[2]

陈燕谷、靳大成在《刘再复现象批判》文中论及刘再复文学主体论时，云："必须公正地指出，在我国，主体性问题是李泽厚首先提出来的。当'十年动乱'刚刚结束，很多人还处于思维混乱的情感宣泄状态时，大部分人还在抚摸昨日的'伤痕'时，李泽厚即以其独到的洞察力和思想深度为创造成熟的历史条件进行了宝贵的思想启蒙工作。在相当长的时间内，他实际上成为中国人文科学领域中的一个思想纲领的制定者，他的哲学、美学、思

---

[1] 李泽厚、刘绪源：《该中国哲学登场了？——李泽厚2010年谈话录》，第60页。
[2] 刘再复：《李泽厚美学概论》，生活·读书·新知三联书店，2009年，第110—111页。

想史著作影响了整整一代人——包括刘再复在内。《批判哲学的批判》《美的历程》《主体性论纲》以及《思想史论》三部曲，他的著作一再成为当代文学生活中引人注目的事件，其中影响最大的无疑是他对康德、对马克思的主体理论的创造性阐释与发挥，使这种思想像一股暗流潜伏在每一个热血的思考人生的人心中。"[1]

有研究者发现，《康德哲学与建立主体性论纲》开篇的第二个自然段，李泽厚写下一小段看上去比较平淡的话："最近国内关于人道主义和人性论的讨论比较热烈，就从这个问题谈起。"并且认为，李泽厚似乎有意无意地在躲闪着什么："在此，李泽厚又一次使用了他的'理性的狡黠'。使用这种'理性的狡黠'，大概出于两种考虑，其一，表面上看，'人道主义与马克思主义'论争似乎是一个学术思想研究问题，但在当时的历史语境中无疑是一个过于敏感的政治化的意识形态论争。李泽厚不大张旗鼓地介入其中既可以保障安全稳妥，又可以避免因过于政治化而干扰问题反思的学理性。或者说，这种'理性的狡黠'的使用，更有利于李泽厚以自己的方式介入到当代文化思想论争之中。虽然李泽厚没有大张旗鼓地介入人道主义论争的场域，但他所主张的'人类学本体论哲学'或'主体性实践哲学'与改革开放新时期的人道主义思潮之间依然具有同时性和同构性。作为一个思想型学者，李泽厚哲学反思的原创性始终怀有鲜明的时代意识和问题意识，表征着时代精神。如此说来，他的思想不可能束之高阁，与整个时代的思想主潮相隔离。只不过，李泽厚以其特立独行的哲学化、学术化的理论策略或思想方式表达着自己对历史和现实的反思。"[2]此论正确地指出了先生因不愿意介入这场论争而故意闪烁其词的基本事实，但对其原因的分析却未必全面中肯。先生曾多次明确表态，不赞成用人道主义来解释历史现象，也不同意用人道主义代替马克思主义，认为作为历史观的人道主义，其理论极为肤浅和贫乏——这

---

[1] 陈燕谷、靳大成：《刘再复现象批判——兼论当代中国文化思潮中的浮士德精神》，《文学评论》1988年第2期。
[2] 宋伟：《李泽厚与刘再复："主体性哲学"与"文学主体性"》，《文艺争鸣》2017年第5期。

可能是更为重要的原因。

贺麟所译黑格尔《小逻辑》新二版由商务印书馆印行。贺麟赠书题字："李泽厚同志　指正　1980年冬。"

何新被破格调入中国社会科学院科研局担任学术秘书。此后又调入文学研究所，1985—1986年担任助理研究员。

4月15日，让-保罗·萨特逝世。

9月16日，让·皮亚杰逝世。

1981年

(辛酉)·52岁

2月,与友人书,曰:"庄生哲学即美学,对整个人生、世界取审美态度,故对后世中国影响甚巨,远非一枝一叶艺术原理。确应大书特书。"

2月,《画廊谈美(给L.J的信)》发表(写于1980年,刊《文艺报》1981年第2期),认为艺术不应离开人生的偶然性,恰恰要在偶然中展现普遍性的东西,艺术创作要有情感,美要有一定的形式,艺术美是时代心灵的对应物。对具有西方现代派味道的"星星美展"表示支持,指出:"它所采取的那种不同于古典的写实形象、抒情表现、和谐形式的手段,在那些变形、扭曲或'看不懂'的造型中,不也正好是经历了'十年动乱',看遍了社会上、下层的各种悲惨和阴暗,尝过了造反、夺权、派仗、武斗、插队、待业种种酸甜苦辣的破碎心灵的对应物么?……它们传达了经历了无数苦难的青年一代的心声。"

3月,为宗白华《美学散步》所撰序言发表(刊《读书》1981年第3期),文章比较朱光潜和宗白华的美学风格,认为"朱先生的文章和思维方式是推理的,宗先生却是抒情的;朱先生偏于文学,宗先生偏于艺术;朱先生更是近代的,西方的,科学的;宗先生更是古典的,中国的,艺术的;朱先生是学者,宗先生是诗人……"此文提出"'天行健君子以自强不息'的儒家精神、以对待人生的审美态度为特色的庄子哲学,以及并不否弃生命的中国佛学——禅宗,加上屈骚传统,我以为,这就是中国美学的精英和灵魂。"

3月,《美的历程》(简称《历程》)出版(文物出版社),书稿"写作的过程很快,大概只有几个月就写完了。1979年秋天就交了稿"。该书成书缘由是:1978年,先生提议集体编写一部《中国美学史》,"为准备写作此书,我整理了过去的札记,出了本《美的历程》,想粗略勾画一个整体轮廓,以作此书导引"。❶先生自谓是"把思想史和美学接连起来""以粗线条描述中国传统文学艺术的趣味过程",是"鸟瞰式的观花",为了让读者获得一个笼统却并不模糊的印象;其每个章节都颠覆了数十年来统治文学史的权威观点。7月20日,冯友兰来函称赞这是"一本大书","把死的历史写活了",认为《美的历程》"是一部中国美学和美术史,一部中国文学史,一部中国哲学史,一部中国文化史。这些不同的部门,你讲通了。死的历史,你讲活了。甚佩,甚佩",指出未为道学平反是美中不足:"时论认为,玄学和道学,都是陈腐反动,不值一顾,甚至不值一驳。你为玄学平反了,我赞成,可是道学尚未平反。虽未平反,却已为平反准备了条件,树立了前提。照这个前提,逻辑地推下(去),你就非给它平反不可。这一点我受到很大的启发。""你说魏晋风度是人的问题,人的自觉,我同意。我说道学也是如此,道学批判了玄学,也继承了玄学。我说:道学是'人学',也是'仁学'。可是道学与玄学二者之间的关系,具体地应该怎样说,我还说不清楚。看了你讲杜诗,颜字,韩文后,我想清楚了。道学之于玄学,犹杜甫之于李白,颜之于张,韩之于骈文,李、张是天才的,别人没法学,他们也没有讲学习的方法。杜、颜、韩是人人可学的。""你的书的主题之一是,中国文化以儒、道两家理性主义为浪漫主义的互相补充。如将道学说清,此意就更加明显。"❷美籍华人木令耆撰文称此书是继王国维《人间词话》后最重要的著作。夏中义评论说:"它既是华夏民族的诗史、建筑史、绘画史和书法史,也是龙的传人的审美意识和价值文化的宏观发展简史。数千年的不同门类的传统艺术的形态发育和发展,被首次接纳到千秋传承的民族审美—文化框架给以

---

❶ 李泽厚、刘纲纪编:《中国美学史》第一卷,后记,中国社会科学出版社,1984年。
❷ 冯友兰:《论〈美的历程〉——冯友兰给李泽厚的信》,《中国哲学》第9辑,生活·读书·新知三联书店,1983年。

界说，这不能不说是《历程》的一大特点。"❶

《美的历程》其实是中国人审美意识（主要是艺术审美意识）的历程，是第一部中国审美意识史。先生认为"美学史有两种，一种是广义的美学史，研究中国人的审美意识的发生、发展、变化的历史，另一种是狭义的美学史，即文献和理论形态的审美意识史"。此书即具有开创意义的广义美学史，不仅具有学术著作的体系丰赡、论述详备，而且具有个人性的审美感悟。在本书中，先生的重要思想，如"积淀"理论、"自然人化"理论、"文化心理结构"理论、儒道互补理论等均已成为解释审美现象的重要思想支撑，且在此后的其他著作中继续深化。

国内学界除少数人表态支持，责骂、非议之声甚多，但风行多年，洛阳纸贵。

4月10日，致信刘纲纪，云："拟将阁下大名列入主编，以符名实，唯不知能获得室内同志同意否，当争取。"

4月，写作《走我自己的路》（刊《书林》1982年第6期）。刊出后一位善良领导对李夫人说："怎么能用这个标题？这还了得！""走自己的路"后来成为年轻人的口头语。

6月，《审美与形式感》发表（刊《文艺报》1981年第6期），指出："自然之所以美，之所以引起美感愉悦，仍在于长时期（几十万年）在人类的生产劳动中肯定着社会实践，有益、有用、有利于人们，被人们所熟悉、习惯、掌握、运用……所以，客观自然的形式美与实践主体的知觉结构或形式的互相适合、一致、协调，就必然地引起人们的审美愉悦。这种愉悦虽然与生理快感紧相联系，但已是一种具有社会内容的美感形态。"

6月7日，时在南京大学讲学的林毓生来信，云："去年先生发表的《孔子再评价》是国内近年来难得一见的佳作，用思深沉，见解宏富，眼光亦甚远大。我虽然并不同意尊文的每一论点，但尊文与我几年前用英文发表的论

---

❶ 夏中义：《新潮学案——新时期文论重估》，上海三联书店，1996年，第124页。

'仁''礼'之文却颇有不谋而合之处。"并告已正式要求中国社科院外文局安排与先生见面,交换学术意见。

7月20日,冯友兰致函先生:"泽厚同志:承寄《美的历程》同《读书》,谢谢。均已拜读。所论朱宗二公同异,深有同感。宗公得晋人风度,尤可佩。关于《美的历程》,要多说几句,当另函。先此致谢。顺颂　近祺　冯友兰　廿日。"同日,另函论《美的历程》,见前。

7月24日,先生复函冯友兰,称:"关于宋明理学,首撰文为之平反……与时论颇相径庭而与尊信有吻合处。此文乃提纲性质,脱稿经月却誊清无期,俟打印后即呈上。尚有一些重要哲学问题(如我以为'天人合一'乃中国哲学之精髓,而可予以马克思主义之解释,对来日哲学极有价值)亦甚望当面聆听。"当时没有学人敢提"天人合一"。

7月31日,王浩来信,云:"泽厚兄:多谢寄来的《美的历程》,已粗看一遍,非常佩服……听说你不久会来纽约。那就有机会可以当面请教了……美的概念用于人生很有意义,很重要,但我想不清楚。见面时可以就这方面向你学习。"

8月,作"关于中国美学史的几个问题"演讲(该文后收入《美学与艺术演讲录》,上海人民出版社,1983年),概括出中国美学"乐是中心、线的艺术、情理交融、天人合一"四个特征。

8月,在上海"进修班"发表"美感的二重性与形象思维"演讲(该文后收入《美学与艺术讲演录》),认为"自然的人化"的两个方面:"一个是对象的人化;一个是自身的人化。""我所经常注意的一个基本思想就是:理性的东西怎么表现在感性的中间;社会的东西怎么表现在个体的中间;历史的东西怎么表现在心理中间。我用'积淀'这样一个词来表示这个意思。即社会、历史、理性积淀在感性、个体、直观中,这就是人的感性的特点,也是我所采取的解释美感的基本途径。"认为:"人创造了大量的物质文明,从石头工具到航天飞机。人也创造了丰富的内在的东西,这就是人的文化心理结构。我们的心理结构实际上保存了历史的各种文明,其中包括美感在内……教育学科之所以伟大，正因为它有意识地为塑造人的文化心理结构而努力。"

9月9—12日，纪念康德《纯粹理性批判》出版200周年和黑格尔逝世150周年学术讨论会在北京人民大会堂召开。中华全国外国哲学史学会名誉会长贺麟致开幕词。中国社会科学院副院长于光远出席大会并发表讲话。来自德意志联邦共和国的国际黑格尔协会主席柏耶尔、国际康德学会主席冯克、国际黑格尔联合会主席亨利希应邀出席会议并作学术报告。杨献珍、王子野、朱光潜、冯至等名家及来自全国各地的150余位哲学工作者参加了这次学术讨论会。

先生作为会议第一阶段发言的七位专家之一，作《康德哲学与建立主体性问题》学术报告，在发言中提出了一个产生重大影响的口号："要康德，不要黑格尔"。据会议报道，"根据发言中提到的种种理由，李泽厚认为，今天我们的时代对康德的兴趣胜于黑格尔。在这个意义上他说，'一般说来，我们既要康德，又要黑格尔。不过，假如一定要我在两者之间选择一个的话，那我的回答就是：要康德，不要黑格尔'"❶。在写于1980年、收入出版于1981年8月的《论康德黑格尔哲学》一书的论文《康德哲学与建立主体性论纲》中，先生已对康德与黑格尔哲学做出过比较，并且强调了康德哲学比之黑格尔哲学的优胜之处，但并未明确出现"要康德，不要黑格尔"的字样。

先生"要康德，不要黑格尔"之说，后来往往被人们片面理解，从而成为一桩学术公案。当时即有人提出反对，针锋相对地认为"与其说应当更多地研究康德，倒不如说更多地研究黑格尔"。此说30多年之后仍余波不息，有人提出"既要康德，也要黑格尔"❷；也有人认为："既不要康德，也不要黑格尔"❸。

---

❶ 许景行、顾伟铭：《纪念康德、黑格尔学术讨论会在北京召开》，《哲学研究》1981年第10期。
❷ 邓晓芒：《重审"要康德，不要黑格尔"问题》，《华中科技大学学报（社会科学版）》2016年第1期。
❸ 胡静：《关于中西哲学比较研究和哲学创新的相关问题——许苏民教授访谈录》，《江汉论坛》2017年第9期。

还有论者认为:"人们在评论这一提法的时候,却往往只是抓住'要康德,不要黑格尔'一句,认为提出者就是无条件地不要黑格尔只要康德,却不再理会提出者对此一提法的限制:'一般说来,我们既要康德,又要黑格尔。不过,假如一定要我在两者之间选择一个的话,那我的回答就是:要康德,不要黑格尔。'显而易见,这一'要……,不要……'的句子是在有条件限制的前提下的一个假言判断,而非无条件的直言判断。而一旦将提出者的意思转变成一个明显偏颇的断言之后,批评者们也就易于对这种被'偏化'了的言论简单地进行'有力'驳斥了。""从李泽厚先生提出问题的真实意蕴、人们能够从邓晓芒教授文章中所感受到的真实理论倾向,以及笔者所提供的关于马克思哲学对于康德哲学与黑格尔哲学批判性继承发展的比重来看,'多要点康德,少要点黑格尔'都是一个更为适宜的理论主张。"这对于中华民族精神文化的现代重建意义重大。❶

9月,写作《〈秦王李世民〉观后感》(后收入《走我自己的路》),指出:"该剧使人们在审美中清晰地领悟到、明确地感受到封建社会最上层为围绕'接位'问题所展开的政治斗争的严重性。"

10月4日,访冯友兰,谈中国哲学史之"天人合一"、宋明理学等问题。

11月,《社会科学要现代化》发表(刊《读书》1981年第11期)。

11月26日,我国首批博士和硕士学位授予单位名单经国务院批准,由国务院学位委员会下达。先生被聘为中国社会科学院美学专业博士生导师,同时被聘的中国社会科学院博士生导师还有任继愈、贺麟、于光远、马洪、唐弢、余冠英、冯至、黎澍等29人。

12月,北京纪念齐白石诞辰活动组委会寄来请柬,但未去参加。自云"与画界素无联系。这次估计要挨拥徐的人的骂,徐的势力甚大,我具不管。我一直不喜欢徐的洋味,五十年代即然,也多次向人说过"。

12月3日,王浩来信,云:"今天找到林毓生,长谈了一阵,他说也已

---

❶ 王南湜:《重提一桩学术公案:"要康德,还是要黑格尔?"》,《社会科学辑刊》2018年第5期。

寄了信给你。他们下午就开会作决定，他说定了马上寄信。哈佛方面可能决定较晚，但林兄也和他们接了头。访美在三月初，我会都在纽约。很欢迎你住在我那里（房子颇大），缺点是：①进城不方便；②我不会做菜。但如果要见的人不太多，我想可能比住别处要宽一些，而且同住自然畅谈的机会大，所以我是很希望你来住的。至少到纽约后可以暂时住我那里试一试。想到你不久来美，可以有可能同住一段，非常兴奋欣悦。盼望你能助我除去若干的'盲点'。说起来这种机缘也是人生少有的了。"后因交通不方便没有去住。

担任国务院第一届学位委员会哲学学科评议组成员，是最年轻的评议成员之一。美学类仅两人，另一为朱光潜。

撰写《中国大百科全书·哲学》美学条目初稿，要言不烦，脉络分明。认为美学定义繁多，但自古至今大体不外三个方面：关于美和艺术的哲学探讨，关于艺术批评、艺术理论一般原则的社会学探讨，关于审美与艺术经验的心理学探讨。认为哲学探究终究不外三个方向或三种线索，即或者从人的意识、心理、精神中，或者从物质的自然形式、属性中，或者从人类实践活动中来寻求美的根源本质；艺术本质特征有三种最有影响的理论，即艺术是模拟现实、艺术是表现情感和艺术的美在于形式；对艺术作品研究的美学趋向大体有三种，一是着重对作者意图（包括意识到的和无意识的）的分析研究，一是着重对作品本身的分析，一是着重对作品被接受情况的研究。认为用统计学方法研究审美经验、审美心理几乎成为美学区别于其他学科并可区别于一般艺术学的基本标记，但实验美学不科学；格式塔心理学的解释有道理，却完全漠视社会历史的人类学因素；弗洛伊德过分夸张情欲；荣格的集体无意识对深入了解审美心理的社会根源有一定启发却走向神秘；距离说、移情说接近日常经验但有待进一步说明和验证。关于美学的发展趋向，认为一方面愈来愈走向各种实证的科学研究，从而专门研究审美心理（包括审美知觉、审美情感等）的美学、专门研究各部类艺术中审美规律的部门美学和研究人们生活—生产各领域有关问题的技术美学、生产美学等将不断兴起、分化和日益专门化、多样化、细密化，成为实用美学内许多独立的学科；它们之间以及与其他学科之间又有各种交叉联系，可以发展成众多的边缘学科。

应先生之约，讨论并一再催促，赵宋光在先生主编之《美学》第3期发表论文《论美育的功能》，深入阐述其立美教育思想。文章开宗明义："美育远远不仅是艺术教育，它有更重要的基础部分，关系到引导受教育者主动建立美的形式。建立美的形式的教育活动，是人类'按照美的规律来塑造物体'的宏伟历史在教育领域中的缩影，我称之为立美教育。"赵宋光还在文中运用大量自身开展多年的小学数学"综合构建"教学改革实验案例。此一思想源头仍在于1960年代初其和先生一起进行的人类起源讨论。

1982年

(壬戌)·53岁

1月2日,王浩来信,云:"上次寄信后接林毓生君来书,报告已电告邀请你为该校Luce visiting professor,按正教授级待遇,希望你同嫂夫人都去访问一学年。据我的了解,这该是最合适的一种安排,或者哈佛可以设法争取你于1983—84去访问,如果你仍有兴趣在美国留长一点的话。很可能到美后会觉得不及在国内生活工作内容更丰富。很盼你三月来美时,可以多聚谈,如肯在舍下多住些时,尤为欢迎。最近写成一篇讨论英美当代哲学的文章,附上一份,请指正。"

1月6日,致信何新,云:"我对五阶段的机械划分久有怀疑,确乎不合马克思原意,今得尊文,颇感高兴。"

1月4日,答记者问《快》发表(刊《人民日报》),其中有云:"我倒想起一个字对我影响很大,这就是'快'。办事、读书、做功课、写文章……我都主张快、习惯于快(当然,'快'也有弊病,例如'粗',出错等等)。主张快快地读(当然不排斥而且以少量精读、慢读互补),有计划地广泛读。因之常常不是读一本书,而是读一批书。"

1月,《宋明理学片论》发表(刊《中国社会科学》1982年第1期,后收入《中国古代思想史论》时增"片论补"),认为张载哲学中心范畴"气",标志着宇宙论转向伦理学的逻辑程序和理学起始;朱熹哲学的中心范畴"理",标志着理学体系的全面成熟和精巧构造;王阳明哲学的中心范畴"心",则是潜藏着某种近代趋向的理学末端。"从理论上说,由'气'到

'理',由'理'到'心',由'心'到'欲'……由外在的宇宙观建立内在的伦理学,而最终竟又回归为心理—生理学,而使整个理学体系在理论上崩毁瓦解。伦常道德又开始建立在个人的感性欲望、利益、幸福、快乐的身心基础和现实生活之上,封建主义的天理人性论变而为资本主义的自然人性论……它给人类留下了精神的收获和思辨的财富。"

认为王阳明的"心学"标志着"宋明理学"走向末梢的逻辑终结,"逻辑的游戏不会凭空产生,它的真实基础是历史"。王学的兴起与明中叶以降经济、政治、文化、社会氛围和心理状态的整个巨大变迁,与资本主义的萌芽有密切关系。指出以程朱为中心的宋明"理学",在其数百年统治时期中对广大人民造成惨痛毒害,但同时,在彻底消除它的特定的封建作用之后,其本身还具有某种价值:"内化、凝聚、积淀、保存下来,成为人的主体能力和内在结构。""宋明理学在中国民族性格、中国实践理性的形成发展中,在中国民族注重气节、重视品德、讲求以理统情、自我节制、发奋立志等建立主体意志结构等方面,仍然存在一定关系。"❶

1月,发表《刘长林〈《内经》的哲学〉序》(刊《读书》1982年第1期),指出多年以来中国哲学史的研究,总喜欢固守某家某人,"一部活生生的中国哲学史弄成了羊肉串,却很少去研究中国哲学所体现出来的我们这个民族的精神、气质、思维方法等等。其实,像《内经》这部书所表现出来的中国哲学的特征就极为鲜明:阴阳互补、五行反馈、动态平衡、中庸和谐、整体把握……这样一些思维方法、观念、习惯乃至爱好,不是至今在中国人的实际生活中仍然起作用么?"

2月23日,致信刘纲纪,云:"明日赴美,美学史有托吾兄了。院、所曾催促(因系院的重点),今年一定得交出版社。主编近已与齐一等所长商定,为我与吾兄二人,其实我没干甚么,颇为惭愧。"

---

❶ 1982年7月12日,檀香山"朱熹国际学术会议"上,先生的发言即该"片论补"中的部分内容。

2月24日，以Distinguished Scholar访问学者身份赴美，次年6月回国。

3月，赴波士顿哈佛大学演讲。史华慈、张光直、杜维明、王浩、汝信等参加。

3月，赴纽约哥伦比亚大学演讲。

4月，赴芝加哥参加"辛亥革命和建立中华民国：七十年后的回顾"国际学术研讨会，提供研究章太炎的论文。胡绳、章开沅、邹谠等参加。

4月12日，陈荣捷来信，云："昨聆伟论，尚未终席，即以赶搭飞机回家之故离座，实不成敬意。仁台分析'仁'之概念，至详至尽，尤以'仁'之内在化为具只眼。捷激论'仁'字将三十年，西方学者总不入耳，近数年乃始提及，亦皮毛而已。得台一呼，或终有先觉者也。"又："美学大作已拜读数章，数十年来未见此类著作，确然耳目一新。岂独大享文美意高之乐耶？"

4月，《胜过高头讲章》发表（刊《读书》1982年第4期），谓："宁愿看这种言而有据的短小札记，而不喜欢那些连篇累牍既少新意又缺材料的空论或高头讲章。"

4月9日，《科学应该是真正的理论思维》发表（刊《文汇报》），没点名但不同意钱学森有关观点："我不赞成在这上面花太多精力，尤其不赞成意念制动、耳朵听字之类的东西，文章署了我的真名。但他好像并不计较，看了我谈形象思维文章后，就来找我了，要我一起参与他组织的关于灵感思维的讨论。他当时还办了一个《思维科学》的杂志，每期送我，也希望我写稿，我没写，因为写不出什么来。但我认为，真正的科学不能光靠直观、顿悟或灵感，也不能眼见为凭，必须经过严密的逻辑的思维，通过经验可重复验证。当然，钱是同意我这些看法的。"❶

7月，出席由美国学术联合会和亚洲太平洋研究中心联合举办的国际朱熹哲学讨论会，作宋明理学演讲。会议闭幕前夕，冯友兰吟七绝纪庆："白

---

❶ 李泽厚、刘绪源：《中国哲学如何登场？——李泽厚2011年谈话录》，第46页。

鹿薪传一代宗,流行直到海之东。何期千载檀山月,也照匡庐洞里风。"陈荣捷和韵:"建阳檀岛各西东,邂老无心一叶通。八十英才谈太极,德性问学果然同。"杨联陞和韵:"批孔批朱那可宗,乘桴应喜道来东。当阳重论鹅湖会,何异平畴交远风。"蔡仁厚和韵:"儒家圣道照西东,一体仁心万物通。檀岛于今涌活水,乾元太极运天风。"成中英和韵:"白鹿讲坛理所宗,求仁致和西学东。檀山新月温旧知,化育天下同此风。"支枝龙太郎和冯、余、陈三教授韵:"鹏程万里驾长风,直到檀山花月中。贤哲讨论无太极,传心理学古今同。"

先生亦和诗一首,云:"读诸贤唱和,久不作诗,步韵一首:纷纷海外说儒宗,檀山初会会西东。何当共振中州学,便卜他年草上风。"

与会者还有钱穆、徐复观、邱汉生、傅伟勋、刘述先、冈田武彦、任继愈、杜维明等著名学者等40余人。梁漱溟受邀,但国内未准其与会。

8月10日,冯友兰在纽约荣获哥伦比亚大学名誉文学博士学位。先生在威斯康星大学麦迪逊分校致信冯友兰,冯回信嘱对其接受名誉学位谢辞稿提出修改意见。

10月,在美国给刘纲纪去信(刊《美学述林》1983年第1辑,后收入《走我自己的路》时标题为《中国美学及其他》),谈及在美国主要精力放在中西思想史方面,美学在美国远不及思想史受重视;在美国几次讲演和朱熹哲学国际会议上均提出:"中国哲学所追求的人生最高境界,是审美的而非宗教的(审美有不同层次,最普遍的是悦耳悦目,其上是悦心悦意,最上是悦志悦神。悦耳悦目并不等于快感,悦志悦神不同但可相比于宗教神秘经验)。"认为中国传统不同于西方宗教传统,中国哲学是由道德走向审美,不论生死都不舍弃感性,却又超乎感性,这也就是精神上的天人合一。"考察审美作为主体性的人性结构的最高层次,以此来阐释艺术的永恒性等哲学形而上的某些基本问题,并注意审美对其他领域的巨大作用,例如科学认识中'以美启真'——审美有助科学的发现发明(其实这也是'天人合一'的某个侧面),等等,可能是一条前景广阔的创造性的研究道路。"先生晚年哲学中对"美育代宗教"阐述颇多,倡导甚力,其思想源头似应从此算起。

4月1日,徐复观逝世。

1983年

（癸亥）·54岁

1月7日，致信刘纲纪，云："一次我对一位华人学者说，我是闭户造车，他说，你是闭户造车，出而合辙。一笑。（这主要是指我的康德和孔子诸研究。）总之，大有可为，我准备回来后少问世事，谢绝应酬，不做官（所谓室主任等等均辞去），不声不响，安安静静地读点书（我买了一大批书），做点研究。""蔡既发动'攻势'，吾兄首当其冲，哲研文章故也，当然应予回答，彼等至今犹否定'手稿'，太可笑了。不知朱狄作何打算？我与兄以及与梅宝树、李丕显等人从未搞什么宗派，学术观点一致，自然彼此声援。我看有些人倒真是为学术外的利益在搞一些小动作。"

3月9—14日，《中国大百科全书·哲学》编辑委员会成立暨撰稿人大会在北京举行，编委会主任胡绳出席会议。哲学卷划分了11个分支学科，先生任美学编写组主编。

3月，写作李丕显《美学初鸣集》序言（时在美国威斯康星麦迪逊，刊1983年12月4日《人民日报》），指出审美心理的研究与美的本质的研究至少是同样重要的，美学不能完全等同或仅仅归结为哲学认识论。

4月，与友人书，慨叹道："认真办点事，总招人忌刻，深感鲁迅当时之各种体会和议论。我半生遭人各种各样打击，如今年过半百，更不在乎。一不想当官，二不想讨好，只要能让我发表点文章，真正对青年一代有所助益，即如愿足矣，又何必多求多想哉……美学会副会长以及美学室主任之类，一切均可辞掉不干，闭门读书如七十年代，亦大乐事。"

6月，和舒衡哲合写了一篇英文文章"Six Generations of Modern Chinese Intellectuals"（《现代中国的六代知识分子》），联合署名发表在国外刊物 *Chinese Studies on History*（1983年第2期总第17卷）上。该文基本观点仍来自先生1978年发表的《略论鲁迅思想的发展》。

6月，结束一年多的美国讲学活动，回京。

7月，人道主义与异化问题讨论开始。领导要先生写文章，批判"异化"和王若水的人道主义。先生在学术上不同意王若水有关人道主义和异化的观点，认为是非常浅薄的看法，但是坚持不写批判王若水的文章："我没有写，我就'打马虎眼'，打模糊圈，我也不硬顶，反正我不写。"❶

7月，《山西文学》青年编辑李锐来信。信云："《美的历程》我读过两遍，两次都是从朋友手中借来读的。'爱不释手'或'醍醐灌顶'一类的形容词怕是太俗气了。读您的书，一字一句给予我的是一种精神的升华，随着您所指出的'历程'，确乎是走进了一个光辉灿烂的境界。一个中国人，能够借助于您的这本书，走到自己民族文明的源头去徜徉，去领略，实在是一种幸福！""我觉得哪怕只要有了您的'先秦理性精神'这一章，就有了中华民族自己的现代美学体系的第一块真正的基石！在美学的领域中，德国人有他们的黑格尔，俄国人有他们的别、车、杜；现在中国人有了李泽厚！"

8月，主题为"哲学与文化"的第十七届世界哲学大会在蒙特利尔举行，先生接到会议邀请。因哲学所内有人打"小报告"，谓先生"反四项基本原则"，故未能与会。

9月，《批判哲学的批判——康德述评》再版，作《再版后记》（刊《读书》1984年第4期），申明自己并不想当康德研究专家，之所以"客串"康德，一是为了填补空白，还有一个重要的推动力："这就是当时我对马克思主义哲学的极大热忱和关心。当看到马克思主义已被糟蹋得真可说是不像

---

❶ 李泽厚、陈明：《浮生论学——李泽厚、陈明2001年对谈录》，第121页。

样子的时候,我希望把康德哲学的研究与马克思主义的研究联系起来……同时,另一方面,无论在国内或国外的马克思主义哲学中,我认为当代都有一股主观主义、意志主义、伦理主义的思潮在流行着。"申明之所以一而再再而三地强调"实践",强调使用、制造工具来规定实践,强调历史唯物论以及批评"西方马克思主义"的原因,是因为当时马克思主义竟被变成了一种主观蛮干的理论。"我根本没有想到,当此书完成并交出才一年多,国内便掀起了'实践是检验真理的唯一标准'的大讨论,'实践'在马克思主义哲学中的地位终于被极大地突出了。"

该书此次再版时有关"述"的部分几乎只字未改,先生云:"未能履行出版后记中的诺言,这是应向读者致歉的。""评"的部分做了一些修改增补,"其中最主要的一点是,如果说在初版时我强调实践作为使用、制造、更新工具这一基础意义,是为了强调物质生产是社会存在的根本,是文化活动的基础,强调马克思主义实践哲学就是历史唯物主义。那末,这次我除仍然坚持这一基本观点外,同时着重认为,建设文明也应该是马克思主义哲学的重要问题。马克思主义不只是革命的哲学,而且更是建设的哲学。建设精神文明就涉及文化—心理结构问题、文化继承批判问题、历史积淀问题、人性问题、主体性问题,等等。所有这些正需要马克思主义哲学予以科学方向的真正指引。马克思主义哲学本身也需要在提出、探讨、研究这些课题中,结合现代自然科学、社会科学的成果,在批判各种错误的人文理论中,得到坚持和发展。在这方面,康德哲学所提出的许多问题和看法,是仍然有参考价值的。我的这一观点在初版中已经提出,例如多次提到皮阿惹等等,这次则使它更为明确和突出了一些。建设精神文明,似乎已成为今天的老生常谈。但如何真正从哲学上具体了解和发掘其严重意义,如何具体地与当代科学和社会发展方向联系起来,即是从理论上说,也是一个远非轻易而毋宁是非常艰巨复杂的研究课题"。

再版删去第一版附的批判"苏修"的文章,自云当时是为了表示划清界限。同时删去附录里的年表,"是商务印书馆一位学兄搞的""因为这是别人的劳动成果"。

有学者认为，比较1979年该书第一版与1984年第二版之间的异同，有助于了解作者在"文革"结束前后至新时期的思想变化，以及这一时期诸多历史实践变动、文化氛围转移对作者学术思考的影响，如何浩提出："通过版本修订情况考察如何对中国革命及其历史生成境遇进行改写和重释，并如何通过改写与重释，参与当时中国的历史转折。"[1]何文指出："在1984年修订版中，他有选择地重构了几个他的哲学构架中的关键概念。从此，他才开始明确将自己的哲学论著（主要包括《批判》和四个主体性论纲）的核心概括为'人类学本体论'，或主体性实践哲学。"认为尤其是在1981年《康德哲学与建立主体性论纲》和1983年《主体性哲学提纲之二》中，关于"主体性"的论述不断被修正、强化，最后以此建立起了自己的主体性哲学。何浩认为："从早年依据马克思主义理论展开自己的思想史和美学研究到'文革'后重构马克思主义，直至形成'主体性哲学'，李泽厚才完成了他的转身。而在完成转身的历史过程中，他不断敲打着知识话语与历史经验之间的界面，将之打破、重建、撕裂、缝合。这是一个在不断变更的历史经验和现实状况冲击下，重构自身意识结构、知识结构，并以此重构世界版图、世界史进程、中国革命和中国历史关系的过程。"何文高度评价了李泽厚的这次转身："在1976—1979年三年间，中国历史的整个局势并不明朗。如何清理'文革'、如何阐释十七年社会主义实践，是纷争不断的大问题……李泽厚是否能切中要害地分析和判断中国革命的挫折，是否能胜任一个思想家之责去扭转中国现实困局，真正为处于艰难局势中的国人披荆斩棘？当人们对中国革命实践普遍感到疲惫，缺乏信任时，他能否担当一个对历史负责的思想者，深入中国革命内在历史脉络之中，剖析被困在历史之中的人们的处境，并进退适宜地指出中国革命的得失以及未来之

---

[1] 何浩：《1979—1984：李泽厚对马克思主义的历史重构及其与中国革命遗产的关系》，《文艺理论与批评》2016年第6期。

路？"何浩认为李泽厚通过《中国近代思想史论》和《批判哲学的批判——康德述评》的重新修订，完成了这一作为思想家的历史担当。何文正确地指出了时代的风云激荡对先生哲学思想形成的呼唤和催化作用，也恰如其分地评价了先生哲学思想对时代的回应、关切和勇敢破冰、劈波斩浪的巨大价值，但似对先生哲学的内在发展逻辑揭示不够，譬如对60年代手稿中业已萌生的重要思想，以及这种思想萌芽在《批判哲学的批判》中的演化脉络尚重视不够。

10月，与友人书，认为以戊戌变法为标志，此后才开始了真正近代意义的美学，似以梁启超、王国维、蔡元培以及鲁迅前期（诗力说）为主。

秋，受邀参加《丑小鸭》杂志社组织之"长江游"，同行者有何新、礼平以及何海霞（张大千弟子）、娄师白（齐白石弟子）、潘絜兹、王康乐（黄宾虹弟子）、吴悦石等书画名家。扁舟一叶，自重庆放流而下，途经三峡及小三峡，历时半月方至武汉。

11月，《美感杂谈》发表（刊《丑小鸭》1983年第11期），编者按曰："当代美学界，有三位最著名的美学家。他们是：北京大学朱光潜教授、中国社会科学院李泽厚研究员和蔡仪研究员；分别代表着美学理论中的三派学术观点。以下这篇文稿，是李泽厚研究员一九八四年三月在河北大学的一次美学讲演。本应其他稿约。由于本刊特邀，同意改由《丑小鸭》发表，以作为对本刊的支持和鼓励。我们谨在此向李研究员的厚意，表示最真诚的感谢。"

12月，写作《中国美学史》第一卷后记，交代由其领衔、刘纲纪实际执笔的《中国美学史》成书过程。该书由先生与刘纲纪主编，之前由多人分工撰写，后主要由刘执笔，先生定稿，有许多观点属于先生，如"天人合一、味觉美感、四大主干（儒、道、释、禅）、孔子仁学、庄子反异化和对人生的审美式态度、原始社会传统是儒、道两家思想的历史根源，等等"。同时先生也申明，"我只应任此书之过，不能掠刘公之美"，指出功劳主要应属刘纲纪。并坦承该书缺点，主要有三。一是可能对古人批判不够，肯定过多；

阶级分析较少，强调继承略多。二是对某些材料、知识的掌握、解释和阐发上，可能不够非常准确和精当。三是文字不够理想，有些单调累赘。云："我曾想辞去这个主编名义，刘纲纪同志和其他同志都坚决不同意。今天我就只好顶着这个似乎好看的'桂冠'，来写此检讨失职的后记。如实道来，以明全貌；知我罪我，一任诸君。"

此前，先生曾对刘纲纪撰写的该书绪论增补一段文字，即最后一段："古今中外，有各种关于中国文化的历史著作，如中国哲学史、中国文艺批评史、中国文学史、中国美术史以及中国伦理学史、中国佛教史、中国道教史……唯独没有中国美学史。这表明近代科学形态的美学在中国确乎产生不久，还没有人来得及对自己祖国的美学遗产进行系统全面的总结研究。另一方面，这也说明研究中国美学史不易下手，有其特别困难和艰苦的地方。就是在这样一种情况下，我们不揣幼稚和冒昧，开始了中国美学史的长征。我们希望在本书里，初步勾画出中国美学发展的一个大体轮廓，先论述一些较重要、较著名的代表人物和学说。细部的描画，详尽的论说，完备的资料，广泛的涉猎，目前都还谈不上，只好留待以后去作了。缕程筚路，引玉抛砖，谨望得到大家的支持和帮助。"

12月20日，《纪念齐白石》发表（刊《人民日报》），谓齐白石画的构图、画境、笔墨，"是地地道道根底深厚的中国意味、中国风韵。它的确是代表中国民族的东西。它是民族的，却又并不保守"。先生言喜欢齐白石、李苦禅、潘天寿，不喜声名甚大的徐悲鸿等人。

写作《关于主体性的补充说明》（刊《中国社会科学院研究生报》1985年第1期，后收入《李泽厚十年集·批判哲学的批判　附：我的哲学提纲》），提出："我用的'主体性实践哲学'相当于'人类学本体论'，也接近卢卡契晚年提出的'社会存在的本体论'概念，即以作为主体的人（人类和个体）为探究对象。因之，'主体性'概念包括有两个双重内容和含义。第一个'双重'是：它具有外在的即工艺—社会的结构面和内在的即文化——心理的结构面。第二个'双重'是：它具有人类群体（又可区分为不同社会、时代、民族、阶级、阶层、集团等等）的性质和个性身心的性质。这四者相互交错，不可分割。"指出更重视每一重含义的第二方面，也就是个体的、内在的一面。提出主体性的人性结构包括"理性的内化"（智力结构）、"理性的凝聚"（意志结构）和"理性的积淀"（审美结构），"它们作为普遍形式是人类群体超生物族类的确证。它们落实在个体心理上，却是以创造性的心理功能不断开拓和丰富自身而成为'自由直观'（以美启真）、'自由意志'（以美储善）和'自由感受'（审美快乐）"。

　　阐释"以美启真""以美储善"。"以美启真"既不是理性思辨，不是形式推理，也不是感性经验，不是单纯直感，"它似乎不可分析，却又仍然来自生活、实践。它常常具有某种诗意的朦胧，不可言说的多义，却拥有突破现有思维格局和既定经验的巨大力量"，它与个体的感性、情感、经验、历史以至气质、天赋有关。"以美储善"指的是通过审美代宗教，以建立人生最高境界，"正是这个潜在的超道德的审美本体境界，储备了能跨越生死不计利害的道德实现的可能性"。

　　随着其主体性哲学建构的不断深入，对教育学的关注和认识日益加深。再次高度评价皮亚杰，同时明确指出其弱点："他只注意了操作结构或形式本身，而没有充分研究和论证使用工具在实践操作活动中的地位和作用。"认为皮亚杰从吮奶（人与动物开始）来开始他的论证，便正是其论点走入生物学化（例如把儿童教育主要看作顺应生物的自然发生过程等）的必然结果。再次强调从人类学角度探究人的思维形式形成过程，从教育学角度探究儿童在使用工具和符号工具以建立思维形式的心理过程。

　　主体性精神的空前高扬决定了对教育学地位的高度肯定，认为19世纪的哲学背景是对人类宏观历史的把握（以黑格尔、马克思等大师为代表）；20世纪的西方哲学为语言学所统治（以维特根斯坦为标志）；21世纪的教育学、心理学将继历史学和语言学走上哲学的祭坛。并激情满怀地强调:"中国的马克思主义将在论证两个文明建设中把美学—教育学即探究人的全面成长、个性潜能的全面发挥作为中心之一。""上帝死了,人还活着。主体性将为开辟自己的道路不断前行。"

1984年

(甲子)·55岁

1月14日,与友人书,云:"近日乔木同志征求对其将发文章之意见(很快发表),我已表明,(手稿。——笔者注)虽非成熟的马克思主义,但已在基本性质上不合于费尔巴哈,而是迈向历史唯物主义途中非常重要的一步,决不能否定或抹杀。此文对手稿也并未采取此种态度。总之,我的观点无任何改变。"

2月,《推荐〈科学研究的艺术〉》发表(刊《书林》1984年第2期),赞赏"做研究工作主要由学生自己负责选题,则成功可能性更大""对于创造性思维来说,见林比见树更重要""成功的科学家往往是兴趣广泛的人"等重要观点。

2月,《秦汉思想简议》发表(刊《中国社会科学》1984年第2期),被认为是《中国古代思想史论》中最重要文章之一。该文认为秦汉不但在物质文明而且也在整个文化心理结构上为中国后代形成了模式和基础,是原始儒学的真正落实。

提出:"以阴阳五行来建构系统论宇宙图式为其特色的秦汉思想,是中国哲学发展的重要新阶段。正如秦汉在事功、疆域和物质文明上为统一国家和中华民族奠定了稳固基础一样,秦汉思想在构成中国的文化心理结构方面起了几乎同样的作用。"认为《吕氏春秋》属于"新"儒家,其"新"之处,"即在法家实际政治的长久实践的经验基础上,在新的社会基础(后期奴隶制)和政治结构(统一专制帝国)的需要和要求上,对儒家血缘氏族体制和观念的保留和改造"。突出肯定了董仲舒"以儒为主,融合各家以建构体系"

的思想贡献，以及协助汉武帝建立并予以理论论证的中国早熟型"士—官僚"文官政教体系的历史贡献。

论及五行图式的历史影响，指出："它们不是思辨理性，也不是经验感性，而是某种实用理性。这正是'阴阳'这对哲学范畴的特点，也是中国哲学和中国传统思维方式的特点。""这种与生活实际保持直接联系的实用理性，不向纵深的抽象、分析、推理的纯思辨方向发展，也不向观察、归纳、实验的纯经验论的方向发展，而是横向铺开，向事物之间相互关系、联系的整体把握方向开拓。即它由功能走向结构，按功能的接近或类似，把许许多多不同的事、物安排组织在一个系统形式中，企图从实用理性的高度来概括地把握它们，从而产生了这种原始的素朴的系统论思维的某些特征。"批评这种影响不仅造成了许多貌似科学实际荒谬的伪理论产生，"更重要的是……给人们心理结构上带来的问题，例如满足于这种封闭性的实用理性的系统，既不走向真正的科学的经验观察、实验验证，又不走向超越经验的理论思辨和抽象思维。中国的思维传统和各种科学（甚至包括数学）长久满足和停步于经验论的理性水平。这一缺陷恐怕与这种早熟型的系统论思维也有关系"。

因而，先生得出结论："正是在汉代，最终形成了中国独特的文化—心理结构。这个文化—心理结构虽然应溯源于远古，却成熟于汉代。孔子继承远古所提出的仁学结构，主要便是通过汉代一系列的行政规定和尊儒学、倡孝道、重宗法，同时也通过以董仲舒儒学为代表的'天人感应'的宇宙图式，才真正具体地落实下来。……儒学至此进入一个新阶段，它不但总结了过去，吸收、包容了法、道、阴阳各家，而且由于日渐渗透深入到整个社会生活中，开始在民族心理、性格上打上了难以磨灭的印痕，并从此不易被外来势力所动摇。"

3月，作"美感谈"演讲（在河北大学，演讲稿后收入《李泽厚哲学美学文选》，湖南人民出版社，1985年），鲜明提出"新感性"命题："'积淀'的意思，就是把社会的、理性的、历史的东西累积沉淀为一种个体的、感性的、直观的东西,它是通过自然的人化的过程来实现的。我称之为'新感性',这就是我解释美感的基本途径。""新感性"也就是审美的自由感受,它是内在的自然人化的尺度。阐述"积淀"分为"原始积淀、艺术积淀、生活积淀"三部分,分析积淀和无意识问题,提出美感三层次:悦耳悦目、悦心悦意、悦志悦神。"新感性"思想有一个发展过程,它起源于先生1950年代关于美感矛盾二重性的论述。

3月,作《李泽厚哲学美学文选》序,自谓"作文虽已三十余年,我却从不敢自认代表马列,讨伐异端,唯我正宗,余皆假冒",回应同乡蔡仪在湖南出版著作中对自己的批判,并遥致对家乡的怀念之情。

3月29日,刘纲纪来信,云:"我已找到确凿证据,可以证明钱锺书关于'六法'标点的说法是错误的。同时也非他的发明,《全齐文》即是如他所说的标点的。不断翻阅古书,偶有发见,亦一快事。许多细节,可以弄清。只要翻书,总有所得。"

4月,《孙老韩合说》发表(刊《哲学研究》1984年第4期),指出:"中国辩证法源于兵家",从而具有高度冷静的理智态度、迅速抓住关键的二分法方法、直接指导行动的具体实用性等三个重要特征,"正因为这种矛盾思维方式是来源于、产生于军事经验中,而不是来源于或产生于论辩、语言中所发现的概念矛盾,所以它们本身也就与世俗生活一直保持着具体内容的现实联系,具有极大的经验丰富性"。认为《老子》与兵家有密切关系:"《老子》是由兵家的现实经验加上对历史的观察、领悟概括而为政治—哲学理论的。其后更直接衍化为政治统治的权谋策略(韩非)。这是中国古代思想中一条重要线索。"何炳棣在《有关〈孙子〉〈老子〉的三篇考证》中指出,之所以作这番深入、系列的研究,其最初动力,恰与先生此文有关:"当代思想家中,李泽厚先生对中国文化积淀往往有新颖深切的体会,而且能把深邃的道理做出精当易晓的解释。他认为先秦思想流派中最先发展和应用辩证思维的是兵家,因为战争事关生死存亡……接受了李泽厚古代中国辩证思维源于军事经验的特征的说法的前提下，我们便可以将《孙子》《老子》两书里的辩证词组，也就是李泽厚认为的矛盾对立项，罗列于下以备初步比较与探讨。"结论是：《老子》源出于《孙子》。❶

继《美的历程》从文艺审美角度提出"儒道互补"，此篇继续从思想史角度展开分析，同时提出并阐述"儒法互用"思想："正是这个社会给以心理情感和伦理义务为原则的儒家思想提供了延续和保存的强大根基，孙、老、韩那种生活智慧和细致思维的特点，则因与儒家的实用理性精神相符合，在不失儒家上述原则的基础上被吸收同化，并应用在政治以及生活中了。《老子》对人生真理的思索寻觅，后来与《庄子》结合后，成为对儒家思想的补充；而《老子》对矛盾的多面揭示，则直接被吸收在《易传》中而成为儒家的世界观。韩非的三纲专制主义在汉代董仲舒等儒家体系中得到了肯定。他们那'冷静的理知态度'更是与儒家实用理性一道成了中国智慧的本质特征。总之，它们是被溶化吸收在儒家中了。"对此，有论者指出，李泽厚"儒道互补""儒法互用"思想是其跟其他人区别开来的重大线索，认为"这是一种核心差别：所有研究儒学的学者和思想家都重点关注保存于儒学传统中的文献、教义和观点，把它们与其他思想派别如道家和佛家的联系放在次要地位（因为后者已经变成儒学的一部分），但是几乎没有人去碰法家，因为法家一直被认为与儒学教义针锋相对，水火不容。李泽厚是一个例外。他不但讨论了'儒道互补'，也讨论了'儒法互用'。这一范围的扩大具有难以估量的价值与重要性，对儒学的现代化暗含多种意义……"这种意义概括地说，是说明儒学就是中国文化的基础，使儒学具有一种成为普遍思想和普遍价值的潜能。❷

5月，《墨子论稿》发表（刊《学习与思考》1984年第5期，后收入《中国古代思想史论》时易题为《墨家初探本》），认为墨子具有小生产劳动者思

---

❶ 何炳棣：《有关〈孙子〉〈老子〉的三篇考证》，"中央研究院"近代史研究所，2002年。
❷ 顾明栋：《儒学现代化：李泽厚对此未竟之业的展望及其启示》，安乐哲、贾晋华编《李泽厚与儒学哲学》，第82页。

想代表的特征；而在后代农民起义以及某些著名儒家"异端"人物如颜元、章太炎的思想中，仍然延绵不断地呈现出某些类似墨子的思想因素，"但其中最值得注意的却是，它与近代民粹主义有否思想血缘关系的问题。在中国近代以至今日，我以为，始终有一股以农民小生产者为现实基础的民粹主义思潮的暗流在活跃着……这种思潮仍然是或明或暗地、强有力地渗入和影响着中国近代政治和思想舞台，特别是在与农村有较深关系的知识分子或具有农民气质的思想家政治家身上自觉或不自觉地表现出来，甚至也可以渗入马克思主义的革命家们的思想深处"。上海译文出版社2012年版《说巫史传统》中，先生在《说巫史传统补》文下有一注，云："何炳棣教授有墨子源于孙子说，认为墨子秉承孙子，懂兵书，能守城，曾为秦（时国势尚弱）守城拒魏，其后，墨家融入法家。我赞同此说（此说出之于何炳棣和先生的电话交谈。——笔者注），认为墨子'尚同'，墨家钜子制度等均取自军队，入秦后墨家思想学说中之'兼爱''非攻'等下层性质消亡丧失，而'尚同''力田'等则为法家吸取，成为耕战体制、绝对专制的重要思想来源。这才是郭沫若所提及过的'墨法在秦合流'。但'兵—墨—法'这一线索却从未为治思想者所注意，拙文《墨家初探本》《孙老韩合说》亦未能涉及。因此特将何教授重要论点补注于此，以明墨家思想之来龙去脉，再次确认兵家在中国古代思想史上的源头地位。现代中国曾以新形式再现'兵—墨—法合流'，参阅拙文《再谈马克思主义在中国》第一部分（见拙著《马克思主义在中国》，香港明报出版社，2006年）。"

6月，写作《金春峰〈汉代思想史〉序》（后收入《走我自己的路》），指出："中华民族之有今天，十亿人口，广大疆域，共同文化……难道不正是由汉代奠定其稳固基础吗？物质文明、精神文明方面，例如中华民族的文化—心理结构，不也正是基本形成在这个时期吗？所以我不同意大多数哲学史著作对汉代思想主流低估轻视、一笔带过或横加抹杀的流行看法，便写了篇《秦汉思想简议》发表了。"该语主要针对贬斥汉儒的港台"现代新儒家"牟宗三等人。

7月,《推荐书目》发表(刊《主人翁》1984年第7期),认为对一生所从事的事业影响最大的几部书是鲁迅《鲁迅三十年集》、黑格尔《小逻辑》、马克思《法兰西阶级斗争》、陶渊明《陶渊明集》。

7月,和刘纲纪共同主编的《中国美学史》第一卷出版(第二卷上、下两册于1987年出版,中国社会科学出版社)。该书写作过程中先生与刘纲纪书信往来频繁,从整体架构到细节品评乃至行文风格等各个方面,均反复斟酌不断切磋。刘纲纪每写完一章就寄一章给先生审阅,先生辄及时阅读并逐一回复,往往褒扬慰勉有加,间或亦有催促。该书成就了一段人文学术合作之佳话,惜后因故中止。

8月7—11日,钱学森在北京召集并主持召开全国首届思维科学学术讨论会,并作"开展思维科学的研究"专题报告。先生应邀与会。

8月,作"谈美"演讲(1984年8月在河北承德学术会议上,发言稿后收入《李泽厚哲学美学文选》),提倡分析哲学,主张要把名词、概念搞清楚。从字源学分析"美",指出:"一方面'美'这个东西有物质的感性形式,与人的感性需要、享受、感官直接相连;另方面'美'这个东西又有社会内容,与人的群体和理性紧紧相连。而这两种对'美'字来源的解释有个共同趋向,都说明美的存在离不开人的存在。"反对蔡仪"美是典型说"所讲之离开人的美学。

9月7日,刘纲纪致信先生,云:"宗胜于朱之处(指宗白华、朱光潜。——笔者注),我以为很大程度上得力于德国古典美学。朱则一开始就奉克罗齐为宗师,而克氏实在是一个不够格的思想家,肤浅而又武断。"

9月,写作《偏爱》(刊《湖南日报》文化生活创刊号,1984年10月),云:"我宁肯欣赏一个真正的历史废墟,而不愿抬高任何仿制的古董。"

11月,《〈青年论坛〉创刊寄语》发表,称《青年论坛》设有"批判封建主义和其他错误思想"的"响箭林"专栏,"这使我很高兴","我们要批判资产阶级错误理论和思想,但几千年来封建主义的陈污积垢难道不要认真批判吗?"

11月,《夜读偶录》发表(刊《瞭望》1984年第11期;该文没有收入过其任何文集,询诸原因,答曰不重要),明确表明不赞成王若水的人道主义理论:"作为历史观的人道主义,其理论极为肤浅和贫乏,它不能历史地具体地去深入分析现象,不能真正科学地说明任何历史事实,不可能揭示出历史发展的真相,从而经常流为一堆美丽的词藻、迷人的空谈、情绪的发泄。""我不赞成以人道主义代替马克思主义,那是肤浅和错误的。因为历史有的时候并不是那么人道的。特别在古代,需要通过战争,需要通过残酷的掠夺,才能发展。历史本身就是这样。"

12月,访问意大利20余日,游罗马、佛罗伦萨、威尼斯、比萨、那不勒斯诸城,参观梵蒂冈、西斯廷斗兽场、庞贝古城等盛迹废墟,观赏米开朗琪罗、拉斐尔诸大家名之巨制名作。曰:"此次固胜在美二年多矣。欧洲毕竟文明传统,不似美国暴发户也。"

12月,与友人书,曰:"今冬北京奇寒,唯形势尚好。乔公(胡乔木。——笔者注)多次讲话要求突破,号召新方法等等。社科院人事明年也将变动,大批所内年轻干部将上提。当然,我是决不当官的。现在也有好些人羡慕我的自由了。"

12月29日,刘纲纪来信,云:"《美学史》出来后,你是否找一机会,送一本给周扬同志,签上我们两人的名。我对他,始终有一种对于前辈的忆念之情,我以为他实即是中国条件下的卢那察尔斯基。"

12月,中国作协第四届代表大会召开,先生当选为理事。与友人书,曰:"作协会我只参加了两天,选举结果也是从报上看到,所以也未去开理事会。我和作家们极不熟,但他们对我似还热情。但无奈我生性孤僻耳。"

赵宋光调任广州音乐学院院长。

钱锺书《谈艺录(补订本)》由中华书局出版。书赠先生,题签:"泽厚学人览正　锺书敬奉。"

10月,中国文化书院成立。书院是由来自北京大学、中国社会科学院、中国人民大学、北京师范大学、清华大学等单位及台、港和海外的数十位著名教授、学者一道创建的一个民间学术研究和教学团体。梁漱溟、冯友兰、李泽厚等为书院导师。

1985年

(乙丑)·56岁

1月28日,刘纲纪来信,谈及读《批判哲学的批判——康德述评》再版本印象,云:"今天翻阅了附论主体性论纲,印象中比原先发的改得更好了。这可以看作是仁兄的哲学大纲,颇精神。其中把马克思主义的看法和其他种种看法(自然也包括国内的)实质性的差别,连其貌似而实大异其处都讲了。很好!我想,当代马克思主义哲学发展的总的趋势将如仁兄所言(至少在人文哲学范围内)。只是对黑格尔的评价问题,我总觉得低了一点。也许是我过于偏爱黑格尔之故。总之,这书的意义、影响恐将比你的美学和中国思想史的影响大。虽曰'客串',实为皓首穷'康经'者所不能比也。'串'至此可矣,宜更发挥之,写出可与康德比并的自己的著作来。这在仁兄是完全可能做到的。深望多多致力于此,其他乃小事耳!"

1月,《新春话知识——致青年朋友们》发表(刊《文史知识》1985年第1期),指出应该在中国走向现代化未来这样的大前提下,看待、衡量和估计知识学问的扎实或不扎实,"创造需要知识,但知识却并不等于创造。""从知识到力量,其中还需要某种转换。""要善于读书,善于吸收融化知识,善于主动地选择、建构、运用和支配知识,使合规律性的知识趋向于、接近于、符合于你的合目的性的意愿和创造。"

1月,《李泽厚哲学美学文选》由湖南人民出版社出版,收入论文12篇,其中《试论人类起源(提纲)》《美学》《美感谈》《谈美》为首次发表。

1月,《荀易庸纪要》发表(刊《文史哲》1985年第1期),指出:"荀与孔孟的共同点,其一脉相承处是更为基本和主要的。荀子可说上承孔孟,下接易庸，旁收诸子，开启汉儒，是中国思想史从先秦到汉代的一个关键。"认为荀子从进行社会规范的整体统治立场出发，不再仅仅着眼于个体的仁义孝悌，而是更强调整体的礼法纲纪："孔孟荀的共同处是，充分注意了作为群体的人类社会的秩序规范（外）与作为个体人性的主观心理结构（内）相互适应这个重大问题，也即是所谓人性论问题。他们的差异是，孔子只提出仁学的文化心理结构，孟子发展了这个结构中的心理和个体人格价值的方面（仁学结构的第二、第四因素），它由内而外。荀子则强调发挥了治国平天下的群体秩序规范的方面（第三因素），亦即强调阐解'礼'作为准绳尺度的方面，它由外而内。"同时强调荀学的第二大关键是"天人之分"："荀子认为，人要与自然相奋斗，才能生存。因之荀子也就强调刻苦努力，强调人必须'学'"，从而自觉地用社会规范法度来约束和改造自己，利用和支配自然。"如果说，孟子在中国思想史上最先树立了伟大的个体人格观念；那么，荀子便在中国思想史上最先树立了伟大的人的族类的整体气概。"

认为在客观冷静理智地认识世界方面，荀子与老子、韩非子有共同处，其不同处在于，"老、韩是一种旁观式的历史智慧，它是无情的。荀子尽管少讲先验道德和心理情感，却仍然突出了孔门'积善而不忘'的乐观奋斗精神……也正是这种对待自然的积极改造的思想，使传统的'天人合一'观念中原来具有的宗教神秘性质的情感因素，获得了真正现实的物质实践基石，而为后世许多献身改革的仁人志士所承继。这便是荀子的伟大贡献所在。尽管它在哲学理论上还没有得到充分的发展。"不赞成从宋明理学到"现代新儒家"的扬孟贬荀倾向，也不赞成此前三十年国内大都只赞扬表彰荀的唯物论，"这些似乎都没抓住荀的要害"。"孟子固然有其光辉的一面，但如果完全遵循孟子的路线发展下去，儒家很可能早已走进神秘主义和宗教里去了。正是荀子强调人为，并以改造自然的性恶论与孟子追求先验的性善论鲜明对立，才克服和冲淡了这种神秘方向；同时由于尽量吸取了墨家、道家、法家中冷静理知和重实际经验的历史因素，使儒学的重人为、重社会的传统得到了很大的充实，从而把儒家积极乐观的人生理想提高到'与天地参'的世界观的崇高地位……

正是这一观念，为儒家由孔孟的道德论过渡到易庸的世界观再到汉儒的宇宙论，提供了一个不可或缺的中间环节。""没有荀子，就没有汉儒；没有汉儒，就很难想象中国文化会是什么样子。"认为荀子这条线索，在中国哲学迈向意志论、目的论或神秘主义时，经常起着重要的抗衡作用，在中国哲学和中国文化心理结构的形成上具有不容低估的地位。

1月，《漫述庄禅》发表（刊《中国社会科学》1985年第1期），提出庄子是反异化的最早思想家，反对人为物役，要求个体身心的绝对自由；庄子的哲学是美学。指出历史的进步"本来就是在这种文明与道德、进步与剥削、物质与精神、欢乐与苦难的二律背反和严重冲突中行进的，具有悲剧的矛盾性；这是发展的现实和不可阻挡的必然"。认为庄子提出了人生是场悲剧、历史是场悲剧、转型期的生活是场悲剧等。历史主义和伦理主义二律背反的重要思想于此首次明确提出。

指出：表面看来，庄、老并称，似乎都寡恩薄情，其实庄、老于此有很大区别——老子讲权术，重理智，确乎不动感情，"天地不仁，以万物为刍狗；圣人不仁，以百姓为刍狗"；庄子则道是无情却有情，外表上讲了许多超脱、冷静的话，实际里却深深地透露出对人生、生命、感性的眷恋和爱护，这正是庄子的特色之一：他似乎看透了人生和生死，但终于并没有舍弃和否定它……所以，以庄子为代表的道家，实际上是对儒家的补充，补充了儒家当时还没有充分发展的人格—心灵哲学，从而也在后世帮助儒家抵抗和吸收消化了例如佛教等外来的东西，构成中国传统的文化—心理结构中一个很重要的方面。提出儒家是从人际关系中来确定个体的价值，庄学则从摆脱人际关系中来寻求个体的价值。

强调指出：今天更应注意的是以庄禅为范例的直观思维方式。认为庄子哲学"较少运用逻辑论证或形式推理以获取固定的结论。相反，它常用多层形象的类比和寓意，只指示某种真理的方向。禅宗就更是这样了。与讲究分析、注重普遍、偏于抽象的思维方式不同，中国思维更着重于在特殊、具体的直观领悟中去把握真理"。认为这是一种"创造的直观，亦即在感受中领悟到某种宇宙的规律。这种思维认识方式具有审美积淀的特征，它是非概念非逻辑性的启示……它在冲破精确而僵硬的概念抽象，提供活泼的感性启示，使科学思维艺术化，简洁处理复杂图景，或直观地把握某种非概念语言所能传达的意蕴等等方面，都是值得研究的"。认为庄禅"使人们在某种似乎是逻辑悖论或从一般知识或科学看来是荒谬和不可能的地方，注意到有某种重要的真实性或可能性"。

钱学森在1月25日致信先生，云："得拜读尊著《漫述庄禅》，深受启迪，非常高兴！看来西方国家集成西（希）腊一派传统，只强调抽象思维，说什么思维就只有抽象思维，语言是思维的基础。而我国却有另一派，'庄禅派'，强调又一个极端，只有形象思维，甚至排斥语言文字。为了批评前者，举出后者，作为我国先哲对人类文明的贡献，是大为必要的。您立了功！我们现在搞思维科学要综合两者。"钱还曾于1984年5月登门与先生交流。

1月6日，刘梦溪致信先生，表达阅读《漫述庄禅》的强烈感受，认为该文从哲学上揭穿了禅宗顿悟的秘密，是对禅宗哲学的一个哲学发现，理论意义重大。提出："现在各学科领域都在追寻和探索我们本民族的特点，国家总的发展口号也是建设有中国特色的社会主义。到底什么是中国特色？我们民族的特异之处何在？很少有人讲得清楚。你发现了中国思维的特征是直观领悟高于推理思维，这就为建立具有中国特点的思维科学准备了条件，进而还可以在与西方思维方式相比较中，为探讨整个人类的思维规律作出贡献。"曰："赵朴老不满意范老对佛教的批判，原因之一是他认为范老太看轻了佛教哲学，只有批判，缺少感悟。前些时见到朴老，谈起佛教哲学，他还表述了这个观点。如看到你的文章，他会认作知音的，我准备复印一份送朴老一阅。"

2月，与友人书，论及文章曰："我仍觉得文采比较起来是次要的，更重要的是理论的深度和论证的清晰性。"

2月7日，中夜起坐，致信刘纲纪，谈及对《中国美学史》第二卷写作的意见："似宜在'细'字上作功夫，一则魏晋思辨本较细微，二则魏晋六朝文辞简洁,不详加介叙不易读懂。如王微、宗炳等文,均宜全文录入,分段讲解。所以一章似大不够。宗炳文似需结合《宏明集》中他的论文一并讨论。如二卷仍如一卷之评价和结构,则嫌过粗,而将贻笑于洋人。因他们对此有较细之研究,如宗炳一文,即有数种译本。文心、诗品、文赋等等,亦宜作些细腻之分析。"

2月12日,刘纲纪来信,云:"王元化编日本研究文心论集早已见到,有可参考处,然我们的分析无疑将超过它,请放心。品藻与玄学是了解魏晋美学之大关键。得此则一切分析均有深度矣。"

2月16日,致信刘纲纪,认为"台港多奉徐复观书为圭臬,亦如来信所言,不过尔尔。且认禅即庄,未免毫厘千里之失"。自云"不免打杂终生,各处均蜻蜓点水而已。但性不耐专,也无可如何了"。

2月23日,刘纲纪来信,云:"日来在研究人物品藻与美学之关系,时有所得。此关系甚为重大,如不深究,即不可能真正了解此一时期的美学。而人物品藻,初实源于古传之相法也。'气韵''骨法''风骨'诸概念均由此而来……徐复观以为'气韵'之'韵'与声音无关,大误,乃不明相法也。'声气'乃相法之一节,后于魏晋时转变为具有审美意义之'韵'。徐氏对《画山水序》之解释,亦未得要领。余拟细论之。宗之思想,不全源于庄。"

2月,写作《经世观念随笔》(后收入《中国古代思想史论》),认为从陈亮、叶适到顾炎武、黄宗羲直至王船山,存在着一条反对理学讲求功利的经世致用思潮,这是中国儒学精神和文化的一个极为重要的方面,"所以,如果仅以孔孟程朱或孔孟陆王作为中国儒学的主流和'正统'是并不符合历史真实的。程朱陆王所发展或代表的只是儒学的一个方面。儒学生命力远不仅在它有高度自觉的道德理性,而且还在于它有能力面向现实改造环境的外在性格。这就是以荀子'制天命而用之'的光辉命题为代表的方面。这一方面把墨、法、阴阳诸家的经验论、功利观消溶并合在儒学的体系里,非常重视事功"。提出:讲求"治法""外王""经世致用""政教分离",明清之际的这种思想倾向，表现出中国思想史上近代与古代的分野。云："自宋代以来的所谓法家或重视功利、主张变革的现实思想家、政治家所真正面临的'法家'内容，毋宁是一个日趋走向近代的新历史课题。""这个时代课题就表现为要求用近代的启蒙主义来限制君权以至取缔君权的民主思想问题，这在明清之际的黄宗羲、唐甄等思想中最为突出。"认为黄宗羲是中国思想史上体现"中国式政教分离"要求的具有转折意义的人物；而王船山则是"中国传统思想的最后的集大成者"，其理论体系"达到了儒家所一贯向往的'内圣外王'双合璧的完满水平"，"开始觉察到、触及到历史与伦理的并不一致，但是他并没能真正发现和展开这个巨大矛盾"，依旧缠绕在传统伦理学"天""理""时""势"中而不能真正找到新的理论出路，从而"走到了中国传统哲学的尽头"。

此文同时是针对牟宗三等人大讲儒学是"心性之学"的基本观点而发。

3月，写作《试谈中国的智慧》（后收入《中国古代思想史论》，文末有注：本文据讲演稿整理），指出："我所注意的课题，是想通过对中国古代思想的粗线条的宏观鸟瞰，来探讨一下中国民族的文化心理结构问题"，找出历史固有的客观规律，以有助于今日之现实，即"有助于人们去主动创造历史"。认为探究文化—心理结构问题可以获得清醒的自我意识："无论是心理结构或者是民族智慧，都不是一成不变的超时空因果的先验存在，它们仍然是长久历史的成果。面临21世纪工艺—社会结构将发生巨大变革的前景，如何清醒地变化和改造我们的文化—心理结构，彻底抛弃和清除那些历史陈垢，以迎接和促进新世纪的曙光，我以为，这正是今日中国哲学要注意的时代课题。"提出"血缘根基""实用理性""乐感文化""天人合一"等，概括中国文化—心理结构或者民族智慧。认为：中国古代思想传统最值得注意的重要社会根基，"是氏族宗法血亲传统遗风的强固力量和长期延续。它在很大程度上影响和决定了中国社会及其意识形态所具有的特征"。指出："中国实用理性主要与中国四大实用文化即兵、农、医、艺有密切关系。""就整体说，中国实用理性有其唯物论的某些基本倾向，其中我以为最重要的是它特别执着于历史。历史意识的发达是中国实用理性的重要内容和特征。"论者认为，先生之实用理性观经历了两个发展阶段。此处（1985年）论述乃先生对实用理性思考之滥觞；此后，《关于实用理性》（1993年）开启了更为具体的阐发。此为第一论证阶段，主要源自儒学思想，侧重审视实用理性的典型特征：有用性、伦理性、情理均衡、历史意识、准宗教性、开放性。而进入21世纪，则为第二论证阶段，主要展现出自己的个人洞见，借此将中国传统的实用理性转化为历史本体论的实用理性，对实用理性做了转化性创造，成果体现于《历史本体论》（2002年）。❶先生2014年和刘悦笛对谈时尝云，其"实用理性"思想最早在1961年已经萌发，那时用"中国理性主义"，以示中国的理性主义跟西方不一样。

首次提出中国社会和文化的出路在于"西体中用"。指出："中体西用"和"全盘西化"是一百年来两种最具代表性而且至今仍有巨大影响的方案，但都不成功，"实际上，中国现代化的进程既要求根本改变经济政治文化的传统面貌，又仍然需要保存传统中有生命力的合理东西。没有后者，前者不可能成功；没有前者，后者即成为枷锁。其实这就是我们今天讲的'马列主义中国化''中国化的社会主义道路'；如果硬要讲中西，似可说是'西体中用'"。❷

据学者研究，在《易经》中，"体"指的是卦的实体，"用"指的是卦与其他卦乃至整体语境的关联性何在。"体"与"用"，从"物质形态"和"应用"的意义上来说，是公元3世纪的荀子首次使用的；而王弼则在其对《老子》一书的评注中首次把"体"与"用"这两个对立面阐释为一对对立范畴。在宋明新儒学资源中，这对对立范畴主要用来指事物的终极本质与物理表现。而现代新儒家先驱之一的熊十力则强调"体—用"这对两极概念在本质上是具有统一性的。❸

---

❶ 王柯平：《李泽厚的实用理性观》，安乐哲、贾晋华编《李泽厚与儒学哲学》，第227—228页。
❷ 关于"西体中用"的解释，先生此后有详尽论述，并和此处有所不同。
❸ 罗亚娜（Jana S. Rosker）：《李泽厚与现代儒学：一种新全球文化的哲学》，安乐哲、贾晋华编《李泽厚与儒学哲学》，第41页。

"西体中用"乃先生在1980—1985年(自1980年写作《孔子再评价》始)思考的一个核心课题,即在改革开放学习西方的现代化进程中,如何从传统文化中汲取思想养分和保持文化特色,从而走出中国自己的发展道路。"西体中用"是先生对该课题思考答案的集中而简要之概括。此说似亦可视作和邓公不谋而合的深度思想共鸣。值得注意的是,因为当时改革开放刚刚起步,时代主题是破除迷信、解放思想,因此无论是中共十二大政治报告还是有关十二大的思想宣传,都尚未对"建设有中国特色的社会主义"给予充分注意。直至1987年中共十三大会议,"建设有中国特色的社会主义"方成为重大政治主题,并成为此后历次中共党代表大会政治报告题目中必有之概念。而先生对此思考探索甚深甚远,其思想线索贯穿《中国古代思想史论》全书。

对于"西体中用"说与"中国特色社会主义"之间的内在逻辑联系,有学者评论道:李泽厚讲的"西体"的实质就是现代化,而"体"首先指社会本体,而不是意识形态,因为现代化并不等于"西化",基于科技这个"工具本体"的社会存在与日常生活方式的现代化不应该是个意识形态问题,"中国完全可以走自己的现代化道路。这就面临着如何将这些现代化的生产方式应用到中国,这也就是中国化问题,这就是'中用',也就是'中国特色'。'中用'就必须考虑到中国的具体国情与传统问题,因此,如何把'西体''用'到中国,便是非常艰巨的创造性的历史进程。"❶该论者认为李泽厚对此的理论贡献主要是将"革命性的""批判性的"马克思主义发展成为"建设性的""正面性的"马克思主义,具体可概括为三论:"吃饭哲学论",主要讲的是"工具本体";"心理建设论",主要讲的是"心理本体";"个体发展论",主要讲的是"自由个体"。

3月5日,《人民日报》报道:"中国文化讲习班今日在京正式开学。冯友兰、梁漱溟、张岱年、任继愈、李泽厚等20余名国内著名学者将在二十

---

❶ 赵景阳:《李泽厚"建设的马克思主义"思想》,《江苏技术师范学院学报》2014年第1期。

次中国文化系列讲座中各抒己见,义务传授自己研究的心得。150名来自国内24个省市和海外的学者前来听讲。"先生讲座的题目是《试谈中国的智慧》,提纲曰:一、释题,"智慧"在这里不仅指智力结构,智力结构与其他方面(如道德自觉、人生态度、审美直观)的交融渗透正是中国智慧的特征之一;二、原始氏族传统的长期存留是中国智慧和中国文化心理结构产生的社会历史根基,如尊老、修身、人道主义、经验论等等;三、实用理性是中国智慧的基本特征,它表现为社会论政治哲学的主导地位,表现为兵、农、医、艺四大实用文化的密切关系;四、行动的辩证法而不是概念的辩证法,自然观与人生观相合一的历史意识,早熟型的系统论观念和理知直观的把握方式是中国智慧的一些具体形态;五、不是罪感文化而是乐感文化,强调"体用不二"、道在"伦常日用之中",存在的意义即在人际,不去追求超人世的解脱,所以,是美学而非宗教构成中国智慧的最高层次;六、中国智慧的"天人合一"与马克思的"自然的人化"。

时北京有"《走向未来》丛书""文化:中国与世界""中国文化书院"三大民间学术团体,先生均参与而未深入。自云是"各处被邀列名,从不管事"。在中国文化书院共讲演两次,一次讲中国智慧,一次讲"西体中用",两次讲演的提纲后均铺衍成文发表。

3月,写作《中国古代思想史论》后记,云:"我偶然说到,自己不写五十年前可写的书,不写五十年后可写的书。"该书所想讲的,便是针对当时社会上的反传统热潮,回应年轻大学生中关于传统的两种不同意见。表示没有参与当前关于传统文化的争论,是因为深信当前中国的社会前进首先还是需要基础的变动,需要发动社会生产力、科学技术以及改变相应的各种经济政治体制;同时应该高瞻远瞩,为整个人类和世界的未来探索某些东西。认为:一方面,"中国民族的确是太老大了,肩背上到处都是沉重的历史尘垢,以致步履艰难,进步和改革极为不易,'搬动一张桌子也要流血'(记得是鲁迅说的)"。另一方面,"中国文明毕竟又长久地生存延续下来,并形成了世罕其匹、如此巨大的时空实体,历史传统所累成的文化形式又仍然含有值得珍贵的心理积淀和独立性质；并且百年来以及今日许多仁人志士的奋斗精神与这传统也并非毫无干系。所以本书又仍然较高估计了作为理性凝聚和积淀的伦理、审美遗产"。此文同时是针对当时高涨的"反传统"学术潮流而发。

3月，出版《中国古代思想史论》（人民出版社，1985年），该书对中国整个传统作某种鸟瞰式的追索、探寻和阐释，提出"实用理性""乐感文化""文化心理结构""审美的天地境界""历史主义和伦理主义的二律背反"等一系列重要学术观念，并以此贯串论说了中国传统文化精神，认为中国的辩证法是"行动的"而非思辨的；秦汉时期所形成具有有机反馈机制的"天人感应"宇宙观影响至今；庄子、禅宗的哲学是对人生作形上追求的美学以及明清时期"政教合一"传统已开始动摇；等等。

该书"后记"云："本书反对那准宗教式的伦理主义，揭示儒、道、墨等思想中的农业小生产的东西，并以《中国近代思想史论》一书作为本书前导。"❶

对此，论者评论说："所以当李泽厚说可把《近代》看作《古代》的前导，这实在是顺理成章的，因为《近代》所抨击的封建传统的严重惰性，正需要《古代》从更深层面来挖掘其根源，这也就是'国民性'即民族文化心理结构问题。"认为美学"积淀"虽是《美的历程》的重头，但在李泽厚远为恢宏的系统思辨框架中，它只是一枚初试锋芒的探路石："《历程》的使命在于拉开序幕，一阵紧锣密鼓的前奏，是为了让真正的名角儿上台，这便是李泽厚潜心研究的'民族文化心理结构'命题。"而对此一命题的研究，"本就亟待《中国古代思想史论》深入到更幽邃的传统文化背景中去验证"。"因为他是一位抱负很大的思想家。他从不满足于从一个窗口看世界，他想爬到

---

❶ 2011年李泽厚思想研讨会上，杨煦生说："1985年是一个界点。《孔子再评价》（发表于1980年。——笔者注）是一个标志性的成果。但在'文化热'中，当时我们这代人对李泽厚的传统转向，还是有相当的不解的。读了《孔子再评价》，我们说，你正从一个中年哲学家变成中年儒家（这句话的原创权大概出自英年早逝的历史学者林伟然），他哈哈大笑。我说我感觉你现在正为你的学说的世界意义在牺牲它的现实意义，他表示，我们将来看。"

历史的峰巅去俯瞰中国文化谱系的千年流变,从而为缓解现代世界文化危机提供华夏秘方"。❶

3月22日,《读〈西方著名哲学家评传〉》发表(刊《人民日报》),提出自己把西方哲学史看作哲学的基本功之一,而中国哲学史则不是。坦言"我招考美学原理和中国美学史的研究生,便不考中国哲学史、中国美学史,却考西方哲学史"。

4月,赴桂林讲学。

4月,谢遐龄来信,云:"您不久来讲学,知道这个消息的人都很高兴。上海的局面很好,气氛活跃。您的到来将为上海的勃勃生机添加助力,对那些保守而不学无术的'学者'将是一次有力冲击,而对年轻的一代,则是显示自己愿望、力量的一次良机。我们都盼望着您的到来。"

4月,作《关于技术美学的答问》(后收入《走我自己的路》增订本,安徽文艺出版社,1994年),阐述应用美学或称实用美学,种类包括艺术部类的美学、建筑美学、科技美学、社会美学、教育美学等。指出:"科学的发展及其分化或分成独立的学科不是由人主观意志所任意决定的,而有其自身的规律,它要取决于具体研究对象的存在。"不赞成伦理美学、旅游美学等,认为科技美学可以成立,"它研究的并不是科学学或技术学,而是研究科学美或技术美"。

5月,《我的选择》发表(刊《文史哲》1985年第5期),回顾其专业发展历程,云:"我羡慕人们当专门家,但命运似乎注定我当不了;而且也并不太想当。这观念经过'文化大革命'便变得更为明确。从而我的近代思想史、古代思想史、美学、康德……便都采取了宏观的方向和方法。我不求我的著作成为'绝对真理',不朽永垂,在微观研究尚不甚发达的情况下,去追求准确的宏观勾画是几乎不可能的事情,而稍一偏离,便可以相去甚远。但这种宏观勾画在突破和推翻旧有框架,启发人们去进行新的探索,给予人

---

❶ 夏中义:《新潮学案——新时期文论重估》,第100、123页。

们以新的勇气和力量去构建新东西，甚至影响到世界观人生观，只要做得好，却又仍然是很有意义的。"认为"一切的选择归根到底是人生的选择，是对生活价值和人生意义的选择……人生道路、学术道路将如何走和走向哪里呢？这是要由自己选择和担负责任的啊"。

5月，在复旦大学作"中国思想史杂谈"演讲［演讲稿刊《复旦学报（社会科学版）》1985年第5期］，再次论及"西体中用"重要观点，解释"体"是社会存在、人类存在的本体，物质文明是其基础，"西体者"，现代化是也；"中用"，就是怎样结合实际运用于中国。

探究中国科技落后的深层次原因，指出："爱因斯坦说过，希腊和西方文明是依靠希腊欧几里得的几何体系和文艺复兴以来伽利略的科学实验方法取得成果的。他很奇怪，中国没有这两样东西，何以能够做出很多工作。这便是中国思想史上一个值得研究的问题。我的看法是，技术与科学有区别。中国基本上可说是技术发达。科学并不发达，也就是说，中国是技术科学或应用科学较发达。中国的四大发明都是技术发明。中国数学发达，但主要也是计算方面，它不重视公理、模型、抽象体系。这也表现中国人的思维方式总喜欢要求科学直接为社会生活服务，因而，科学常常变成或只是技术，对科学的独立意义、独立力量，对科学本身思辨的完备等等，便不够注意……中国科技到近代大大落后，长久停留在经验论水平的理论思维上，是有其内在的传统思维方式的原因的（当然也有许多外在的根本原因）。"

5月，《朱亚宗〈人类思想的巨人——爱因斯坦〉序》发表（刊《书林》1985年第5期），指出："我是异常钦佩爱因斯坦的……伟大科学家和伟大艺术家的'良心'，总是指向人类的善的。"

6月，赴内蒙古讲学。

6月18日，刘纲纪来信，云："刘（指刘勰。——笔者注）之尊儒实近于荀学一派。自美学观之，属《乐记》一系。准此，'文心'之哲学实倾向于唯物论。它发展了荀子一派中的积极的东西。'风骨'亦与此有关，实已不能等同魏晋风度所言之'风骨'矣。'易'出于荀，郭已论之，仁兄之'史论'又加阐扬，很对。此乃了解'文心'之大关键也。"

6月26日，致信刘纲纪，认为"荀学支配汉代儒学甚久，近人忽视或不识此历史真实，可怜可叹。荀易（熊十力也看到了）关系本至明显，然今之学者亦以极口否认者偏多。……沈约评价应高，总结汉代文学之形式美非小事"。

7月17日，《美学101题——〈美学百题〉序》发表（刊《人民日报》），云："学习美学特别是写作美学文章，起码要注意或学点形式逻辑。不要误认美学即文艺或以为美学乃表现情感者，可以毫不顾及思维或论证的逻辑性、科学性。"

7月，《文艺报》改版，发表《两点祝愿》（刊《文艺报》），指出文艺评论要从作品本身给人的审美感受和艺术味道的特征着眼，要加强审美的批评；"希望能多看到反映时代主流或关系到亿万普通人（中国有十亿人，不是小国）的生活、命运的东西……创作道路和人生道路经常连在一起，作家们更应自己选择自己负责"。

7月，赴甘肃参加中华全国美学学会和甘肃省社会科学院联合举办的"敦煌全国美学座谈会、讲习班"。

8月，在庐山中国哲学史讨论会上作《突破"对子"与"圆圈"》发言（刊《华东师范大学学报》1986年第1期），批评几十年来流行"对子"（唯物和唯心、辩证法和形而上学斗争史）和现在流行"圆圈"（哲学史是螺旋形的上升的认识史），指出："我不大相信'两军对战'，也不大相信黑格尔说的那'圆圈'。柏拉图、老子并不比后来的哲学差，'圆圈'的起点可以高于终点，读这些著作比读经过'螺旋式上升'后的著作有时还更有味道。"

9月，与友人书，云："弟几年来为思想史所拖累，所作不甚惬意（感枯燥甚），但望早日回到哲学美学上来。"

9月，《开放型、多层次的文化研究》发表（刊《上海城市文化发展战略研究》第25期），指出："这几年，我们向西方开放了。但是对西方还缺乏深刻的了解，还需要开放。不仅是牛仔裤、美容指导，更有一些别的高质量的东西需要引进。譬如，我们对外国文化包括重要理论著作翻译、介绍得便很不够。关于西方马克思主义、关于宗教书籍，为什么就不能多搞点翻译呢？"认为"当前主要反对的恐怕还是封建主义的东西"。

10月，《在多样的方法中，找到最适合自己的方法》发表（刊《文史知识》1985年第10期），指出在研究方法上，人们还应该研究一下自己："人们的性格、气质、背景、基础、兴趣、潜力、才能因人而异，每个人都可以具体地考虑、斟酌如何最大程度地发挥自己的潜能。"

10月26日，《谈工艺美术》发表（原为在北京市工艺美术品总公司关于工艺美术的座谈会上的发言摘要，刊《人民日报》），指出对工艺美术事业的保护和发展，以前注意得不够，"其实艺术本身就是从技术里来的。'技近乎道'就是艺术，中国也好，外国也好，艺术这个词本来就是技术，达到一种最高的水平的技术！"

11月，赴海南讲学。

11月4日，《何新〈诸神的起源〉序》发表（刊《文汇报》），云："我虽不搞考据，却特别喜欢读一些考证精当的文章。""何况读精彩的考证文章，又远不止于智力游戏，而且还有一种发现真理的强烈喜悦。"称赞何新："何新是我的老朋友了，他好读书，求甚解，斐然成章，多才多艺，除办事利落绝无书生气外，文章也写得不少，涉及面相当广。但我喜欢的却是他的那些考据训诂文章。"认为何新考据文章之所以有特色，原因之一在于其有现代文化人类学的知识和观念背景，可以改变角度，突破传统迈越前人，不再停留在乾嘉以来或《古史辨》以来的那老一套上。

11月8日，致信何新，云："非常同意'中国青年没有玩世不恭的权力'。如果用我过去说过的话，即我们还没有资格和条件搞'现代派'也。"谈及家里安装电话事："电话仍要安装，主要是经费问题，鄙人并不阔，还是得靠所里。前已答应，但现在没钱。"

11月16日，《电视剧艺术的多样化》发表（刊《文艺报》），指出："我们对文艺的理解,就不是简单地为当前的政治服务,而是一个怎样建设人的心灵问题。"

11月22日,《破"天下达尊"——贺《青年论坛》创刊周年》发表(刊《人民日报》),支持年轻人向"年高爵大"的大人物挑战,祝贺该刊"敢破天下达尊""不再需齿、爵审阅""敢于在学术上提出问题,研究问题,打破人文学科的陈旧格局和迂腐学风",欢迎批评、不怕批评。该文曾遭高层领导点名批判。一年前《贺〈青年论坛〉创刊》是应约而写,而此文是为《青年论坛》的成功所打动而主动写的。曾有人云:"在上一辈有影响的人物之中,李泽厚是《青年论坛》最忠实、最投入也是最有勇气的朋友。不管在什么形势下,每一位拜访过他的《论坛》的记者,回来后都非常兴奋。"

冬,写作《舞蹈美学研究会成立祝辞》(后收入《走我自己的路》),认为"舞蹈,与音乐一起,是整个远古中华艺术的魂灵,正如书法(那纸上的舞蹈)是中国造型艺术的魂灵一样"。

冬(或1986年),写作《刘笑敢〈庄子哲学体系及庄学演变〉序》(后收入《走我自己的路》),指出"考据领域内也不是不可以改革和现代化的"。刘著出版时易名为《庄子哲学及其演变》,最初作为"中国社会科学博士论文文库"第一册由中国社会科学出版社于1988年出版。二十多年后,刘在文章中写道:"首先想到的是要感谢李泽厚先生。一九八三年笔者的文章《〈庄子〉内篇早于外杂篇之新证》在《文史》辑刊第十八辑发表,李泽厚看到了,就对中国社会科学出版社的编辑黄德志女士说:'有一个年轻人,我认为他是年轻人,写了一篇关于庄子的文章,很好。你们应该找他写一本书,十几万字,我写序,你们出。'当黄德志知道我正在写博士论文后,就建议我将博士论文交给他们出,由此又引出了后来的博士论文文库。这里特别令人感念的是,当时李泽厚先生全然不知道我是谁。"❶

---

❶ 刘笑敢:《关于考据方法的问题——〈庄子哲学及其演变〉再版引论》,《湖北社会科学》2010年第3期。

12月，杭州大学哲学系1982级全体同学来信，云："您是哲学界的老前辈，我们非常尊敬您，并热切希望听到您的教诲。因为我们相信，您是能够理解我们此刻的心情的。愿我们的毕业纪念册上留下您的谆谆教导，以勉励我们不断进取，为我国科学事业作出我们的贡献。"

作"技术美学译丛"序（后收入《走我自己的路》），指出："我不赞成各种感伤主义的浪漫派，我不认为科技是造成异化的根本原因。恰恰相反。现代科技给了人类走向真正自由的现实基础。"认为技术美学远比文艺美学等重要。

撰杨旭生编《传统文化的反思》序（后收入《走我自己的路》），指出："我们年轻的一代是担负着世界的和中国的这种种丰满而痛苦的历史经验，来重新思考、探索、追寻中西文化交流的内容、性质和意义，来掀起中国文化热的。他们决不会去'宏扬国粹'，也不会空喊'西化'，而将具体、深入、细致地去作许多介绍、比较、分析和讨论。""它也许只是浮露在海洋水面上的冰山尖顶，那么，潜藏在底下的便是具有巨大力量和体积、并终有一天将表现出自己的'硬货'。"

撰写《关于主体性的第三个提纲》（刊《走向未来》1987年第3期，后收入《李泽厚十年集·批判哲学的批判　附：我的哲学提纲》），正式提出"心理本体"概念。指出：人性也就是心理本体，其中又特别是情感本体；之所以是本体，正因为它已不是生物性的自然存在，而是对有限经验的超越，它是人之所以为人的内在依据。认为马克思、弗洛伊德、海德格尔三位提出的问题恰好是人的三大基本问题：生、死、性，而心理本体的人性建构与它们直接相关，人性建构即内在自然的人化："于是，是否可以假定：人类群体的使用—制造工具的生产性活动给动物性的人的机体创造了新框架，在这框架里激烈地改造着人的生物性情欲、意向和各种反射。以后，这种具体的改造内容随各个个体的死亡而消失了，但这框架本身却日渐以变化和生长的物态化形态（文化）遗存下来，并通过巫术礼仪的教育传给下一代。最后终于积淀出像纯粹意识和创造直观（认识论）、意志力量（伦理学）以及超越因果、功利的人生态度（美学）。"

反复强调"历史性"："落实在感性结构中的人类历史是心理本体的经验基地。""这个依据是历史的，正如它的对应面——工具——社会的本体一样。"继《美学三题议》（1962年）论述"人化的自然"命题之后，此处从哲学视角继续展开，首次提出并论述"人的自然化"命题。强调指出："自然的人化就内在自然说，是人性的社会建立，人的自然化则是人性的宇宙扩展。"人的自然化，其核心就是要在工具本体的基础之上建立人的心理（情感）本体，"所以最后的本体实在其实就在人的感性结构中。只是这结构是历史地构建起来，于是偶然性里产生了必然。"这一命题在稍后出版的《美学四讲》中得到深入阐释。虽然"人类学历史本体论"的"历史"二字，在1989年才正式提出，但此处论述即已给出明确预告。

同时再次强调：人文学科与自然科学的统一的中心将是教育学，这是科学。

继续担任第二届国务院学位委员会学科评议组成员。

6月8日，胡风逝世。

1986年

(丙寅)·57岁

1月,与友人书,云:"我尽量避免开会讲演、会见青年之类,但仍不能完全逃脱。(中国文化书院邀了若干名人演讲,听讲者却要我讲,仍坚拒之)奇怪的是,几乎每去一处,小如曲阜,大如上海,青年们似以某种狂热来欢迎,颇为感动和惭愧。中国今日之无人,致使青年们饥渴如此。《古代》一书亦迅速售空……"

1月22日,刘纲纪来信,云:"顷已将'文赋'写成之时考证完毕,恰与名公钱锺书所说相反,他以为四十后作,我以为四十前作。钱之考证据周振甫而来,有可称之为不识字的常识性错误。我已于注中明白指出。再,对《文赋》拟逐段逐句诠释之,亦多与钱公所说不合也,非不愿合,不能合耳!……逐段诠释文赋,至'伫中区已玄览'一语,发现钱说之荒谬实令人惊异不止。鼎鼎名公亦致如此,可叹也夫!我思其人恐为海派飘学,京派虽拘执,然不致出此种大错。我又推知他讲《文赋》而并未读机之其他著作,否则当知机亦有道家思想也。其错误我均引其书加以指出,盖为不再讹传,且亦可破破迷信。此种错误在鲁迅笔下实为杂文之绝佳材料。又,钟行文之酸,其武断胡说亦甚可厌。我不识此人,此读其文后之实感耳。"

1月28日,致信刘纲纪,云:"读兄信颇为神旺,钱号称中国第一学者,其行文酸,诚如兄言,犹似其小说亦号称名著,实难卒读。"

1月,《启蒙与救亡的双重变奏》发表(刊《走向未来》1986年创刊号)。据先生回忆,该文是1985年8月在庐山开完中国哲学史会议回来就

·160·

写成的。本来是应《北京社会科学》杂志之约,为纪念"文革"结束十周年而作,但交出后被压了好久,该刊仍未敢刊用,后来才交给刚创刊的民间刊物《走向未来》,被放在重要位置上。该文继续并详尽展开论述"救亡压倒启蒙"思想,认为:"封建主义并未消除,它在社会主义装束下带来种种祸害,令人重新呼喊'五四';但不是像'五四'那样扔弃传统,而是要使传统作某种转换性的创造。"1993年6月,先生在瑞典斯德哥尔摩"国家·社会·个人"国际会议发言云:"本来,我使用'压倒'此词以及'救亡压倒启蒙'的表述,纯系描述历史事实的中性用法,并无褒贬含义。"

全文分三章。第一章,启蒙与救亡的相互促进。"首先,启蒙没有立刻被救亡所淹没;相反,在一个短暂时期内,启蒙借救亡运动而声势大张,不胫而走。其次,启蒙又反过来给救亡提供了思想、人才和队伍。"第二章,救亡压倒启蒙。"封建主义加上危亡局势不可能给自由主义以和平和渐进的稳步发展,解决社会问题,需要'根本解决'的革命战争。革命战争却又挤压了启蒙运动和自由理想,而使封建主义乘机复活,这使许多根本问题并未解决,都笼盖在'根本解决'了的帷幕下被视而不见。启蒙与救亡(革命)的双重主题的关系在'五四'以后并没有得到合理的解决,甚至在理论上也没有予以真正的探讨和足够的重视。特别是近三十年的不应该有的忽略,终于带来了巨大的苦果。"第三章,转换性的创造。指出不是像"五四"那样,扔弃传统,而是要使传统作某种转换性的创造。"真正的传统是已经积淀在人们的行为模式、思想方法、情感态度中的文化心理结构。""只有将集优劣于一身、合强弱为一体的传统本身加以多方面的解剖和了解,取得一种'清醒的自我意识',以图进行某种转换性的创造,才真正是当务之急。"强调至少要有两个层面的转换的创造,第一个层面是社会体制结构方面的,第二个层面是文化心理结构的方面。

"救亡压倒启蒙"思想在学界产生广泛影响,"被相当多学人作为回顾与

描述中国现代史的框架与工具"。❶

关于转换性的创造,有论者认为:"'转换性的创造'和林毓生追求中国传统的'创造性的转换'的概念颇有几分相近之处,但中心词的调换,也显示出两者的微妙区别:在林毓生的表述中,中国传统是本位的,这个传统经过转化,产生出新的因素,但这种新因素还是从传统里'创造'出来的;但在'转换性的创造'中,'传统'不再是最终的价值依据,'创造'出的'新因素'也不再以传统作为皈依,'转换性的创造'的立足点在'创造'上而不在'转换'上。""由此可见,他的'转换性创造'的'核心'就是'西体中用',这个'体'就是'马克思主义',就是所谓'中国特色的社会主义现代化道路'。"❷

关于"救亡与启蒙"的话语权问题,学界曾有争论。有人将最早提出此说的发明者指定为美国历史学者舒衡哲。因为在舒衡哲1984年发表于海外期刊《理论与社会》上的《长城的诅咒:现代中国的启蒙问题》("A Curse on the Great Wall: The Problem of Enlightenment in Modern China")中,更早提出了救亡与启蒙之间的冲突,不过她用的关键词是"救国"(jiuguo or national salvation)而非"救亡"。对此,刘悦笛曾在充分分析基础上提出两个基本判断。

一个是"或然性"的判断。刘悦笛认为,这个说法被异曲同工地提出的可能性非常大,即使舒衡哲曾声称1982年授课时就提出了此说,但是我们却可以发现,在李泽厚1979年公开发表的论文中已明显包孕了这个说法的雏形。非常可能的是,这个说法本来在李泽厚和舒衡哲的内心都是一个"模糊的共识",他们于20世纪80年代早期见面的时候,"启蒙与救亡"的说法被相互激发了出来。不过可以肯定的事实还有,当时李泽厚早已在中

---

❶ 王学典:《"八十年代"是怎样被"重构"的——若干相关论作简评》,《原道》第16辑,首都师范大学出版社,2010年。
❷ 罗岗:《"五四":不断重临的起点——重识李泽厚〈启蒙与救亡的双重变奏〉》,《杭州师范学院学报(社会科学版)》2009年第1期。

国思想界"显山露水",而舒衡哲在汉学界才刚刚"崭露头角"。另一个则是"必然性"的判断。刘悦笛认为,无论是李泽厚所说的"启蒙与救亡",还是舒衡哲所论的"启蒙与救国",其实所说的都是一个意思,我们暂且不论谁先提出,但是可以基本肯定,"变奏"的说法就是来自李泽厚。❶

时隔八年,刘悦笛再次著文,对自己曾经的"或然说"做出修正,并向当事人李泽厚先生、舒衡哲先生致歉。❷该文称:"对于这场'论争',我曾给出了两个判断,必然性的判断乃是'变奏说'与'压倒说',无疑都是来自李泽厚,舒衡哲所论的则是'启蒙与救国'之关联。关键是我给出的那个或然性判断——'非常可能的是,这个说法本来在李泽厚和舒衡哲的内心都是一个"模糊的共识",在他们于20世纪80年代早期见面的时候,启蒙与救亡的说法被相互激发了出来。'如今根据史实,应该说这个判断('相互激发了出来')并不准确,不能成立。因如前所述,李这一思想早已成熟并公开发表。的确,舒衡哲发表于1984年海外期刊《理论与社会》上的《长城的诅咒:现代中国的启蒙问题》一文,在1985年12月16日送给了李泽厚看,但是并不能由此认定李泽厚受其影响。假定李真是借鉴或抄袭了别人,又何必将对自己不利的材料送与我呢?而且12月看了,马上就能写成和交出那么大一篇文章……所有这些,于情于理,都说不通。事实是李看舒文时,自己的文章早已写就并已交出,这是有材料可查证的。"

1月,《略论书法》发表(刊《中国书法》1986年第1期),指出书法艺术是一种非常典型的"有意味的形式"的艺术,"就在那线条、旋律、形体、痕迹中,包含着非语言非概念非思辨非符号所能传达、说明、替代、穷尽的某种情感的、观念的、意识和无意识的意味"。认为书法艺术一方面表达的是"创作者有意识和无意识的内心秩序的全部展露",另一方面,"书法艺术所表现所传达的,正是这种人与自然、情绪与感受、内在心理秩序结构与外在宇

---

❶ 刘悦笛:《"启蒙与救亡"的变奏:孰是孰非》,《探索与争鸣》2009年第10期。
❷ 刘悦笛:《"救亡压倒启蒙":本无可争议》,《社会科学报》2017年9月28日。

宙（包括社会）秩序结构直接相碰撞、相斗争、相调节、相协奏的伟大生命之歌"，从而得出"书法艺术是审美领域内人的自然化与自然的人化的直接统一的一种典型代表"的结论。

1月，《李黎〈诗与美〉序》发表（刊《读书》1986年第1期），热情称赞朦胧诗是"新文学的第一只飞燕"，高度肯定朦胧诗的价值："高兴的是，终于到了出整本书为'朦胧诗'作全面肯定的时候了。'朦胧诗'终于渡过了它那苦难的朦胧历程，由贬词变为爱称，不但在海外，不仅在年轻人心中，而且也在所谓文坛中，在整个新诗的历史上。"

1月，写作《王世仁〈中国建筑的民族形式〉序》（后收入《走我自己的路》），云："在文化艺术中，我一般非常讨厌那种脱离或违背现代性来强调所谓民族性，或把某种固定、僵硬的外在形象、框架、公式当作民族性的理论和创作。总之，我反对用'民族性'来排拒现代性。"

1月28日，《关于儒家与"现代新儒家"》发表（刊《文汇报》），指出其著作《中国古代思想史论》和新儒家的若干区别，即"并非把儒家当作一种思想、学说或学派来提倡、鼓吹，重要的是作清醒的自我意识和历史的具体分析，以首先了解而后促进它的转化或革新"；不赞成完全离开时代性来谈民族性；认为儒学不是或不只是所谓"内圣"之学；反对"中体西用"说和"文化本位"论，反对在发扬传统的口号下维护封建主义。

1月，作"'西体中用'简释"演讲（该文刊《中国文化报》1986年7月9日，略有增改），对"西体中用"做出具体解释："所谓'体'，我认为首先应是社会存在的本体，以及对这个本体的意识（即'学'）。我们不能说现代化就是西化，但也不能否认现代化是由西方学来的。现在以最先进的科学技术为代表的生产力、政治经济理论，包括马克思主义在内，都属于西方文化，而非中国文化，怎样结合传统，把这样一套东西用于中国，这就是'西体中用'。社会本体的变化、本体意识的变化，一句话，整个社会存在和社会意识的现代化，是一切问题的根本。只有在这个基础上，才谈得上传统的继承和发扬。"

申明"西体中用"一词,不是自己首先发明,黎澍先生曾提出过,但受到了批评。据研究,黎澍1980年11月在济南召开的关于义和团的讨论会上做了"中西文化问题"的主题演讲,提出了"西体中用"的主张。对这一主张的反响,他在这个演讲稿发表的前记中,曾有如下的说明:"本文是我1980年11月在山东大学举行的义和团运动八十周年学术讨论会上的发言。据说在当时与会者中引起过强烈的反应……我想,大概是遭到了强烈的反对了。反对什么?我判断可能是因为这个发言提出了'西学为体,中学为用',使一些人误会为主张'全盘西化',感到难以接受。"据说,会议还没结束,黎澍就接到电话批评,中途返回。这篇演讲稿原来拟在《文史哲》1981年第1期刊出。他回来不久,就来电报让撤下。从此该稿被束之高阁。1986年7月,他写了上述前记,想公开发表,但又被卡了下来。直到1989年7月才发表于《历史研究》第3期。❶先生云:"我前不久正式提出,又遭到一些人批评。但我坚持这个说法。""西体中用"论曾遭理论界长期误解并反复批判。有批判者认为,李泽厚"救亡压倒启蒙"的命题着重点在"破"("破"中国革命),"西体中用"的命题着重点在"立"("立"资本主义),李泽厚的"西体","这一切都要从西方引进,这一切都要以西方为本位。他的所谓'中用',就是特别注意不要使'西体''西学'变样,'被顽固强大的中国传统封建力量给溶化掉'。因此,它的'西体中用'的实质,就是要在中国实现资本主义。"❷同时也有一定意义上的学术批评,认为其"体"和"用""缺少概念的明确性和前后逻辑一贯性",但这仍然是在探索和设计中国未来的发展道路,"同明确主张走资本主义道路的'全盘西化'毕竟还是有所区别的"。❸

2月,致信刘纲纪,云:"嵇阮(指嵇康、阮籍。——笔者注)之比较深感先获我心。我多年认阮深于嵇,一直为人所不解,且有以鲁迅好嵇驳我

---

❶ 参见王学典《20世纪80年代的"新启蒙"与黎澍》,《文史哲》2002年第2期。
❷ 凌似:《这是一个什么"思想库"——李泽厚先生近年理论观点评析》,《当代思潮》1990年第3期。
❸ 方克立:《现代新儒学与中国现代化》,长春出版社,2008年,第288—289页。

者，虽均在口头，我已懒于再辩，如今有兄宏论，快如何之。知音难遇，何期吾二人如此同心也。论声无哀乐已远超时人。论文赋逐句解析亦甚好，宗炳画山水序似亦可如此写。此卷多煌煌大文，唯兄能为。《列子》即笔墨酣畅甚。且由玄而享乐主义而佛，历史与逻辑之条里井然。唯音乐主哀，似由来久远，汉代盛行薤露之歌，亦哀乐也，此中似有深刻之理论问题。"

2月，写作《地坛》（刊《北京晚报》1986年2月10日），即将搬家，离开和平里九区一号，告别地坛，搬至中国社科院宿舍楼皂君东里12楼。1963年结婚以来，住在夫人工作单位煤炭歌舞团宿舍达23年，先生常戏称自己为"家属"。❶

3月，《记中国现代三次学术论战》发表（刊《走向未来》1986年第2期），指出三次学术论战分别为：1920年代科学和玄学论战，在张君劢、张东荪和胡适、丁文江之间进行，论争焦点是能否有科学的人生观、应该建立什么样的人生观；30年代中国社会性质论战，在以陶希圣为代表的"新生命派"、以王学文等为代表的"新思潮派"、以严灵峰等为代表的托派之间进行，论争主题集中在中国当时究竟是资本主义还是封建主义；40年代文艺民族形式论战，在胡风和向林冰之间进行，论争焦点是如何对待传统的或民间的民族形式。认为三次论战"倒恰好包括了哲学（科玄）、历史（中国现代和古代社会性质）和文艺（民族形式）等基本人文领域……恰好象征性地在学术上反映了中国革命知识分子的人生道路和心灵历程"。

3月，与友人书，劝慰友人云："我受气多年（至今也有一些人仍想暗算），得一结论：迄今为止，世上公平事最多只占十之二三，不公平十之七八。正因为此，也才有人生奋斗的意义。丑类如斯，不能退避，予以当头棒喝为宜，但自己切忌不可动真怒，不值得也。"

---

❶ 单元三间。炊事员一家住一间，先生全家住两间，夫妇住大间，十五六平方米，岳母住小间，10平方米左右。两家共用厨房、厕所，相处甚好。先生言当时因房小床小，以床当桌才能铺开书籍进行写作。其后搬到社科院宿舍楼。2001年，私人交换至现住所：东厂北巷，靠近王府井，50多平方米，比皂君东里小了一半。

1986年（丙寅）·57岁

3月6日，朱光潜逝世，7日晨5时匆草《悼朱光潜先生》（刊《人民日报》1986年3月20日），忆及"文革"中两人喝酒聊天情景，只叙友情，不谈美学。

3月，冯友兰先生赠大字对联一副："泽厚同学迁入新居戏题以为补壁　西学为体中学为用　刚日读史柔日读经　一九八六年三月　冯友兰　时年九十有一。"冯得知李泽厚提出"西学为体中学为用"，很高兴，故写此对联。冯的女儿打电话问先生要不要，先生说当然要，于是去取回，装裱挂出。先生说："认识很多画家书家，从来没有向人要过书画，也从不作任何收藏。"此联照片发表在《该中国哲学登场了？——李泽厚2010年谈话录》。"都是把传统反过来说的，本是'中学为体西学为用，刚日（单日）读经柔日（双日）读史'。前面是张之洞学说，后面好像是曾国藩的，'经'是十三经，儒家经典，最为重要，所以要摆在月之始（初一）开读。"❶

4月，致信刘纲纪，论及《中国美学史》分期，认为："截至魏晋，亦未尝不可，当然如能并南北朝为一卷则更丰满，分量更重些……封建分期说，我以为很不重要。因为五阶段说作为公式，我素持怀疑态度。（中国奴隶、封建之分不明显，亦不重要）只要能具体交代魏晋社会经济、政治变化，如何联系和影响到意识形态，就足够了。"

4月，作关于技术美学的谈话（部分录音整理稿刊《文艺研究》1986年第6期），指出"技术的特性就在这种合规律性的有目的地运用。所以，技术愈纯熟，就愈能解决目的性与规律性的对峙，而达到自由的形式，达到美的境界"，认为"格式塔心理学对技术美学的研究是有意义的，缺点是停留在生理学角度上"。

5月9日，赴上海参加"国际中国文化学术讨论会"。

5月，在杭州发表"文化讲习班答问"演讲（该文刊台湾《中国论坛》1987年第296期），言："我喜欢萨特这个人，他的哲学我并不太喜欢。我不

---

❶ 李泽厚、刘绪源：《中国哲学如何登场？——李泽厚2011年谈话录》，第85页。

喜欢海德格尔这个人，但对他的哲学更喜欢一些。"时萨特风行。

6月，致信刘纲纪，云："齐梁章甚赞同予萧纲较高评价（以及萧统）。对沈约恐亦应如此，在奠定中国诗律形式美方面贡献不小，四声八病之类对作诗是的确重要的。"

7月31日，《坚持与发展》发表（刊《北京晚报》），提出对于马克思主义，首先是"发展"，然后才能有"坚持"。

8月28日，刘纲纪来信，云："几千年到如今，似乎没有人是刘勰的知音，也许我们是第一个。我原对他的评价偏低，现在看应升格。他是先秦荀学一系美学的最重要的代表，但由于种种原因长期被冷落。可叹！"

9月27日，《西体中用》发表（刊《团结报》），强调"讲西体中用，主要为了注意两个问题：一是不要使西学在中国化的过程中封建化，被中国传统思想吞没掉；二是要分清前现代化、现代化与后现代化这三个不同的时代"。首次明确提出要重视区分前现代、现代和后现代三个不同历史阶段。不要超越特定历史阶段这一思想，在此后被先生反复提出，成为其观察、分析社会现象之极为重要思想方法。

10月9日下午，答《福建论坛》记者问（答问稿《文学研究视角及其他——答〈福建论坛〉记者问》刊《福建论坛》1987年第1期），指出研究文学可以多角度：文化史角度、哲学角度、语义分析角度、作品结构层次角度、作品和作家接受情况和接受历史角度、作品展示的个体心理和社会心理角度、有意识的角度和无意识的角度等；思想史研究也应该多元化："以我来说，主要是从文化—心理结构这个哲学角度来谈的。上层的东西如孔孟老庄便谈得多一点。"

10月，写作《中国现代思想史论》后记，坦言该书因某些原因，提前问世了："但由于几乎每天四小时五千字的进行速度，摘引之匆忙、叙述之草简、结构之松散、分析之粗略、文辞之拙劣、思想之浮光掠影，看来比前两本思想史论更为显著。我希望过几年能有机会给三书作统一修订时，对本书多作些补充。例如，这本书本来打算讲的一个中心主题，是中国近现代六代知识分子（辛亥一代、五四一代、大革命一代、抗战一代、解放一代、红卫兵一代）。这问题在《中国近代思想史论》提出过，原来想在本书中再作些论述。例如第五代的忠诚品格的优点，第六代实用主义、玩世不恭的弱点等等，都需要加以补充和展开。"认为在中国近百年六代知识者的思想旅程中，康有为（第一代）、鲁迅（第二代）、毛泽东（第三代），大概是最重要的三位，"无论是就在历史上所起的作用说，或者就思想自身的敏锐、广阔、原创性和复杂度说，或者就思想与个性合为一体从而具有独特的人格特征说，都如此。也正是这三点的综合，使他们成为中国近现代思想史上的最伟大人物。但是，他们还不是世界性的大思想家"，因为当时的中国还没有走向世界。"因此，当中国作为伟大民族真正走进了世界，当世界各处都感受到它的存在影响的时候，正如英国产生了莎士比亚、休谟、拜伦，法国产生了笛卡尔、帕斯噶、巴尔扎克，德国产生了康德、歌德、马克思、海德格尔，俄国产生了托尔斯泰、陀思妥耶夫斯基一样，中国也将有它的世界性的思想巨人和文学巨人出现。这大概要到下个世纪了。我愿为明天的欢欣而努力铺路。"

10月，参加由中国社会科学院文学研究所召开的学术研讨会《新时期文学十年》。与钱锺书、张光年、陈荒煤、冯牧、王蒙、唐达成、刘再复等共同出席。

10月25日，写作《赵士林〈当代中国美学研究概述〉序》（后收入《走我自己的路》增订本），云："我向来对赞成我或反对我，热烈支持我或猛烈抨击我，只要是出于学术讨论的要求和立场，基本均一视同仁。至于出于其他目的的攻讦或吹捧，除了在笔头但经常是在口头略加嘲讽外，更不放在心上。笑骂由人，自知在我。"

11月28日，《美育的广义与狭义》发表（刊《光明日报》），提出："从广义看，美育不简单地是一个艺术教育问题，它是指一个人在人生境界所达到的最高水准。""狭义的美育，主要指艺术教育。艺术教育对人的心灵、行为、语言等各方面都有深刻的影响，而且就在数学教育中，也有美学规律问题。掌握、运用这些规律，对开发、促进智力发展特别是青少年智力发展也极有好处。"

12月5日，写作《李述——李小兵〈文化的抉择〉序》（后收入《走我自己的路》增订本），云："我怀疑这个'文化热'或将很快地转成'文化冷'。"强调"现在要多搞一些专题的、微观的、实证的研究"。

12月，写作《余丽嫦〈培根及其哲学〉序》（后收入《走我自己的路》增订本），云："我对培根除教科书上的那些外，实在毫无所知，而且也缺乏兴趣。比较起来，我更喜欢笛卡尔和休谟。""余丽嫦说我重视经验主义，因此要我作序。我的确是很重视'英美经验论传统中的知性清晰和不惑精神'（拙著《中国古代思想史论》曾谈及）的。与马尔库塞怪罪逻辑经验主义等刚好相反，我觉得这种清晰性和不惑精神的经验主义，也许正是在文化上使英美避免欧洲大陆那种曾泛滥一时的法西斯非理性迷狂的重要原因之一。中国学人治西方哲学，一般更喜欢德国哲学，而常常轻视或忽略英美经验论，总觉得它们'不够味'，其实这恐怕并不见得完全是好事。对今天中国来说，似乎更需要的是英美经验论传统中那种细密的科学分析、重视实证的态度、方法和精神。无论在我们的思维中还是在工作中。"

12月10日，《今天中国需要理性》发表（在座谈会上的发言，刊《中国文化报》），指出"如果没有科学，没有理性，只剩下情绪性的原始吼叫，我看那是很危险的"。此言针对当时开始泛滥在年轻学者和学生中的非理性情绪。

12月18日，刘纲纪致信先生，云："尼采看来要热一阵。中国当代的青年们如不把西方现代的思想一一反刍一下，是不能真正最终形成他们自己的思想的。"

12月18日，答《中国社会科学院研究生院学报》记者问（后收入《走我自己的路》增订本），指出："现在某些年轻人似乎在模仿我，好写出大而无当和宏观议论的文章，我深以为不妥和不安，我愿引严复的话：学我者病。其实我个人在开始时，也只是作康有为、谭嗣同等具体人物和思想的个案研究的。我这几年一直强调微观、实证。"认为研究社会科学,最主要的基础学科是历史,其次是哲学,而且主要是哲学史,"特别是一些能使人变得聪明一点的哲学原著,像休谟《人类理解研究》,很薄的小册子,却是一本好书"。

12月30日,《时代和它的孙中山(在广州国际孙中山学术会议上的发言)》发表(刊《文汇报》),提出"不同时代有不同的孙中山。对历史和历史人物的理解大概很难离开对历史性的今天的理解。对历史的解释实际是一种与历史的对话"。

12月,《走我自己的路》出版(生活·读书·新知三联书店),自序云:"一直有朋友有读者要我把这些散在各处报刊上的文章以及我自己书尾的后记集在一起。他们似乎对此颇有兴趣。安徽有位素不相识的大学生还特地复制了一份我几本书的后记和一些小文,合订在一起寄给我,替我设计了书的封面和取了书名,叫'李泽厚序跋随笔集'。这真使我又惭愧又感动,也使我开始认真考虑这本小书的问题。"

12月,刘再复《论文学的主体性》及《论文学的主体性(续)》分别在《文学评论》1985年第6期、1986年第1期发表,在学术界引发广泛注意和激烈论争,被称为"20世纪80年代最为重要的思想理论事件之一"。刘再复多次坦言,正是在李泽厚"实践主体论"或"人类学本体论"的哲学影响下,才提出了"文学主体性"的概念:"我写作《论文学主体性》(1985年底)的冲动,则是读了李泽厚的《康德哲学与建立主体性的哲学论纲》和《关于主体性的补充说明》。这之前我读过康德的《道德形上学探本》(唐钺重译),并被书中'人是目的王国的成员,不是工具王国的成员'所震撼,现在'主体性'概念又如此鲜明推到我的面前,于是,我立即着笔写下《论文学的主体性》"。❶"笔者本人在李泽厚主体性论纲的影响下写作'论文学主体性'并引发全国性讨论之前,我读完李泽厚的全部已发的美学论著,就对

---

❶ 黄平、刘再复:《回望八十年代:刘再复教授访谈录》,《现代中文学刊》2010年第5期。

李泽厚说，你的体系已经建立。这就是说，李泽厚后来引入康德的主体性概念，乃是丰富自身体系的需要，主体性的探索与建设，乃是原体系的延伸与发展。"❶

在复旦大学参加国际中国文化学术讨论会，提交论文《我为什么不是新儒家》。

在电视剧艺术讨论会上发言（刊《电视剧艺术论集》，中国电影出版社，1986年），指出还是要提倡百花齐放、多种多样，"我把文学艺术的希望寄托在这一代青年身上，他们中间应该出现伟大的艺术家、作家，他们的成绩应该大大超过茅盾、巴金、老舍，不是一般地超过，而是大大地超过"。认为民族性是重要的，但不能过分强调，不能用民族性来抵抗时代性。

写作《郑光华编〈企业伦理学文集〉序》（后收入《走我自己的路》增订本），指出"中国正处在一个巨大变动的历史时刻，我前几年提出的'历史主义与伦理主义的二律背反'日益尖锐"，因此，伦理学"能不能够在这方面作出某些独特的贡献呢？使不但中国而且世界在迈向未来的行程中，充满着更多的自信、坚强和责任感呢？"

《与崔之元的对话》发表（刊《中国社会科学院研究生院通讯》1986年油印本），强调"一个人必须在范式中受到思维锻炼，才能提出正确的、有意义的新问题，推动科学的进一步发展"。提出"只有一个社会的文化中支持意识深厚丰富起来之后，个人通过学习大师也就是奇理斯玛权威的著作，才有可能在潜移默化中逐步使思想变得深刻"。

写作《试谈马克思主义在中国》（后收入《中国现代思想史论》，东方出版社，1987年），指出："李大钊宣讲的马克思主义，有两点最值得注意：第一，是民粹主义的色彩。第二个特点是道德主义。"认为"毛泽东最光辉的理论论著是有关军事斗争的论著……这些与马克思主义的剩余价值理论、历

---

❶ 刘再复：《李泽厚美学概论》，第19页。

史唯物论(唯物史观)并无关系,但它与辩证唯物论却有关系。兵家辩证法以马克思主义辩证法的矛盾学说和马克思主义唯物论的能动反映论改造和表述出来"。

提出马克思主义需要创造性的发展:"第一,应该回到历史唯物论(唯物史观)。应明确唯物史观才是马克思主义的基本理论(辩证唯物论等等是后来推演出来的)。历史唯物论可以分作哲学层和科学层两个层面……就哲学层次说,历史唯物论即主体性的实践哲学,或称人类学本体论。它应包含工艺社会结构(人类学主体性的客观方面)和文化心理结构(人类学主体性的主观方面)这样两个方面。"

"第二,对马克思、列宁的经典理论的研究,需要改善和加强。这又有两个方面。第一个方面是发掘经典作家本人由于当时现实斗争的各种原因没有或未来得及展开的思想、观念、学说、主张……'人化的自然'思想便是一例。'人化的自然'不只是美学问题,它是一个根本哲学问题,是涉及文化心理结构、积淀、人性塑造问题,亦即涉及人的本质和存在问题。第二个方面是重新审查、鉴定经典作家的论著、思想,发现问题,解决问题,不应再采取对待宗教教义的注经方式和迷信态度……马克思主义应否看作只是(蓝领)工人阶级的世界观,而不更应是表达了人类总体的历史前景和知识分子的热情信念?"

强调指出:"马克思主义在中国的确到了一个关键时刻,正像中国社会到了一个如何前进的关键时刻一样。马克思主义之需要创造性的发展和这种发展的重要意义,没有任何时候像今天在中国这样突出。从五六十年代东欧、苏联到七八十年代中国的人道主义潮流,共同展示了马克思主义理论传统本身由于强调社会忽视个体所带来的巨大缺陷,但并未真正开辟如何走向未来的理论道路。"旗帜鲜明地提出:应该明确马克思主义不仅是革命的哲学,而且更是建设的哲学;不但因为我们现在主要建设,而且因为建设文明(包括物质文明与精神文明),对整个人类来说,是更为长期的、基本的、主要的事情,它是人类赖以生存和发展的基础;光批判,是并不能建设出新文明的。

　　写作《二十世纪中国（大陆）文艺一瞥》（刊《黄河》，后收入《中国现代思想史论》），从思想史角度，通过文艺创作者的心态来观察近现代中国所经历的思想的逻辑。认为"辛亥"一代作品"预告了转换的开始，透出了黎明气息"，"五四"一代作品"勇敢地突破传统，开放自我心灵"……而1949年以后却陷入道德主义的模式之中，直至1970年代后期和1980年代初，又重现当然并不等同于"五四"时期"人啊人"的呐喊的多元取向。"历史尽管绕圆圈，但也不完全重复。几代人应该没有白活，几代人所付出的沉重代价使它比'五四'要深刻、沉重、绚丽、丰满。"学者论曰："尽管李泽厚的《二十世纪中国文艺一瞥》的发表时间较晚，但论文的观点、论证思路、材料的使用都是来自他于1979年发表的《中国近代思想史论》一书。""只要我们细致地分析《二十世纪中国文艺一瞥》的行文脉络，就会发现，李泽厚的文章，其实是他写于1978年的《略论鲁迅思想的发展》一文的扩充……李泽厚所提出的'近现代六代知识分子'的概念，正是在《略论鲁迅思想的发展》一文的结尾处提出的。他提到鲁迅曾计划写作一部关于'四代知识分子'的长篇小说，即章太炎一代，'这一代是封建末代知识分子，其中的少数先进者参加（或受影响，下同）了戊戌，领导了辛亥'。鲁迅一代，'这一代的先进者参加了辛亥，领导了五四'。再加上五四一代和抗日战争的一代，构成了鲁迅所要描述的'四代知识分子'。李泽厚在这个基础上提出了自己的'六代知识分子'的描述框架。在《中国现代思想史论》中，这个目标虽然未能完全实现，但我们看到《二十世纪中国文艺一瞥》基本上是贯穿了这一思路的，从文艺的角度梳理了六代知识分子'通过传统转换走向世界'的心路历程，也正是在这个意义上，《二十世纪中国文艺一瞥》基本上可以看作是对《略论鲁迅思想的发展》一文的扩展。"❶

---

❶ 张伟栋：《李泽厚与现代文学史的"重写"》，江西人民出版社，2012年，第15、224—225页。

1986年（丙寅）·57岁

3月6日，朱光潜逝世。

12月20日，宗白华逝世。

12月，高尔泰《美是自由的象征》出版（人民文学出版社），最早对李泽厚"积淀说"提出批评。高尔泰提出"感性动力说"，主张从美感入手进入美学。认为"离开感性动力而谈论理性结构和历史的积淀，虽然有时能合乎逻辑地说明许多已经形成的事实，但是这种说明至多只有艺术史或美学史的意义，而没有美学原理的意义"。有论者评价说，"高氏美学不仅成为中国大陆新时期思想解放激进的一翼，也成为唯一对李泽厚构成实质性挑战的反'积淀'论学派"。[1]

---

[1] 尤西林：《朱光潜实践观中的心体——重建中国实践哲学—美学的一个关节点》，《学术月刊》1997年第7期。

1987年

(丁卯)·58岁

1月,《漫说"西体中用"》发表(根据录音整理,刊《孔子研究》1987年第1期),指出:"以从属和依附于政治的知识分子阶层为轴心建构基础的社会文化心理,已成为制衡整个社会动向、经济行为的强有力的因素。因此,整个社会结构肌体的改变,光引进西方的科技、工艺和兴办实业,是不能成功的;光经济改革是难以奏效的;必须有政治体制(上层建筑)和观念文化(意识形态)上的改革并行来相辅相成,现代化才有可能。经济、政治、文化的三层改革要求的错综重叠,正成为今天局势发展的关键。"

强调:只有充分了解这作为"国情"的传统,才能清醒地注意到,首先不要使"西学"被中国固有的顽强的"体"和"学"——从封建小生产方式、农民革命战争到上层孔孟之道和种种国粹所俘虏、改造或同化掉;相反,要用现代化的"西体"——从科技、生产力、经营管理制度到本体意识(包括马克思主义和各种其他重要思想、理论、学说、观念)来努力改造"中学",转换中国传统的文化心理结构,有意识地改变中国结构。强调"改变、转换既不是全盘继承传统,也不是全盘扔弃。而是在新的社会存在的本体基础上,用新的本体意识来对传统积淀或文化心理结构进行渗透,从而造成遗传基因的改换。这种改换又并不是消灭其生命或种族,而只是改变其习性、功能和状貌","这当然是一个十分艰难、漫长和矛盾重重的过程。但真正的'西体中用'将给中国建立一个新的工艺社会结构和文化心理结构,将给中国民族的生存发展开辟一条新的道路和创造一个新的世界"。

1月3日,《中国现在更需要理性——答于建问》发表（刊《文艺报》）,提出:"尽管我也喜欢海德格尔等人的哲学,但以为中国现在需要的不是'非理性',而是理性。我们迫切需要把那种实用的、经验的理性转变为科学的、严格的分析理性和思辨理性。"强调要把前现代、现代和后现代做一区分。认为中国是在从前现代走向现代,即从农业小生产走向工业大生产,而西方则已完成了这个过程,企望走向后现代,后现代与前现代有某些相似之处。"西方的'非理性'是在资本文明发达之后流行的东西,是对过分发达的理性（例如科技）的反抗。而我们现在所面临的,还是如何从中世纪的盲从迷信等非科学的行为方式、思维方式中挣脱出来,用科学和理性代替它们的问题。我们今天东施效颦鼓吹'非理性',实在为时太早。"不赞成有些理论文章只有情感意义,只可以从中感受不满现实的愤怒情绪,但是却不遵守逻辑,缺少科学性。当记者问"这些文章主张彻底否定传统,扔掉包袱,毕竟唤醒了人们要求改变现状的热情,这不也是我们今天所需要的吗？"时,先生明确指出:"不。这些看来十分激进的文章却恰恰掩盖了当前最主要的问题……目前阻碍改革的,主要是封建官僚主义。这是很具体的,表现在社会生活和政治经济的各个方面。避开这些具体问题不谈,而把一切罪责都归诸文化传统、国民性,这不太空泛了么？"

1月5日,《写文章的人要学点平面几何》发表（刊《理论信息报》）,强调指出:"我建议写文章的人要学点平面几何。理论文章要概念清楚,遵守逻辑,要有论证,简明扼要,不要模模糊糊,不要让人看半天不知说了些什么。"

1月,赴新加坡开始访学15个月,为新加坡东亚哲学研究所高级研究员。中间回国两三次,1988年5月从新加坡直接去美国。在新加坡通讯处为:0512新加坡西海岸路　格林艾斯　BIK 18 #0405。

1月,《关于"文化"问题的问答》发表（刊《电影艺术》1987年第1期）,云:自己开始用"实践理性",后来改用"实用理性",因为它更准确一些;

"实践理性"有时也还用,特别是在表示一种道德行为的时候;实用理性并不等于实用主义。

1月,《青年毛泽东》发表(刊《河北大学学报》1987年第1期),指出青年毛泽东的思想基础是"动"和"斗"的宇宙观、"贵我"的道德律,"运动、斗争成了他身心存在的第一需要"。

2月,与友人书,云:"在此如常,略感郁郁,虽全家在此,故土之思油然,年岁日增,心理老化,亦可悲也。每夜均喝酒。因气候终日如此,虽有冷气,竟日仍昏昏然,不思做事。热带人多懒散易困,盖有以也。"

2月21日,写作《悼宗白华先生》(后收入《走我自己的路》)❶,文有"我为宗先生哭!我为中国知识分子哭!我为中国哭!"之句。

2月,《胡适 陈独秀 鲁迅——五四回想之三》发表(刊《福建论坛》1987年第2期),认为胡适、陈独秀、鲁迅都开创了思想范式(Paradigm),从而都指导、决定过和影响了一大批人。胡适在学术领域内、陈独秀在革命领域内、鲁迅在文学领域内,"都作为先驱在现代思想史上留下了不可磨灭的痕迹",而鲁迅"因其一贯具有的孤独和悲凉,因此成为中国近现代真正最先获有现代意识的思想家和文学家"。

3月,《关于主体性的第三个提纲》发表(1985年稿,刊《走向未来》1987年第3期),重申不赞成语言是本体,因为语言不能消解哲学的根本兴趣——关于人的命运的关怀。继续强调:"使用—制造工具的实践、生活,在逻辑上也在时间上先于、高于语言、交谈。如果哲学总是'从头说起',那么,这个'头'应该就在这里。"认为这才是马克思主义的社会存在的本体论(卢卡契),或人类学本体论亦即主体性实践哲学。而前者过分侧重理性、社会、群体,不能提出心理本体问题,而人类学本体论高度重视心理本体,其中又特别是情感本体。阐述情感之所以成为本体,乃因为"它是人之

---

❶ 该文收入《走我自己的路》时注:"1986年2月21日(此文未能刊出,留此存照。并作纪念)。"此注有误,写作时间应为1987年2月。

所以为人的内在依据"。强调这是一个历史的发展过程,也是在为情感本体寻找理论渊源:"从微观说,弗洛伊德的发现是这转化的一种预告。从宏观说,马克思发现了历史是在悲剧性的二律背反进程中。这两者使心理本体积淀了悲剧感的情感音乐,海德格尔则以死的威胁加重了这音乐。这三位提出的恰好是人的三大基本问题:生、性、死。心理本体的人性建构与它们直接相关。"

4月20日,致信何新,肯定何有关《九歌新考》成果:"其实楚地虽有南方根源,然已接受中原文化,屈原其人即其明证。如今若可证实九歌亦北方神话系统,则其价值甚大,震惊学界,应可预卜。"先生对此类微观考证颇感兴趣,此前此后亦曾肯定何对"德""仁"等字的考析。因此信开头有云:"人啧言吾兄于拙颇多微词。拙素不介意,且亦无意与兄争夺史学天下。何况欧阳公于苏轼有当避之之语。"故何新在将此信编入文集时有按语曰:"此盖学界小人拨弄是非也。我与李泽厚初识于1981年,此后无事不相扰,常以文论相见。李氏学术淹贯博通,成一家言。为人诚厚,于后学不吝提携,贤哲也。"❶

4月5日,刘纲纪来信,云:"自'五四'以来,有种种研究,但我以为只有到了仁兄,才称得上是作出了一种既是马克思主义的,同时又把握了中国思想文化的实际及其现代化的地位的研究。这实在是有关中国现代化之命运的大问题。文人历来是最无用的(近阅蒋子龙的一篇小说,也对此大发感慨),但如果他把握住了时代的根本问题,那么他就会有自己的,甚至为政治家所不能代替的作用。当然,这样的人是极少的。"

4月,与刘纲纪书,云:"游子心绪,抑郁情怀,唯借酒消磨而已。全家在此,亦仍怀乡,可见'人是社会关系之总和'在情感上讲颇为中肯。去冬谬论风行,终于惹起风浪,造成目前局面,亦可叹也。"

---

❶《何新批判:研究与评估》,四川人民出版社,1999年,第366页。另按,宋《河南邵士闻见录》载:"欧阳公谓梅圣俞云:'读苏轼书,不觉汗出,快哉!老夫当避路,放他出一头地也。'"

5月4日，刘纲纪来信，云："兄之成就颇巨（他日当为文详论之），足以自慰、自悦，勿需烦恼也……此书自当由我一贯到底，兄则腾出时间以研究其他更为重要的问题。某种有重要启发性的观点的提出，实比史的叙述重要得多。为中国学术计，深望吾兄致力于更带指导性的种种问题的研究。"

5月，与友人书，云："新旧两派近况不甚了然，弟仍顽固如昔，不管左攻右打……均一笑置之，历史将自有公论也。"

6月，《美育与技术美学（在"天津城市环境美的创造学术讨论会"上的发言）》发表（刊《天津社会科学》1987年第4期），指出："前几年，我比较注意讲审美心理学，这两年我特别强调技术美学，觉得技术美学很重要。""我很欣赏蔡元培提出的'以美育代宗教'这个口号，它很有哲学意义……这个思想很符合中国国情，即不是通过宗教而是通过审美达到对最高人生境界的追求。"

约6月，《略论现代新儒家》发表（刊《文化：中国与世界》第3期），提出现代新儒家的基本特征，即在辛亥、"五四"以来的20世纪的中国现实和学术土壤上，强调继承、发扬孔孟程朱陆王，以之为中国哲学或中国思想的根本精神，并以它为主体来吸收、接受和改造西方近代思想（如"民主""科学"）和西方哲学（如柏根森、罗素、康德、怀德海等人），以寻求当代中国社会、政治、文化等方面的现实出路。"站在现代中国的此在的历史性的基础上来解释新儒家……来看看现代新儒家如何企图承接传统、继往开来，以对应现实问题和外来挑战。从这一观念和标准出发，真正具有代表性，并恰好构成相连接的层面或阶段的，是熊十力、梁漱溟、冯友兰、牟宗三。"

6月，《中国现代思想史论》出版（东方出版社），和之前出版的《中国近代思想史论》一同通过叙说思潮和人物，或明或暗地提出了救亡压倒启蒙、改良优于革命、民粹主义道德主义入侵马克思主义等等论点，并对严复、章太炎、鲁迅、20世纪中国新文学、现代新儒家等作了具有独特风格的分析评论。该著对近现代中国社会在马克思主义发生巨大影响之前所经历的三种社会思潮,即以洪秀全为首的太平天国的农民革命思想、以康有为为代表的晚清改良派的变法维新思想和以孙中山为代表的资产阶级革命派的三民主义思想,给与了历史的肯定。其观点不断引起强烈反响。

有论者以为:"李泽厚的三部思想史论著与……他的思想构架的三个要点存在着基本的对应:《中国近代思想史论》对应于他的历史唯物主义立场,表达出他对中国社会在近现代以来之发展的根本看法;《中国现代思想史论》对应于他的人道主义主张,表达出他在新的环境中发展马克思主义所着力的方向;《中国古代思想史论》对应于他的民族主义观点,表达出他站在人道主义的马克思主义这一基本立场上对中国自身文化传统的反思与肯定。""李泽厚的思想言论可说是对邓小平路线最具学术含量的理论呼应:重视主体性的历史本体论加上经过现代转化的民族文化心理结构,就是对有中国特色的社会主义这一邓小平时代的新纲领的最佳理论充实和理论注解——在此,中国特色主要体现在民族文化心理结构上……用'打通中西马'来刻画李泽厚的理论方案最恰当不过。"❶

该书1990年代遭到批判。有批判者云:"《中国现代思想史论》比较集中地表现出他对中国历史和现实有一条系统的政治思想纲领。这一纲领性的东西是由三个命题构成,即五四时代'救亡压倒启蒙',后来中国革命是农民革命,现在应该是'西体中用'的道路。这个纲领离开马克思主义和社会主义太远了。""李泽厚思想和著作为资产阶级自由化思潮提供了理论基础。"❷

先生曾自云:"它是'提前'完成的急就章。为什么提前?是想赶在某种风雨之前,否则就出版不成了。这一点当时也和一些朋友说过。"

---

❶ 唐文明:《打通中西马:李泽厚与有中国特色的社会主义道路》,《现代哲学》2011年第2期。
❷ 严实整理《若干哲学、思想史问题系列讨论会第二次会议纪要》,《文艺报》1991年9月14日。

6—7月，《答香港记者章浪问》发表（刊香港《百姓》杂志，后收入安徽文艺出版社所出《走我自己的路》增订本时有删节），云："我在高中最后一个时期对哲学产生兴趣，因为我在思考人生的意义。"认为自己"研究美学的原因，有偶然性，也有必然性。""在五十年代，朱光潜发表了他对美学的见解……因此便加入了这场论争……是偶然性；从小对文学就有兴趣，接着在中学对心理学也有兴趣，最后对哲学也有兴趣，这三门科学的交汇点容易使我在美学方面发展。"

7月11日，致信刘纲纪二封，云："《美学史》二卷煌煌巨制，实兄成绩，我当不断公开声明（包括在台湾）此事，决不敢贪兄之功。（我拟向出版社提出此事，并说明前二卷亦兄著作），三卷及以后或只用兄名亦可。将来全书大功告成，亦为兄之名作，我绝不欲分羹免愧对天下也。容可任此书之咎（最近一期美国《知识分子》之批我'保守'，根据之一即'美学史'首卷），亦或有倡导组织之功，如此而已。如我在《现代史论》中所云，我并不想作不朽之人，立不朽之功德，只要写书于今日之人有益，即于愿已足矣。鲁迅楷模，仍为弟所顶礼。"另云："墨宝并先后惠书均拜领。甚感。鲁迅有云：人生得一知己足矣，斯世当以同怀视之，惜弟少不习字，不敢执笔，否则当书此作为回赠，盖写实也。吾兄再次来信道及有意评论拙作，实不胜荣幸铭感之至。虽近年略有长文小书论及弟者，均一片好意，但言中者少。我亦置之未理，有的甚至至今未看。如吾兄写来，当大不一样。"

8月13日，写作《陈望衡〈心灵的冲突与和谐〉序》（于新加坡，刊《湖南日报》1988年8月2日），指出："我总是经常要受到这种或那种、新式或老式、莫名其妙或可名其妙的攻讦责骂，而且最近又加上了学术辩论的姿态。"云："就是因为总感到自己不行、太差，没搞出或写出比较满意的东西，从而总有沉重的负疚感的督促着自己不敢停歇。"

8月18日，访问香港，答记者问。活动由香港商务印书馆主办。赴亚洲电视台演讲。28日返京。

1987年（丁卯）·58岁

8月20日，诗歌《孤独》发表（刊《人民日报》）："孤独/像蓝色的连衣裙/你锁在箱子里的衣裳　孤独/像蓝天里失落的星星/你守望夏夜的丛林　孤独/像无边无际的蓝海洋/没有风暴/没有风帆/你站在灼热的沙滩上　一九八七年四月于旅中。"这是先生发表的唯一一首新诗。

8月28日，《与香港学者黄继持、记者林斌的对谈录》发表（刊香港《信报》，后收入《走我自己的路》增订本），云："中国知识分子有'以天下为己任'的传统。这个传统有它的优点，但也有它的缺点……我们现在需要一批为科学而科学的人，可以不管政治。"

8月31日至9月4日，参加中国孔子基金会与新加坡东亚哲学研究所在曲阜联合主办的儒学国际学术讨论会。作关于现代新儒家的演讲，因时供职新加坡东亚哲学研究所，以新加坡代表身份参加。周谷城、柳存仁、吴德耀等12个国家和地区的130多位专家学者出席了会议。这是首次在中国大陆举办孔子研究的国际学术会议。

9月，《答香港学者杜耀明问》发表（刊香港《明报月刊》1987年9月号、台湾《文星》杂志1987年12月号，原题为《李泽厚怎样走上独立思考之路》），提出："对人民负责，对历史负责，就是我的信念。""我所研究的是美学、中国思想史和康德哲学，但我的兴趣还是在哲学本身……我的三本中国思想史论（古代、近代、现代）实际是在谈中国的命运，想将来如有可能再提高概括一下。又如讲康德的那本书，也讲了个体的命运，意思是认为个人的命运应该自己选择、自己决定、自己主宰、自己负责，不是让别人去安排自己的命运。""现在中国最重要的问题，是把政治变成法律，才能使民主落实。"

9月12日，返新加坡。

10月，在新加坡作"我所理解的儒学"学术讲座并回答听众提问（刊新加坡《联合早报》1987年10月19日，笔者赵慕媛，标题为《单靠道德建设不了社会：李泽厚教授谈儒学》）。

10月，在新加坡区域语言中心发表演讲（刊《联合早报》1987年10月

20日，记者黄丽萍。标题为《先有法律，才有民主》），认为"一个社会要走向现代化和民主，需要先搞好法律和民主制度，才能在这个坚实的基础上从事道德建设"，"不主张全盘西化"。

10月，在新加坡写作《美的历程》台湾版序（刊台北《自立晚报》1987年11月25日、北京《人民日报》1988年4月22日，原题为《〈美的历程〉在台湾》），云："记得小时候学历史，那一连串'国耻'，曾经像石块似的，不断地压着我幼小的心灵，使人难过得透不出气来。马关条约的割让台湾，便是其中很沉重的一块。不久，我也亲身领略了当年太阳旗下的恐怖。所以后来上大学和进研究所治中国近代思想，对谭嗣同等人甲午战后悲歌慷慨的种种活动和思想，感到格外亲切。这种似乎'过了时'的'爱国主义'，与自己选择研究中国思想史，写《美的历程》以及在这些研究中表现出所谓'偏爱'传统的倾向，是不是也产生了某些影响呢？"

11月27日，写作《金学智〈园林美学〉序》（于新加坡东亚哲学研究所，后收入《走我自己的路》），提出对园林"不局限于就园论园，而是把社会生活—历史—艺术—心理连成一气，作多方面的具体分析和考察，也许会是很有趣味的吧？"

12月6日，刘纲纪来信，云："十三大开得很成功，我看确有划时代意义。兄之'现代'一书，未出前我亦甚有焦虑，然自今观之，实颇合拍。识者自可明瞭，而反对者亦不能逞其狂言矣！目下文化界气氛颇好，然以弟观之，前一段新派在冲破'左'的束缚中虽有贡献，而多患幼稚病，坚实者甚少。现在再一味地冲，作激烈状，发空论，实无多少看客与听众矣！所以，我估计须有一段时间的'反思'，冷一冷，以期更成熟，或出现较坚实的新人。回顾九年来，我们实在是站在较正确的基点上（当然，我是较保守、灰色的，不及仁兄多矣）。整个形势要求深入地思考，作一些建设性的工作，大约前此的浮躁和自发的骚动，或将告一段落。"

1987年（丁卯）·58岁

国内青年研究中心曾于若干大城市文科学生中做调查，发现今日中国大学生中读者最多、影响最著的有八人：李泽厚、何新、刘再复、阿城、北岛等。[1]

---

[1] 引自澳大利亚学者康旦致何新的信，见《何新批判：研究与评估》，第464页。

1988年

(戊辰)·59岁

1月,在湖南省当选为第七届全国人大代表。

1月,与友人书,云:"据云我在台湾已成为目前某种'热门'人物,《文星》杂志以我作封面,清华等八个大学和许多人希望我去讲课等等。台湾当局当然不会允许,寄上一文,看来是反映当局意向的:怕大陆学术过于影响了台湾。"

1月15日,写作《也谈"之所以"》(1988年1月15日,读者李泽厚于狮城。后收入《走我自己的路》),致信《光明日报》编辑部,针对该报刊登的伯江《再说〈之所以〉》提出反批评意见。伯文引用李文为例,说明"之所以……"不能放在句子的开头,先生指出:"在没有调查材料证明它却非口头语言之前,我仍将继续使用下去,而不会'快快结束'。我觉得应该'快快结束'的,倒是某种墨守成规,一切仅以专家、权威为准绳而不关心和研究现实语言的'求疵'方式。此信望能刊出,或可引起讨论和争议。"此信终未能刊出。

2月25日,刘纲纪来信,云:"重阅《历程》之有关部分,再次叹服吾兄观察之锐敏深刻。'五四'以来,无人能比!兄之思想实已有超过鲁、郭处,每思及此,甚感快慰!"

3月13日,《新加坡记者采访录选存之一》发表(后收入《走我自己的路》时用此标题。刊新加坡《联合早报》,采访者为该报总编辑黎德源、新闻主任任君,笔者赵慕媛。原标题为《中国当代著名思想家李泽厚真知灼见》),指出:"我总希望中国能争点气,中国如果能好好地干,以其物力人力,必然相当可观。"认为"目前世界上最不稳定的地区,便是阿拉伯世界……恐怕是未来世界之忧"。云:"黑格尔因为沾了马克思的光,所以评价比较高……康德学说在西方哲学上,是观念性的转折点,实际上地位比黑格尔高得多,但在中国则恰恰相反。"

3月25日,《与台湾学者蒋勋关于〈美的历程〉的对谈录》发表(刊台湾《中国时报》,原标题为《海峡两岸面对面》。蒋勋,时为台湾大学艺术史系主任),谈及《美的历程》的孕育过程:写得很快,"可思考的时间很长。例如,'从感伤文学到红楼梦'这一部分,在五十年代就已经思考过了;'明清文艺思潮'的大部分内容,五十年代在我的一些文章都已经谈过。'盛唐之音'这一部分,是六十年代开始的;那时候我下放到湖北,在农田劳动,忽然间张若虚的《春江花月夜》就在脑际浮现……'青铜饕餮'是在七十年代,也就是'文革'期间写的。许多年断断续续的思考,许多年陆陆续续写下来的笔记,在短时间里完成了《美的历程》"。提出:"中国近代的美学研究可以分为三代,第一代是蔡元培、王国维,第二代是朱光潜、宗白华。我是属于第三代的。"谈及著述动机:"我不写五十年以前可写的东西,我也不写五十年以后可写的东西。我只为我的时代而写。"

3月,在新加坡东亚哲学研究所写作并完稿《华夏美学》(8月由该所出版)。反对海内外以道家为中国美学主流说,该书"前记"云:"这里所谓华夏美学,是指以儒家思想为主体的中华传统美学。我以为,儒家因有久远深厚的社会历史背景,又不断吸取、同化各家学说而丰富发展,从而构成华夏文化的主流、基干。"《华夏美学》在"儒道互补"的思路下提出了"儒"所派生的"情本体"美学、"乐感文化",极大地拓展了中国美学精神的深度与广度;在对比儒道美学特别是分析庄子美学时,最初提出"人的自然化"命题:"道家和庄子提出了'人的自然化'的命题,它与'礼乐'传统和孔门仁学强调的'自然的人化',恰好既对立,又补充。""所以,如果说儒家讲的是'自然的人化',那么庄子讲的便是'人的自然化':前者讲人的自然性必须符合和渗透社会性才成为人;后者讲人必须舍弃其社会性,使其自然性不受污染，并扩而与宇宙同构才能是真正的人。"这一思想在稍后出版的《美学四讲》中得以充分展开。先生自谓："这本书在搞《中国古代思想史论》时已经写了一半，是和《美的历程》配套的。这是我一开头便承诺的谈中国美学的'内外篇'，内篇讲美的观念，外篇讲趣味流变。"❶《华夏美学》的思想源于《中国古代思想史论》，与《美的历程》构成互补关系。《美的历程》是"中国美学史外编"，而《华夏美学》是"中国美学史内编"。前者为审美意识史，后者是审美观念史。

3月15日，致信刘纲纪，云："临行前获来书，承兄多奖，深自感愧。唯高山流水，知音难得。弟一生遭人抨击、排斥、诽谤，政治、学术、生活各方面均如此，虽有不少青年亦惠我以青睐，但未必言之中肯，且又买椟还珠者。是以得慧眼巨识如兄，实极为欣慰。"

3月，为中国文化书院主办的"中国文化讲习班"作"中国近代思潮"讲座，主讲人还有冯友兰、张岱年、牙含章、侯仁之、任继愈、戴逸、石峻、吴晓铃、金克木、虞愚、阴法鲁、朱伯崑、汤一介、丁守和、杜维明、陈鼓应、孙长江等。

3月28日，第七届全国人民代表大会第一次会议通过各专门委员会组成人员，先生为教育科学文化卫生委员会委员。

4月，回国，作为全国人大代表（湖南省），在第七届全国人大第一次会议小组会上发言（1988年4月2日发言，刊《人民日报》1988年4月7日。下文中"恢复"二字发表时被删去）："社会主义初级阶段理论是在吸取了数十年的历史经验教训之后，在新时期中对新民主主义论的恢复和发展。""苏联经过了七十年后又在重提研究列宁的新经济政策；重新评价布哈林，为什么我们不可以实事求是地重新评价当年刘少奇、邓子恢等同志提出的'巩固新民主主义秩序'等等思想呢？"

4月9日，《把文学比拟于地球，我很难理解——再答于建问》发表（刊

---

❶ 李泽厚、刘绪源：《该中国哲学登场了？——李泽厚2010年谈话录》，第53—54页。

《文艺报》),云:"我不相信文学没有任何目的性。""从整个文学史看,留下来的大部分特别优秀或伟大的作品都不是'纯'文学,纯以艺术性取胜的总是二三流的东西。"

4月,《答〈世界经济导报〉记者张伟国问》发表(后收入《走我自己的路》时用此标题。刊《世界经济导报》,原标题为《问题在政治经济文化上的封建主义残余》),指出:"不赞成把一切坏的东西都归咎于文化。"

4月12日,《和刘再复的文学对话》发表(刊《人民日报》),指出:"一个真诚的作家,只对人民负责,只对历史负责。"主张文学多元化,"但还是更喜欢反映社会忧思的作品"。

4月,《造型象棋图片观赏记》发表(后收入《走我自己的路》时用此标题。1988年4月21日作于新加坡之翠园,刊新加坡《联合早报》,原标题为《美的突破》)。

4月23日,在新加坡区域中心礼堂作"礼乐传统与儒家美学"讲座(刊新加坡《新明日报》1988年4月24日,笔者李子毅,原标题为《礼乐远古已有,非孔孟所创造》),此为客座研究员告别演讲。此次讲座主要观点为:孔子自称"述而不作",有一定的历史真实性,儒家崇举的礼乐,实际正是远古社会以来的图腾、巫术、礼仪活动的自觉化和理论化,其特点在于将社会性融入自然性,赋予情感以形式,肯定味、声、色等感性的快乐,而又要求加以组织和节制,亦即通过礼乐,予以陶冶塑造,使人区别于动物而具有人性,它与现代文化人类学的研究是极符合的;这种立足于感性而又重视理性的"乐从和""诗言志"的儒家美学便不同于柏拉图的理念论,不同于亚里士多德的净化观;它不是再现论(Theory of Representation),也不是表现论(Theory of Expression);由于过分强调美善同一,要求审美和艺术机械地服从于政治,并对后世直至今天留有不良影响,但由于有儒道互补和其他思潮如楚骚、禅宗的不断补充和被吸入,以儒家为主体的华夏美学仍然获得进一步的发展。

4月,接受香港记者采访(刊香港《明报月刊》1988年5月号,笔者黄丽萍，原标题为《李泽厚谈男欢女爱》），谈及男女性爱、婚外情与贞操论等问题。认为"男女相爱、爱抚、做爱，都是美丽的事，社会不应用有色眼光看待男女的爱慕行为。男性在做爱时应考虑女性的需要，尽量使女性快乐和满足"。认为"性开放和婚姻高度自由化，能使每一个人在心理和生理上取得平衡和健康，有助于个性的全面发展，使人身心开阔"。

4月底，由新加坡赴美科罗拉多学院哲学系，担任客席讲座教授。第一次正式用英语授课。

5月，接受台湾《中国时报》孟樊电话采访，电话记录整理稿《我们要有前瞻性的文化眼光》发表（刊台湾《中国时报》1988年5月4日），指出："台湾近一二十年，在经济上有蓬勃的发展；政治体制的发展，则因近一年来各种开放性措施的实施，亦显示它有长足的进步，这是可喜的现象。民主体制的建立是要慢慢来的，不是一蹴可就的。在吸收西方文化时，因为文化是整体、有机的，因此好坏很难辨清，不过所学习、吸收的'西体'，在通过'中用'之后，长久下来就会慢慢有所改变，中国文化有融合外来文化的优点，这是我们中国文化的特点……是故，对'全盘西化'的现象，我们不必过分担心，因为我们的文化具有'转换性创造'的能力。"

5月，写作《〈中国民间文化丛书〉总序》（于美国科罗拉多州，刊《中国文化报》1988年6月15日、香港《大公报》1988年6月25日），指出："中国大小传统之间，上层文化与民间文化之间，相距并不悬隔（如对比西方），而经常渗透交融，这无疑对中国物质文明与精神文明紧相联系的特点，对统一的民族文化心理结构的形成等大有影响，而颇值得研究，特别是值得首先从民间文化的实证的微观研究来考察和思考。"

5月15日，写《与王浩信》（于科罗拉多州，刊《人民日报》1988年8月8日，原标题为《人生艺术之真义》）。王浩乃国际著名数理逻辑专家，先生曾云，一辈子真正能和他讨论问题的，只有赵宋光和王浩。谈及"分析美学"，云："一个专家辈出、商业繁荣的时代也许是相当单调而喧嚣的。于是，我可以不再写书，而只沉溺在自己喜爱的纯哲学中去？从新加坡来到这个我选中的小城，似乎象征它的开始……但悲哀的是，现在关键在走出语言，而中国还没走进语言，缺乏语言分析的洗礼，停留在原始混沌中而自以为是，因此交流就困难，没有共同使用的语言和思维习惯。"并提出"应区别后现代与极度现代"。

王浩回国时，曾和先生见过几次面，也通过一些信件。《批判哲学的批判——康德述评》出版后，王浩看了，很喜欢，说应该翻译成英文。先生曾云："1982—1983年，我作为访问学者，在美国威斯康星州，他来看我。当着林毓生的面说：'我崇拜你！'弄得我很尴尬。林当时就说'我不崇拜'。我说你是个大名人，贡献那么大，不应该这样说。他说他这点贡献不算什么，'那很容易，真正难的还是哲学上搞点东西'。他说从《批判》里已经能看出一个新的哲学体系。几十年只有他说过这话，印象至深。当时心中暗想，毕竟有识货的。"❶

5月26日，娄师白来信，云："泽厚乡先生：您好！启者今有香港友人为拙作出画册，想请先生为序。盖以美学权威者能予以青睐，自当声价十倍矣！……乡友　娄师白谨上。"

7月3日，写作《张帆〈技术美学〉序》（于美国科罗拉多州，后收入《走我自己的路》增订本），云："如今当令的尼采、海德格尔，西方流行，中国于是也很时髦。我对尼采，素不喜欢；对海德格尔，则颇喜欢，而且也稍稍表态赞同过。如今，时移世变，我倒自甘'保守'了。因为我认为今天在中国宁肯多提倡一点英美经验论、分析理性、怀疑精神，少来一点神秘、迷狂的酒神（实际是仿酒神假酒神）精神。"

8月，写作《关于"后现代"——徐书城〈艺术美学新义〉序》（于美国科罗拉多州，刊《人民日报》1989年3月4日），提出："中国的生活、人生和艺术离那个'无意义'的'极度现代'还遥远得很。然而，不解的是国中才子们却偏偏热衷于高唱'无意义''文学等于地球'之类'最最崭新'的

---

❶ 李泽厚、刘绪源：《中国哲学如何登场？——李泽厚2011年谈话录》，第24页。

理论。"

8月，与友人书，云："据云国民党中央某组织竟曾讨论拙作（已全部被翻印，但至今未获一文现钱，虽然一年前翻印者即来信承诺）在台之影响云云。国内对弟之各种批评、挑剔也日益增多，亦意中事，但我决定一律不予认真对待或回答（因他们实乃对人非对事，如答之，则更起劲矣）。"坚信是非曲直自有公论和历史在。

9月，《李泽厚集——思想·哲学·美学·人》出版（后收入"开放丛书"之"青年学者文库"，黑龙江教育出版社），何新作序《李泽厚与当代中国思潮》（1988年4月），称："在二十世纪七十至八十年代的中国思想界，李泽厚无可争议地占据着一席特殊而重要的地位。""处在这个时期的李泽厚，实际成为中国思想界一位承前启后的枢纽型人物。"序文还忆及二人交往："记得正是在1980年前后，我与李泽厚先生相识并且有了初步的交往。在其后的年代中，我们曾有机会泛舟洞庭，纵游长江，论康德、黑格尔于三峡的青山碧水之间。尤为难忘的是，近年来当我在学术界遭受孤立、诽谤和嫉妒的那些岁月中，泽厚先生不管某些离间者的挑拨，曾多次给我以精神上的支持和友谊。在我们的交往中我感到，李泽厚先生知世而不世故，明察而不刻薄，好学深思，求智求仁，确是一位具有现代风范的杰出学者。"此前，何新也曾致信先生，谈及先生对他的帮助。信曰："泽厚先生：我始终认为曾从你的著作中学习到许多东西。在这个意义上，我的确是你的及门弟子。我更难忘却多年来你的扶掖与支持，对此，怎样估价也不过分。敬礼。"

11月，从美国回国。在香港答记者问：《"五四"回眸七十年——香港答林道群问》（刊香港三联书店《多元的反思》，1989年。后收入《走我自己的路》增订本时有删节）。先生在答问时回应刘小枫的批评说："刘小枫的《拯救与逍遥》还没看，没法发表意见。但他基本思路我可能还了解。他那篇《读书》杂志发表的关于《金蔷薇》的书评，文字漂亮，思想深刻，我非常欣赏。他的主题是崇拜苦难，要人在苦难中升华，人应该在神的面前跪下来，不要狂妄自大。这是真正的基督精神，并且与现代欧美神学的趋向似乎相反。但是他的这种观点我是不同意的,他所宣扬的忍受苦难、崇拜苦难、以追求超越那种陀思妥耶夫斯基的俄罗斯精神,我难以接受。所以我说十年后我再跟他对谈,现在他已进入了角色,不仅持之有故言之成理,而且对他已是一种信仰,现在和他辩论既无意义,也没用处。得过一段时候,看看他的发展变化再说。"

11月,《改良与革命之答记者问》发表(刊《广州日报》),提出"不能盲目崇拜革命,因为不是任何革命行动都是好的,包括法国大革命、辛亥革命等等,都值得重新研究和评价……我有个想法,过去说过,但没有写文章。我说:康梁的改良或改革,有可能成功;而辛亥革命则注定是要失败的。它反掉了千百年来的皇帝,中国这么一个大国便只能变成军阀割据"。云:"必然和偶然,我重视偶然。我认为研究历史要重视偶然……重视偶然性,就是重视创造性,不搞宿命论,重视每个个体对历史的创造。"

其后,自1990年代始,多次阐发"要改良,不要革命"。这一思想遂系统形成。

12月15日,《中国文化》创刊座谈会在京召开。该刊创刊词提出:"深入的学术研究不需要热,甚至需要冷,学者的创造力量和人格力量,不仅需要独立而且常常以孤独为伴侣。"还提出:"本刊确认文化比政治更永久,学术乃天下之公器,只求其是,不标其异。新,固然是人心所向往;旧,亦为人情所依恋。关键是一切从学术出发,提倡独立的自由的学术研究,自由才能独立。即使物境不自由,学者的心境也应获得自由。为学之道,尚同比求异更重要而且深刻得多。"提出"为了走向世界,首先还须回到中国"。先生与会,并且发言曰:"我很赞同创办这个刊物,金观涛要走向未来,刘梦溪要走向过去,我都高兴,都赞成。"时金观涛主编"走向未来"丛书,刘梦溪为《中国文化》主编。与会学者有汤一介、乐黛云、冯其庸、庞朴、李学勤、龚育之、傅璇琮、杨宪益、孙长江、刘再复、金观涛等。

12月,写作《刘文注〈张先及其安陆词研究〉序》(后收入《走我自己的路》增订本),指出该书"特别从张先使用的词牌、宫调、叠字的统计中,作了许多客观、科学、实证的研究论证,这种方法和态度,在大陆学人的人文学科领域中,还不多见","这种种客观的实证方法是改进我们人文研究使之现代化的重要途径"。

12月,《马克思主义在中国》出版(生活·读书·新知三联书店,此文收入《中国现代思想史论》前未发表过,现单独出版)。该书把马克思主义在中国分为四个阶段,剖析中国传统文化心理结构特质对于马克思主义在中国传播、运用的深刻影响和历史局限,认为"马克思列宁主义的实践性格非常符合中国人民救国救民的需要……中国传统精神和文化心理结构,在气质性格、思维习惯和行为模式上,使中国人比较容易接受马克思主义;但是很多所谓马克思主义理论,却与马克思的唯物史观相距遥远"。指出:"马克思主义在中国的确到了一个关键时刻,正像中国社会到了一个如何前进的关键时刻一样。马克思主义的需要创造性发展和这种发展的重要意义,没有任何时候像今天在中国这样突出。"认为其"人化的自然"思想便是创造性发展之一例。

是年,当选为巴黎国际哲学院院士,成为继1930年代冯友兰之后中国获此殊荣的第二人。获得这一荣誉的都是当代国际上享有极高声誉的最杰出哲学家,如伽达玛〔德〕、哈伯玛斯〔德〕、利科〔法〕、斯德劳森〔英〕、奎因美〔英〕、戴维森〔美〕。先生自谓事先并不知情,只知是由三位哲学家推荐,后问其本人是否同意,先生表示同意。

台湾"风云思潮"丛书出版,收录李泽厚《当代思潮与中国智慧》(中国思想界第一人),该丛书序言同"开放丛书"《李泽厚集——思想·哲学·美学·人》序。先生自谓该书出版前后他均不知情。

4月,刘小枫《拯救与逍遥》出版(上海人民出版社)。该书以西方基督教超验价值追问为参照,对中国道德——审美主义"逍遥"传统展开批判,对先生有关中国古代文化的思想观点比较显明的批评有两处。

第一,在第三章《走出劫难的世界与返回苦难的深渊》(第275页)中,质疑先生在《中国古代思想史论》之《庄玄禅宗漫述》中的论述。先生在该文中曰:"人们常把庄与禅密切联系起来,认为禅即庄。确乎两者有许多相通、相似以至相同处,如破对待、空物我、泯主客、齐死生、反认知、重解悟、亲自然、寻超脱……特别是在艺术领域中,庄禅更常常浑然一体,难以区别。"❶刘小枫在注释中指出:"李泽厚先生在这一点上的看法值得商榷。他提出,'慷慨成仁易,从容就义难',进而认为,审美式的视死如归高于宗教式的殉难。首先,庄禅精神对死亡的态度从来就不涉及'义',为'义'而死就已不是庄禅精神了。所谓庄禅式的'从容就义'实际上没有真实性的陈述,一无所指;此外,耶稣在橄榄山上十字架殉难并非慷慨,而是从容;最后,究竟在什么意义上可以说,审美式的'如归'高于'宗教式的殉难',这是很值得争辩的。"

第二,在同一章中(第328页),刘小枫认为宗教的灵魂净化,是"灵魂的内在震颤使感性个体感受到的剧烈震荡,荡涤了人的整个情感的自然状态,这是整个生命的更新和复活,是一种神化般的脱胎换骨",是幸福得不可收拾的短瞬时刻,是充满激情的宗教性的感悟。"在基督教那里,这一进程是灵魂与上帝相遇的激荡,宁静只是这种激荡的后果。"刘小枫在注释中指出:"李泽厚先生肯定弄错了。他在论及基督教精神的灵魂净化时,把它与'自我惩罚'划等号,而且相当随意地引用了一段与之毫不相干的从报纸上剪来的材料。"此处所说的材料,是指先生在《中国古代思想史论》之《试谈中国的智慧》中抄引的有关马来西亚的印度教徒在庆祝泰波心节(悔过节)时用各种尖利凶器来"惩罚"自己的报道。

在2011年出版的《拯救与逍遥》(修订本)中,刘小枫对先生的"积淀说"提出更多更直接的批判。在刘小枫看来,"积淀说"实质上是一种盲目崇信"历史理性"的"历史文化心理学"或"文化人类学",人类学历史理性不该有如此至高无上的权力,而文化传统的链条不该如此必然连续,而是由带来生机的断层构成的。

---

❶ 李泽厚:《中国古代思想史论》,人民出版社,1985年,第215页。

此后（1989年），在答记者问时先生回应说："刘小枫提出要提倡基督教，要求人们去崇拜痛苦，去信仰神，认为在苦难中人的精神可以升华，达到最高的境界，即得到神的拯救。我认为这不适合中国民族，中国缺少对人格神的皈依和屈从。但是，中国也可以达到同样的准宗教境界，新儒家工作的意义就在于此。"❶

多年以后（2010年），先生在与刘绪源对话时再次做出回应，认为别人的批判动摇不了自己的观点，但刘小枫却有可能构成挑战："为什么刘小枫会构成重要挑战呢？刘小枫是'代表'基督教教义批评中国传统。他的一些很重要的论点，我认为恰恰是正确的。比如，他说，在中国，人的地位太高了。人，应该跪在上帝面前请罪。确实啊，在中国，人的地位就是比较高。""基督教的精神，正好弥补了我们这里的缺憾。中国传统无论是老传统还是革命传统，有各种牺牲精神，就是缺乏那种与人欲彻底决裂的对灵魂圣洁、灵魂纯净的追求，缺少那种狠狠鞭打自己的肉体来洁净灵魂的作为。在中国传统中只是斋戒沐浴这样非常轻度的禁欲措施而已。中国需要理解甚或吸取那种异常纯净、圣洁的情感，希望基督教的传布在这方面对中国心灵即文化—心理结构能有所助益。"❷

2014年，先生在与刘悦笛谈话时再次提及已发生重大变化的刘小枫，曰："刘讲过朝鲜战争，大肆赞美。又讲过卡尔·施密特（Carl Schmitt）。讲施密特时引过毛泽东，把两人联系在一起，这是有条线索可寻的。……这些都可以联系起来，写一篇很好的文章。""刘小枫因为他变化很大，从一个基督徒，走向了'国父论'。""那样一个主张离世的人，居然走向'国父论'，变化太大了。把这个变化的过程写出来就很好。"评论刘小枫云："拉着他的手的，不是上帝，而是猿猴。"❸

---

❶ 李泽厚：《"五四"的是是非非》，《走我自己的路》（增订本），第 523—524 页。
❷ 李泽厚、刘绪源：《该中国哲学登场了？——李泽厚 2010 年谈话录》，第 99—100 页。
❸ 李泽厚：《"情本体"对谈拾遗》，《李泽厚对话集·廿一世纪（二）》，中华书局，2014 年，第 362 页。

何新由助理研究员申报晋升副研究员。按照规定，晋升需要两位正研究员推荐，先生和蒋和森为之写了推荐信，曰："何新早就达到了副研究员的学术水平，直接评正研也可以。"遂获破格晋升。新华社及《人民日报》都有新闻予以报道。

6月23日，梁漱溟逝世。

12月9日，黎澍逝世。

1989年
(己巳)·60岁

1月,接受北京大学哲学系孙尚扬博士采访,采访整理稿题为《"五四"的是是非非》(刊《北京大学研究生学刊》1989年第1期,《新华文摘》1989年第6期,后收入《论传统与反传统》,山东人民出版社,1989年),指出:自己倾向于贺麟先生在四十多年前提出的观点,他认为五四新文化运动确实是反传统的,但它反掉的正是儒家传统文化中最僵化、消沉的部分,而使其中最有生命力的那一部分从反面得到了一次新开展的机会和动力。民主的任务"'五四'并没有完成。所以我们今天继承'五四'的精神是要进一步贯彻'科学与民主'的精神,使科学与民主不只停留在口号上……"先生不赞成当时在学生中酝酿的激进浮躁的政治情绪和写作情绪,在文化学术上以激烈反传统的方式出现,否定整个中国文化。

谈及当下的启蒙问题和文化讨论,云:"我觉得现在的关键不是所谓的启蒙以及文化问题,而是经济政治体制的改革。那些反传统最激烈的人恰恰掩盖了这一点,我已多次反复说过,过多地归咎于文化,实际意味着错误人人有份。这就为那些应该负责的人开脱了,我自己绝不认为比他们应负同等的责任。现在的关键是改革那些非常不合理、充满封建主义特征的,弊端很多的各方面的体制。"认为:"民主的形式有很多,学术上多作研究,找出最适合于中国的具体方案、步骤,比空喊口号和批判文化,对改革能起更实在的推动作用。"时王元化正在上海筹办《新启蒙》丛刊,1988年10月编定《新启蒙》创刊号,同年12月出第2期,1989年1月在北京召开《新启蒙》发行会。因此王元化对先生此说曾有误会,之后冰释,云:"他对我很好,

每次到上海,别人没有来看我,但是他每次都来,他对我很好。"❶

1月13日,上午赵士林转达冯友兰邀访口信,下午即访冯友兰。冯先生与李先生谈《中国哲学史新编》毛泽东章。

2月,元宵节,写作《黄昏散记》(后收入《走我自己的路》增订本),流露出伤感情绪:"我看月亮好多好多次了,记得不久是在科罗拉多两度看到的满月:那么冷,那么远,那么安静。这次却浑浑浊浊、热热闹闹、朦朦胧胧,但特别亲切,特别惹人喜爱……吃饭时听广播说今夜有月全食。总是这样,刚完满便有巨大的缺陷,欢喜之后便是黑暗,'月有阴晴圆缺……此事古难全'。人生何时能做到心静如水,一波不兴呢?但那样,岂不也就死了吗?人便在缺陷中生存,在苦痛中欢欣,然后,'回首向来萧瑟处,归去,也无风雨也无晴'。"

2月,写作《关于主体性的第四个提纲》(刊《学术月刊》1994年第10期;后收入《李泽厚十年集·批判哲学的批判附:我的哲学提纲》,安徽文艺出版社,1994年),提出"'人活着'是第一个事实。'活着'比'为什么活着'更根本,因为它是一个既定事实"。云:"不容易又奋力'活着',这本身成为一种意义和意识。这'活着'是'与他人共在'和活在一个世界里,这便是'人情味'(人际关怀)和'家园感'的形上根源。关键正在这里:'为什么活'、活的意义诞生在'如何活'的行程之中。""我的主体性论述不同于萨特,他只讲个体;也不同于黑格尔,他太重总体。康德很了不起,比黑格尔高明,在哲学上突出了历史创造的主体性质。所以我概括自己的哲学公式是'康德⟷马克思',而不是'黑格尔→马克思'。"❷

继第三提纲(1985年)提出心理本体概念之后,第四提纲再次强调建构心理本体的重要性。指出:"历史积淀的人性结构(文化心理结构、心理情感本体)对于个体不应该是种强加和干预,何况'活着'的偶然性(从生下

---

❶ 参见吴琦幸《王元化晚年谈话录》,上海人民出版社,2013年,第101—103页。
❷ 参见刘再复《李泽厚美学概论》,第111页。

来的被扔到人生旅途的遭遇和选择）和对它的感受，将使个体对此本体的承受、反抗、参与，大不同于建构工具本体，而具有神秘性、不确定性、多样性和挑战性。生命意义、人生意识和生活动力既来自积淀的人性，也来自对它的冲击和折腾，这就是常在而永恒的苦痛和欢乐本身。"

有论者认为，李泽厚"两个本体"（工具本体和心理本体）思想的孕育和形成，自1970年代末起经历了三个阶段：第一阶段是从《批判哲学的批判——康德述评》到1980年代初期，提出了"工具本体"概念，主要强调工具本体及其对语言、精神、心理、情感等意识方面因素的决定作用。1983年的《关于主体性的补充说明》，开始强调"从属的，第二性的"心理、意识的主体能动性。第二个阶段是1980年代中后期，明确提出"心理本体"概念，确立了两个本体论的理论框架。第三个阶段是从1980年代末至今，完成了"两个本体"学说，并突出论述了心理本体中的情感本体的最重要功能，把"情本体"置于其"两个本体"说的核心地位上。1989年的第四提纲基本完成了两个本体说。❶

3月11日至25日，访问日本东京、京都等地，遍游各地神社，与执山真男等日本学者晤谈讨论。此次活动由日本国际交流基金会邀请。

3月，发表《答〈东方纪事〉记者舒可文问》（刊《东方纪事》1989年第3期），指出："中国非常需要这种语言的洗礼。至少在社会—人文学科中，很多概念在使用中常常是多义的，给予澄清，才能更好地进行思维。"云："我说'转换性的创造'，强调的是创造。这种创造带有转换性，但重点是新形式新内容的建立。"

3月21日，发表《别是一番滋味——〈古代诗歌精粹鉴赏辞典〉序》（刊《人民日报》），云："中国古典抒情诗词，一如殷周青铜礼器、宋元山水画幅，放在世界文化史上，是完全不必自惭形秽的。它们将是全人类的珍宝。"

春，写作《哲学答问录》（后收入《李泽厚十年集·批判哲学的批判》），

---

❶ 朱立元：《试析李泽厚实践美学的"两个本体"论》，《哲学研究》2010年第2期。

第一次明确提出对自己哲学的性质或观念的最简略的概括是:"人类学历史本体论"。在1980年提出"人类学本体论"基础上加了"历史"二字。与马克思主义的关系是:"我所追求的哲学保存了马克思最基本的理论观念,但舍弃了其他的东西。所以又叫人类学本体论或主体性实践哲学……所以,我自认是承续着康德、马克思晚年的step(脚步),结合中国本土的传统,来展望下世纪。"云:"我认为,任何集体(如阶级、国家)对个人都不应成为权威概念和外在压迫,个人决不能是无足轻重的工具或所谓'历史狡计'的牺牲品。从这里也可以看出,我的哲学是康德⇆马克思,而不是黑格尔→马克思。个体、感性和偶然,在今天和今后会愈来愈突出愈重要。"先生认为:"我所提倡的哲学估计三十年内至少本世纪内不会有前途,没人来响应,还会被嘲笑为'浅薄的乐观主义',等等。我的哲学本身也许是乐观的,但我对它的命运却并不乐观。滔滔者天下皆是也,我却逆时髦潮流而动,知其不可而为之而已。""人的自然化"最重要的是第三层内容,"即人作为个体与宇宙诸节律相呼应相同一。这个问题现在还很难谈,它包含了许多尚待发现的感性秘密,大概是下两个世纪的作业了。它涉及玻姆(Bohm)所谓的'隐秩序'等一系列崭新的科学问题,如今天的气功、特异功能等等。这方面的展开无疑会使人在对命运、人生、生活境界的把握和开拓上,在提供眼界、角度和思路上,产生划时代的改变。这是未来的课题,它将是理性解构之后的心理重建的重要方面和动力,也是我的哲学指向"。

对此,有论者认为:"李泽厚强调自己哲学的主要问题是本体论,意在否定将哲学等同于认识论的看法,并最终使自身与流行的认识论哲学划清界限……由于李泽厚进入了本体论,这使他的思想已经达到了一个深刻的维度。""李泽厚的本体论不是一般性的,而是人类学的,故称人类学本体论。""为了避免与这些人类学相混淆,李泽厚不再简单地说他的思想是'人类学本体论',而是'人类学历史本体论'。这突出了'历史人类学'和'非历史人类学'的差异……历史在此成了分界线。但李泽厚的历史不是精神的历史,而是社会的历史以及'历史唯物主义'的历史,它是人类的生成。于是他拒绝将人类总体和个体的许多问题，如人性、个体、自由等看作是人固有的先验本性，而赞成将它们理解为历史的成果。因此历史一词成为他的人类学历史本体论的最后限定……"❶

这篇答问录似是先生第一篇自问自答体著作。此种自问自答以及对谈形式为先生晚年喜欢并经常采用的一种文体。

3月，在香港三联书店出版《美学四讲》[同年6月在内地出版。后收入《李泽厚十年集·美的历程（附篇）》，安徽文艺出版社，1994年]，序云："《美学四讲》者，前数年发表之四次演讲记录稿'美学的对象与范围''谈美''美感谈''艺术杂谈'，加以调整联贯，予以修改补充，裁剪而贴之也者。其所以不避讥骂剪贴成书者，一应读者要求'系统'，二践出版《美学引论》之早年承诺也。其所以践夙诺者，近年心意他移，美学荒弃，'引论'之作，或恐无期，故以此代彼也。"

阐述"自然的人化"可分狭义和广义两种含义。狭义的自然人化指通过劳动、技术去改造自然事物。广义的自然人化是一个哲学概念。指人类征服自然的历史尺度，即整个社会发展达到一定阶段，人和自然的关系发生了根本改变。自然的人化包括两个方面："一个方面是外在自然，即山河大地的'人化'，是指人类通过劳动直接或间接地改造自然的整个历史成果。另一方面是内在自然的人化，是指人本身的情感、需要、感知、愿欲以至器官的人化，使生理性的内在自然变成人。这也就是人性的塑造。"

提出"人的自然化"包含三个层次或三种内容：一是人与自然环境、自然生态的关系，人与自然友好相处；二是把自然景物和景象作为欣赏、欢娱的对象；三是人通过某种学习，如呼吸吐纳，使身心节律与自然节律相吻合呼应，而达到与"天"（自然）合一的境界状态。

"内在自然的人化""人的自然化"均为先生创造之重要美学概念。创造

---

❶ 彭富春：《中国当代思想的困境与出路——评李泽厚哲学与美学的最新探索》，《文艺争鸣》2011年第5期。

进路是对哲学思想中的核心字词在形式上加以倒置，或在逻辑上进行深剖细分。此两概念即由马克思"自然向人生成"思想转化而来。

先生指出，积淀本有广狭两义。"广义的积淀指所有由理性化为感性，由社会化为个体，由历史化为心理的建构行程。它可以包括理性的内化（智力结构）、凝聚（意志结构）等等。狭义的积淀则是指审美的心理情感的构造。"本书论述了狭义范畴的积淀，即审美心理构造问题。分三层论述：形式层与原始积淀，形象层与艺术积淀，意味层与生活积淀。关于广义积淀，先生在1999年发表的一篇英文论文中曾经概括为三个层次或三种积淀："1.生物或物种积淀，是全人类的共有形式，例如认知能力、理解类型等；2.文化积淀，是指我们赖以生存的文化所共有的思维与感觉习惯；3.个体积淀，这是我们与世界以及我们从生活体验中积累而来的世界观相互作用的产物。"[1]

提出"建立新感性"的重要概念："从主体性实践哲学或人类学本体论来看美感，这是一个'建立新感性'的问题，所谓'建立新感性'也就是建立起人类本体，又特别是其中的情感本体。"《美学四讲》的许多观点由1950年代提出此"美感两重性"发展而来。先生自谓该书是学术历程第二阶段的终结，"以后，我就和美学告别了。"[2]

先生修正了此前的一个美学观点：关于形式美。原来认为形式美是自然美的观点，现在修正为形式美是社会美。有论者认为，"《美学四讲》是李泽厚美学理论的体系化形式和代表作"，也是"新时期以来的第一部具有系统性的美学专著"。和以前的文章相比，"尽管其观点没有根本性的变化，但已经捕捉到当前人类的命运问题，将自己的理论任务定位在对人类心理本体的建立和完善上，提出'工具本体的诗意'，从'自然人化'到'人的自然化'……"从而显示出先生美学观和人类学历史本体论思想源出一处。艺

---

[1] 沈德亚（Téa Sernelj）：《以跨文化的方法对李泽厚"积淀"理论和荣格"原型"说的批判性比较》，安乐哲、贾晋华编《李泽厚与儒学哲学》，第337页。
[2] 李泽厚、刘绪源：《该中国哲学登场了？——李泽厚2010年谈话录》，第54页。

美学（如《美的历程》）、哲学美学（如《美学四讲》）和文化美学（如《华夏美学》），三者既密不可分，又统摄于其哲学体系之下。❶

先生曾自谓："我的美学观点主要在《美学四讲》一书里。""《美学四讲》乃以拙之'人类学历史本体论'为基础之美学概论。"

1950年代，先生强调美的客观性、社会性，其哲学基础主要是依据认识的反映论，同时提出实践的观点和方法。1960年代，提出美的形式就是自由的形式，指出美是现实肯定实践的自由形式，积淀论思想开始孕育。至1970年代末《批判哲学的批判——康德述评》出版，提出主体性实践哲学思想。1980年代在主体性系列论文中，提出人类学实践本体论哲学，完整阐述其主体性学说，把人作为历史和实践主体的地位提到一个前所未有的高度。有论者认为，人的主体性学说和以美启真、以美储善理论，是中国现代美学对中国现代性启蒙的一个重大贡献。"李泽厚因此成为一个时代的代表和象征，成为当时激进的思想文化界的理论旗帜。"❷同时，以李泽厚为代表的"实践派"美学，高扬马克思主义的实践观和主体性理论，为当时整个社会和思想理论界的解放思想、呼唤人性、主张人作为个体存在价值的思想启蒙运动提供了哲学基础。因而不但得到了美学界的广泛认同，同时在整个人文学术界和社会上也产生了巨大的影响。"实践美学的产生和对它的内涵的多方面、多层面的阐释，是20世纪中国马克思主义美学走向成熟的一个标志，是中国美学界从马克思主义哲学原理出发，对美学理论所做出的独特贡献。"❸

自1976年秋重返美学和思想史领域，凡13年。此后，先生告别美学。

4月，接受《人民日报》记者祝华新采访（刊《人民日报》1989年4月8日），云："目前年轻人中流行一种彻底反传统的现象，在某种程度上与红

---

❶ 时胜勋：《李泽厚评传》，黄山书社，2016年，第149—151页。
❷ 徐碧辉：《实践中的美学——中国现代性启蒙与新世纪美学建构》，第31页。
❸ 徐碧辉：《实践中的美学——中国现代性启蒙与新世纪美学建构》，第39页。

卫兵现象近似。当年的红卫兵那么狂热的'砸四旧'、反传统，也是认为要产生一种新文化，必须把旧文化彻底铲除掉。这种激烈的非理性的情绪反应冲力很足，有很大鼓动力量。但不能解决什么问题，是一种破坏的力量。中国需要的是建设，而不是破坏。以前上上下下总讲'破字当头，立在其中'，但并没有真正建立起什么来。乱骂一通很容易，要正面作点学术建设却没有那么简单。中国缺乏的是建设性的理性，而不是非理性。"先生后来在报纸边上写道："读此恍如隔世也。但我的看法竟毫未改变。当时即认为激情可能危险，不幸而言中也。"❶

4月，《答台湾〈远见〉杂志记者问》发表（1989年4月，记者尹萍，刊《远见》杂志4月15日，原题为《我也狂热过》），云："我采取的是边缘政策。自由是相对而言的。比如我在写《中国近代思想史论》时，有些想法就没写出来，因为那是十年前出版的。很多年轻人字里行间看出来，我觉得就够了。很多人看不出来，那也就过去了。只要有人看出来就行了。"

4月，在五四运动70周年纪念会上发言（发言提纲《启蒙的走向——"五四"70周年纪念会上发言提纲》，后收入《走我自己的路》增订本），云："十年前纪念'五四'六十周年时，曾有文章（周扬）认为'五四'是第一次启蒙运动，延安整风是第二次启蒙运动，启教条主义之蒙……即批判资产阶级小资产阶级思想，批判个人主义、自由主义、绝对民主主义等等。它与强调个性解放、个人自由的启蒙思潮恰好背道而驰。……在当时有其极大的现实合理性：为了救亡。在你死我活的战争条件下，需要统一思想，统一意志，团结队伍，组织群众，去打击敌人，消灭敌人，一切其他的课题和任务都得服从和从属在这个有关国家民族生死存亡的主题下，这难道不应该吗？当然应该，这整肃从思想上保证了革命的胜利……这就是我所说的'救亡压倒启蒙'。这是一个历史事实，谁也没法再去改变这一行程。问题在于今天有无勇气去正视它、提出它和讨论它。""如果说过去革命年代是救亡压倒启

---

❶ 李泽厚、刘再复：《告别革命——二十世纪中国对谈录》，第11页。

蒙，那么今天启蒙就是救亡，争取民主、自由、理性、法治是使国家富强和现代化的唯一通道，我所期望的启蒙的走向是：多元、渐进、理性、法治。"强调"当代中国的时髦意识，从彻底反传统到倡导非理性主义和新权威主义，似乎又一次重复着理性不足，激情有余"。呼吁今天继承"五四"精神，应特别注意发扬理性。

4月，《答〈未定稿〉记者孙麾问》发表（刊《世界经济导报》1989年4月17日，原题为《"新权威主义"与现代化》），指出："不能简单地说现代化与集权政治不相容。但问题的关键在于分析具体情况和各种历史条件。实行集权政治、个人独裁、建立权威主义并不必然就能实现现代化，集权不是实现现代化的充分条件。"

4月，答《人民日报》记者杨鸥问（后收入《走我自己的路》增订本），云："我从不崇拜什么人，只能说喜爱。从初中到现在鲁迅对我影响很大，我喜爱的人还有爱因斯坦、马克思、车尔尼雪夫斯基、康德等等。""中国现在最需要建立的正是这种真正的民主精神。中国缺乏现代理性，而不是非理性。所以我说今天中国宁肯多提倡一点卡尔·波佩尔那种'你可能对，我可能错，让我们共同努力以接近真理'这种批判理性，而不是那种高喊原始冲动、否定一切的种种非理性和反理性。"2006年与潘公凯对谈时，先生曾说不喜欢马克思这个人，但始终赞成唯物史观的核心部分。

5月1日，为纪念五四运动70周年，民盟中央举行座谈会。先生应邀参加。

5月，据《漫说西体中用》删削改写《关于中国传统与现代化的讨论》（后收入《走我自己的路》增订本），重申："中国文化传统与现代化不仅有排斥冲突的方面，也可以有相互促进的作用，同时传统既然是浸透在社会现实中的活的存在，而不只是某种大传统的思想学说，它便不是你想扔掉就能扔掉，想保存就能保存的身外之物。"再次强调："从中国目前的前现代化和某些高度发达国家的走向后现代化社会，是三个不同的历史发展阶段，不能混淆它们。"

5月，答《文艺研究》张潇华问（1989年5月，后收入《走我自己的路》增订本），指出：关于美学，"有些思想和提法与五十年代有变化，但主要观点没有根本性的改变"。在哲学基础上也"没有改变"。"但我明确提出人类学本体论的哲学、主体性的实践哲学，可以说是这十年的'发展'吧。这不但是对美学，而且是对整个哲学提出的。"

5月，编成《走我自己的路》增订本，写作该书序言，云："中国知识分子一直在走着一条苦难的历程：物质生活的苦难和心灵历程的苦难。我们这一代，尤甚。在各种主客观的扭曲中生存、挣扎、喊叫、悲愤、却仍然只能以'温柔敦厚'的表达方式，宣泄一二而已。"（写于1989年5月4日。增补的是自1986年底到1989年4月底的一些序文、答记者问、采访记之类。该书在大陆未能出版，1990年在台湾风云时代出版公司出版）

5月，和胡乔木有过两次谈话（和胡一共见过四次面，两次在会议上，没谈什么）。一次在胡家中，胡知李不愿入党，说："你是我们很好的同路人。"（先生曾对笔者云："我当时听了吃了一惊，因为我们并不同路。"列宁曾称马雅可夫斯基是同路人。）后一次胡接先生去中国社会科学院会见研究毛泽东的英国专家斯图尔特·R.施拉姆。胡在当年3月访美之前，曾索要《中国现代思想史论》。胡在车上对先生说："（该书）对毛泽东的评述，经纬度很准。"

6月，发表《三答〈文艺报〉记者于建问》（刊《文艺报》1989年6月3日，原题为《语言的迷宫及其他》），先生指出："用一句哲学语言来说，所谓理性，我以为就是要建立形式。五四运动的很多成功之处，如白话文、新文学等，在很大程度上都取决于形式的建立。在这种情况下，形式本身就是内容，理性表现为形式。""在我看来，现在要真正继承和发扬'五四'的科学与民主精神，一是要提倡多元，多元并不简单，它不能是无序的混乱，而仍然是有理性的秩序的。它是一种自由的秩序、批判的秩序。二就是提倡理性了，包括民主，也需要理性才能建立，即寓科学于民主之中，使民主具有科学的形式，即理性的形式……我们现在破坏的激情很大，什么都扔弃、否定。"在中国，在今天，首先应该"建立和健全法制"，认为"中国当务之急，是应建立法律的权威。民主在政治上应体现为法律的权威"。

6月11日，抵达广州，拟赴海外。"犹豫了一阵，终于决定留下来，并很快回到了北京。"

7月20日，刘纲纪来信："来信悉。这些日子确在为你担心。我虽深知仁兄不同于其他人，乔木、胡绳一向又了解你，但仍不放心。现知无事，甚喜！"

7月30日，致信刘纲纪，云："我仍如常，随意翻捡杂书以消酷暑。《四讲》《华夏》仍望多提观感。思想史三册，美学三册（《历程》有英译本，日译本今年可出），似可暂告一段落。此乃归国时之决定，如今正好切实执行。我作文素粗疏，不耐烦劳，毛病不少，大概仅可远观而不能亵玩也，一笑。"

8月，写作《高龙〈形拓印章作品〉序》（后收入《走我自己的路》台湾新订版，台湾三民书局，1996年），云："此时此地的盛情邀约，似又别具一番风味"，因当时人避之唯恐不及也。

9月8日，《人民日报》刊发祝华新文《中华民族需要建设性的理性——两代人中间的李泽厚》，引述先生曾有过的感慨："我们是正处在两代人的中间，一方觉得我们走得太远，另一方则觉得我们太保守。""海外有人说中国学者中能真正走向世界的就数李泽厚，海内学子则耿耿于怀要超越。他本人呢，虽然意识到'希望属于下一代'，愿'为王前驱'，但还是扬言'现在不认输'。"

9月12日，与友人书，云："我仍如常，至今也尚未要求我作检讨或检查之类。我的书也仍在卖。至于拙著，海内外似均有在作或准备作评述。哈佛有人以我为题（称为 Aesthetic Marxia❶）做过学术讲演。'四讲'美国人想译。《历程》及古现代一些论文文本亦在翻译中。"

9月15日，应某刊物约写自我小传（写于皂君东里12楼，未发表，后

---

❶ Aesthetic Marxia，意谓审美的／美学的马克思。

收入《走我自己的路》增订本），有"富贵非吾愿，声名不可期""是以黄卷青灯，敢辞辛苦？任人责骂，我自怡然。我继续走我自己的路"之句。

10月，论文集《中国の文化心理构造——现代中国を解く键》由坂元ひろ子、砂山幸雄翻译，东京平凡社出版。该书收录《走我自己的路》《孔子再评价》《经世观念随笔》《试论中国的智慧》《启蒙和救亡的双重变奏》等论文。

10月14日，刘纲纪来信，云："待过些时日，拟用汉史晨碑（我甚喜此碑）笔意书一联赠兄。联文为：天下文章莫大乎是，一时贤士皆从之游。我以为仁兄可当之。"

10月19日，致信刘纲纪，谈及《中国美学史》第三卷，云："章目无甚意见，只感如将李白、王维、杜甫各列专章，易与文学史、文学批评史等混同，而少哲学味道，将此三人合为一章，如何？或将李白、王维与道、禅一起讲，另拟章目题目，如何？陈子昂、杜甫以及小李杜，似亦有此问题。尚请吾兄斟酌。初盛中晚（文学、壁画等）似宜有专章细论，此题乃一大公案，历来真正之研讨并不多见。总之，唐代文艺高峰如何从哲学概括，应为三卷之主要任务而区别于一般流俗'各种史'。"

秋冬，着手撰写《论语今读》。

冬，为纽约《女性人》创刊号撰文《无题》（后收入《走我自己的路》增订本），云："女性朋友似乎更坦率，更真诚，更可以信赖。而生活毕竟大于学术。"

12月4日，冯友兰95岁寿辰，先生电话祝寿，言本欲前往祝贺，想到北大出入不便，又怕给冯先生带来麻烦，只好作罢。后邀请赴宴，先生参加。

12月7日，致信刘纲纪，云："初盛中晚可作一专章概述，因此初唐美学节似可取消，一免邻近而重复，二拙对突出'骨气'范畴略有疑虑（容后叙，最好面叙，始能会意），三初盛中晚之分似需做些论证，所以不如全卷结尾时总论一番也。不知以为如何？"信中附拟唐代部分章节目录：

第一章　隋唐美学

第二章　初唐文艺与转化和"四杰"新风

第三章　陈子昂：汉魏风骨的重新高扬

第四章　唐太宗与欧、虞、李的书论

第五章　孙过庭的书谱

第六章　初唐画论

第七章　李白、杜甫与盛唐美学

第八章　殷璠讨论

第九章　从王维到皎然

……

1980年代先生带的研究生有：徐恒醇、滕守尧、孙非、赵汀阳、彭富春、黄梅、刘韵涵、赵士林、刘东、周晓燕、王至元等。先生出的研究生考试试题有：

甲①简述亚里士多德的形式因；②你对欧洲中世纪哲学的看法；③洛克与莱布尼茨优劣论；④简述康德的时空观。

乙①简论卢卡契；②你对"善不可定义"如何看？③试评当代西方哲学中的科学主义与人文主义；④简述现代科学和哲学对时间的观点。

丙①马克思主义"社会存在"一词释义；②比较中国传统哲学的体用不二与西方哲学的本体现象区分；③评海德格尔与萨特对死亡的不同态度；④从现代自然科学谈"物质"概念。

丁①试论西方艺术中的希伯来精神；②美是道德的象征在康德美学中的意义；③别林斯基文学批评的美学特色；④杜威美学思想

述评。

戊①比较西方风景画与中国山水画；②何谓唐诗之初盛中晚？③何谓巴洛克与洛可可？④有人比汤显祖于莎士比亚，你同意否？理由何在？

己①普罗提尼美学述评；②略论莎夫兹伯利的美学；③简述沃夫林的艺术风格论；④俄国形式主义美学的地位。

庚①美学的范围与研究方法；②你对中国现代美学的看法；③试谈艺术与审美的关系；④崇高的特征及本质。（每题25分，每题不得超过500字，超过者不判分）

关于先生带研究生的教学特色，赵汀阳认为，从老师李泽厚先生那里得到的最大收益是：自由。"李泽厚老师不是一般老师，从不做指导状，只是老谋深算地纵容你去敞开思想。和李老师讨论问题，都是直接切入问题，他也并不在乎你是否同意他的观点……一个回合结束了，原来讨论的问题没有解决，但收获了更多问题。李老师似乎很满意让问题结束在新问题那里。的确，哲学问题有没有答案不重要，重要的是一个问题所敞开的可能性。和李老师讨论问题也不限于哲学。李老师不仅是哲学家，还是历史学家……李老师的卓越史识和历史感使他更能够体会历史之'势'。"[1]赵汀阳还曾经在接受采访时说过："我的导师李泽厚先生就非常有个性。头次见面对我们说：我当你们的老师，对你们有两个基本要求：一是你们不要同意我的观点，你可以反对我。二是你们想研究什么就研究什么。""当时李老师招的是美学专业，但我愿意研究哲学。李老师问那你为什么考美学？我说我考的是您而不是美学。李老师说那就搞哲学吧。我就一直搞哲学。"滕守尧在《〈审美心理描述〉后记》中写道，老师李泽厚"对青年人一向寄予厚望。要求严格，又不求全责备；只要文章言之有物，有新的见解，就支持发表。正如许多青年

---

[1] 赵汀阳：《在今天我们如何看革命？》，共识网，2014年8月11日。

人所说，李先生真是我们青年学人的好开路人"。彭富春说，老师"他从来没有单独的讲过课，而是邀请北京地区一些中青年学者来讲授他们各自的研究领域，包括尼采、胡塞尔和海德格尔等人的哲学思想。这在当时中国学术界还相对封闭的状况下给我们描述了一些哲学景观，或者说给我们绘出了西方现代哲学的导游图。每一次讲课，李泽厚教授都会给他们提问题，来引起大家的讨论。比起那种照本宣科而言，这种教学方式更具有创意。后来我才知道这是一种西方大学教育，尤其是研究生教育所普遍采用的讨论班。这种方式改变了我们大学教育中普遍的老师讲学生听的填鸭式教学，让教师和学生围绕问题进行对答式的教学。在这样的教学中可以达到教学相长，使人们沿着思想自身的道路不断前行"。❶

有论者论述李泽厚在1980年代思想的重要特征："具有很强的时政情结即隐性议政，其价值取向源自现实焦灼与时政关怀。比如主体性哲学指向极左政治对人的异化；美学研究及其主持美学译丛可用来消解极左政治对人的日常生活的压抑；强调文学的情感性、想象性、非理性是因痛感艺术沦为权力语式的奴仆；对农民起义的理性审视，以及对马克思主义在中国化过程中的僵化现象的针砭，当然属于学术范畴，但其社会效应显然又越出了纯粹学术范畴；至于'实践是检验真理的唯一标准'之讨论，李泽厚更是一眼就看出了其政治意义。"其高度评论先生在思想史上的学术贡献："1980年代李泽厚确实扮演了思想大师的角色……披阅其著作，人们不难发现，他对时政的介入，不像斗士一般仅仅在言论层次以时文方式去仓促地应对时潮，他的论述具有强烈的当下冲击性，但其显现形态却不剑拔弩张，而是内敛、结实，貌似收缩，实为凝聚，凝聚之密度越大，其内在能量就越可观，辐射性就越强，吸引力也就越大，无论哲学、美学（含文艺学、文学批评）还是思想史，他皆以学科语式凸显其思想价值。他所以能成为卓越的思想家，成为一个时代的精神教父，能够在多学科领域全面突

---

❶ 彭富春：《漫游者说：我的自白》，百花文艺出版社，2002年，第145—146页。

击,与他长期的学术积累是分不开的。……李泽厚作为思想家,其思想的背景资源是多渠道的,他对古今中外的哲学、美学以及思想史都颇为熟稔,且把它们转化为自己的精神财富。"❶

《美的历程》英译本出版。

7月31日,周扬逝世。

8月30日,钱穆逝世。

8月,刘再复奔赴美国芝加哥大学东亚系,在李欧梵主持的"东亚文化研究中心"担任访问学者两年。期间,曾于1991年作"李泽厚与中国现代美的历程"学术讲座。

---

❶ 夏中义、赵思运:《思想家的凸显与淡出——略论李泽厚新时期学思历程》,《学术月刊》2004年第10期。

1990年

（庚午）·61岁

1月，收到中共中央、国务院举办的人民大会堂初一团拜会邀请，但未出席，云："背疼如故，懒于出门故也。"

1月27日，农历大年初一，晨，与友人书，云："《光明日报》已阅，连斯大林也搬出来了，可见一斑。吾兄决不要为之生气，冷笑置之而已。反驳也可以，总之以不动真气为原则。我仍如常。今年收到贺卡超过任何一年，且有素不相识者寄来。我近日曾对人说，应有一种创造历史的感觉。"

3月，与友人书，云："人大会，我仍参加，但我只拟应应卯，参加数次而已。我估计目前情况会延续一个时期，不会有大变动或激烈情况，亦国情也。"

4月，与友人书，云："批判正在展开，可能继续加温，但我已老僧入定，风雨无心。常念古人处境，亦一种锻炼。"

5月，写作《中国美学史》韩文版序文。致信刘纲纪云："系极匆忙中（催要赶飞机航班云云）草就，实不成样子，唯其中提出乃吾兄作品，颇感欣慰（以后有机会仍将继续澄清这一点。至少不必因我在国内受累，在国外则可正视听也）。"

5月，与友人书，云："长沙5.5—5.8，教委组织、黄楠森等出面主持，专门会议批我，曾假惺惺来邀请信。人大会我基本未去，很快也许免去，亦佳。我本楚狂人，素不在乎此。"

5月5日到8日，若干哲学、思想史问题系列讨论会第一次会议在长沙召开，着重批判先生提出的"救亡压倒启蒙""新启蒙""西体中用"等观点。会议由国家教委社会科学发展研究中心、湖南师范大学、北京大学哲学系、武汉大学中文系、《当代思潮》杂志社、《文艺理论与批评》编辑部发起，来自中国社会科学院等单位的学者、理论工作者40余人参加了会议。

批判正酣时，时任中国社会科学院院长胡绳亲自登门劝说。"胡绳亲自到我家来过，没有电梯，爬五层楼，敲门进来。他是来叫我检讨的，说不检讨也可以，只要表个态，我没答应。他后来一抬头，看到墙上冯友兰那副对联，他不同意，抗战时他就写过有分量的批冯的说理文章，就和我辩论起来。这一辩论就辩了两个多钟头，他没有说服我，我也没有说服他，叫我检讨的事他也没再提，大概是忘记了。我送他下楼的时候，庞朴看到了，很惊讶：胡绳怎么会上我家来？他当时是院长呀，我只是个小小研究员，还比他小十多岁。"❶主客二人围绕客厅对联辩论漫谈，似颇有王顾左右而言他之意。谈话结束时，先生客气地把胡绳送到楼下。"有来有往嘛！人家登门，我也得讲礼貌。"先生曾如是说。当年（1970年代末至1980年代初），胡绳因受"两个凡是"论牵累，政治上处于寂寞困顿之中，先生也曾登门看望。❷

据王蒙回忆，1989年10月，胡乔木曾约李泽厚等一起去为冰心祝寿："不久，他约我一起去看望冰心，为之祝九旬大寿。他还要我约作曲家瞿希贤与李泽厚一起去。后因瞿当时不在京，李也没找到，只有我和他去了冰心老人那里。他写了一幅字，四言诗给冰心，称冰心为'文坛祖母'。然后又是与冰心留影，又是与我照相。他还讲起他对李泽厚与刘再复的看法，认为他们是搞学术而被卷到政治里的，不要随便点名云云。"❸

5月7日，写作《〈人类学示意图〉序》（后收入《走我自己的路》，台湾新订版，1996年），云："此时此地，此情此景，居然有幸读到Osvaldo Martinez所长先生有关人类学的哲学论文，真是别有一番滋味。""我仍然坚持我的人类学本体论即主体性实践哲学的观点……"

---

❶ 李泽厚、刘绪源：《中国哲学如何登场？——李泽厚2011年谈话录》，第93页。
❷ 刘再复：《师友纪事》，第51页。
❸ 王蒙：《不成样子的怀念》，人民文学出版社，2005年。

8月,《走我自己的路》(修订本)、《中国古代思想史论》《中国近代思想史论》《中国现代思想史论》《批判哲学的批判——康德述评》等著作由台湾风云时代出版公司出版。

9月13日,《中国文化》创刊一周年学术座谈会在北京国际饭店召开,先生与会。应邀出席座谈会的还有赵朴初、季羡林、金克木、周有光、冯至、吴组缃、任继愈、舒芜、庞朴、李学勤、冯其庸、周汝昌、王利器、乐黛云、严绍璗、王蒙、汪曾祺等。

10月,与友人书,云:"敏泽如今红极一时,其美学史竟被报上说成唯一的马克思主义,可笑之至。……其书此间未找到,也想一阅,不知兄曾看到否?有何印象?望告。如有长处,亦不因人废言也……我一切如常,任他围剿万千里,我自巍然不动,且心情平实愉适。"

10月,香港中文大学《二十一世纪》创刊,受邀担任编委。

11月,写作《简答敏泽书》,就敏泽《学术研究只能从最顽强的事实出发》(刊《人民日报》1990年11月1日)一文对《美的历程》之批评提出反批评,云:"其他,我就不想多说了。过去、现在和未来都会有这种批评,我不打算多作答复。只希望一点:当批评别人的学风时,批评者是否也应想想自己的学风呢?不作任何调查研究(如'历程'各版的差异等)、不顾事实却偏要喊叫'从最顽强的事实出发'的学风和人品,是否也应该改进一下呢?"

12月,《美学百科全书》由社会科学文献出版社出版,收"李泽厚""积淀说""李泽厚技术美学思想""宋明理学美学"等条目。"李泽厚"条目称先生为中国著名哲学家、美学家、思想史家;评价"积淀说"乃李泽厚思想的核心论旨。它从阐释马克思的"自然人化"思想出发,揭示了主体实践的历史的具体途径与"自然向人生成"的感性成果。

冬,写作散文《晚风》(后收入《杂著集》,生活·读书·新知三联书店,2008年),云:"散步在晚风中,这风是北风。""你想:一只球在空荡荡的、杳无人迹的灰暗黄昏中,沿着一条对它来说是足够宽广的道路上,自由地滚动着。"

《华夏美学》韩译本出版。之后,《美的历程》《中国近代思想史论》《中国现代思想史论》《历史本体论》《己卯五说》《中国古代思想史论》等韩译本陆续出版。

5月,蔡仪发表《评李泽厚美学思想的实质及其特点》(刊《文学评论》1990年第5期),对李泽厚"积淀说"和"新感性"观点进行批评。先生曾云:"蔡仪毕竟是搞哲学的,他在上世纪九十年代初对我大批判的时候,一下子就抓住这个要害批。他说李泽厚的严重问题就是从1956年提出'美感两重性'开始的。我觉得讲对了……蔡仪比许多批我的人高明多了。我那篇文章运用了马克思早期手稿,他认为这是马克思不成熟的作品,不能算作马克思主义;美感两重性跟马克思手稿中的自然人化有关,他不赞成,抓得很准。"❶

11月26日,冯友兰逝世。

12月12日,洪毅然逝世。

---

❶ 李泽厚、刘绪源:《中国哲学如何登场?——李泽厚2011年谈话录》,第58页。

1991年

(辛未)·62岁

1月5日，刘纲纪来信，云："看来或将造成某种围剿'之势'？没有关系，批得愈激烈愈好，因为这会把重大的分歧之点充分凸显出来，也会把对方那些'左'的、简单化的观点充分地显露出来，从而引起更广大的人们的思索……弟以为目前中国最需要者乃在确立一种新的马克思主义。我是把仁兄的思想也归于这种中国的（非西方）新马克思主义之中的。"

1月，致信刘纲纪，云："所以我意美学史不但不能停，而且要尽快全部写完交稿，以堂堂正正之学术成果，来面临知识学术界之停滞消极时期。至于马列理论建设，则最好潜心研究，目前写作、发表、讨论恐远非其时也。"

1月，为赵士林《心学与美学》作序（后收入《走我自己的路》，台湾新订版，1996年），云："在我所认识的人中，我一直非常尊敬、赞佩和更为亲近那些或勤勤恳恳、老实本分，或铮铮铁骨、见义勇为的人，尽管他们非常普通，既非才华盖世，又未显赫于时，可说是'名不称焉'吧，但他们比那些经营得巧名重一时的'俊杰'老翁，或左右逢源聪明圆滑的时髦青年，总要使我觉得可爱可信得多。"

4月22—29日，参加由中华全国美学学会、全国青年美学研究会等主办的"当代中国美学研究前景展望"学术讨论会，进入会场时受到热烈鼓掌欢迎。此时此地此景，先生自谓大吃一惊，终生难忘。

5月，写作《扬州园林美学会议论文集·序》（后收入《走我自己的路》，台湾新订版，1996年），云："但使我既惊且感的是，最近几次外出总受到各种热烈欢迎。或自发鼓掌，或招待周全，真是令人'别有一番滋味在心头'。"提出:"在此大规模地空前迅速地处处工厂、隆隆机器的历史行程中,如何能使我们这块世界上已罕有的、基本尚未受高度污染的巨大宝地,能尽量少受些破坏、损害和毁伤?如何能从大处着眼来保护、保存、保持以至丰富发展中华国土的自然美——包括自然风景和人造园林?这恐怕是当前数一数二的重要问题,当然更应是风景园林工作者们的义不容辞的艰巨任务。"

6月21—23日,若干哲学、思想史问题系列讨论会第二次会议在北京召开,着重批判先生的"主体性实践哲学"或"人类学本体论哲学"。两次会议都曾邀请先生参会,被先生拒绝。各类报刊点名批判先生的文章达六十多篇,其著作从一些书店、图书馆被搬掉,成了禁书。先生深感处在伦理与历史的二律背反中,稍后发表的散文《晚风》(外一章)表述了这一悲剧。

7月,致刘纲纪书,云:"但年纪日大,越发不想动了。八月,院中要我去北戴河休养,人大常委会亦有组织,均决定不去了……关于哲学,年来亦有小获,与兄或有异同,见面时可讨论。"

8月,写作《李泽厚十年集》序,云:"鲁迅当年曾慨叹向秀《思旧赋》'刚开头就煞了尾'。那么,如其那样,又何不根本不开头呢?没有开头,也就没有结尾。"

8月13日,伊藤虎丸来信。寄来正式邀请信,邀请先生赴日讲学。当年曾接到英、美、法、苏联邀请讲学或参加学术会议,均未获允许。

10月28日,参加由中国孔子基金会、浙江省社会科学院和衢州市政府联合主办的"儒学与浙江文化研讨会"并作发言(发言稿以《儒学作为中国文化主流的意义》为题刊《孔子研究》1992年第1期,何隽整理),重申"儒学作为中国文化的主流,主要还不在它有许多大人物,如孔、孟、程、朱、陆、王等等;而更在于它在历史上对形成中国民族的文化心理结构(或称之国民性、民族性格)方面起了决定性的作用。只要中国人存在(如今已有十一亿!),为儒学所塑造所形成的文化—心理结构便存在,它对我们的过去、现在和未来都颇关重要"。

12月21日,致信刘纲纪,云:"手札读后,感慨良多。官僚体系如斯,可奈何哉也？……我向以对人民负责对历史负责为原则，其他均可不计……我已于近日获准出国一年，先美后德，均教课。此事国外已进行年余，着力不少，学者和外交途径并举，始于最近成功。但我心境反而不好，颇感怅惘犹疑。内子再三催促始办护照签证，估计很可能年初即将成行。意绪不佳，杂务忙乱，草此数行，聊寄相思。"

写定《哲学探寻录》（后收入《世纪新梦》，安徽文艺出版社，1998年），提出四大问题：一"人活着"：出发点；二"如何活"：人类主体性；三"为什么活"：个人主体性；四活得怎样：生活境界和人生归宿。再次强调认为"语言学是二十世纪哲学的中心。教育学——研究人的全面生长和发展、形成和塑造的科学，可能成为未来社会的最主要的中心学科……这也就是我所谓的'新的内圣（人性）外王（天下太平）之道'"。

蔡仪发表《评李泽厚的政治宣言〈答问录〉》，对李泽厚的《五四回眸七十年》提出批评，认为"西体中用"的实质就是"全盘西化"。

1992年

（壬申）·63岁

1月，去国赴美。2月到4月在美国科罗拉多学院哲学系任讲座教授，用英文讲授中国思想史、美学、《论语》等课程。此前，美国国务卿贝克访问中国时带来了美国众多学者给中国政府的信，最终促成了先生的出访。经高层表态称，没有涉及法律问题的人，都可出国从事国际学术文化交流。先生于1991年11月初接获准许出境的通知。此后，即长期定居美国，得以近距离观察和直接感受西方社会。

自谓："我在美国一年开三门课，中国思想史（分古代和现代），美学，也开过几次《论语》。或者上学期开两门，下学期开一门；或者相反；或者开两门课再加一门研究生讨论课。总之一个正教授每年上三门课，一般都是这样。美国大学有对教授的考核，系里搞，老师不在场，由系里向学生发问卷，提一些问题，问这个老师怎么样。我是很晚才知道的，不过很好，学生对我的评价很高。有个菲律宾学生还说，我是她'最喜欢的老师'，因为每次听课都有收获，而且传授知识多，逻辑性强。我所在的科罗拉多学院和斯瓦斯摩学院都是私立学校，学费很贵，学生富有，教师待遇也好。我说我学陈寅恪，他晚年给傅斯年信里说'不求名，只图利'，哪里钱多就去那里……我在国内没开过课，开始在美国讲课时，很兴奋，热情很高，很认真负责，学生也说我是一个 serious teacher。但发现几年下来后，兴趣大减，因为讲课许多内容是重复的，重复两次就没兴趣了，不是越讲越多，而是越讲越少，以至不大愿讲。我非常佩服那些教了一辈子书的老师，真是诲人不倦，我没那种精神。所以钱积得差不多，就干脆不教了。有名校和一些场合、

会议用高价请我去演讲或作 Keynote Speech，我都婉谢了。"❶

1月，写作《要改良，不要革命》[2月，在美国丹佛市发表"和平进化，复兴中华"演讲，副标题为"要改良，不要革命"，原文的正标题将否定性的"和平演变"改译为肯定性的"和平进化"，刊《中国时报周刊》（美洲版）1992年第18、19期，国内收入《世纪新梦》时题目更改为《从辛亥革命谈起》有大量删节]，提出："以前我认为他（指孙中山——笔者注）是伟大的革命家，贫乏的思想家；现在的看法有些变化，他的革命是失败的，但他的思想虽然浅显，理论深度很不够，却是有现实意义和生命力的。他的民族、民权、民生三大原则，对今日中国仍有价值。"解决中国问题，"唯一可以依靠的只有法治——即前述的制定法律、执行法律，实行制度性的运作"；社会主义是什么没人能说清，"但社会主义不是什么，我以为是清楚的，即它不应该是变相的封建主义，也不应该是今天的资本主义。它应该能更多更好地避开如贫富不均、苦乐不均、压迫掠夺、无安全感、种族歧视、吸毒盛行、精神空虚、道德沦丧等弊病和祸害"；指出："我不是搞政治学的，对民主也毫无研究；但凭常识，我也知道民主、自由都是非常复杂的问题。民主不是为所欲为，自由不是随心所欲。近现代的自由、民主实际上都是一种限制，即关于各种责任和权利界限的理论和体制。"自嘲曰："我这个人向来两面不讨好。1989年以前，我就一方面受到老年学者如蔡仪及其弟子们的凶狠批评，另方面也受到一些青年学者们几乎同样凶狠的批判。这两年来，我在大陆受到了大批判，今天出来之后，是否又会要遭到另一种批判呢？当年蔡仪弟子批判我是'崇尚个体，贬低总体'，是存在主义；有人则批判我是'崇尚总体，贬低个体'，是固守传统；今天大陆批判我是'为资产阶级自由化提供理论基础''毒害一代青年'等等，在海外是否又会被批判'背叛青年一代'等等呢？"果然，先生在海外确曾遭到类似甚至更为严厉的批评指责。先生则多次表白：我只对历史负责，对人民负责。

---

❶ 李泽厚、刘绪源：《中国哲学如何登场？——李泽厚2011年谈话录》，第131页。

2月,与友人书,云:"在此故地重游,但心境仍不甚佳(亦不太坏,因毕竟可阅读甚多材料,了解更多情况也),在美熟人虽比以前大大增多了,但毕竟是异乡他国也。"

春,在科罗拉多,写《晚风》(外一章)[刊《中国时报周刊》(美洲版)1992年第8期]。重回科罗拉多,先生感慨万千:"像做梦一样,又回到了中国地方……好像我不曾回去过。然而,又确然不是了。且不说多少大事已经在这些年头发生,且不说异乡游子的双鬓已经斑白,而且,'毕竟意难平',心境已难依旧矣。""谁之罪?……黑格尔(Hegel)曾说,真正的悲剧是由于双方都有其片面的必然而两败俱伤,全无胜者……黑格尔总教训人们去深刻地认识历史,去取得更多的'自我意识',但学费竟如此高昂,这未免太残酷了。"文中有"当不堪回头话当年的时候……难道冥冥中真有主宰者在?"和"你能感受(不只是认识)这历史的残酷吗?"之句。

春,写作《华夏美学》日文本序(后收入《走我自己的路》台湾新订版,1996年;该日译本于1995年6月由平凡出版社在东京出版),认为《华夏美学》是"中国美学史"的内篇(外篇是《美的历程》);《华夏美学》提出:"《华夏美学》强调中国文化传统和文学艺术,既非模拟,也非表现,而是以陶冶情感、塑造人性为主题,也就是强调内在自然的人化和人的自然化。这种哲学—美学思想对今日和未来,对设想更为健康更为愉悦的二十一世纪的社会生活和人生境地,希望仍有参考价值。"认为中日文化基本上是不相同的。不赞成日本文化乃儒家文化。

2月,接受美国丹佛《美中时报》采访(刊《美中时报》1992年2月27日),采访记后收入《走我自己的路》(台湾版)时,特收录三篇批判文章作为"附录"。分别为凌似《这是一个什么"思想库"?——李泽厚先生近年来理论观点评析》(刊《当代思潮》1990年第3期)、《若干哲学、思想史问题系列讨论会第二次会议纪要》(刊《文艺报》1991年9月14日)、陈良谋《民主是有阶级性的——再评李泽厚先生的民主观》(刊《真理的追求》1994年第1期)。云:"为留此存照,作为纪念。"

4月26日，携夫人去德国南部古老的大学——图宾根大学，由卜松山教授邀请，这是先生第一次赴德国。在图宾根大学东亚系（亦说汉学系）以英文讲授"中国古代传统与文化"，讲哲学、认识论、伦理学、本体论等，主持"中国近现代意识形态"为专题的研讨班，提出中国"将来待经济发展以后，人很容易变成金钱的俘虏"。"是否能在传统里面找到一些比较好的东西，以建立一种道德规范和一种社会理想……中国文化或中国传统应该对中国未来，甚至对世界未来作出它的贡献。中国人注意人际关系，注意人情味，互相关心，这是一个很好的方面。"接受"德国之声"记者林岩的采访，采访记于1992年5月播发。❶

6月，《迟发的悼念稿——悼冯友兰》发表（刊《明报月刊》1992年6月号），指出："哲学总是从最根本的地方、从所谓'原始现象'谈起，从'头'谈起。我认为这个'头'，这个'根本'或'原始现象'，就是'人活着'这一事实。"云："'人活着'包含着三大问题：如何活？为什么活？活得怎样？"认为《新原人》乃冯友兰的主要著作，提出的正是"活得怎样"的人生境界问题。这是对宋明理学所作出的一种现代理解和继承，所以将冯列入"现代新儒家"理所当然。

7月，在波恩出席学术会议并答问。顾彬等与会。

7月，在图宾根写作《美的历程》德文版序（后收入《走我自己的路》台湾新订版，1994年；德译本于1992年10月由Herder出版社在德国出版，此前已出版了英文、韩文版），云："中外翻译太不均衡。中国翻译西方各方面的作品远远超过西方翻译中国的。""我心想，也祝愿，如果我们中国能够从今以后在各方面（首先在经济方面）逐步地、不再受大挫折地发展下去，以如此巨大的时空实体（5000年未间断的历史传统、960万平方公里的疆域、12亿人口），下个世纪的这个时候，全世界（包括西方）恐怕也非得迫切了

---

❶ "德国之声"记者林岩（Peter Wiedehage）采访记，1992年5月播发，引自台湾三民版《走我自己的路》。

解不可了吧！中国古典文化不再只有古董似的玩赏价值，汉学不会类似于埃及学、敦煌学仅有纯历史意义，而将成为现实的世界文化中不可缺少的具有深厚价值和贡献的重要组成部分，从而也就会有更多的、越来越多的翻译。特别是，由于中国历史传统并未死去，它依旧活在中国人的心底，积淀为中国人的文化心理结构的一部分，而将在未来的世界中具有意义，发挥作用。"

7月8日，在图宾根写作《"左"与吃饭》（后收入《防"左"备忘录》，1993年，山西），批判1989年以后的"左"派思潮。

8月，由德返美。在美国威斯康星大学麦迪逊校区历史系担任客席讲座教授，英文授课。在德国教书半年，本来是要教一年的，因为已经接受威斯康星大学聘请，故砍掉了一小半课。

9月12日，在华盛顿用英语作"中国文化特性及现状"演讲。史华慈、林毓生等出席并演讲。

9月，与友人书，谈及钱锺书，云："钱氏治学，我始终有买椟还珠之感，读了那么多中外典籍，得出的却是一些残渣碎屑，岂不可叹而可惜。却居然被捧入云天，实则大有误于后学。《围城》一书，亦然。但竟无一人敢出来说个'不'字者。叹叹。《谈艺录》为作者所自轻（也许仍是做作？），其实胜过《管锥编》。"

11月13日，出席在日本横滨举行的"世界中心汉字文化圈"国际研讨会。接受香港《信报》记者张一帆采访（访谈录刊香港《信报》1992年12月21—22日），当记者问到"你曾被世界上不少著名学者誉为中国80年代的思想启蒙家，是80年代的梁启超"时，先生曰："能够得到这么高的评价我很高兴，我不愿意掩饰。另一方面也感到不敢当。"当记者问及国内形势，答曰："这篇文章完成在二月初。邓小平南行讲话，我还不知道。最近我没有回国，但各种迹象表明，改变很大。所以，我的估计及看法与一年前有些变化。"此行由沟口雄三邀请。史华慈、渡边浩等参加。

11月，写作在横滨"汉字文化圈"第三次国际讨论会上的发言提纲《世纪新梦》，提出三个问题：（一）还可不可以允许有关于明天的梦想？

（二）这个梦想可不可以不再是这个世纪的乌托邦社会工程而是心理工程，即关于人性、心理、情感的探索，从而把教育学放在首位？（三）从而，东方和中国的传统可不可以在这方面做出贡献？

11月7日，于威斯康星大学麦迪逊校区写作《怀伟勋》（刊《明报月刊》1992年第12期），云："伟勋是我自认为在'美籍华人'中最要好的朋友之一。"提及傅在1988年几度邀其撰写谭嗣同或康有为或其他人，未允；1991年、1992年又多次邀其写自传，含糊答应，合同一直没签。"结果，不出所料，几次提笔都失败了，我不想写自己，回忆使人痛苦，老写不下去。"

12月，在香港中文大学中国文化研究所主办的"民族主义与现代中国"国际学术研讨会两次发言，12月24日于Seattle机场整理增删，题为《关于民族主义》（刊《明报月刊》1993年2月号），提出："从世界一体化的角度来看今日的民族主义……经济力量推动的世界一体化的社会物质生活，迫切需要有各民族文化特色的多元化的精神生活来作必要的补充，否则这个世界便太单调太贫困了，成为完全被商品和科技统治着的异化的可怕世界……我的结论是：提倡民族文化，反对民族主义。两者不但可以并行不悖，而且应该相辅相成，这才是未来的健康社会。"

12月，答记者问《中国要变，但不要革命》发表（刊香港《信报》1992年12月21—22日），收入《李泽厚对话集》时更名为《要康德还是要黑格尔——答香港〈信报〉记者张一帆问》。回答对朱光潜的评价时说："朱先生的《谈美》《文艺心理学》，在30年代影响很广泛，对中国的美学界是具有开创性的。他做了大量翻译荟萃工作，对黑格尔的《美学》《歌德谈话录》的翻译付出了辛勤的劳动。但是，他自己的看法并不多，他自己也承认这一点。50年代到70年代初的时候，搞美学的人都不知道宗白华。但是他的书80年代初出版之后，影响很大，他对中国的文艺作品有自己的看法，现在宗白华的美学地位已经超过朱光潜。""康德在中国被埋没的时间太久了，讲康德的文章在中国极少……康德对世界文化的贡献很大，很多自然科学家根本不看黑格尔，只看康德。因为康德的一个特点，像你所说，提出了很多问题。"

是年，和刘再复对谈（后收入《世纪新梦》，安徽文艺出版社，1998年），明确指出："无论在什么时候在什么地方，中国都太值得我们思考。中国毕竟是我们的。看中国的过去，会觉得它留下的经验教训太丰富，尽管过去受了那么多苦；但中国的未来，我总觉得它的潜力很大。研究中国对我们来说，比研究外国要重要得多。""用简单化、情绪化的眼睛就看不清楚。不管人们用什么最高级的形容词来捧中国或骂中国，我们都只管对事实负责任地思考。我的口头禅是：我只对历史负责，对人民负责。"谈到民主时说："我最强调程序，多年一直强调建立形式。我多次说要重读孙中山的《民权初步》，知道如何开会即开会的程序，中国大陆的会是开得最多的，遗憾的是至今开会的程序也不完善……民主正是一种理性的程序，不是一种口号，一种运动。"谈到中国特色时说："讲有中国特色，并没有错。为什么不可以有中国特色呢？……这种特色，就是走自己的路。"

谈到历史行程的二律背反时说："追求社会正义，这是伦理主义的目标，在历史主义范围里并不合理。""历史总是在这种矛盾中忍受痛苦。""在我国古代思想史上，义利之辨是非常重要的线索。孟子、朱熹这一线强调义，而墨子、荀子、董仲舒、叶适、康有为等强调利，强调经世致用。现在的思想史著作没有把这两条线讲得很清楚。新儒家对强调经世致用这一线的思想者更是忽略。牟宗三先生说叶适是孔子最大的敌人，其实，应当说，叶适是牟先生最大的敌人。"

谈到邓小平南方谈话时说："在共产党高层中，他是最清醒的，他从让人民富裕、发展生产力这个角度去总结过去的教训是对的……不迷信意识形态，这是他的长处。他很善于提升常识，这也是'实用理性'。"在谈到社会公平时指出："社会发展常常要以打破社会表面上的公平为代价。在中国的今天，恐怕正应以社会发展，首先是经济发展放在第一位。也就是历史主义优先。邓小平的实用理性正是确定了这一优先。"

1月，开始与已在科罗拉多大学任教的刘再复经常见面或电话交谈。两家最初相隔100多公里，1998年开始比邻而居。1980年代，曾因"主体性"学术结缘的两位原中国社会科学院的同事和朋友，现在则经常一起散步、游泳，尤其是漫谈学术。对此，刘再复曾感慨："岁月没有虚度，思想未被堵塞，于山明水秀中寄寓情怀，于友人智慧中领悟沧桑，这就是美好人生。时空无穷，个体有限，我没有更多的期待，但这一次又一次的笔墨完成，使我感到在人间很有意思。"❶ 曾有来访者描写过先生和刘再复经常散步的地方："这真是空旷的原野，先是一大片绿草坪。碧绿碧绿的，有好几十公顷，像是把众多人家的绿草坪搬到这里，连在了一起。然后是一个小湖，南岸是一个狗公园，社区居民傍晚可以到这里遛狗，在湖边给狗洗澡；北岸是老年活动中心，里面有游泳池、健身房和桑那浴房。再过去就是广漠的荒原，一直延伸到地平线上。在荒草丛中有一条清冽澄碧的小溪，是雪山溪流的分支，在汩汩地流淌着。"作者感叹道："科罗拉多，落基山下，波德这个石头小城的这条小街，这相距一分钟的两所房子，会成为历史遗迹的。"❷

　　2月28日，蔡仪逝世。

　　9月28日，胡乔木逝世。

---

❶ 李泽厚、刘再复：《告别革命——二十世纪中国对谈录》，序言，第20页。
❷ 张梦阳：《科罗拉多的晚霞——洛杉矶下刘再复》，引自刘再复博客。

1993年

(癸酉)·64岁

1月,《"统购统销"关闭了市场经济之路》发表(刊香港《二十一世纪》总第15期),指出:"'统购统销'确为走上'社会主义道路'的重大关键,我一直视它(而不是农业合作化或三大改造)为历史的某种转折点。正如不是毛泽东逝世或'四人帮'垮台而是林彪事件是思想史上的某种转折点一样。中外史家似多未重视这些关键环节。"

1月至7月,在美国密歇根大学亚洲语言文化系,担任客席讲座教授。

2月17日,在密歇根大学作英语演讲:中国美学。

2月,与友人书,云:"弟多年经验:除千字短文对付应酬外,余只按自己计划写作,谢绝中外一切稿约,至今如此。台湾曾以万字二千美元之重金约书稿,亦婉谢之。或不免得罪大小人物,但久而久之,人亦不怪,却赢来不少空暇时间,可以优游岁月,未必不佳也。"

2月,被选为全国政协第八届委员会委员,在无党派民主人士界别。

3月,美国亚洲学会年会(AAS)举行"与李泽厚对话"圆桌会,由史华慈、狄百瑞、林毓生、李泽厚英文讲演,听众提问,张灏等人参加(李讲演《关于"实用理性"》,译稿刊《廿一世纪》第21期,《原道》第1辑),云:最早是在1980年所写的《孔子再评价》中使用"实践理性"这一词汇,在汉语里,它与康德"practical reason"的中译名"实践理性"相同,为了避免造成混乱,后来改用"实用理性"。不赞成全面否定儒学和实用理性,不赞成全盘西化,如金观涛引进"科学主义",或如刘小枫引进基督教。指出:"正因为在实用理性中,情与理是相互交织在一起的,这种情便不是反理性的狂热或盲目的屈从。较之某些宗教，实用理性更有可能去调适情与理的关系，限制非理性的情感，使之不致对接受新事物构成大的障碍。实用理性更注重吸取历史经验以服务于社会生活的现实利益。""虽然我并不同意某些青年学者全盘否定儒学的观点，但对'现代新儒家'用道德形而上学为现代民主制度开辟道路的理论，我也颇不以为然。我认为这是根本不可能的。在今日，要想继承和发扬中国传统，应该重视的倒是实用理性，去研究它，进行转换型的创造。"

5月8日至6月8日，受台湾"中央研究院"文哲所之邀，第一次赴台访问，遍游台湾，并作中国文化主题演讲。文哲所筹备处主任戴琏璋主持。台湾《中国时报》等均有报道。

6月1日，由高信疆陪同，访问花莲慈济总院，会晤证严法师。为在台唯一一次主动拜访。

6月11—14日，参加在瑞典斯德哥尔摩举行的"当代中国人心目中的国家·社会·个人"国际会议，拟发言提纲《如何走出既"现代"又"中国"的道路？》（刊《明报月刊》1993年8月号），重申："关键不在思想，而在制度；不在文化，而在政治；不在人民思想落后、传统文化有罪，而在缺乏有效运作的现代民主程序和法律形式，以确立群己权限，明确个人、社会、党和国家在生活中的关系和位置。"主持人为罗多弼，参加者有林毓生、张灏、李欧梵、杜维明、陈方正、刘再复、朱维铮、王元化、高行健、甘阳、刘小枫、高建平、汪晖、金观涛等。

7月，自美回北京，在京20多天，去了本单位，并见了所、院个别领导人。8月，返美，写作《北京行》[后收入《李泽厚论著集·走我自己的路》（新订版），台湾三民书局，1996年]，云："为了取点书；第二，会会朋友，特别是女朋友们；第三，是想探探水温；第四，是想看看北京。"

1992年2月至1997年，在美国科罗拉多学院哲学系担任客席讲座教授。自云因为是英文授课，压力很大，在国内从来没讲过英文。"我没有讲稿，只有提纲。我讲课，一是给他们许多真正的东西，一是逻辑性非常强，一层到一层。我也讲马克思主义,讲马克思、恩格斯、列宁、托洛茨基、布哈林,一直讲到毛泽东。"先生对讲课很有自信,很受学生欢迎,云:"我小赤佬是空拳打下天下。"

12月,发表《与丁一川对谈》(刊《原学》创刊号),提出思想史和学术史有区别。在回答自己近几年研究情况时说:"的确很久没写什么东西了。原因很多,譬如这两年一直在国外讲课,无暇旁顾。不过主要的原因是虽然近几年考虑了一些抽象的哲学问题,但始终没有找到它应有的表述方式,所以只好继续寻寻觅觅,一时不能下笔。"所谓抽象的问题,"大致是对世界前景的思考"。"十多年前我去日本时,桑原武夫亲口跟我说,大师级的学者还是出在中国,当时贝冢(茂树)也在场。我在日本讲《孔子再评价》(当时尚未发表),他们一个个都在记,认真记要点,当时印象极深,使我有受宠若惊的感觉,因为他们都是日本一些最大的学者了。"

此番关于"始终没有找到它应有的表述方式"的话,可作为对1991年写定、1994年改毕的《哲学探寻录》文体的一个注脚;似也可说明为什么在此前后开始经常选择自问自答的表达方式;同时也是为了用通俗语言表达思想。

12月5日,赵汀阳来信。提到和刘康谈及有人声称前些时间国内思想界的风云人物如李泽厚、刘小枫、甘阳辈"已经过时",曰:"李泽厚从五六十年代以来一直在领导潮流,现在也仍然不断有新想法,在精神上仍然是个'青年人',所以我说李泽厚大概还会'风云下去'。刘康同意这一看法。他说他认为你的新马克思主义很有意思。不过我觉得像'风云'和'过时'之类的说法本身就有问题,这个人把学术理解为时尚,这是学术不能进入正规研究的一个原因。"

12月25日,赵汀阳来信,云:"尽管我与你的思路不太一致,甚至可能反对你的某些观点,但你的思想一向有魅力,这是一个事实。如果说我还不算很愚蠢,那就主要表现为承认各种事实。而且,我对刘康所作的预言,即认为你很可能还会抛出新的思想,这大概也不算夸张,由于你一贯不断有新观点，所以非常可能还有新观点。刘康当时和我谈论这个问题，主要是他要写关于中国文化的论文，他问我把你说成当代中国最具代表性的思想家是否合适，我说事实上你是唯一具有代表性的。中国会做学问的人不少，会思想的人却罕见。""我或者我老婆很乐意写一个你的传记。思想方面可能我有所理解，但生活方面的素材可能少一些。也许在写作时会向你提些问题。尤其有些措辞到时还得和你商量。"

是年，和刘再复对谈（后收入《世纪新梦》，安徽文艺出版社，1998年），讨论文学创作的意义，先生云："文学的最高价值，文学的永恒性源泉，在于它可以帮助人类心灵进行美好的历史性积淀。就是说，成功的文学作品，它总是可以在人类心灵中注入新的美好的东西。这可能看不见，不是像科学那样可以测量、计算，但它确实存在着。""作家的工作是可羡慕的，时间对他们有利。李后主是皇帝，人们只记得他是诗人。休谟主要是历史学家，但人们只记得他是哲学家。哲学、文学，生命更长久。所以我一直强调，作家对自己工作的坚定信念，应当表现在不怕被埋没的胸怀气概上。"自云：在哲学界混了几十年，一直当不了"笔杆子"，也一直不愿意去当。"据说'文革'前康生曾看上过我的'文采'，有人透露这个'消息'给我，我赶紧躲得远远的。……据说周扬也想提拔我，这是潘梓年亲口和我说的，我自然是退避三舍，一些人说我'太不争气'。"提出："政治家的作用主要在时代性，政治家只能在一个或长或短的时代中起作用，他们的遗产对人们特别是对人们内心成长的作用和营养，并不重要，只有文艺世世代代直接影响、塑造人们的心灵。"

1994年

(甲戌)·65岁

1月,《李泽厚十年集》出版(安徽文艺出版社,1994年),收李泽厚1979—1989年间撰著的九种美学、哲学和思想史论著作,分四卷(6本)编排。第一卷为美学卷,收入《美的历程》《华夏美学》和《美学四讲》;第二卷为哲学卷,收入《批判哲学的批判——康德述评》《我的哲学提纲》《哲学答问录》等;第三卷为思想史论卷,收入中国古代、近代、现代思想史论;第四卷为论学、治学卷,以《走我自己的路》的原著为主,补收了作者随后的若干篇新作。先生曾云:"这是我学鲁迅的,鲁迅有'三十年集'。鲁迅自己编的。鲁迅死了以后,才编《鲁迅全集》,以前就是《鲁迅三十年集》……我那1979—1989年是很重要的时期。"自认为那十年可以成为一个段落。如果叫"文集",就不出了。

2月,完成《论语今读》;撰写《论语今读·前言》(刊《中国文化》1995年第8期),云:"我之选择作这项工作……这倒并非一时兴起,偶然为之;也非客观原因,借此躲避。实际恰好相反。尽管我远非钟爱此书,但它偏偏是有关中国文化的某种'心魂'所在。我至今以为,儒学(当然首先是孔子和《论语》一书)在塑建、构造汉民族文化心理结构的历史过程中,大概起了无可替代、首屈一指的严重作用。"提出:"我觉得对孔子、《论语》和儒学,似乎还需要做另一件工作,这就是对这一'半宗教半哲学'文化神髓既解构又重建的工作。"首次提出并阐述儒学是"半宗教""半哲学":儒学执着地追求人生意义,有对超道理、伦理的"天地境界"的体认、追求和启悟。从而在现实生活中，儒学的这种品德和功能，可能成为人们（个体）安身立命、精神皈依的归宿。它是没有人格神，没有魔法、奇迹的"半宗教"。同时，孔子所问所答，却仍然是一种深沉的理性思索，是对理性和理性范畴的探求、论证和发现。所有这些，既非柏拉图式的理式追求，也不是黑格尔式的逻辑建构，却同样充分具有哲学的理性品格，而且充满了诗意的情感内容。它是中国实用理性的哲学。

此著继续论说《哲学探寻录》等提出的"宗教性道德"和"社会性道德"两种道德理论、"情本体"概念。论者认为"两德论"是先生解构儒学的一个重大动作，即将儒学伦理和道德析为两个相关范畴。宗教性道德即个体的内在信念、修养和情感，社会性道德即社会行为、习俗、规则和条约。在详尽解构之后，李泽厚又接着进行建构，采纳了一个可追溯至荀子思想与孔子学说的中国传统文化体系，创造性地将其转化为一种新的体系，即天、地、国、亲、师五种范畴为基础。对此，先生在本著中解释道："天""地"（自然界和神灵）、"国"（乡里、故土）、"亲"（父母亲，祖父母，祖先，亲戚，朋友）、"师"（老师、历史经验和事件）仍然可以作用于现实生活，并协助建立起当今迫切需要的中国的现代社会的道德，使两种道德混淆无序、杂乱并陈的状况逐渐改变，重构两种道德分途而又协作的新的"礼仪之邦"。

提出理解《论语》基本精神三要点："培育人性情感、了解和区分宗教性私德与社会性公德、重视和把握个体命运的偶然，我以为乃《论语今读》三重点。""第一，孔学特别重视人性情感的培育。重视动物性（欲）与社会性（理）的交融统一。我以为这实际是以'情'作为人性和人生的基础、实体和本源。它即是我所谓的'文化心理结构'的核心：'情理结构'。""第二，孔学极重道德，如前所说，它将政治、伦理、宗教三者交融混合在道德之中……如何从孔学教义中注意这一问题，并进而区分开宗教性私德与社会性公德，使之双水分流，各得其所，从而相辅相成，范导建构，似为今日转化性创造一大课题。""第三，孔学强调'知命''立命'，即个性的自我建立，亦即个人主体性的探索追求。所谓'命'，我以为不应解释为'必然性''命定性'……应解释为偶然性，即每一个体要努力去了解和掌握专属自己的偶然性的生存和命运，从而建立自己，这就是'知命'和'立命'。"

春，改毕1991年写定的《哲学探寻录》（刊《明报月刊》1994年第7—10期）。结尾注云："1991年春写定，1994年春改毕，虽不满意而无可如何，只好以后再改再写了。加上《人类起源提纲》和四个主体性提纲，这算是'提纲之六'。六个提纲以及'答问录'等等，讲来讲去，仍是那些基本观念，像一个同心圆在继续扩展而已。"

主要内容为：一"人活着"：出发点；二"如何活"：人类主体性；三"为什么活"：个人主体性；四活得怎样：生活境界和人生归宿。概括当下哲学有"动物的哲学""机器的哲学"（如语言哲学）、"士兵的哲学"（如海德格尔），而人类学历史本体论哲学既以"人活着"为出发点，也就是为什么要将"使用—制造工具的人类实践活动"（亦即以科技为标志的生产力）为核心的社会存在命名为"工具本体"的缘故。未来，"心理本体"将取代"工具本体"，成为注意的焦点，于是，"人活得怎样"的问题日益突出。认为自己的人类学历史本体论，一方面是立足于人类社会的马克思哲学的新阐释，另一方面也正好是无人格神背景的中国传统哲学的延伸。对于中国，这不是用"马克思主义"框架来解释或吞并中国传统，而很可能是包含、融化了马克思主义的中国传统精神的继续前行，它将成为中国传统某种具体的"转换性创造"。

3月，在美国科罗拉多科泉市撰写《走我自己的路》（台湾新订版）序，该书分上编、中编、下编。上编，1970年代末到1980年代中，"这是一个刚刚觉醒，但日益强烈地要求从几十年政治重压和旧有秩序中解脱出来的艰难时期。此时春寒犹重，时有冷风，社会思想相当沉闷、保守"。因此，"反映在《走我自己的路》中的,是为青年们的鼓噪呐喊,反对各种权威和阻力,目标集中在旧势力、旧标准、旧规范"。中编,1980年代中到1989年6月,"学术氛围和文化情绪急剧变易",不但青年一代崭露头角,显示身手,而且随着"文化热"的讨论高潮,"激进青年们那股不满现实的反叛情绪,便以否定传统、否定中国,甚至否定一切的激烈形态,在学术文化领域中出现了。论证失去逻辑,学术不讲规范,随心所欲地泛说中外古今,主观任意性极大,学风文风之浮浅燥热,达到了极点。青年们一片欢呼,好些人风头十足。对这些,我是颇不以为然而加以讥弹的。于是,我被视为保守、陈旧,成为被某些青年特别'选择'出来的批判对象。我接受了这一挑战。从此,便变成了两面应战:一面是正统'左派',一面是激进青年"。下编,1989年6月到1994年3月,"主要强调法治、形式、心理、教育,力主渐进、改良和建设等"。

3月,在美国科罗拉多科泉市撰写《李泽厚论著集》(台湾三民书局,1996年)总序及四卷分序。总序云:"在大陆和台湾的一些朋友,都曾多次建议我出一个'全集',但我无此打算。'全集'之类似乎是人死之后的事情,而我对自己死后究竟如何,从不考虑。""而且,我一向怀疑'全集'……我在此慎重声明:永远也不要有我的'全集'出现。"该论著集共十册,计哲学(二册,《我的哲学提纲》《批判哲学的批判——康德述评》)、思想史(三册,《中国古代思想史论》《中国近代思想史论》《中国现代思想史论》)、美学[四册,《美的历程》《华夏美学》《美学四讲》《美学论集》(新订本)]、杂著[一册,《走我自己的路》(新订本)]。

3月,撰写《李泽厚论著集·哲学卷》序(台湾三民书局,1996年),云:"我在《批判》《提纲》两书中提出了工具本体与心理本体,特别是所谓'情本体',以为后现代将主要是文化—心理问题。""工艺(科技)社会结构的工具本体虽然从人类历史长河上产生和决定了人们的文化—心理结构,但以此为历史背景的后者,却将日益取代前者,而成为人类发展和关注的中心。这就是我所认为的:'历史终结日,教育开始时。'教育不再是成为其他事务(如培育资本社会所需的各种专家,培育封建社会所需的士大夫),而将以自身即以塑造人性本身、以充分实现个体潜能和身心健康本身为目标、为鹄的,并由之而规范、而制约、而主宰工艺(科技)—社会结构和工具本体……这就是我结合中国传统提出的'新的内圣外王之道',也就是我所谓'经过马克思而超越马克思'的'西体中用'的'后马克思主义'。"

3月,撰写《李泽厚论著集·思想史卷》序(台湾三民书局,1996年),云:现代史卷是"提前"完成的急就章。近代史卷,"其中的确有意蕴含了后来在《现代》中展开以及至今尚未展开的好些观点。在当时封闭多年、思想阻塞的年代里,算是起了开风气先的作用"。古代史卷,"在三本书中,我自己也的确比较喜欢这一本。原因是尽管材料少,论述粗,但毕竟是企图对中国整个传统作某种鸟瞰式的追索、探寻和阐释,其中提出的一些观念和看法,如'乐感文化''实用理性''文化心理结构''审美的天地境界'等等,我至今以为是相当重要的。我总希望在未来的世纪里,中国文化传统在东西方人文世界进行真正深入的对话中,能有自己的立场和贡献……因此,此书似乎比近、现二册,便有更深一层的目标和含义了"。

3月,撰写《李泽厚论著集·美学卷》序(台湾三民书局,1996年),论及1950、1960年代美学旧作,曰:"今日看来,如强调从本质论、反映论谈美学、典型、意境等等,似多可笑;但过来人则深知在当时封脑锢心、万马齐喑下理论挣扎和冲破藩篱之苦痛艰难;斑斑印痕,于斯足见。从而,其中主要论点又仍有与后来之变化发展一脉相沿承者在。"

3月,撰写《我的哲学提纲》前记,说明汇集哲学提纲的缘由:"这里所以汇集几个提纲和摘录,可说是对朋友们多次建议我写哲学专著的某种回应。因为,至少目前我是不打算写专著了。我以为,我只有这么点想法,故意铺张开来,可能没多大意思。"指出这本哲学提纲有两个特点,一是有不少重复,不想为了"系统性",将这些写在不同年月的论著重新删削、调整、改写。二是各篇论著时间不同,前后一些论证、语调便有某些差异。"这,我也宁愿保存原貌,不再改动了。因为要一方面可以显示作者本人思想的发展变化,另方面也正好显示客观环境和宽容度的发展变化。"

3月,在美国科罗拉多撰写《李泽厚论著集·杂著集卷》序(台湾三民书局,1996年)。该书即《走我自己的路》(台湾新订版)。

4月,发表《关于顾城事件》(刊香港《二十一世纪》总第21期),认为"顾杀人凶犯,死有余辜,应予严厉谴责。用秉性奇诡、精神失常、诗人气质等等解释,无异于为之开脱,极不应该……顾诗亦小家子气,偶有佳句而已,何足道哉"。

4月20日,赵汀阳来信。为《哲学评论》约请写"作为现代中国哲学的马克思主义"的笔谈。告知曰:"不管走到哪里,总有人一听说我是社科院的就要问起您来,我发现您的名气已经大到离奇的地步。"

5月20日,致信刘纲纪,曰:"年来思想似有进展,以后写出。《明报月刊》或将发我一长文《哲学探寻录》,届时当请指教。"

6月,在瑞典斯德哥尔摩和高建平对谈(刊《明报月刊》1994年第3期,《美学与文艺学研究》1994年第3辑,后收入《世纪新梦》),云:"我过去讲人类学本体论,现在我更愿意加上'历史'二字,将之概括为'人类学历史本体论',也许名之为'人类学文化本体论'更通俗。"文化心理结构不能说成心理文化结构,"倒过来便变成死东西。我将之说成是心理结构,强调是formation不是structure,即强调不是已固定的结构,而是在不断形成、变易中的结构,是强调人的个体性,文化对心理产生影响,但人不是一切社会关系的总和。人作为感性的个体,在接受围绕着他的文化的互动中形成自己的心理的,其中包括非理性的成分和方面。这就是说,心理既有文化模式、社会规格的方面,又有个体独特经验和感性冲动的方面,这'结构'并非稳定不变,它恰恰是在动态状况中。"

8月1日,回国。游新疆等地,观吐鲁番汉唐古城遗迹。因酷暑难耐,提前返美。

8月,《思想家淡出,学问家凸显》发表(刊香港《二十一世纪》总第23期),提出90年代"大陆学术时尚之一是思想家淡出,学问家凸显,王国维、陈寅恪被抬上天,陈独秀、胡适、鲁迅则'退居二线'"。同时,王元化主编《学术集林》卷一由上海远东出版社出版。王元化撰"编后记",主张多一些有思想的学术和有学术的思想,表示不同意"将学术界一些人开始出现探讨学术的空气说成学术出台思想淡化",对先生"思想家淡出,学问家凸显"之说予以回应。此说曾引起广泛关注和讨论。后先生曾说,实际是指钱锺书。

9月,与友人书,云:"国内年轻一代学人近年来有何创获否?……国中新办刊物似有不少,吾兄亦曾翻阅否? 21世纪中国文化当有异彩,但愿能见其端倪萌芽。"

10月5—8日,孔子诞辰2545周年纪念研讨会在京举行。先生未参会,被一致推选为世界儒学联合会理事。

11月9—12日,受杰姆逊教授之邀在美国杜克大学与其对谈(对谈录译稿收入《世纪新梦》),刘康等参加。先生提出:"文化心理结构强调文化和理性在无意识领域的融合过程。换句话说,在制造和使用工具这个前符号、前语言的物质实践的漫长过程中,通过文化积淀,无意识已被开始理性化。(附带说一下,我从根本上不赞同二十世纪主宰西方的以语言为中心的思想。在这个重要领域,我们亟需做出反思,克服新的'语言形而上学'或'语言拜物教'。)我们可以把人类的侵犯性和野蛮的、非理性的行为视为受压抑的动物性本能的残留,但更应注意它们与起源于社会、物质实践和群体活动的文化和社会行为相渗透相融合的方面,在这个意义上,教育就显得尤其重要。""教育的主要目的是培养人如何在他们的日常生活、相互对待和社会交往活动中发展一种积极健康的心理。"

谈及马克思主义的未来，先生认为，当今世界存在着各种各样的马克思主义。这正是由于存在着不同的历史条件和现实经验的缘故。"一方面我们不需要重建一种统一的马克思主义，把它树立为一种意识形态或正统体制；另方面我们又仍然可以从各种具体的文化和历史条件出发，在继承和改造马克思的历史唯物主义的基础上，创造新的选择。未来的中国不应该是欧美模式的现代资本主义，也不是前苏联的社会主义……你问到当代中国马克思主义的价值，我认为它的价值主要在于从历史唯物主义的角度刻划出中国独特的道路和具体内涵。中国是世界上人口最多的国家，中国现代化的道路及其成败将直接影响整个世界。所以，我认为在中国所做的事具有全球性意义。中国人应该融汇马克思主义的历史哲学和中国传统价值，以创造独特的现代性。"

12月28—30日，参加香港"第二次国际现代儒学会议"，拟发言提纲《关于"内圣外王之道"》，云："中国古代的政体也并非孔孟的理念……阳儒阴法，才是后世真实的政治。""'儒道互补'与'儒道互用'是中国传统的关键。"

12月，《与陈明的对谈》发表（刊《原道》创刊号），提出"思想家不仅需要广阔的智力资源，在情感、意志、品格方面也有更高要求。人格中对历史和现实的承担意识和悲悯情怀，便常常是其创造性工作的原动力。学问家的工作一定程度上可以被电脑替代，思想家的工作则不能"。此外，社会作用和历史意义也不一样，思想家要大得多。再其次，真正的大学问家又多少具备某些思想家的品格。陈（寅恪）著以"思想"（观点、论点）而并非以"材料"论证取胜。

12月14日，何兆武来信。谈及《告别革命》读后感想，云："《告》书当即全文仔细读过。一些基本论点，甚为同意；亦有若干点想与你商榷者（或许我未能把握你的意思），恐只能俟你归来再当面请教。不同意见的商榷或批判，本是好事（当年康德用批判一词，如'纯粹理性批判'，绝无把纯粹理性一棍子打死，再踏上一只脚，叫它永世不得翻身之意）。然而我们过去多年来却习惯于把批判看作围剿，鸣鼓而攻，实行思想上的全面专政，实在是糟蹋理论思维的尊严，可堪浩叹。我的读后感之一是：革命本是大手术，其价值全在于它能否治病。手段是为目的服务的，它本身没有价值。要不要实行大手术，要看是什么病，实行这种大手术是否必要而有效。不能说，凡大手术必好，凡非大手术都坏。（如王光美'文革'之初率工作组进驻清华，即扬言：你们看光美是否是革命的。大手术本身成了一种价值。这种思路是价值的一种严重的颠倒和混乱。）当然，还有许多感想，所谈不完，只好见面再谈。"

和刘再复对谈（对谈整理稿后收入《世纪新梦》，安徽文艺出版社，1998年），先生认为："个人主义是一个非常复杂的问题。我赞成哈耶克在《真假个人主义》中的许多看法，即区分英国的洛克、休谟、亚当·斯密、伯克与法国的卢梭、百科全书派……中国的个人主义提倡者们常常倡导的是卢梭一派。直到今天，好些年轻人仍然如此。他们不知道所谓原子式的绝对独立、自由、平等的个体，正好是走向集体主义、集权主义的通道。这二者是一个钱币的正反面。""所谓'一分为二'的观念是非常简单和幼稚的，够不上哲学，只有政治上的意义……无论是一分为二还是合二为一，都是非常肤浅的。争来争去，只是在黑格尔的矛盾性与同一性的关系上打转。"

先生认为，推动历史进步的不是奴隶革命、农民革命，而是努力发展经济的奴隶主阶级、地主阶级和资本家。表示同意李一氓1980年代发表文章的观点，"认为中国近代史的主流是洋务运动—戊戌变法—辛亥革命"，而不是胡绳主张的太平天国、义和团运动和辛亥革命。评析康有为、谭嗣同时说："我现在愿意很明确地说，康有为是中国近代史上最具创造性的伟大思想家。""谭嗣同是近代激进主义思潮的源头。但我在1979年出版的《史论》中对谭嗣同的激进方面缺少批评。"

谈到社会公平问题时，先生首次提出"度"的哲学概念："应当适时注意这个问题。但什么时候把'社会公平'作为重点，什么时候不应把它作为主要目标，这是需要研究的。如何使二者适当结合，这就是我们前次讲话中说的'度'。中国的'左派'过去、现在和未来都要打出社会公平、社会正义这一旗帜的，因为这个旗帜有煽惑力，能吸引群众，应该密切注意。我还是强调'度'，使这个二律背反取得一种合适的调和。""所以我主张当务之急还是发展经济，壮大中国社会之本，目前经济快速发展态势最好再持续一段时间。但这仅仅是第一步。"

谈到历史必然性和偶然性时指出："讲历史的必然性就常常是要讲历史发展的绝对性，偶然性则要讲相对性。过去流行的理论讲历史总是强调必然性，忽略了相对性、偶然性。历史确有绝对的因素，这就是历史的积淀。历史总是不断地积淀一些新的经验，不应当抹杀人类历史中有绝对性的东西。但是，历史又充满偶然。一个偶然因素，常常会改变历史的面貌，过去忽视这一点。""个人的偶然因素可以在历史上起很大作用，并不一定是必然结果，也不是必然律能预计到的。""知命，就是认识偶然性，然后去找到自己所需要的'必然'。不是消极地等待命运，而是积极地去认识偶然性，尽可能掌握偶然性。"不赞成金观涛、刘青峰《开放中的变迁》对中国历史"超稳定性结构"的观点。

是年，和王德胜对谈（对谈录分别刊《东方》1994年第5—6期，《学术月刊》1994年第10期，《文艺研究》1994年第6期），云："我只觉得，现在可以用某种比较深刻的理论来论证'摸着石头过河'这句话：很多人批评它忽视理论，其实它恰恰可以是一种经验理论，我们可以把它与海耶克的有些东西联系起来，海耶克就反对过分相信理性、反对社会工程设计。"

撰写《历史与情感——何兆武〈历史理性批判叙论〉序》（后收入《世纪新梦》，安徽文艺出版社，1998年），提出："伦理主义营建心理本体，以展现绝对价值，而这个本体又正是风霜岁月的人类整个历史的积淀；那么，伦理主义与历史主义的二律背反将来是否可能在这里获得某种和解？"

　　约是年底，致信金观涛等《难道这一切都必然吗？》(此文未被刊用，后收入《李泽厚论著集·走我自己的路(新订版)》，台湾三民书局，1996年)，对金著提出意见，不赞成百余年的中国史都成了结构互动(这结构太简单，又不很清楚)的"必经"产物，历史实际上成了没有人的结构决定史或"宏观模式"史。云："我认为，政治、军事、文化等事件有很大的偶然性，并非都能由'结构'决定或由'模式'解释。例如，个人的因素便不可忽视……如果袁世凯不当皇帝，如果光绪更有才干，如果慈禧早死或晚死……历史面貌也会不同，从而个人均有其历史的责任，并非'不可避免'地一环扣一环演化到如此的今天。"

　　思想文化刊物《原道》创刊。主编陈明在该刊创刊号发表《中体西用：启蒙与救亡之外——传统文化在近代的展现》，对先生以"启蒙与救亡的双重变奏"概括统摄下的中国现代史进程边缘化中国传统文化表达了质疑，将张之洞、康有为因应时变提出和实践的"中体西用"方案作为自己新儒学致思和行动的起点。

　　杨春时发表《超越实践美学，建立超越美学》(刊《社会科学战线》1994年第1期)、《走向"后实践美学"》(刊《学术月刊》1994年第5期)，批评实践美学从实践范畴推导审美，缺乏哲学依据，不符合审美的本性，提出建立"超越美学"，主张审美活动在本质上是超越现实实践的生存活动。潘知常发表《实践美学的本体性之误》(刊《学术月刊》1994年第12期)，批评实践美学陷入了本体论的误区，把美学看成是一门寻问美的本体的学问，主张从生命出发建立"生命美学"。"超越美学""生命美学"以及"存在论美学"(张弘)、"人学美学"(成复旺)等，这些学说被他们称为"后实践美学"。有论者认为，"后实践美学"的提出，一方面反映了整个社会朝着世俗化、感性化方向转变的社会现实，另一方面也是实践美学内在矛盾和局限性所导致，它所提出的一些问题对实践美学构成了某种补充。"但从哲学的基础上说,后实践美学远未建立像实践美学那样坚实的哲学基础;就美学的成就而言,它也远未形成可与实践美学比肩的、卓然成家的学说体系。超越实践美学,对于后实践美学来说,还任重而道远。"❶

---

❶ 徐碧辉:《实践中的美学——中国现代性启蒙与新世纪美学建构》,学苑出版社,2005年,第76页。

1995年

(乙亥)·66岁

1月8日,袁伟时来信。告知此次原定在穗举行的民间学术活动改期之原委。另约先生夏秋经穗赴美时再聚。

2月,回国。

2月,与友人书,云:"《哲学探寻录》已发在国内北大出版之《文化的回顾与前瞻》一书(汤一介等编),请兄看后指正。我自己较重视此作,当然远未展开。回京后来访和出版社约稿者甚多,均未承应,只图如何安养晚年。但青年们殷殷热情,使人感愧。"

3月,和清华大学生座谈(座谈记录刊《中国文化》2013年第1期:《如何活:度与情——李泽厚1995年的一次座谈》),时先生仍处被大批判中,座谈会不能在校内进行,假清华大学外某饭店举行。何兆武教授主持,称赞李泽厚是几十年来我国很少数的思想家之一,是真正的思想家,认为:"李先生的成就,今天还没有很好地被认识,还没有很好地被评价。"先生在发言中重申中西哲学的不同,一个非常简单的概括就是:"中国是一个世界,西方是两个世界。中国是一个世界,就是说,中国的天地人,是一个世界里面的,所以才可能有人去赞化育,人道跟天道是一个道。"强调要特别注意前现代、现代、后现代三个阶段的区别,认为中国今天有可能走出一条不同于西方的新路来:"中国要走出一条自己的路……怎么样走出自己的路,这是值得好好考虑的问题。"谈到人生意义时说:"我的态度还是站在后现代,多元化,愿意信宗教的信宗教,愿意信马列的信马列,都可以,如果你认为自己的终极关怀就在那里,那就信,都可以。"坦言不赞成季羡林说的东西方文化"三十年河东，三十年河西"观点。

3月26日，中国文化研究所和《中国文化》杂志社联合召集演讲会，日本"将来世代国际财团"董事长、京都论坛理事长矢崎胜彦先生，以"东方传统、亚洲价值和二十一世纪"为题，应邀演讲。先生与会。参加会议的还有李慎之、庞朴、汤一介、梁从诫、周国平、董秀玉、沈昌文、邓正来等。

4月3日，友人来信，感谢李泽厚对他翻译Lord Acton一句名言的纠正，表示："所以，应如吾兄所译：'绝对地使人腐溃'。"

4月7日，经穗赴港。18日，受新亚学院邀请，赴香港作"一个世界"演讲。刘述先等参加。

4月，在广州中山大学、香港中文大学讲演《再说"西体中用"》（后收入《世纪新梦》），详尽回应对"西体中用"的种种非议和责难，解释为什么用"中""西""体""用"这些词条。指出，"西体中用"关键在"用"，如何使中国能真正比较顺利地、健康地进入现代社会，如何使广大人民生活上的现代化能健康地前进发展，如何使以个人契约为法律基地的近现代社会生活在中国生根发展，并走出一条自己的道路，仍然是一大难题。认为关键在于创造形式，云："我提出'转化性的创造'。这词语来自林毓生教授提出的'创造性的转化'，我把它倒了过来。为什么要倒过来？我以为尽管林毓生的原意不一定如此，但'创造性转化'这词语容易被理解为以某种西方既定的形式、模态、标准、准绳来作为中国现代化前进的方向和所要达到的目的，即中国应'创造性地''转化'到某种既定或已知的形式、模态中去……即不一定要以西方现成的模式作为模仿、追求、'转化'的对象，可以根据中国自己的历史情况和现实情况创造出一些新的形式、模态来。"

4月9日，与中山大学教师们对谈（对谈录后收入《世纪新梦》），云："中国文化传统基本特点在于中国是一个世界，西方是两个世界……中国的天、地、人是联系在一起的，它是一个人生——世界，彼岸世界是为此岸世界服务的，所以人的地位非常高，参天地，赞化育。"

认为"'一个世界'的来源是上古的'巫史文化'，就是那个通天地神明的'闻道'的'圣'（大巫师）。他能作用天地影响事物。这个巫术礼仪没有走向宗教，而是走向历史，即过早的理性化，便是中国的传统特征"。指出："我多年来一直强调，语言决定人的思维模式，甚至世界观。从中国文字来研究中国思想还没有人来做，我认为这是一大缺点，很重要的缺点。"

4月，答中山大学学生们问（答问稿《历史主义与伦理主义的二律背反》后收入《走我自己的路——对谈集》，中国盲文出版社，2002年），指出亨廷顿《文明的冲突》强词夺理，并无学术价值，但几乎引起了全世界包括中国人的注意，原因在于："这恰好说明提倡民族主义包括文化民族主义、宗教民族主义等等，那是非常危险的，很容易被引入歧途，造成战争。"谈及家庭生活时说："我这个人最大弱点之一，是不会享受生活，在国内外都如此，很蠢，没有办法，性格已经形成。"

4月，由穗过港，被邀演讲。在讲演中重申了正遭严厉批判的"西体中用"论。在香港中文大学会友楼，大玻璃窗面对大海，面对美好风景，当晚写了一副对联在题词册子上："极目江山窗外万顷波涛如奔肺腑，回头家国胸中十方块垒欲透云天。"❶

4月15日，杨春时来信，云："国内学术界一派消沉，皆因为主将出走的缘故。希望您仍然像八十年代那样举起启蒙的大旗，我们这些兵卒会紧随其后。"并告知："您在《学术月刊》发表的《第四提纲》，是九十年代在国内第一篇文章，引起很大震动，我也带着惊喜和崇敬的心情拜读了，其博大精深，令我叹为观止。但又对其中的新儒学倾向深感担忧，几经思考，斗胆写了篇商榷文章，已发在《学术月刊》今年第3期。"此文即《乌托邦的建构与个体存在的迷失——李泽厚〈第四提纲〉质疑》。杨文质疑先生提出了两个本体即客观工具本体和主观心理本体，形成了心物对立的二元本体论："李先生的体系，存在着一个根本性的矛盾，就是本体的二元化。"杨文认为先生形成了新儒学倾向："李先生曾经主张过'西体中用'，笔者以为这是中

---

❶ 李泽厚：《忆香港》，《明报月刊》2005年1月号。

国文化的出路，而如今李先生违背初衷，走了'儒学为体，西学为用'的新儒学之路。令人惋惜。李先生似乎不算新儒学中人，他在思想解放运动中高举主体的大旗，为个性及偶然性大声疾呼，极大地鼓舞了一代青年。但是，由于李先生体系对思想的箝制，他竟选择了重建儒学的归宿，从而向新儒学靠拢。"

5月31日，袁伟时来信。告知：广州座谈会记录与演讲均拟全文发表。并云："《十年集》已运到。《美的历程》一册，几天内在全广州销售一空。树人书屋陈平所订100套尚未运到。在广州拿到10本《美的历程》应急，一天内便卖完。"

6月26日，袁伟时来信。告知：讲话稿只删"武器不比日本差"一句（因为1887年后，清政府将大笔收入用于光绪大婚和慈禧过寿，致使原有的武器优势转为劣势），其余原文照发。另一座谈会记录也拟照发。

9月，与友人书，云："今年曾在香港出版《告别革命》一书，引起……猛烈抨击，但赞成者仍居多数。闻国内'左派'也将批我，真所谓一如往昔，老在左右夹攻中讨生活也。"

10月，与友人书，谈及某知名学者："系活跃分子，并不专心学问，活动家学者之类型，中美皆然。"云："中国若能不断迅速发展十年、二十年，必大有可观。世界当刮目相看，也一吐百年积弱之气。但过程中问题甚多，且有各种危险趋势，如何及早认真注意研究，提出看法，乃人文知识分子之责。'探寻录'自以为乃重要文字，惜乎识货者少。"

12月15—18日，受邀赴吉隆坡参加"传统思想与社会变迁"研讨会，并作演讲。杜维明、陈鼓应等与会并演讲。

出版《告别革命——二十世纪中国对谈录》（和刘再复），辑一：历史的反思；辑二：人物评说；辑三：主义·理论·哲学；辑四：文艺论评；辑五：告别革命。

刘再复为该书撰序《用理性的眼睛看中国——李泽厚和他对中国的思考》，指出："我一直认为，李泽厚是中国大陆当代人文科学的第一小提琴手,是从艰难和充满荆棘的环境中硬是站立起来的中国最清醒、最有才华的学者和思想家。像大石重压下顽强生长的生命奇迹,他竟然在难以生长的缝隙中长成思想的大树。在我从青年时代走向中年时代的二三十年中,我亲眼看到他的理论启蒙和震动了许多正在寻找中的中国人,并看到他为中国这场社会转型开辟了道路……"❶

对于先生"告别革命"思想的发展过程,黄克武借用墨子刻的理论,认为有一个从"转化"到"调适"的变迁过程,即从肯定"革命性的转化思想"转变到推崇"改革性的调适思想"。该文引用墨子刻的观点,认为1989—1992年,是李泽厚从"转化"转为"调适"即从革命转为改良的关键时期。黄克武指出:"我想李泽厚转化时期的看法,很明显地与年轻时代所接受的马克思思想以及时代氛围有密切的关系。而从转化转向调适的思想动向,则涉及李氏的个人经验和80年代以来的世界历史变局……东欧的巨大变化,再加上他在欧美等民主国家的生活经验,共同地形塑了他在《告别革命》一书中对中国未来的看法。"❷

该书引起激烈争议,左右两面均"不讨好"。据君木《李泽厚"告别革命"思想考略》研究:邹谠在马来西亚《南洋商报》发表《革命与〈告别革命〉——给〈告别革命〉作者的一封信》,对《告别革命》一书给予很高评价:认为此书的"这些结论与命题只能在中国的历史与实际情况中找到,它们是研究中国问题的学者对世界社会科学,对现代马克思主义批判的独特的贡献。从西方理论出发,但根据中国的历史经验,作出西方学者所看不到的结论、所不能提出的命题,这是中国学者对世界思想理论的贡献"。袁伟时认为,李泽厚和刘再复提出的"告别革命","冲击了近代中国研究中把革命神圣化的死水一潭的局面。不管人们是否同意他的观点,从思想史的角度看,至少有

---

❶ 李泽厚、刘再复:《告别革命——二十世纪中国对谈录》,第15—16页。
❷ 黄克武:《论李泽厚思想的新动向——兼谈近年来对李泽厚思想的讨论》,《国学论衡》第2辑(2002年)。

启发人们深入思考之功，不应也无法轻率抹煞"。❶

中国社会科学院科研局组织人员摘录了该书的三万余言，以《李泽厚、刘再复〈告别革命〉一书给哲学社会科学研究提出了一些什么问题？》为题，印发了内部批判材料。此外，当时发表的批判以及批评文章还有：谷方：《驳"告别革命论"》；卢毅：《"告别革命论"评析》；高燕宁：《辛亥革命与中国政治现代化——兼论"告别革命"论的理论缺陷》；李毅：《"告别革命论"之谬》；吴爱萍：《革命是近代中国历史发展道路的必然选择：兼论"告别革命"论》等。

也有论者认为，如此批判其实未必明白"告别革命"之确切内涵。网友大海之声在《关于李泽厚"告别革命论"的几点思考》中认为："告别革命论"具有三层原意：第一层，并不否定以往屡次革命的理由和历史作用，即这些革命的合理性或内在逻辑。

1996年10月，时任中国社会科学院院长胡绳在《百年潮》创刊号发表谈话说："我的一个比我年轻的老朋友和另一个也曾相识的朋友宣布说，要告别革命。其意似乎一是要否定历史上的一切政治革命（大概工业革命不在被否定之列），这恐怕只能表明自己的狂妄，二是要表示不赞成以后再有革命。我想，一个人发誓再不同任何革命发生关系，这只好由他；但是如果此人竟以为革命将因为他的'告别'而不再发生，未免过于幼稚，至少与科学研究相去甚远。"对此，刘再复撰文指出："仔细读了胡绳的讲话，李泽厚和我的共同感觉是：胡绳没有通读我们的书，大约只读了书皮，顶多是读了科研局的'摘要'，所以就武断地说我们'否定历史上的一切政治革命'。"❷该书已出版七版，此外还有中国台湾麦田版、韩国首尔版等以及在马来西亚《南洋商报》全书连载。

《神化魔化，殊途同归——与刘再复的对谈》发表（后收入中国盲文出

---

❶ 袁伟时：《辛亥革命的是是非非》，香港《二十一世纪》2001年12月。
❷ 刘再复：《重写中国近代史的期待——简答胡绳先生》，李泽厚、刘再复：《告别革命——二十世纪中国对谈录》，后记，第394页。

版社《走我自己的路——对谈集》),认为教育的目标"应该放得更远一点,以塑造健全的人性为重点"。

《华夏美学》日译本出版(东京:平凡社,1995年)。

4月12日,牟宗三逝世。

5月13日,王浩逝世。

1996年

(丙子)·67岁

1月，撰写《是马非马——〈批判李泽厚〉序》（书未出版；本文后来收入《世纪新梦》）。

1月，受邀到吉隆坡参加"中华文化国际学术研讨会"，接受《亚洲周刊》专访（刊《亚洲周刊》1996年1月7日），在回答"中华文化当前面临的最大挑战是什么？如何重建？"时，先生云："中华文化解体所带来的最大变化就是价值观的改变。当前的世界是一元的物质，多元的价值观。现代化是世界大趋势，谁也阻挡不了。中华传统文化要在现代化大潮中起何种作用，这是中国文化重建过程中面临的最大挑战之一。""重建中华文化最核心的问题之一是创造新的制度，中华民族要如何走自己创造中华文化之路？"当代新儒家主张的道德形而上学解决不了中华文化重建问题。

1月，在马来西亚发表"为儒学的未来把脉——在马来西亚演讲"演讲（该文刊《南洋商报》1996年1月28—30日），认为"哲学的用处之一是可能喜欢提问题，在大家觉得没问题的地方发现问题，让人去想"。"哲学的功用也许就在于制造一些基本概念，以提供视角，探索道路，从而对人生根本问题进行理论性思维。"提出："我对新儒学的定义是'现代宋明理学'，现代新儒家乃是宋明理学的宣扬者、发展者，他们要建立道德的形而上学。"先生明确表示不赞成杜维明的儒学三期说："这个三期说把汉代给忽略掉了，这是一种偏见。汉代的儒学其实是非常重要的。我认为第一期是孔、孟、荀；以董仲舒为代表的汉儒是第二期；第三期才是宋明理学。'现代新儒学'的熊十力、冯友兰、牟宗三等人，只能说是第三期（即宋明理学）在现代的回光返照。""荀子和孟子,是孔子的两翼:一个由外而内,另一个从内到外。汉代之所以重要,正因为它承继荀子,在新条件下构成了一个很大的系统。"

1月27日,致信陈明,谈对《原道》第3辑的读后印象。重申"现代新儒学"并未在理论上超出多少,"根本没法与一、二、三期相提并论(无论在哲学本身和实际作用上)。今后真正的发展应是另番景象。这是一个总体性的评价,可能惹起众怒,先告诉你"。

2月,发表和《文化中国》学术季刊总编辑梁燕城博士对谈录(刊《文化中国》第2期,后收入《世纪新梦》),云:"我讲人的主体性,不是讲认识论,而是讲实践。实践就是一种实际的行为。"

约2月,撰写《何谓现代新儒学——郑家栋〈牟宗三与当代新儒家〉序》(后收入《世纪新梦》),指出:"我只好在此再次声明:说我认同儒学可以,但决不认同'现代新儒学'或'现代新儒家',即我不认同并反对'现代宋明理学'。"认为牟宗三理论贡献很大,"但是,它的基本观点,或他经常讲的'既超越又内在'作为'儒学精髓'或哲学特征,我是根本不赞成的。我同意安乐哲(Roger T. Ames)的评论。'超越'与'内在'不可并存"。再次强调除孔孟程朱陆王这条"修心养性"的"内圣"脉络外,儒学还有孔、荀、董仲舒、王通、陈、叶、顾、黄等"通经致用"的"外王"之路。而后者的重要性丝毫不亚于前者,而且在维系华夏民族的生存发展上,大概比前者更为实在。正是它建构了两千年中国的政教体制、公私生活、社会心理。"现代新儒家"忽略或蔑视这条线索,便失去了儒学和儒学精神的大半。

3月,与刘纲纪书,云:"《今读》承谬评,谢谢。自己并不满意,特别是'解',所以十家约稿,均坚决婉谢,近期不拟出版也。年来对中国上古思想似略有所得,容后慢慢写出。"谈及美学著述,自谓"离此领域已近十年,也不拟再行返回,包括国外美学活动,我一般也均谢绝参加。近年心境更趋老化,常有世事浮云之感,倦于写作,更淡于名利,但如何能优游岁月,则尚未能妥帖安排"。

5月,赴韩国首尔参加"哲学与文化变迁"会议,用英文作学术讲演。宋荣培（韩）、黄俊杰、陈来等与会并作讲演。会后返京小住。

6月1—3日，赴台参加"中央日报社"主办的"百年中国文学学术研讨会"，受邀担任评论员。两百余位海内外名家与会，探讨百年以来中国文学风貌变迁。接受记者采访，认为一个人能读的书太多，而时间太少，不培养选书的能力是不行的。正如培根所言："有些书翻了一下就够了，有些书却要仔细阅读"，如此才能建立自己的知识结构。❶吴祖光、贾植芳、北岛、高行健、严歌苓等与会。

7月10—11日，受台湾"中央研究院"文史哲所之邀，与会提供《初拟儒学深层结构说》论文（后收入《世纪新梦》），云：所谓儒学的"表层"结构，指的便是孔门学说和自秦汉以来的儒家政教体系、典章制度、伦理纲常、生活秩序、意识形态等。它表现为社会文化现象，基本是一种理性形态的价值结构或知识/权力结构。所谓"深层"结构，则是"百姓日用而不知"的生活态度、思想定势、情感取向；它们并不纯是理性的，而毋宁是一种包含着情绪、欲望却与理性相交绕纠缠的复合物，基本上是以情—理为主干的感性形态的个体心理结构。

提出"儒学深层结构"的基本特征："乐感文化"和"实用理性"，仍然是很重要的两点。"儒学深层结构中可以继承发扬的，是这种为国为民、积极入世的情理结构，但只能把它纳入我所谓的'宗教性的道德'（'私德'）之中，以引领个体的行为活动；而必须与共同遵循的'社会性道德'（'公德'）相区别。后者是以现代理性精神、个人契约原则为基础的……这也就是我所主张的'自由主义'：以宣传现代观念为张本，以建立未来的人性为鹄的，通过教育，来逐渐既保存又改换传统的情理深层。这也就是转换型的创造。"

指出："我们只是'告别'革命，并不是简单地反对或否定过去的革命。因为像革命这样重要的、复杂的历史事件和问题，持简单的肯定或否定态度

---

❶ 卢家珍：《美学大师李泽厚　台北惊艳》，《"中央日报"》1996年6月1日。

都是不妥当的。"

7月31日,《经济前提与政治民主——再论〈告别革命〉之三》(和刘再复对谈)发表(刊香港《明报》1996年7月31日),重申"经济发展—个人自由—社会正义—政治民主""四阶段"论,云:"我不主张'经济决定论',但认为经济发展是近现代社会的一种基础或前提,这就是我始终没有放弃的'经典'马克思主义。"此后,"四阶段"提法很快更改为"四顺序":所以我说的经济发展—个人自由—社会正义—政治民主,既是大致的四个逻辑顺序,也是大致的时间(历史)顺序。1999年出版《己卯五说·说"历史悲剧"》小注标明:《告别革命》一书中曾有"阶段"字样,应删除。

7月,由台赴美。

秋,撰《论语今读·后记》,云:"是书起始于北京,完成于异域;多年生活舒适,心境寂寥,内子南婴(马文君)相依朝夕,照料起居,并中馈、抄录之功,不可不记也。"(于科罗拉多科泉市)

10月1日,科罗拉多学院举办李泽厚思想讨论会,有Tim Cheek、Jane Cannel、庄爱莲(Woei Lien Chong)等参加。先生发表《主观性与主体性》(Subjectivity and Subjectality)一文,后一英文词乃先生生造,以与subjectivity区别。此文在夏威夷《东西方哲学》杂志发表。

11月,撰写《坚持与发展——跋〈李泽厚学术文化随笔〉》(1996年11月于科罗拉多科泉市,后收入《世纪新梦》,安徽文艺出版社,1998年),云:出国几年,思想看法基本没有变化。"比起八十年代来,毕竟又有了一些变化和有更明确和更发挥了的地方。例如,推崇改良过于革命;解释历史重积累、轻相对(时代性、阶级性);多谈偶然,少讲必然;提出宗教性私德与社会性公德的区分;以巫史传统为根源来说明中国的'一个世界'观,如此等等。"指出:"今日许多流行理论的根本毛病,在于忽视吃饭哲学和心理建设。在形式上,则故意捣乱,主张承继汉唐注疏和宋明语录,以短记、对话和老百姓的语言来反抗'后现代'的'学术规范':那玄奥繁复的教授话语的通货膨胀。凡此种种,都是逆时髦风头而动。我倒愿意以此反动来迎接二十一世纪，其目标在于走出语言，建设心理，回归古典，重新探求人的价值，幻想也许应当为中国以及人类寻求一条转换性的创造道路，如是云云。"

谈及近况，云："且说我这痴呆老人，近几年来几乎每日都散步在这异乡远域的寂寞小溪旁，听流水潺潺，望山色苍苍，不时回忆起五六十年代的各种情景：遥远得恍如隔世，却又仍然那么真实。那些被剥夺的青春时光是多么值得惋惜啊，毕竟是一去不复返了。"

是年，与刘再复对谈（后收入《世纪新梦》，安徽文艺出版社，1998年），云："我相信，下一个世纪，将会出现一个否定之否定。还会重新强调人的哲学，扬弃解构现在流行的诸哲学流派……福柯、德里达等人已玩到了尽头，不能老这样下去……对于人生意义的探索，在下一个世纪可能会重新突出，这种探索，也可能是下一个世纪的哲学主题。"指出："我反对婚姻和性爱上的随意性、不负责和利己主义。但主张对性爱要宽容，不要过多地干预和指责个人的私生活，这不仅是对作家，应该包括所有的人。"在悲剧和喜剧之间，"我将选择哀伤，选择悲剧。我很喜欢古典悲剧，我不喜欢那种游戏人生的作品。对人生采取一种嘲弄、纯粹玩笑、撕毁一切价值观念的态度，我始终不能接受，这与我的人生观极不调和"。"很喜欢冰心，冰心的作品使人善良……在冰心的单纯里，恰恰关联着埋藏在人类心灵深处的最重要、最不可缺少的东西，在这个非常限定的意义上，她也是深刻的。""作家不必读文学理论，最好读点历史和哲学。读历史可以获得某种感受，增强文学深度；读哲学则可以增加智慧，获得高度……读文学理论的坏处是创作中会有意无意地用理论去整理感受，使感受的新鲜性、独特性丢掉了。"

1997年

(丁丑)·68岁

2月6—10日,受未来世纪集团邀请赴日本京都,作西体中用、中国美学演讲。会晤冈田武彦等日本学者。住皇室传统旅社。

3月,受台湾"中央研究院"院长李远哲之邀,赴台担任文哲所客席研究讲座。聘期一年,实际在台半年,完成研究成果《中日文化心理比较试说略稿》(后收入《世纪新梦》),认为:中日文化根本不同,儒学是中国文化的主干,"大和魂"是日本文化的主干;中国文化重"孝",日本文化重"忠";中国文化"重生安死",日本文化"惜生崇死"。提出:"日本现代化采用了军国主义道路,有其政治、经济各方面的原因和契机,但文化心理方面的这种渊源不可忽视。"反对将日本文化视作儒学影响的看法。

8月,在台北写作《世纪新梦·又记》,云:"集中最后一篇对谈(指与刘再复的对谈——笔者注)承一位朋友好意选入,但因故多有删节。其他少数对谈文章也有类似情况……子曰:如之何,如之何。佛说:不可说,不可说。"

8月25日,在台北"中央研究院"文哲所作日中文化心理比较演讲。

8月,赴美国斯沃斯莫尔学院(Swarthmore College),用英语讲授《论语》等课程。

8月,在台湾,写作《读〈陆铿回忆与忏悔录〉》(后收入《世纪新梦》),感慨"历史终将不断淘汰,被人遗忘,只剩下书籍典册中越来越陌生、越来越'中性'的僵硬材料;历史终竟是历史,不再存在了"。

9月,复信梁怡然。"怡然先生道席:朵云两降,幸何如之。俗务牵忙,迟复为歉。黄公雅望，与日俱增。其感时忧国，卓识远见，由中国现代化之迅速进程而光芒更显。拙当随诸君子之后，瓣香顶礼也。中秋节近，想香港更增热闹。此处甚寂寥。临风驰念，不尽欲言，专此敬颂　秋祺　李泽厚　九月十三日"❶

10月至2001年5月，美国科罗拉多大学设立中国文化研究所，担任客席研究员。至此，结束六年教书生涯。自云用英文教课一直有比较大的心理压力，课一不教了，就开始写《己卯五说》《历史本体论》等。

11月，赴德国特里尔大学作Human Nature and Human Future的英文讲演，独自游埃及、荷兰等地。

是年，与刘再复对谈（后收入《世纪新梦》，第512—518页），认为自己和林毓生的思路有重大区别。谈及台湾问题，云："中国人民通过自己的活动一定能创造出统一的新形式……现在大陆、台湾经济发展的势头都不错，这样发展下去，两岸老百姓的共同利益就会逐渐而自然地形成一种共同体。政治上和意识形态上的冲突，也只有在这基础上才可能逐渐消解，这当然是一个相当长的过程。"

台湾友人李明融赠送竹刻，文曰："明月直入，无心可猜。"题款："丁丑春以乡竹刻李白句呈李泽厚师于草堂　牛仔。"刻文乃李白《独漉篇》中的诗句。李明融即安徽文艺出版社《李泽厚十年集》六卷本书名的题写者；放牛客，是先生1992年在德国结识的一个朋友。此联挂书房门口。书房里还挂有一副先生自撰对联："睡醒方知乏，人衰不计年。"

---

❶ 黄公：指黄遵宪，1991年李泽厚曾和梁怡然等在广州一起参加纪念黄遵宪先生当代书画艺术国际展览，言及时人对黄遵宪评价殊为不够。此信无年份，写于1997年前后。

1998年

(戊寅)·69岁

4月,撰《论语今读·后记二》,指出该书与白牧之、白妙子(Bruce Brooks & Teako Brooks)的《论语辨》之区别:"其主要不同,在《论语辨》重语录的具体情境性,《今读》重语录的意义普遍性;一为考据性分疏,一乃哲学性阐释;一吻合学术新潮,彻底解构《论语》,抹去作为中国文化符号之孔子形象,一率仍旧贯,又力图新解以重建。确乎旨趣不同,方法有别,方向迥异。"

春,写作《不诽不扬,非左非右——〈卜松山文集〉序》(后收入《世纪新梦》),提出:"十余年来,在我的思考和文章中,尽管不一定都直接说出,但实际占据核心地位的,大概是所谓'转换性创造'问题。这也就是有关中国如何能走出一条自己的现代化道路的问题,在经济上、政治上,也在文化上。"云:"我近年提出的'巫史传统'和'儒学四期'说就是如此。前者是企图总结自己对中国文化特征的研究,认为我前此标出的'实用理性''乐感文化''一个世界'等等,均应概括为'巫史传统';现在人们大谈不已的'天人合一',其根源亦在此处。它设定了后世几千年'宗教、政治、伦理三合一'的格局,今日颇需解构和重建。"

指出:儒学四期认为"今日儒学不能止于心性思辨和形上道德,它的新发展必须融会马克思主义、自由主义、存在主义等等,区分宗教性道德('内圣')与社会性道德('外王'),重提文艺复兴,以美学为根基,塑造人的内在主体性(人性)"。"'巫史传统'是回顾过去,'儒学四期'是展望未来,二者相互交织,仍为人类学历史本体论亦主体性哲学的具体展开。"

5月20—23日，在科罗拉多学院参加"21世纪中美对话"会议，用英语作演讲。沈丁立、张汝伦、刘述先、石元康等与会并讲演。

7月，写作《初读郭店竹简印象纪要》（刊《中国哲学》第22期，《道家文化研究》第17辑），云：竹简"一再提'生为贵''天生百物，人为贵'……它们对人、对生命的感悟存在采取完全肯定的态度，而不重视去叙说是否有比人、比生更高更'贵'的另一世界。'生''人'本身成了最终目的、价值、意义。这正是中国文化包括儒道两家的特色所在，而与基督教文化等相区别"。竹简非常重"情"，"与后儒大不相同。对'心''性''情'的陶冶塑建以实现'内在自然的人化'，乃儒学孔门的核心主题。今日竹简似可佐证此说"。先生重申"儒学四期说"以反对牟宗三、杜维明的"儒学三期说"："在汉代，荀子地位远在孟子之上。从荀子到董仲舒，先后吸取了道家、法家、阴阳家等等，儒学已产生重大变易，构成了儒学第二期。孟子则是一千年后，由韩愈到理学所捧出来的。宋明理学吸取佛家，将儒家心性理论高度思辨化、形上化，成了说理充篚'极高明'的道德学说，孟子也被抬到'亚圣'地位。于是自汉至唐的周孔并称变而为孔孟并称，构成了儒学第三期，这一直延续到今日的'现代新儒家'。"云："今日诵读竹简，重返原典，似应跳出宋明理学和现代宋明理学（即'现代新儒家'）的藩篱框架，并重孟荀，直挑魏晋，以情为本，'礼'（人文）'仁'（人性）合说，吸取近现代西方思想，用'自然人化''人自然化'释'天人合一'，实行转换性创造，或可期望开创儒学第四期之新时代？"

学者论曰："当李泽厚最初于20世纪80年代指出古典儒学情感伦理学的重要性时，学者们普遍认为'情'在古典时期并不指情感，而古典儒学代表人物也没有对情感给予特别注意。至20世纪90年代末，随着新出土的战国时期的郭店楚简写本诸如《性自命出》及其他一些篇章的刊行，学者们发现'情'的确含有'情感'之义，而儒学的情感理论是这些文章的核心主题之一。由此，李泽厚的早期论点得到了出土新发现的支持。"[1]该文并且对"情"字及其在郭店楚简《性自命出》和其他相关儒学写本中的意蕴做出新的解读，探讨战国时期儒学情感伦理的发展，为李泽厚以情感作为道德本体的观点提供有力证据。贾文认为，"生"是"青"的字源，而"青"是"情"的初构，因此"情"字在早期文献中的确包含多种意义。但是，在加上"心"旁后，"情"的情感义便被特别强调，并逐渐发展成为其主要的意思。"情"字在篇幅有限的《性自命出》篇中凡二十见，可以肯定是其中心思想和其主题之一。在许多方面，《性自命出》阐释和发展了李泽厚所概括的孔子的情感伦理学。[2]

8月，接受陈年、柯凯军访谈（访谈录刊《中国图书商报》1998年8月14日），云："我不是个狂妄的人，但也不是谦谦君子。我相信八十年代的看法，我现在还坚持。从八十年代到现在我基本上没有大的变化。"李泽厚指出思想史、学术史有多种写法，"我的书算是给人以启发的吧。它不是教材，不是按部就班的一步步写下来，而是我自己的一些见解"。谈及有人有"超越李泽厚"的说法，云："超越李泽厚不是一个人说了算的，要靠历史来评……任何人任何著作都需要经得住时间的考验、经得住读者的考验。"李泽厚认为夏中义《新潮学案》对"积淀说"有很大的误会。"他们都说我强调理性，理性主宰着感性，其实恰恰相反，是他们没有弄清楚。""文化心理结构"是指文化驾驭着心理。每个人的心理是不一样的，把文化加进去，人的这种个体的独特性就更鲜明。

9月，与北京大学学生对谈（对谈记录后收入中国盲文出版社2002年版《走我自己的路：对谈集》，被删节后在《天涯》1999年第2期发表，题为《历史眼界与理论的"度"》），谈及偶然性、命运和主体性实践哲学时，指出："其实我发现这些问题主要是在'文革'，我在第一本《批判哲学的批

---

[1] 贾晋华：《李泽厚对儒学情感伦理学的重新阐述》，《李泽厚与儒学哲学》，第167—168页。
[2] 贾晋华：《李泽厚对儒学情感伦理学的重新阐述》，《李泽厚与儒学哲学》，第172页。

判——康德述评》中强调的是马克思的历史唯物论,但我已经含蓄地讲到对马克思主义有一种不恰当的了解和强调,强调必然性和理性太多,其中已经提出,除了人类主体性以外,还有个体主体性,就已经把这个问题提出来了……我之所以不同于其他讲个体性的学派或学者,在于我认为个体性不是一下子就来的,而是有一个历史过程,在这个意义上说它是历史发展的产物……过去的历史唯物主义因为受黑格尔主义的影响,只强调必然性。这就不对了,产生了巨大理论和实践谬误。""总之,个体的自由不是从来就有的或生来就有的,我很强调历史性,从这个角度说,我还是认为历史唯物主义这方面有些道理。"

9月,回湖南和湖南师范学校老同学聚会。在长沙岳麓书院座谈会上作发言《从谭嗣同说起》(刊《原道》第7辑,贵州人民出版社,2002年),云:"对谭嗣同这样的第一代革命者,我始终是敬佩的……""对谭嗣同的激进主义这方面也是这样看,作为第一代激进思想,当时有它的合理性,作为思想来说,也有它的一定的必然性,但是,我们今天应该总结历史经验教训,不能一味地盲目地崇拜、鼓吹。我觉得这种情况一直存在。"

9月11—16日,先生和吕澎、赵士林、易丹、舒群、肖全等一行6人,游都江堰、九寨沟、松潘大草原等。一路意兴盎然,尽兴畅谈,海阔天空而不离哲学。嗣后谈话录整理成《自然说话》出版(湖南美术出版社,2004年)。重申区别宗教性道德和社会性道德的必要性,认为"所谓圣战,就是都在为自己神圣的目标进行战争,实际上是宗教道德和社会道德汇在一起的结果"。在将来的中国社会,可以保留一些过去的优良传统。美国社会实际上弊病很多,因为太注重个人,所以美国的老人很可怜。对乐感文化,不能简单地说人是很乐观的,这种理解比较肤浅。"关键是人有参与创造的地位,这是中国文化的一个特点。"指出梁漱溟讲了一句话,说中国是早熟的文化,但没有做出解释。而先生的解释是:"那就是中国很早就把巫术理想化了。所以天与人、情感与理智、科学跟宗教始终混在一起……所以科学也好,宗教也好,都没有独立发展,没有独立的宗教,也没有独立的科学。""所以巫术得到了一个充分的发展,而西方很早就分开了,宗教只管情感、信仰,科学只管理性,所以它的逻辑很发达。"

10月,《世纪新梦》出版(安徽文艺出版社,1998年),收入自1991年以来的论文19篇,对谈录8篇。

10月,《论语今读》出版(安徽文艺出版社,1998年),该书体例为论语原文,译,注,记。《今读》之所以重译,因为不同译者对本文以及全书各有不同理解,从而翻译也就不大一样。云:"我细读了我所知道的最晚出的两个译本:杨伯峻的《论语译注》(北京)和钱穆的《论语新解》(台北),都不满意,所以我才作这个新译,并加上自己的各种评论。""注"主要取自程树德的《论语集释》,尤以其中何晏的《论语集解》和皇侃的《论语义疏》为要,同时参考朱熹《四书章句集注》、刘宝楠《论语正义》和康有为《论语注》原书。"注"所采录的标准,在于有助于了解原文,或有利于自己的论记。对于各家差异甚至对立的观点,则断以己意,加以取舍。"记"即先生之评论札记和解说也,"或讲本文,或谈哲学;或发议论,或表牢骚;或就事论理,或借题发挥;并无定规,不一而足……但都围绕今日如何读《论语》这个中心来展开"。"记"乃该书最有价值之文字,先生哲学思想观念主张渗透其中,尤可见出对儒家传统进行"转换性创造"的切实努力。

12月8日,赵汀阳来信,转述张志扬的话,说他一直很尊敬你,如果有些言论令你不满意,他就很遗憾并且负疚。

12月18日,何兆武来信。告知花城出版社准备编一套中国思想家文集,"我首先推荐你作为理所当然的首选"。并寄赠其译作《法国革命论》,云:"附上小书一册,是Burke的《法国革命论》。此书,我多年来即想译出,因为它是与革命唱反调的。我国多年来只重介绍革命方面思想而于保守派有意忽视。我以为学术研究应重视正反两方面的材料;不意出版时,恰值自由主义、保守主义在国内吹起一阵小小热潮。不过,赶热潮却并非自己的初衷。"

是年,《李泽厚学术文化随笔》出版(中国青年出版社,1998年)。

因为教书教得好,认为对学校有贡献,被美国科罗拉多学院授予荣誉人文学博士学位。"用英文讲课讲得很流利,语速和中文一样,相当快,用的是许多专业语汇,也讲究点修辞……一到商店或碰到中小学生,便话都讲不出了,因为那些日用品的名称,各种玩具、用具以及相关的动词等等我一个也不会,真可笑之极。"❶

12月19日,钱锺书逝世。

---

❶ 李泽厚、刘绪源:《该中国哲学登场了?——李泽厚2010年谈话录》,第54页。

1999年

(己卯)·70岁

2月4—6日,参加由亨廷顿作主题讲演,瑞恰·罗蒂、安乐哲、杜维明等参加的学术会议"21世纪文化:冲突与会合",宣读英文论文(该文收入美国科罗拉多学院编的英文文集内),指出:"许多可怕的事件在民族主义、宗教极端主义或原教旨主义的旗号下发生了,它们经常是盲目情感—信仰和理知专制的混合物。""也许明天,在穆斯林和基督教的可能冲突中,具有实用理性和宽容传统、具有众多人口的中国文明能扮演一个和解人调停者的重要角色。"

3月5日,任继愈来信,云:"泽厚同志:去冬一别又是好几个月。今年春,您的几本关于美学、哲学及近代史的书,在街上书摊上畅销,这是可喜的现象,说明读书人从赶时髦、捕风捉影的肤浅风气中,有所觉醒。《明报》连载您写的中日文化心理比较的文章,简约而深入,具见功力。可以针砭时下为人者'宰割以求通'的流弊。有人治学,见其大则流于空,涉入深则陷于凿,难中肯綮。您讲的儒学,我叫做儒教(唐宋以后),这是我们的分歧。中华民族文化有很多优点,如严肃的乐观主义即其一端。对困难的现实,不怨天尤人,乐于承担,借助自力,走出困境,是极可贵的精神财富、宝贵遗产。社会不是无菌试验室,研究社会,观察历史,只能带菌操作,这样培养成的植株,才有旺盛的免疫力,成活率高。有些人看不到这一点,怕费事,想吃现成饭,没有魄力,没有出息,不了解中国文化,也研究不了中国文化。自以为很高明,其实很卑下,很近视。二十一世纪的中期,我想,如果各方努力,做的好,少出差错,很可能再现汉唐景象。现在的青少年是二十一世纪建设的主力，我们能为他们多做些事，到下个世纪，这几亿人的力量，不可低估。希望您也为这件事多出些力。祝好。"

3月，《波斋新说》在香港、台湾出版。内收未发表之论文五篇：《说儒学四期》《说巫史传统》《说儒法互用》《说历史悲剧》《说自然人化》，系统发挥多年来形成的思想观点。

《说儒学四期》（刊《原道》第6辑）指出："儒学四期说"有它的"直接源起"和"间接源起"。"直接源起"是针对由牟宗三提出、杜维明鼓吹，而在近年开始流行的"儒学三期说"。"儒学四期说"还有它的"间接源起"。这"间接源起"就是这里要讲的"问题"。既然儒学发展必须"另辟蹊径，另起炉灶"，这"蹊径"、这"炉灶"由何起、辟呢？"我以为，必须面对当代现实问题的挑战，这才是儒学发展的真正动力。儒学及其传统所面临的当代挑战来自内外两方面，而都与现代化有关。"

重申"儒学三期说"以心性论作"道统"来概括和了解儒学存在重大偏误，同时还存在更为重要的深层理论困难，强调内圣开不出外王，内在和超越有巨大矛盾。直言现代新儒家想由传统道德开出现代的民主政治和社会生活，以实现儒家"内圣外王之道"，无论在理论上或实践上，都是失败的。熊十力、梁漱溟、冯友兰都是如此，牟宗三又是一例。主张对中国文化和中国儒学特征的探究，应该再一次回到先秦原典。

总括"儒学四期说"之理论主张：将以工具本体（科技—社会发展的"外王"）和心理本体（文化心理结构的"内圣"）为根本基础，重视个体生存的独特性，阐释自由直观（"以美启真"）、自由意志（"以美储善"）和自由享受（实现个体自然潜能），来重新建构"内圣外王之道"，以充满情感的"天地国亲师"的宗教性道德，范导（而不规定）以理性自由主义为原则的社会性道德，以承续中国"实用理性""乐感文化""一个世界""度的艺术"的悠长传统。先生强调儒学第四期与前三期的关系，在于儒学基本精神和特征的延续，而不在概念话语的沿袭和阐释。

对此，有批评者认为，"儒学三期说"与"现代新儒学"，一是儒学历史分期法，另一是学术派别的称呼，两者不应等同。不应将其所认定的"现代新儒学"的偏误，硬派在"儒学第三期"的头上。另外，牟宗三、杜维明等人也没有否定荀子和汉儒之意。❶ 也有论者认为李泽厚"已基本放弃儒学对于现代性的直接意义，更不主张基于儒学的立场来建立一个终极性的文化哲学系统，而基本上在'后现代'的立场上思考儒学的价值。我们不妨视之为一种'现代之后的儒学'"。持此论者认为，李泽厚思想可分成两个层面："一个是中国现代化的层面，它的中心思想是'西体中用'。理论中心是工具本体、社会本体、实践本体；另一个层面是现代之后的文化整合，中心思想就是'儒学四期'，核心是传统儒学的深层结构如何经由现代性实现其创造性的转化，哲学的中心在心理本体、情感本体、审美本体。"主张儒学四期实质上是一种后现代境遇下的儒学重建，而这种对儒学价值的后现代定位具有重大的思想启示意义。❷

刘悦笛则从哲学视角看待两者分歧，认为李泽厚对以牟宗三为代表的"儒学三期说"的批判，其关键是提出了三种哲学问题。第一，批判"即内在即超越"。李、牟的核心矛盾实质上在于"一个世界"与"两个世界"之矛盾，这其实也是牟宗三自己无法解决的二律背反。第二，批判"即存有即活动"。牟宗三关注的是"道德实践"，"智的直觉"要通过神秘的"逆觉体证"来实现，李泽厚是以"生产实践"为思想根基，进而区分"宗教性道德"（但也不是良知呈现）与"社会性道德"，认定前者对后者形成"范导"作用，两位哲学家之间在此形成了最大的思想距离。在李泽厚看来，只有回归到人类生产实践的根源上，才能彻底地解决这些根本难题。第三，批判"即道德即宗教"。李泽厚批判"儒学三期"受佛教影响追求儒学的宗教品格，这就远离了原典儒学之智慧，并强调儒家思想"即道德、即审美、即准宗教"。刘文认为："李泽厚对牟宗三的批判，其实也是一位哲学家对另一位

---

❶ 黎汉基：《有关"儒学三期说"之辨正——就教于李泽厚先生》，《原道》第7辑，贵州人民出版社，2002年。
❷ 陈鹏：《李泽厚："现代之后"的儒学》，《现代新儒家研究》，福建人民出版社，2006年，第227—239页。

哲学家的哲学批判。读李泽厚的哲学，看似简单，但越读越复杂；读牟宗三的哲学，入手复杂，但越读越简易。然而，从牟宗三到李泽厚，都是在中西哲学之间做工作的，康德无疑成为了他们共同思想来源。"[1]

《说巫史传统》提出："中国上古由'巫'到'礼'是根本关键，这是一个极为复杂也极为重要的久远历史过程。从上古'圣王'（尧舜）开始，到周公'制礼作乐'最后完成。孔子再将巫术礼仪的内在心理加以理性化，使之成为既有理智又与情感紧相联系的'仁'，作为人性根本。周公—孔子是中国思想史上的重大突破，他们奠定了中国哲学的基础。它就是'实用理性'和'乐感文化'的来由。"指出："巫的最大特质在中国大传统中，以理性化的形式坚固保存、延续下来，成为了解中国思想和文化的钥匙所在。"云："到周初，这个中国上古'由巫而史'的进程，出现了质的转折点。这就是周公旦的'制礼作乐'。它最终完成了'巫史传统'的理性化过程，从而奠定了中国文化大转折的根本。"先生认为"巫史传统"说极重要："我以前曾提出过'实用理性''乐感文化''情感本体''儒道互补''一个世界'等概念来话说中国文化思想，今天则拟用'巫史传统'一词统摄之，因为上述我以之来描述中国文化特征的概念，其根源在此处。我写了三本中国思想史论，从孔子讲到毛泽东，这篇则主要讲孔子以前。孔子是传统的转化性的创造者。在孔子之前，有一个悠久的巫史传统。"认为儒道之所以能互补，是因为二者虽异出却同源，有基本的共同因素而可以相连接相渗透，相互推移和补足。所谓"同源"，即同出于原始的"巫术礼仪"……巫术礼仪不仅是儒道两家，而且还是整个中国文化的源头，譬如"阴阳""五行""道""气"等。

先生在《孔子再评价》（1980年）中曾云："然而道家在整个中国古代社会中，始终是作为儒家的对立的补充物才有其强大的生命力的。"在《孙

---

[1] 刘悦笛：《道德的形上学与审美形而上学——牟宗三与李泽厚哲学比较研究》，《江西社会科学》2017年第11期。

老韩合说》(1984年)中曾指出:"《老子》对人生真理的思索寻觅,后来与《庄子》结合后,成为对儒家思想的补充;而《老子》对矛盾的多面揭示则直接被吸收在《易传》中而成为儒家的世界观。韩非的三纲专制主义在汉代董仲舒等儒家体系中得到了肯定。他们那'冷静的理知态度'更是与儒家实用理性一道构成了中国智慧的本质特征。总之,它们是被融化吸收在儒家中了。"在《漫述庄禅》(1985年)中则曰:"所以,以庄子为代表的道家,实际上是对儒家的补充,补充了儒家当时还没有充分发展的人格——心灵哲学,从而也在后世帮助儒家抵抗和吸收消化了例如佛教等外来的东西,构成中国传统的文化—心理结构中的一个很重要的方面。"至此,自《孔子再评价》开始屡屡提及却没有细述的儒道互补思想根源得以较为完整呈现。

《说儒法互用》以为,汉代儒学所完成的"儒法互用",却比上述这些(指"阳儒阴法""以儒制法"等——笔者注)远为深刻和重要。因为他们所作的,是将先秦原典儒学的基本精神,移植到法家政刑体制内,进行了"转化性的创造",使之成为这一体制的灵魂和基石。这才是关键所在……什么精神?原典儒学所强调的以亲子情为主轴、对人际等级关系和人性积极情感的培育和规范。

《说历史悲剧》提出中国现代化道路中的历史主义与伦理主义的二律背反,正以惊心怵目的形态展现在今日人们的面前,提出:"如何对待处理这些矛盾冲突乃'度'的艺术。'度'不只是'中间''过犹不及',而是多因素在一个结构中的恰到好处的平衡、稳定和发展。"

《说自然人化》提出:"'天人合一'的本源,我以为,起于远古巫师的通神灵,接祖先……第二阶段的'天人合一',是汉代以阴阳五行为构架的天人感应的宇宙图式。第三阶段的'天人合一'是宋明理学。"认为,现阶段的"天人合一"便是"自然人化"和"人的自然化",自然的人化包括"外在自然的人化"和"内在自然的人化"。

3月,写《波斋新说》自序及后记。自序云:"波斋者,美国科罗拉多州波德市之寒舍也。"引太史公"穷天人之际,通古今之变,成一家之言"语,感慨"己不能至,仍向往之。《巫史传统》《自然人化》拟究天人,《儒法互用》《历史悲剧》思通古今,《儒学四期》则统四说成一家言也"。"后记"云:"这种攻击见诸笔墨者有之,更多和更恶的却是流言蜚语,无中生有,造谣中伤。我曾自省,这一生也算兢兢业业,直道而行;虽然缺点很多,但从不敢心存不良,惹是生非。只由于性格孤僻,不好交往,便得罪了不少人。而一辈子没权没势,从少到老,就被他人无端欺侮,有时剩一肚皮气也毫无办法,只好更加关起门来,'遗世独立',感叹'运交华盖欲何求'……但近来终于找到了一种阿Q式的排遣法……我应该设想自己已经死了。这样,一切攻击谩骂、恶人恶语,对我也就没有刺激,不起作用了。"❶

4月,《东西方哲学》(*Philosophy East & West*)杂志1999年4月出版专号(49卷第2期),聚焦讨论李泽厚对近现代中国思想中的"主体性"和美学所持观点。它讨论的中心主题是李泽厚如何将康德、马克思结合起来,以至于他将康德的审美判断命题转化为"主观性",或者用其他术语来说即"主体性"——后者可以经由历史"积淀",或者经由在"整体人类经验"的历史中积聚的心理形式而成。这次集中讨论有不少真知灼见,"主观性/主体性"这一概念的重要意义被揭示出来,它准确表达了李泽厚对于跟"文化—心理结构""积淀"等关键概念并列的"历史本体论"的独特解释。❷先生自己也有一篇英文论文《主观性和"主体性"》作为回应。指出:"'subjectivity'被译成中文时使用了两个相关的、意思不同的词:主观性与主体性。前一词里的'观'关乎想法,意指主体(也就是人)的意识。后一词里的'体'关乎身体,意指人的物质体(material substance)。现代西方哲学,从笛卡尔到康德,是'意识哲学'的传统——或者如笛卡尔所说'我思故我在'。这种哲学是主体性之一。但是,在中国传统里,主体与客体的

---

❶ 《波斋新说》先在中国香港、台湾出版,同年12月在中国大陆由中国电影出版社出版,易名为《己卯五说》。前者记事,后者记年,是先生颇为看重的一本书。
❷ 石井刚(Tsuyoshi Ishii):《李泽厚美学和中国文化积淀的儒学之"体":关于重新阐释儒学的探索》,安乐哲、贾晋华编《李泽厚与儒学哲学》,第313页。

区分并不是非常清楚,它不重要,甚至有时被忽略,尤其是在认识论领域。当我试图将主体性的概念放进中文里,尽管我保留了跟主观性有关的意思,我更强调第二个词'主体性'。因此,我决定创造一个新词sub-jectality来将'主体性'译成英文。"❶

5月,撰写《屠新时书法〈易经〉序》,云:"中国文化和哲学的特质,与西方传统相比较,恰好是反形而上学,反本质主义和反二分法。它重过程轻实体,重生长轻存在,重身心一体而非灵肉二分。在这里,主客体之分根本不分明甚至是不存在的……在书法,更是如此。人的个性情感与自然韵律、节奏的同构合拍,就呈现在这纸上舞蹈和无声音乐的永久进行中。"(1999年5月于科罗拉多波德市)

6月,《苍白无力的理想主义》发表(刊《明报月刊》1999年6月号),摘录《康德哲学与建立主体性论纲》(1981年)、《世纪新梦》(1998年)、《我的哲学提纲》(台湾版,1996年)、《论语今读》(1998年)等文字,云:"人文教育、人文学科无论在基本观点、'指导思想'、格局安排、教材采用、教学等各方面都日渐沦为科技的殖民地。人也愈来愈严重地成为一半机器一半动物式的存在者。"

7月5日,在台北参加儒学会议,作"儒法互用"演讲。李明辉等与会。

7月,《读黑格尔与康德》发表(刊《明报月刊》1999年7月号),云:"大学初期(五十年代初)黑格尔的《小逻辑》《历史哲学·绪论》(记得还是王造时的译本)和康德的《判断力批判》,似乎给自己的思维和以后的研究,留下了深刻的印痕。"指出:"黑格尔那无情而有力的宏观抽象思维,则好像提供学人一种判断是非衡量事物的尖锐武器;读黑格尔之后,便很难再满足于任何表面的、描绘的、实证的论议和分析了。尽管我后来相当讨厌黑格尔式的诡辩和体系构建,也并不赞同康德的先验唯心主义,但我仍然觉得,他

---

❶ 石井刚(Tsuyoshi Ishii):《李泽厚美学和中国文化积淀的儒学之"体":关于重新阐释儒学的探索》,安乐哲、贾晋华编《李泽厚与儒学哲学》,第313页。

们两人给了我不少东西。他们给的不是论断,而是智慧;不是观点,而是眼界;不是知识,而是能力。"

此前,先生也曾有过阐述和说明:"我认为从康德开始,经过席勒、费尔巴哈到马克思,特点之一就是抓住了'感性',这也就是为什么我要把黑格尔撇开的原因。今年国际上有个会议,议题之一就叫'要康德,还是黑格尔?'我的回答:都要!……我自己受黑格尔的影响就很深。黑格尔最伟大的地方,是宏伟的历史感。我认为他的辩证法的灵魂就是伟大的历史感,而伟大的历史感也正是马克思紧紧抓住的东西。这也是我们现在需要学习黑格尔的东西……黑格尔的历史感,对人类历史发展的整体性的观点,以及对必然性与理性的强调,无疑是很正确的。马克思接受了这种观点,这是永远值得高度评价与研究的方面。因为他站在整个人类历史的高度来认识与观察一切问题,自然很深刻。但另一方面,感性的、偶然的、个性的东西黑格尔就注意不够,这些内容在黑格尔的历史整体感中消失了。为什么存在主义崛起?就是对黑格尔的一种反抗。人都具有个体,并在有限的实践与空间中存在,这是一个真实的存在,人是感性物质的存在,而不能完全是理念的存在。"❶

8月1日,过四川二郎山。与同行朋友合影。有题照诗句:"高峰谁与上,长记秋晴望。往事岂成空,万里梦魂中。"

9月,与呼延华对谈(对谈录《"六经注我"和"我注六经"》刊《芙蓉》2000年第2期),指出:"儒学及其传统所面临的挑战与中国现代化密切相关。今天,中国正处在现代化的加速过程中,如何与之相适应,成了儒学最大的课题。《己卯五说》是我就这问题在新世纪来临之际的一个学术发言,它涉及中国文化的未来发展方向问题。"认为"我注六经"和"六经注我"都是规范化的学术研究方法,两者各有所长,可以相互补充、互相渗透。申明《己卯五说》里的五篇文章都是提纲,每篇都可以写成一本专

---

❶ 李泽厚:《美学论集》,台北:三民书局,1996年,第676页。

著。放弃写成专著的原因：一是时间不够，资料不好找；二是认为，作为搞哲学的人的著作，提纲也不一定比专著差，主要看所提出的思想和观念。坦言《己卯五说》的主题是人类学历史本体论，也是主体性实践哲学。有人说可看作"儒学马克思主义"，我也不反对。但说它是"儒学后马克思主义"可能更准些。"说它是马克思主义，因为在科技日益主宰人们生活的现时代，它具有世界性；说它是儒学，因为它要把中国传统精神渗透在马克思主义中并成为主导因素。"

发表英文论文《人性和人类未来：马克思和孔子的结合》[卜松山（Karl-Heinz Pohl）主编《全球背景下的中国思想·中西哲学流派对话》，莱顿（大学）出版社，1999年]。

2月28日，冰心逝世。

2000年

（庚辰）· 71岁

1月，杨春时编选的李泽厚思想片段摘录《探寻语碎》出版（上海文艺出版社），先生仍用《不诽不扬，非左非右——〈卜松山文集〉序》一文为该书序并题写书名。杨春时在"编后记"中坦承，接受编选此书时思想曾有矛盾，一方面认为此书很有价值，另一方面因为曾写过和李泽厚商榷的文章，怕被怪罪。后来出版社征询李泽厚意见，先生仍指定由杨春时编选，并在电话中说："学术思想的争论没关系，不影响做朋友。刘小枫写了好些文章批评我，我们还在一起喝酒。""编后记"云："笔者对李先生思想既赞赏，也有不敢苟同之处。但是我仍然认为，他的思想比文化激进主义要深刻，比新儒家、刘小枫及后现代主义要符合中国实际，因此更值得注意。相信，中国现代化的历史将给予李先生思想以某种肯定。"

2月，在《文艺研究》座谈会上的对话《谈世纪之交的中西文化和艺术》发表（刊《文艺研究》2000年第2期），指出："艺术的发展与人类的发展是相协调的，因为人类最后的东西就是实现个人潜在的能力、潜在的一切个性。而个性与文化积淀有关系。人生的意义就在这个地方。"强调"大家不要轻视汉字，汉字在塑造中华民族的文化上，功劳极大。""假如没有汉字，我想中国现在绝对不是这个样子，至少是十几个、二十几个国家。"

8月30日，刘纲纪来信，云："惠赐新作收到（当为《己卯五说》——笔者注），很高兴！诸说均甚重要（'四期'说很好），现通过此书予以简明之申说，很好！有的人可能会因见到书中有些碍眼的词句而觉不快，不知书中所论恰好是有利于坚持马克思主义的。相反，其他许多著作，看来全无碍眼之处，但与马克思主义相去已不可以道里计，可以说，完完全全是在与马克思主义唱对台戏……'后记'写得令我伤感，希望只不过是你的游戏笔墨和发发牢骚而已。你在中国当代思想发展中的地位已经确立，不论有人如何说，均可置之不理也。"

10月，于传勤编著《李泽厚学术论著提要》出版（中国文联出版社，2000年），编者在"前言"中云："他曾说'有时甚至整个时代思潮所达到的深度，还不及一个思想家'（《中国近代思想史论·后记》），应当说，李泽厚本人就正是这样一位代表了时代前进潮流的思想家。"

11月5日，胡绳逝世。

2001年

（辛巳）·72岁

1月，《现代性与后现代性——与周宪、吴炫、尔键的笔谈对话》发表（刊《南方文坛》2001年第1期），就现代性的冲突、现代性与后现代性的关系、后现代性的实质、理性的重建、中国哲学和美学的当代建设等问题展开对话，先生指出：当前整个世界也许正处在某种转型期的前夕，许多问题需要重新加以审视；要关注并不完全相同于西方现代性的中国现代性问题。他认为所谓后现代性对启蒙现代性的解构，主要在人文领域内。在科技领域、在政法领域、在社会结构领域，在现实生活方方面面，主流仍然是启蒙现代性，它至今仍有其巨大价值和地位。指出：他并不否认后现代主义的积极作用，但同时注意其负面因素。"包括对政治学中的社群主义（communitarialism），承认其合理性，但其负面危害可能更大，特别是在中国。"强调后现代在西方花样已经玩尽，全世界特别是中国人可以思考用实用理性来协调理性与对理性的解毒，"看到后现代的问题来进入现代，这是我从八十年代（如《中国古代思想史论·后记》）到九十年代（如《世纪新梦》《己卯五说》）所一直关心的问题"。

3月，撰《浮生论学·序》（刊《明报月刊》2001年7月号），云：原答应傅伟勋用"浮生记学"为名写学术自传，后作罢，曾拟了一些标题，例如套用王国维"独上高楼，望断天涯路""衣带渐宽终不悔"三部曲以及"黎明前的呐喊""原意难寻，六经注我"等名目。

6月，发表《历史和现实不是必然的》（刊《明报月刊》2001年6月号）。

6月，至次年5月，应邀任香港城市大学中国文化研究所客座教授，用中文授课十一次。

6月26日，在香港城市大学中国文化中心发表演讲《由巫到礼》（录音整理稿刊《中国文化》2014年春季号，总第39期，发表时有增删），继续阐述《说巫史传统》（见1999年出版的《己卯五说》一书）内容，认为由巫到礼是一个非常重要的大问题，直接关系中国文化特征。强调中国之所以是"一个世界"，而不是像西方的"两个世界"，中国之所以没有像西方那样形成神的概念，概与中国"巫文化"传统有关。指出：从甲骨文可见，巫与帝常常联系在一起，帝巫。巫在当时是最有权势的人。巫是大传统中很重要的角色，巫代表、传达、发布和执行神的旨意，本身也就是神，远远不是民间小传统中的巫婆神汉。认为巫术活动是最早的人类独有的精神文化活动。在原始巫术活动中，培养发展出饱含理智因素（认识、理解、想象）的情感，它构成后世讲求合情合理、情理交融的文化心理结构。巫术活动的基本特征，经由转化性的创造，被保留在礼制中，成了"礼教"。礼教成了中国大传统中的宗教，正因为它，中国人（汉族）就没有产生也没有普遍接受犹太教、基督教、伊斯兰教。因为神就在"礼仪"当中，严格履行礼仪就是敬拜神明，因此也就不需要别的神明主宰了。

6月，《应是"绝对权力绝对导致腐败"》发表（刊《读书》2001年第6期），云："《读书》某文，首引阿克顿名言'权力导致腐败，绝对权力导致绝对腐败'，此乃'Power tends to corrupt; absolute power corrupts absolutely'（'权力导致腐败，绝对权力绝对导致腐败'）之误译，意思与原文并不相同。但此误译屡见不鲜，我已见过数十次之多，有时甚至在正式的学术论著中。为免继续以讹传讹，有订正必要。"

6月4日，何炳棣致信先生，曰：

泽厚教授足下：

旬前初度长谈，至今犹有余欢。你我背景不同，但都在搞最基本性的问题，习惯上都是真正独立的思考，今后如能经常交谈，甚或切磋，当为人生一大乐事。承赠大作五巨册，因诸事羁身，又准备进医院，只读了《己卯五说》。短"序"精彩，"巫史"十之八九尤洽我心，其余出院后再细读……

兹寄上《孙子》、"老子年代"两已刊之文及新手稿，请斧正（literally用斧）！读后即可知我衰年脑力未衰而文笔艰涩之甚（艰甚于涩）。几十年都从尽量多种史料作归纳，所以最不善演绎。最羡慕为文能一泻千里如足下者……

何炳棣　辛巳六月四日

6月28日，何炳棣再致信先生，曰：

泽厚教授足下：

旬前承国际电话讨论拙新作，至感至欢。无问题，这是生平最难写的一篇，有些地方硬是"死啃"出来的——如《孙》《墨》《老》三边关系中自语义学及思想内容考订《孙》《墨》先后之序，etc.文章一向都是自己的好，但我确是能接受高见，有错必改，不过事先已做过多面自我抨击、反弹自卫工作，否则不敢并不应问世。坦诚地请你对三篇息息相关的拙文作一书面的批评与反应，因我对你的见解是很重视的。即使三文大致都丝丝入扣，必尚有可以改进之处。最主要的是要知道你对这个中国思想史上"最大"（事实上如此）翻案（把老子重新定位）的总反应和个别细节的看法。

我没有最低必要的哲学词汇，决写不出像你讨论古代中国辩证思想特征那么透澈的分析和解说……

何炳棣　辛巳六月二十八日

2001年（辛巳）·72岁

7月9日，在香港城市大学中国文化中心发表演讲"阴阳五行：中国人的宇宙观"（录音整理稿刊《中国文化》2015年春季号，总第41期），认为："阴阳五行的'阴阳'，来自于巫术活动中间的静止与运动的两种形态、状态的不同；辩证法也是在人的活动运用中间出现的。"中国辩证法既不讲"质"也不讲"量"，而是讲"度"，"度"是要在活动中把握。"五行"，"重要的不是要素，而是功能、作用、关系、动态过程，这种思维方式是类比、联想而不是逻辑，重要的是对于整体的把握"。指出，目前中国最需要的是创造自己的现代性。在这个前提之下，才能谈到怎么吸收中国传统资源和西方后现代一些东西结合，譬如，后现代反对绝对性、必然性，反对一元，讲究混沌的观念可以跟阴阳五行强调灵活性、经验的合理性、多元的适用性观念等中国传统资源结合。明确反对把中国的"天人合一"讲成比西方的天人斗争更好更高，认为"恰恰要警惕用前现代来假装后现代，以为超越了现代"。

7月，撰《历史本体论·序》（《历史本体论》，生活·读书·新知三联书店，2002年），云：该书原来标题是《己卯五说补》，"之所以改题为'历史本体论'（原称'人类学历史本体论'或'人类学本体论'），则是因为这个词汇（指原称）在我多年论著中虽不断提及，却从未专门说明过。特别是作为这个'论'的要点那三句话——'经验变先验，历史建理性，心理成本体'，既然被人嘲笑，就似乎有必要向读者交代一下"。并将此三句作为该书章节标题。

11月，发表《谁之罪？》（刊《明报月刊》2001年11月号），对"9·11事件"发表评论，云："谁之罪？当然是恐怖分子。但罪责仅止于此吗？各个方面不都有值得重新检讨、研究和反省的问题么？""几年前已讲过伊斯兰地区乃当代一大问题。"

12月，发表《关于胡适与鲁迅》（刊《明报月刊》2001年12月号），云："鲁迅就是文学家，是具有巨大思想深度的文学家，但并不是什么思想家。"指出："文学家可以极端地表达情感，只要能感染读者，便是成功。但文学作品煽起你的情感，却并不能告诉你究竟如何在生活中去判断、思考和行动。""鲁是大的文学家，而胡是小的思想家，也许连小思想家也够不上。"

12月15日，参加吉隆坡（马来西亚）"廿一世纪文明对话：诠释与沟通"，宣讲论文《巫史传统与两种道德》（即《历史本体论》第二章）。成中英、刘笑敢等与会发表演讲。

12月16日，何新致李泽厚公开信在网络发表，对《浮生论学——李泽厚、陈明2001年对谈录》所涉及有关问题提出指责，认为对谈有若干失实和不妥之处。但同时也忆及双方旧情，云："窃忆愚弟与仁兄相识交往几二十年。昔日交游，往事仍历历在目。仁兄自称知我，我自认亦极知仁兄。当年仁兄曾帮助愚弟二事：一是1985年为《诸神的起源》初版作序，二是1987年推荐愚弟提前晋级副研。此二事在下一向铭记，未尝而忘，所以向来未敢对仁兄出言不恭。""回忆与仁兄最后一见，乃1991春在人民大会堂中。仁兄当时处境困顿，低声告我社科院不许仁兄出国游学云云。愚弟归后，即就此事草一信函致呈邓公，为兄申诉，并希望指示社科院批准你自由出入。"（此信收入于《新战略论/政治文化篇》，四川人民出版社，1999年出版）

12月19、20日，先生两次致陈明信。

陈明：传真并何新信均已收阅，简复如下：

（1）书中我说过会"挨骂"，何新不过是发难者，一定还会有更多更厉害的责难、攻讦和恶骂，甚至包括捏造事实、造谣诬陷等等，可以把我搞得臭不可闻（有人这样告诫我）。说了一点积压在心里的实话，只好如此了。我倒不在乎自己的"名声"因之"毁于一旦"，毁了就毁了。

（2）也许因为我一直有被欺侮被压制的"不健康"心态，因此某些言辞容有不厚道太尖锐的泄愤之处，但绝无故意不实之词。而特别是两个人的私下交谈居然未加删削公开发表，可能或轻或重地伤害了一些人（包括死者）。律己当严，既然学儒，便应自省。反省起来我深感愧疚，如能再印我主张尽量删削，本来是"论学"，何必讼人,既然如此,对以后的各种责骂批判我便不再作回应,算是我"罪有应得","自己造孽,自己承受"。

(3)书中某些地方你把我说得过高,夸誉太甚,我虽屡表异议,但没有力驳,乃大失误。我本无多大成绩,学问更差,自感一辈子也只是一无用书生,今应再次确认这一点。(至于"自认上接康有为",确乃冒失狂言,非常惭愧,也因今日学界对康评价颇低之故。)当然我仍相信历史会有最客观的书写。

(4)此外自己还有将此书作为对这个世界告别的心态,因此被你问及时,谈了很少一点自己的经历,其实无此必要。当然,也不必一定删除。也因此心态,我同意发表了一些照片作为纪念。其中除四五十年前表姐的照片外,余均电话合照者,经同意后才发表,应于此说明。

(5)打官司事,当然可以奉陪。我说那些话并无恶意,只是重复了一些传闻(但"有人告诉我"确有其人,而且是你的熟人)。做古董生意,有小车、别墅等并非坏事,我想构不成诽谤。而"流氓气"并不等于流氓,何况我还明白说了"流氓气并非只有负面的价值,好些大人物也有",而且还把自己喜欢的学生也拉扯在内。

以上几点,供参考。

李泽厚

2001年12月19日

陈明:

(1)何新信,我想不必回它了。对他或其他人以后各种责骂、嘲讽、议论,我想也概不作答。公理自在人心。且让后人评说。

(2)但何新信中说他"并不事经商,而专意闭门读书"。那我说他"做古董生意""有几栋别墅呀、有小汽车呀、有很多小姐啊",可能确属传闻不实（我现在也没法调查）。如果如此，我随口传播，并且见诸文字，便不应该。我愿就此主动（何尚未向我提出此要求）向何新先生致歉。《论语》说："君子之过也，如日月之蚀焉：过也，人皆见之；更也，人皆仰之。"即使今天也许是"更之，人皆笑之"，但我觉得也无关系。错了便承认，无论错误大小。

（3）书中第93页"辩证唯物论"乃"联共党史"之误，即我所听理夫开的课是"联共党史"而非"辩证唯物论"。我反复回忆，是如此，应予更正。书中这类错误可能还有，以后如发现当再函告。各种讥讽咒骂可以不理，书中事实有误则应订正，我想，这是基本原则。

不一，祝好

李泽厚
2001年12月20日

此次事件以何新撤诉，未酿成官司。后何新曾于上海宴请李泽厚先生。此后《浮生论学》两次再版，删去有关何新的所有文字。

2018年1月，何新通过本人博客发表《关于致李泽厚的一封信》，云：

2001年李泽厚弟子编著一本老李与学生的对话《浮生论学》。书中提及我竟多有无稽攻击之词。好事者告我一读后，怒发冲冠，我遂给老李写了一封信，词锋刻薄尖锐，作为回应。

然而今日重读，颇有悔意。

盖我与老李自80年代初期在社科院认识，多年间来往颇密，几乎无话不谈，结有旧谊。他的第一部文集《李泽厚集》（1988年）是我主持编撰出版。1990年他出国有困难我曾为他上书邓大人，后乃成行。此后老李多年滞留海外，遂旷音问，不料为人挑拨而有此书。

但此事件后我们乃再得沟通。一年多后在上海名豪酒家我曾请他大啖翅鲍，依然甚欢，一如昔日在洞庭湖畔与吴悦石等老友共啖湖龟也。

李泽厚在新中国成立后第一代人文学者中实乃极为杰出佼佼者，文思如泉涌，创见甚多。平生为人不拘小节，乐于助人。早年我在社科院遭遇困顿时，对我提携甚多，有知遇之恩。

发生那次事件实殊为意外。当时我发布那封信而逞言语一时之快，却令我此后悔之多年。近期黄世殊君编撰《何新学术年谱》收入此信，作为书史当存实录。而我心有愧怍，则至今拂之难去也。是为补记。（2018年1月10日）

2002年

(壬午)·73岁

1月，《浮生论学——李泽厚、陈明2001年对谈录》出版（华夏出版社，2002年），论及诸多治学经历及经验心得。谈及自己的工作："我做的工作恰恰就不是盲目的，恰恰就是希望——至少我是希望，提供一些不同的角度，是中国自己的角度。不管实用理性也好、乐感文化也好、一个世界也好、巫史传统也好、人化自然也好，我都没有盲目去抄袭或者模仿、追随西方哪个学派。但是的确是建立在对西方——我所了解的，当然是非常有限的——了解的基础之上……我可以点出我自己所做的这个方向，就是走自己的路。""我不大爱说狂言，不过现在说一句：我那些书里还有一些很重要的东西，到现在为止还没有被人认真注意。也许过几十年以后才能被人真正认识，我常常只点到一下，就带过去了。"

谈及巫史文化时说，有其他学者也认为中国文化的特点是巫，根源是巫。但是研究方法和自己不一样。别人是雅斯贝斯的突破的方法，认为自上古到孔子，来了一个大突破。而自己是分两步，周公是第一步，孔子是第二步，没有完全按照雅斯贝斯的说法。

谈及有人爱赶潮流时说："批判陈寅恪、批判王国维的时候，没人敢说他们的好话，现在就没人敢说他们的不好，这没有道理，岂有此理。陈寅恪也有缺点。譬如对抗战前途那么悲观，郭沫若、冯友兰就比较乐观、积极得多。又例如陈对王（国维）死的解释，我就完全不能同意，那是曲为之说，借他人酒杯，浇自己块垒。"

多次强调不赞成在中国目前情况下，提倡什么民族主义，包括文化民族主义在内。

陈明在书序中说："我认为他（指李泽厚——笔者注）是我们这个学科里这五十年甚至这一百年里最重要的学者。他将自己上接康有为，并不是什么狂言……在我看来，他在本书中着意强调的许多东西并未得到世人的真正了解，也不会有太多兴趣去了解，但我相信它们会长久地影响后来的思考者，至少作为一个起点或作为一种参照。其作为灵感记录的论纲形式，知识学梳理得不精不细，正说明它们尚属于智慧的初创形态。""爱吃湘菜的李泽厚湖南人性格很典型。犟、固执，或者叫蛮霸。曾国藩讲过'挺经'的故事，两个作田人过独木桥，在中间相遇，都不让，挑着担子挺了一天；这是蛮霸的生动写照。曾国藩挺出了事业，李泽厚也犟出了成就。那几十年，读书人要搞出点名堂，多不容易！自由之思想、独立之精神，既要有义理的导引，也要有气质的滋养。当然，今天喜谈巫史的李泽厚与湖南乡土说不定还有另一种联系，那就是他的灵气与楚文化中的巫风一样带着几分邪气。"陈明认为，大学者可分为两种。一种是学问大于生命；一种是生命大于学问：生命因学问的滋养而变得更加饱满丰富，乃至气象万千。李泽厚属于后者。

书中谈及要康德还是要黑格尔问题。先生云，这"是西方一次比较大的学术会上的一个题目，《要康德还是要黑格尔？》，我说如果硬要挑一个，我不要黑格尔。因为黑格尔的理性太抹杀个体，危害更深。康德是强调启蒙，黑格尔不是，黑格尔属于浪漫派。但是中国几十年讲黑格尔的东西非常多，文章也好，书也好，但是康德基本上没有"。同时指出："黑格尔哲学对我当然影响很大。有人现在还骂我是黑格尔主义。"但强调黑格尔对他的影响主要就是历史意识。马克思和黑格尔都是历史哲学家。认为："马克思……是历史学家，他这种历史观来自黑格尔。而我始终是认为人的存在是一个历史的存在。积淀的概念也是从这来的，没有历史哪来积淀？所以当然受黑格尔的影响，包括《美的历程》。"针对当时有些学者赶时髦，大批黑格尔，先生指出："黑格尔还是有他的价值。当年我说从马克思回到康德，今天我倒想从海德格尔回到黑格尔……而我跟自由派的一个很大的理论分歧就是认为他们是非历史的。天赋人权是先验的，我认为一切都是历史的产物。我坚持这个看法，我不认为它错了。它没有被证伪掉，在这个意义上，你说黑格尔是历史主义的幽灵，那我承认，那没有坏处。他的历史观，一切都生活在历史中。这也是我哲学的一个基本的支撑点。"李、陈这段对话的背景，是针对有学者认为，李泽厚的根基是黑格尔，而不是他所宣称的康德，有人还指出李泽厚的黑格尔思想是和儒家传统的思想预设交织在一起。

甘阳曾说："尽管李泽厚1980年大叫一声要康德不要黑格尔，其实李公之'康德'正是黑格尔式的'康德'，其《批判哲学的批判》全然是从黑格尔来看康德的，道理很简单，李泽厚若把康德与马克思相连，不通过黑格尔为媒介，根本办不到。"[1]而顾昕在其专著《黑格尔主义的幽灵与中国知识分子：李泽厚研究》（台湾风云时代出版公司，1994年）中更是有充分发挥，直接提出黑格尔主义是李泽厚思想中的一个幽灵。顾昕指出，李泽厚的黑格尔式的马克思主义，其实是混杂了从中国传统而来的"不自觉"的预设。顾氏的结论是："李泽厚将康德的主体性和马克思的历史唯物主义纳入了一个黑格尔主义的庞大框架之中，他是一个深受传统思维模式影响的黑格尔式的马克思主义者。"墨子刻则认为，顾昕的书有其长处，但认为顾氏在该书中与李泽厚的对话，不如李泽厚在他的书中与康德之间的对话来得平衡与深入。而且顾氏虽然区别了西方自由主义与中国人对西方自由主义的了解，但是他却没有区别黑格尔与"中国思想中的黑格尔"，更何况如果这方面没有彻底的讨论，就很难决定思想的"幽灵"是什么。比较重要的是，顾氏以为李泽厚主客合一的目标是从黑格尔来的，可是李泽厚自己却明确表示这个目标与宋明理学"天人合一"的理想相同，而宋明理学与黑格尔的看法却不一定一致……"所以如果说李泽厚思想中有一个幽灵，这个幽灵的来源不是黑格尔，而很可能只是一些当代中国思想主流所共有的预设，即墨氏所说的论域一。他更指出，当代台湾自由主义思想到某种程度也带

---

[1] 甘阳：《我们正在创造历史》，台北：联经出版事业公司，1989年，第20页。

有这些预设,难道这也是黑格尔的影响吗?"❶

1月,散文《往事如烟》发表(刊《明报月刊》2002年1月号),忆及童年少年如烟往事。忆及"两岁时祖父抱我逛汉口市街的情景","电影院失火,母亲携我逃出,那已是五六岁了",还有其表姐等依稀童年印象。非常清晰也非常重要的记忆有三次:"一次是鹧鸪声,这是在宁乡道林便河大屋我家客厅的黄色大方桌前,七岁。一次是躺在小小竹床上,面对灿烂星空,这是在江西赣县夜光山的夏夜里,十一岁。一次是淡月碎在江水中,闪烁不已,这是走在赣县的浮桥上,十二岁。这三次都有一种说不清道不明的异常凉冷的凄怆感,像刀子似地划过心口,难过之极。"

2月,《历史本体论》出版(生活·读书·新知三联书店,2002年),全书分"实用理性与吃饭哲学""巫史传统与两种道德""心理本体与乐感文化"三章,为说明"历史本体论"的三句要点——"经验变先验,历史建理性,心理成本体"。

所谓"历史建理性",是指中国传统的实用理性不是先验的、一成不变的和绝对的,而是经过历史建构和经验证实的合理性,是经由历史积淀而成的心理形式,并通过广义的教育传递给后代。先生云:"所谓历史有二层含义。一是相对性、独特性,即'历史'是指事物在特定的时空、环境、条件下的产物(发生或出现)。一是绝对性、积累性,指事物是人类实践经验及其意识、思维的不断的承继、生成。"所谓"经验变先验",是说"人是群体动物,人的生存本身构成了人生价值所在。人个体为自己也就必需为群体生存而奋斗。这种奋斗甚至牺牲,成了人之所以为人的最后的伦理学的实在"。所谓"绝对律令""天理""良知"之类的先验道德原则,乃形成于人类实践和文明化历史过程中的经验。它们后来发展成为从内心指导人类行为的超验之物,因为它们是强大的自由意志自觉选择的结果。所谓"心理成本体",是说人生本"烦""畏"。这无底深渊般的人生"烦""畏",

---

❶ 黄克武:《论李泽厚思想的新动向——兼谈近年来对李泽厚思想的讨论》,《国学论衡》第2辑(2002年)。

"不只是心理,也不是意识,它就是那非常实在的现代人当下感性生存的状态本身。所以它具有'本体'性质。此人生'情'况即是本体"。

评述道,尼采一声"上帝死了"的狂喊,便使整个西方世界惊骇至今;上帝死了,人自为神。但自我膜拜到头来可以走向个体膨胀的反面,引出法西斯和整个社会机器的异化极端,如海德格尔。此乃人生有限的时间性问题带来无归宿的恐惧感而导致的深渊。先生自谓:"'历史本体论'提出了两个本体,前一本体(工具本体)承续Marx,后一本体(心理本体)承续Heidegger,但都做了修正和'发展'。"历史本体论三要点凸显出先生对后现代"人活着"之生存意义的极度关注。

序言交代本书原来的标题是《己卯五说补》。因为《己卯五说》一书原拟作为自己封笔之作,不料写完之后,觉得还有好些话没说或没说完,又随手写了些札记、提纲,整理了一下,便成了这个小册子,以作为《己卯五说》的补充。"历史本体论"原称"人类学历史本体论"或"人类学本体论",因"人类学"三字易生误解,且为通俗起见,就由原称改为现在的简称,但意义未变。之后,其哲学著作仍名为"人类学历史本体论"。本书还搞了点小改革。即外国人名一律原文(多是英文),不作中译。原因是觉得愿读该书的人,大都已识之,著名人物没有必要中译,那些不著名不怎么熟悉的人物,译成中文反而不知是谁。

《历史本体论》第一次全面深入阐述"度"的哲学概念,把"度"作为哲学第一逻辑范畴。先生认为:"'度'首先是人在物质生产的操作活动中所把握的尺度,它也即是技艺。正是生产操作中的技艺即对'恰到好处'的'度'的掌握,使人类得以维持生存和发展。""'度'当然也是人在社会生活关系中所把握的尺度,以协调各种人际交往和关系,使人类生存获得秩序和稳定。总之,正是'度'才使'人活着'得以实现。"

有论者指出:"李泽厚对他的历史本体论有三个要点式的概括,即'经验变先验,历史建理性,心理成本体',然后透过这些略显模糊的描述,有一个观念却逐渐浮出水面,成为李泽厚哲学的一个核心词汇,即特别具有中

国思想特色的'度'。"❶

赵汀阳曾专为庆贺老师八十寿辰作文,即以"度"为题,可见出"度"在先生哲学中的地位。王柯平认为,"度"的概念在三大层面产生作用。首先是物质和符号操作层面,涉及物质与精神实践;其次,是辨证智慧层面,因为它经过实践领域直达存在领域;再次,是运用于独特创造层面。❷

2月,《四个"热"潮之后》发表(刊《原道》第7辑,贵州人民出版社,2002年),提出近二十年来中国大陆思想学术有"四热":1970年代末至1980年代初,美学热;1980年代中晚期,文化热;1990年代初,国学热;1990年代中晚期至今,西学热。曾云:"文化热里实际上是借文化谈政治。我反对把一切罪过都推到文化,我也反对全盘西化论。"❸

2月7日,在香港答戴阿宝问(答问录《我和新中国美学五十年》收入中国盲文出版社,《走我自己的路——对谈集》),指出美学大讨论时有四种意见的提法不妥,吕荧、高尔泰的理论,从系统和思辨的广度和深度上,都难构成一派。还是朱光潜提出的"三派说"(朱光潜、李泽厚、蔡仪)比较准确。"朱光潜用了'李泽厚派'一词,我当然很高兴了。"

谈及对美学问题的意见,就美在其思想中的地位而言,那是有变化的:"因为后来我的美学思想成为我的哲学思想的一个部分。这种变化与我后来研究康德哲学和中国古代思想史有关系。"首次论及研究中国古代思想、康德和美学这三者之间的关系:"恰恰是在思考哲学的根本问题时,三位一体了。""所以,讲美的本质,后来就发展了。美与人密切相关,那么,回到康德的那些问题,它的哲学意义自然就增强了。再有美的地位问题,因为中国没有宗教,没有什么东西能够代替宗教的那个境界,所以我把美学提得很高。这与研究中国思想史和康德哲学是有关系的。这些思想慢慢形成了一个完整的东西,一个哲学结构。"

---

❶ 干春松:《李泽厚与"改革的马克思主义"》,赵士林主编《李泽厚思想评析》,第41页。
❷ 王柯平:《李泽厚的实用理性观》,安乐哲、贾晋华编《李泽厚与儒学哲学》,第235页。
❸ 李泽厚、陈明:《浮生论学——李泽厚、陈明2001年对谈录》,第123页。

说到治学经验："我讲要彻底，就是要把问题想彻底，所谓'打破砂锅璺（问）到底'。例如讲先验，那么先验是怎么来的？为什么这个是先验的，那个便不是先验？我以为在治学中，选择和判断是很重要的，要培养识别能力，知道什么是真正有价值的，什么是虚有其表，并无价值，不能公说公有理，婆说婆有理，自己没主见，跟着风头跑。""一方面不受外来影响，不管毁誉，自己知道自己工作的意义就行了，另方面是清醒认识自己的局限和缺点，永不自满，我经常以从零开始的态度来对待写作，这可能对自己很有好处。"

3月19—21日，在香港参加由城市大学主办的"中国文化与全球化"会议。何兆武、叶秀山等与会并作讲演。

4月，在香港科技大学研讨会上作《关于民族主义》（刊《明报》2002年9月12日）的发言："我们不仅要看到整个历史趋势，而且还要看到提倡民族主义在目前情况下，对内对外都容易造成危险……这种民族主义情绪极易被煽起，会造成很大祸害。我近年一直说，欧盟才是真正走向世界大同的道路。"张灏、刘再复等与会。

5月25日，发表演讲"漫谈美学——在香港国际创价学会上的演讲"（该文收入刘再复《李泽厚美学概论》，生活·读书·新知三联书店，2009年），云："冯友兰说人生可以有几种境界：第一是自然境界，就是什么都不想，如动物一般，只是吃饱穿暖、享受生活；第二是功利境界，要去做事、赚钱、成名（个人功利），报效国家、报效民族、建设社会等等（群体功利）；更高一种是道德境界，讲求个人的品德修养等等；最高的是天地境界，进入宗教领域，中国因少有人格神，这也就是审美的境界：人和大自然跟天地宇宙合为一体。这超过道德修养，比做一番事业更高，这等于皈依于神，得到了人生寄托……前北大校长蔡元培先生提出以美育代宗教，这也是美的最高境界，近似宗教。"

5月，《文明的调停者》发表（刊《明报月刊》2002年5月号），不赞成中国现代化要学习基督教、伊斯兰教，认为："注重现世生活、历史经验的中国深层文化特色,在缓和、解决全球化过程中的种种困难和问题,在调停执着于一神教义的各宗教、文化的对抗和冲突中,也许能起某种积极作用。所以我曾说,与亨廷顿所说相反,中国文明也许能担任基督教文明和伊斯兰文明冲突中的调停者。当然,这要到未来中国文化的物质力量有了巨大成长之后。"

6月,《读周作人的杂感》发表(刊《明报月刊》2002年6月号),云:"我仍然喜欢鲁迅,喜欢陶潜、阮籍,也喜欢苏东坡、张岱,就是很难喜欢周作人。我总感觉他做作:但那是一种多么高超的做作啊。"

8月,何炳棣《有关〈孙子〉〈老子〉的三篇考证》出版(台北"中央研究院"近代史研究所),收录其论文三篇。第一篇《关于〈老子〉辩证思维源于〈孙子兵法〉》,明确指出:当代思想史家中,李泽厚先生对中国文化积淀往往有新颖深切的体会,而且能把深邃的道理做出精当易晓的解释。他认为先秦思想流派中最先发展和应用辩证思维的是兵家,因为战争事关生死存亡,"略不经心便可铸成大错,而毫厘之差便有千里之失"。

何文引用了李泽厚的分析和论断:"也正因为此,古兵家在战争中所采取的思维方式就不只是单纯经验的归纳或单纯观念的演绎,而是以明确的主体活动和利害为目的,要求在周密具体,不动情感的观察、了解现实的基础上尽快舍弃许多次要的东西,避开繁琐的细部规定,突出而集中、迅速而明确地发现和抓住事物的要害所在;从而在具体注意繁杂众多现象的同时,却要求以一种概括性的二分法即抓住矛盾的思维方式来明确、迅速、直截了当地去分别事物,把握整体,以便作出抉择。所谓概括性的二分法的思维方式,就是用对立项的矛盾形式概括出事物的特征,便于迅速掌握住事物的本质。"何炳棣强调:"接受了李泽厚古代中国辩证思维源于军事经验的特征的说法的前提下,我们便可以将《孙子》《老子》两书里的辩证词组,也就是李泽厚认为的矛盾对立项,罗列于下以备初步比较与探讨。"接着何炳棣列举大量《孙子兵法》的概念实例予以论证。

该文结论指出:"显而易见,《孙子》词组大多数皆有关军事,比较详细周密,而《老子》对《孙子》词组有所损益,有关军事的比较概略,而词组涉及的思想范畴却较《孙子》为广。笔者觉得这一现象从李泽厚的宏观论断中可以得到合理的解释:《老子》谈兵部分确有不少处可认为是《孙子兵法》的延伸和概括,但《老子》之所以富原创性,正是因为它能把《孙子》军事辩证法提升到政治和形上哲学的辩证层次。可惜的是,这种论断是出自李泽厚长期对中国文化积淀个人独特的体会,而且在讨论'兵家辩证特色'的第一底注中,谦虚地声明《老子》'著者及成书年代,本文不讨论,暂采春秋末年说'。《孙》《老》问题的澄清就有待'偏重考证的历史学家的思想史'了。笔者第二次退休以后,研究兴趣转入中国古代思想、宗教和制度,虽对思想知识尚极有限,却正是'偏重考证的历史学家'。从繁琐的考据以求证成《孙》为《老》源,正是义不容辞的职责。"

对此,2010年曾和李泽厚做过哲学对话的刘绪源认为,李泽厚提出如何"走出语言"的问题,并表示"本不大相信语言是人的家园或人的根本"。这话发表以后,不少哲学界同行大为吃惊,也曾被有些读者誉为"石破天惊","但我们对照当年何先生引用的《中国古代思想史论》中原加重点号的话,李先生强调中国思维'不是来源或产生于论辩、语言中所发现的概念矛盾',而源于军事经验,正说明他二十多年前确已在思考'走出语言'的问题了。他研究中国思想史,想的却是如何以中国思想突破并弥补世界哲学的不足,处处以中国思想与西方思想'别异',这就使他的研究别具一种深度"。

李泽厚先生也曾在自己的著述中三次作注,显示何炳棣的学术成果对自己学说的支持和推进。

一、1999年出版的《己卯五说》中,《说巫史传统》一文第一节"巫君合一"开头即说:"新石器时代考古发现,中国文化无可争辩的重大原始现象之一,是祖先崇拜。"这里有一条注:

①何炳棣:"构成华夏人本主义最主要的制度因素是氏族组织,最主要的信仰因素是祖先崇拜。制度和信仰本是一事的两面。""商王虽祭祀天神、大神、昊天、上帝及日、月、风、云、雨、雪、土地山川等自然神祇,但祖

先崇拜在全部宗教信仰中确已取得压倒的优势。"(《华夏人文主义文化：渊源、特征及意义》，见《二十一世纪》总第33期，1996年）

二、写于2005年的《"说巫史传统"补》第一节的"由巫到礼"中，也有一条注：

②拙前文已强调祖先崇拜是华夏文化的重要特征，其所以较其他文明远为牢固长久，据何炳棣的研究，是由于中国新石器时代因仰韶地区的黄土地理非"游耕"而是定居农业。如何所概括，"只有在累世生于斯死于斯葬于斯的最肥沃的黄土地带，才有可能产生人类史上最高发展的家庭制度和祖先崇拜"(《读史阅世六十年》，香港商务印书馆，2004年），我以为可信。

三、在同一节中，谈到"战争在中国上古文化和思想的形成中起了非常重要的作用"，还有一条长注。这在文章初发表时没有，是后来在收入新版《中国古代思想史论》（天津社会科学院出版社）时加上的：

①拙作《中国古代思想史论·孙老韩合说》。何炳棣教授有墨子源于孙子说，认为墨子秉承孙子，懂兵书，能守城，曾为秦（时国势尚弱）守城拒魏，其后，墨家融入法家。我赞同此说，认为墨子"尚同"，墨家钜子制度等均取自军队，入秦后墨家思想学说中之"兼爱""非攻"等下层性质消亡丧失，而"尚同""力田"等则为法家吸取，成为耕战体制、绝对专制的重要思想来源，这才是郭沫若所提及过的"墨法在秦合流"。但"兵—墨—法"这一线索却从未为治思想史者所注意，拙文《墨家初探本》《孙老韩合说》亦未能涉及。因此特将何教授重要论点补注于此，以明墨家思想之来龙去脉，再次确认兵家在中国古代思想史上的源头地位。现代中国曾以新形式再现"兵—墨—法合流"，参阅拙文《再谈马克思主义在中国》第一部分。(《马克思主义在中国》，香港明报出版社，2006年）❶

10月5—10日，自北京赴甘肃平凉参观，考察崆峒山文管所收藏的金铜

---

❶ 刘绪源：《两封信，一本书，三条注——何炳棣与李泽厚的学术交往》，《中华读书报》2012年10月31日。

藏教佛像、平凉禅佛寺北魏残缺的石造像碑、静宁古成纪遗址等。之后参观敦煌、宁夏等地。

11月,《走我自己的路——对谈集》出版（中国盲文出版社）,收入自1980年代以来的对谈44篇。

是年,宣布此后实行"三不":不讲演、不开会、不上电视。

2003年

（癸未）·74岁

2月21日，任继愈来信，云："今年曾经想请你们来过春节，后来又想，你们也是一个家，过春节，不好不在家，没有与您联系。近来想看看您，谈谈学问。打电话，人不在家，多次联系不上，问过丁伟志、庞朴，他们也说不常与您见面。只好先写这封信，问问近况，以后再见面吧。"

5月，因北京"非典"提前回美。

7月，《课虚无以责有》发表[本文系应英国《今日哲学》(*PHILOSOPHY NOW*)约撰写的《哲学自传》，中文本有删节。刊《读书》2003年第7期]，详述其人类学历史本体论哲学思想发展历程及主要观点。

指出："我希望未来成熟了的心理学（今天心理学还处在襁褓阶段），将成为哲学的重要伙伴。沿着以前的线索，我的哲学将历史与心理结合起来，从马克思开始，经过康德，进入中国传统，马克思、康德、中国传统在我的哲学中融成了一个'三位一体'，已非常不同于原来的三者。""总之，我的哲学不是超然世外的思辨，也不是对某些专业题目的细致探求，而是在特定时代和宏观环境中与各种新旧观念、势力、问题相交错激荡的产物。我从'人活着'就要吃饭，就要使用—制造工具、产生语言和认识范畴开始，通过'为什么活'即人生意义和两种道德的伦理探求，归宿在'活得怎样'的美学境界中。美学、哲学、历史（思想史）在我的哲学发展中形成了另一个'三位一体'。"

特别指出："在这里，我要提及赵宋光教授。赵是我大学时期的同学和好友。我们在1960年代共同对人类起源进行过研究，我们对使用—制造工具的实践操作活动在产生人类和人类认识形式上起了主要作用,语言很重要但居于与动作交互的辅助地位等看法完全一致。我们二人共同商定了'人类学本体论'的哲学概念。"

强调:"我不赞同这种种'新潮流',主张中国在三十年内应该'走出一条自己的路'。反对亦步亦趋地模仿西方,无论在经济上、政治上或文化上。"哲学是制造概念以思考世界,而自己正是通过制造"内在自然的人化""积淀""文化心理结构""人的自然化""西体中用""实用理性""乐感文化""儒道互补""儒法互用""两种道德""历史与伦理的二律背反""理性化的巫传统""情本体""度作为第一范畴"等概念,为思考世界和中国从哲学上提供视角,并希望人类历史如此久远、地域如此辽阔、人口如此众多的中国,在"转换性的文化创造"中找到自己的现代性。

9月,再次返京。

2004年

（甲申）· 75岁

1月，参加Berkeley会议，撰文稿《思想史的意义》（刊《读书》2004年第5期），认为"一百年特别是近二十来年已使中国的'变局'日趋明朗，资本主义的现代社会和失去英雄的散文生活的真正来临，使人们发现是经济而不是'思想'成为引领社会以至支配政治的动力。经济已成为社会的中心和人们关切的焦点，'思想'开始变得不再重要，思想和思想史已经越过了它的光辉和顶峰。这也正是由'革命'到'告别革命'的过程"。提出："现代化（modernization）不等于现代性（modernity），西方的物质文明作为社会生活和生产方式的大规模输入，并不能解决或完全解决这个社会和文化向何处去的问题……以经验合理性（empirical reasonableness）为基础的'实用理性'，在'告别革命'之后，便不可能再回到传统的圣王之道，包括不能要求人民进行思想改造或宣讲道德形而上学来开万世太平。相反，而是只有在个人自由、平等和现代民主政治的基础上，重视文化心理的健康生长来作为社会发展的某种辅助性资源。"

5月，撰写《实践美学短记》（之一）（收入《李泽厚近年答问录》，天津社会科学院出版社，2006年），提出："所谓实践美学，从哲学上说，乃人类学历史本体论（亦称主体性实践哲学）的美学部分，它以外在—内在的自然的人化说为根本理论基础，认为美的根源、本质或前提在于自然（人的自然环境）与人的生存关系的历史性的改变；美感的根源在于内在自然（人的躯体、感官、情欲和整个心理）的人化，即社会性向生理性（自然性）的渗透、交融、合一，此即积淀说。"

提出：实践美学作为学科说，是在这个哲学命题基础上，以"美感二重性"（1956年）、新感性（《美学四讲》）或审美心理的"数学方程式"（《美的历程》）或DNA"双螺旋"（《美学四讲》英文版）为中心的展开。所谓"方程式""双螺旋"都是借用，其意在于强调审美心理是由多项心理因素（包含感知、理解、想象、情绪四大要素）所彼此作用、多方变易而构成，有如多种变项的数学方程式或ACGT的DNA的化学双螺旋……实践美学作为理论只是提出这样一种方向，其实证心理学的成熟研究，也许需要等待脑科学真正发达之后的21世纪。

6月，撰写《实用理性与乐感文化》后记，云："五六十年代的'前奏'不计，我这个'同心圆'陆陆续续也画了近三十年，虽历经风雨……我却圆心未动，半径不减；反陆续延伸；而且更重要的是，始终有不少读者予以热情关注和支持……我的书没有炒作，不许宣扬，却包括《批判哲学的批判——康德述评》在内竟多遭盗版，这实在出我意料，有点苦甜交集，受宠若惊，怎能不高兴且骄傲？"谈及心情："我是青春有悔的。宝贵时光被人剥夺，几近二十年的人生最佳时段，被浪费在多次下乡劳动中，各种政治运动中，严重扭曲境遇中，根本没有时间好好读书。而时一过往，何可攀援……由当年到今日，我虽尽力拼搏，创获毕竟未如所愿；而力不从心，来日苦短，我大概也不能再作什么了。"

8月，发表《课虚责有，寂寞求音》（经历答问之一）（刊《传记文学》2004年8月，后收入《人文大家访谈录》，中国文联出版社，2005年），云："名利是副产品。名利是需要的，但只是副产品，正产品是发现真理的愉快。今天我仍如此认为。所以我说爱因斯坦最愉快的时候不是领诺贝尔奖的时候，而是完成相对论的时候，他本人与真理合为一体，那多么兴奋多么愉快！"云："我从不冥思苦想，我也好玩，我跳舞、打桥牌、爬山、游古迹等，不久前我还想去蹦极，太太和朋友拦着我不让我去。"❶

---

❶ 该文标题乃编辑删拟。先生曾云，他多次引用的两句话是："课虚无以责有，叩寂寞而求音。"见陆机《文赋》。

8月17日，在长春与韩东育等对谈《儒学的两种线索》[后收入《李泽厚近年答问录》]。强调周孔很重要，以此反对新儒家，不赞成孔孟并称。"所以我反对新儒家非常具体，宋明理学和现代新儒家偏于内圣，是颜回、曾子这条线的延续。像子张、子贡、子夏则是另一条线。子贡当时了不得，经商致富。孔子死后，子贡一个人守墓六年。"表示赞成康有为的看法："《论语》主要是曾子一派搞的，所以把孔子的主要精神丢掉了。他讲如果让子张他们来搞，肯定是另外一套。因为从《论语》看，子张就是喜欢讲政治。所以内圣外王这两个方面都是孔门的发展。"援引陈寅恪之观点：李斯"受荀卿之学，佐成秦治"。秦制是"儒家一派学说之所附系"。认为正因为此，所以到汉朝，才能够经过黄老之后又回到儒家。"真正能够援儒入法、改造法家，成为'儒法互用'，在其中起作用的恰恰就是荀子这条外王路线。我很重视《礼记》和《大戴礼记》。郭店竹简也说明它们非常重要，这才是真正重要的儒学组成部分。不像现代新儒家的宣言说心性之学才是中国的命脉、儒学的精髓。我认为没有外王这条线，中国早亡掉了，这条线索维护了这个民族的生存，这是个重要事实。"认为在提高人的品德方面，新儒家还是有意义的。这种品德的最高层次就是宗教性道德。谈及自己思想史研究的贡献，云："我自认对中国思想史除了对荀子的评估、说庄子哲学是美学等等次要成果外，至少有三个重要创获，它们是假说，有待以后科学论证其真伪。一是巫史传统（巫的理性化），二是情本体，三就是中国兵家辩证法，我认为它在先秦思想史中占有重要地位。"

8月，答陈明问《关于"玩学问"》(刊《博览群书》2004年第10期；《原道》第10辑，原题《成绩欠佳，精神可嘉》)："做学问如同做大生意一样，需要有胆有识……陈寅恪，就是有胆有识。但我认为陈寅恪不如王国维，钱锺书不如陈寅恪。"指出："我关注的是历史前行的悲剧之路。""所谓新法家，我说的是如何可能实现新一轮'儒法互用'，即把西方的三权（加上'舆论'可能是四权）分立、司法独立等原理、体制，结合中国传统（包括大传统和革命传统）转换性地创造出一系列新形式，而绝不是新儒家如牟宗三的道德形上学开出民主自由或蒋庆的公羊学。我讲的是政治上的'西体中用',即新儒法互用的问题。"

8月18日,9月23日,写作答问录《关于"成名"等等》(后收入《李泽厚近年答问录》),云:没搞过翻译,但很高兴他所翻译的三个词语都被人接受了。一、杜威的《艺术即经验》,以前包括钱锺书都翻译为《作为经验的艺术》;二、"有意味的形式",以前都翻译为"有意义的形式";三、是康德的名言:"位我上者,灿烂星空;道德律令,在我心中。"原文是德文,有好几种译法。

8月,《自然说话》由湖南美术出版社出版。本书是先生1998年9月与赵士林、吕澎等游览四川时的对谈记录。

9月,《"统购统销"关闭了市场经济之路》发表(刊《二十一世纪》总第15期),指出:"中共五十年代以来之'左倾',与当时如何处理对待社会现实问题的具体决策当然直接有关。其中,'统购统销'确为走上'社会主义道路'的重大决策。因为正是它开始从根本上关闭了市场经济之路。我一直视它(而不是农业合作化或三大改造)为历史的某种转折点。正如不是毛泽东逝世或'四人帮'垮台而是林彪事件是思想史上的某种转折点一样。中外史家似多未重视这些关键环节。"

9月17—19日,在"实践美学的反思与展望"研讨会上(北京第二外国语大学)发言[后收入《李泽厚近年答问录》],首次认可以"实践美学"为自己美学观命名:"我自己从来没有用过'实践美学'这个词,包括我在上世纪五十年代所写的文章里,也没有用过这个词。我讲'实践'讲的很多,当然也讲'美学',但从来没有把这两者合在一起叫'实践美学'。这是别人加在我的头上的。在这个会议上,我愿第一次表示接受这个词。"

阐述"本体"概念,认为:西方的本体论讲Being,即"存在"或"在""有""是",而中国没有这个概念。中国讲的本体,在根本上不是西方意义上的本体,不是康德意义上的本体论(ontology)。我们讲的本体,就是本根、最后的实在或根本这个意义。"我的哲学为什么叫人类学本体论或历史本体论，就是认为这个东西是历史的，来自人类本身。有人认为实践美学就是讲劳动而已，认为太低级了，而审美是非常高级的。高级的东西怎么能从这个低级的东西里面出来呢？其实，他们不知道，在生产、制造和使用工具的过程当中，群体的要求就是价值，通过巫术礼仪等程序，慢慢地将其制度化，慢慢地变成伦理规则。在中国，伦理、宗教和政治三合一。周公制礼作乐，然后孔子把它内在化，落实为心理的和伦理的要求。它们与审美是有深刻关系的。'美'这个字无论中西在早期都具有'善'的含义或与'善'连在一起的。而它们都首先来源于狭义的实践即使用—制造工具的漫长的人类历史过程中。"

继《哲学自传》之后，先生再次高度评价赵宋光："我对赵宋光先生的研究非常重视。它的研究证实儿童时代通过动作获得知识，儿童在幼儿园就能学习代数。这些与我讲的'以美启真'便有关系。"重申当年和赵讨论人类起源的意义，指出："这就涉及操作与语言。操作必须有语言，从幼儿教育开始，必须要有语言……我认为语义是在人类生产实践中的那些经验中产生的，正是那些生产的经验、那些群体关系的经验造就了语义。这是我在六十年代提出过的看法。这个语言和动作的关系是很重要的，在古人类时期就存在这种关系。语言逐步转化为内在意识。语言是在先的，无论从历史角度考察，还是从科学角度考察，都是这样。所以，制造工具和使用工具好像是无所谓的东西，实际是非常重要的。"

9月23日，宁乡青年刘春再赴北京寓所拜访先生，此前曾于8月18日初访。先生忆及当年在靳江中学读书和在麟峰小学教书情形。往事依依，故人历历。刘春外公即当时麟峰小学校长肖斗南，曾外公肖庆涵即靳江中学的创办者。先生多次提及，靳江中学是他一生最勤奋的时期；初中母校靳江中学给他印象最深。

11月，撰写《中华文化的源头符号》[后收入《历史本体论·己卯五说》（增订本），自谓"聊作《己卯五说》补篇也"]，分别为：（一）鱼：生命的符号；（二）龙：权威/秩序的象征；（三）汉字：并非口头语言的记录。先生指出:"作为中国文化源头符号,'鱼'所宣示的'哲学'也正是这个人的生存和生命。所以,不是精神、理性、意识,不是天理、良知,不是现代新儒家的'道德精神''德性自我',而是那实实在在的'人活着'即人的物质性的生命、生存和生活,才是第一位的现实和根本,是第一原则和首要符号。这也才是真正的'生命哲学'。"

指出"龙"是权威的象征:"在'龙'的权威统治下,社会秩序化、组织化、等级化,在基本或能保护人们安全的同时,也带来了常规性的和规范性的剥削、压迫、掠夺和侵害,带来了各种恐惧、忧虑和哀伤,使生命、生活、生存失去了它们本有的自由、活泼、愉快和欢欣。于是,它也同时会带来对这权威/秩序和规范、统治的各种反抗。"认为,"龙"所展示的是权力/程序/规则。

认为,在新石器时代仰韶等处都有在陶器上的刻划符号,"正是汉字——书面语言——的起源。而汉字并不'是记录语言用的'……我以为,汉字(书面语言)重大的特点在于它并不是口头声音(语言)的记录或复写,而是来源于和继承了结绳和记事符号的传统"。"汉字文言中虚词的众多和并非口语特点的音乐形式,如由平仄音调到字义的对偶反复、抑扬顿挫、合辙押韵,使汉字文言文的表情功能非常显著而重要。它融情感、理解、记忆三者于一炉,对中华文化心理结构的塑造和影响甚为巨大。也许,中华儿女可以流连忘返在这作为心理积淀的汉文字(书法)和文学中,去寻找或寄托那失去的历史家园和邈远的故国乡愁?!"

12月,答赵汀阳问[刊《联合国教科文组织:哲学节在中国》(*UNESCO Philosophy in China*)2004年,《年度学术2004:社会格式》,中国人民大学出版社],排中西十哲名次:"中国哲学嘛,孔子、庄子、老子、荀子、孟子、韩非、王弼、慧能、朱熹、王阳明;西方嘛,康德、休谟、马克思、柏拉图、亚里士多德、黑格尔、笛卡尔、毕达哥拉斯、杜威,就加上海德格尔吧。"庄子排第二,不是一般的孔老、孔孟、孔墨,比较特别。认为最重要的哲学概念,"还是命运。……命运,也就是人(人类和个体)的'立命'

问题，应是哲学的核心"。

12月，撰写《四星高照，何处灵山——读高行健》（后刊《明报月刊》2013年3月号，编者注曰：2004年，李泽厚先生写了下文，因不满意，从未发表，宣布封笔后，不拟再改。近由刘再复交本刊登载），认为："庄子可能是中国最伟大的哲学家。他发现了两大秘密：历史是场悲剧，人生是场悲剧。"所谓历史悲剧，是指科技进步必然带来无穷无尽的欺诈和剥夺；所谓人生悲剧，是指人生下来就搞不清楚到底人生是梦，还是梦是人生。云：最欣赏高行健有三点：第一，是反对欧化语言；第二，高避事（政治）避世，逃避"主义"，竭力寻求自我和真实，却并不落脚在尼采贬斥庸人、以强凌弱的发狂"自我"中；第三，高写作只是为了写作，不求发表，不是为了拯救他人或个人发泄。《灵山》就是他的"灵山"，人生无意义，世界无目的。"'灵山'在哪里呢？在各人自己去寻找、去选择、去决断的平常生活中。"

蒋庆选编《中华文化经典基础教育诵本》在高等教育出版社出版。该书引发关于幼儿读经的大讨论。薛涌发表《走向蒙昧的文化保守主义——斥当代"大儒"蒋庆》对其进行批判，秋风发表《现代化外衣下的蒙昧主义》对薛涌进行反驳，而薛涌以《什么是蒙昧——再评读经》回应。《南方周末》为此特辟讨论专栏。

4月24日，张岱年逝世。

2005年

(乙酉)·76岁

1月,撰写《说巫史传统》(后收入《历史本体论·己卯五说》,自谓"聊作《己卯五说》补篇也"),分别为:(一)由巫到礼;(二)礼的特征:宗教、伦理、政治三合一;(三)天道与天主。认为:由巫到礼,"这个关键环节在于'祭'。'祭'的体制的确立是这个转换性的创造核心"。中国传统是宗教、伦理、政治"三合一"的"礼","也正因为这个'三合一'的'礼治'或'德治'具有这样一种宗教性的'圣'的信仰和力量,所以它才成为几千年来的中国士大夫知识分子所强烈拥有的基本观念和殷切企盼的社会理想"。"今天,舍弃原有'三合一'的具体内容,改造其形式结构以注入新内容。这便是对传统的转换性创造……也许,这种对生命神圣和人生神圣的奋力追求,才是中国巫史传统以及儒学对世界文明所能提供的贡献。"

论及天道与天主:"中华文化和心理信仰以这朦胧含混的'天道'而不以明确具体的'天主'(God上帝)作为主宰,这一点极为重要。""天主说"认为天主是唯一神,是超人类经验的实体或本质所在。"天道"则不然,它"始终没有发展或接受全知全能、至高无上、人格性唯一神的天主(God)信仰,却产生和延续着含有规则性、律令性、理势性意义在内的'天道'观念,这不能不说是中华文化思想史上最早、最重要也最具根本性的心理成果。而其原因,正在此巫史传统。强调巫术区别于宗教的主要特征在于,人作为主体性的直接确立。它在中华上古的理性化过程中演变为'礼制'和'天道',最终形成了'实用理性'和'乐感文化'。这便是中华传统的基本精神。中华文化是肯定人们现实生命和物质生活的文化，是一种非常关注世间幸福、人际和谐的文化（A culture of worldly happiness）"。

该文重申兵家的重要性，认为兵家是中国最早、影响很大而且广泛、久远的思想家群。并赞同何炳棣关于兵家—墨家—法家这条思想史线索的探索。兵家讲求的是生死之道，与先生后来提出中国实用理性是"生存的智慧"等观点均密切相关。"我一直以为，战争在中国上古文化和思想的形成中起了非常重要的作用，它是中国上古思想走向理性化的一个基础或原因。这不只在'由巫到礼'的过程中，而且还在后世道家、法家的产生形成中。"

1月，《实用理性与乐感文化》出版（生活·读书·新知三联书店，2005年），该书中的第一篇《论实用理性与乐感文化》是新作，其余诸篇为旧作。该文分上、下篇。上篇"使用理性的逻辑"；下篇"关于情本体"。承《历史本体论》（2002年）提出的"实用理性乃'经验合理性的概括和提升'之观点，继续阐述人类经验来自'实践'"。重申《批判哲学的批判——康德述评》（1979年）中的观点，人类最根本最基础的"实践"是使用—制造物质工具的劳动操作活动，亦即社会生产活动。"人以此作为基础区别于其他动物，形成不同于任何其他动物群体的社会语言、秩序、组织和各种物化以及物态化的产物或符号，我统称之曰'人文'（human culture）。与之相应，由此文化积淀而成心理的结构形式，我统称之曰'人性'（human nature）。"认为当年在《批判哲学的批判——康德述评》中提出的关于逻辑、数学亦即人类理性的来源和"本性"的看法，二十余年来一直无人注意，因此大幅引用原文达3000字。强调尽管论证尚须细密和深入，但这些基本看法甚为重要，"它说明了作为人类特有的理性工具的逻辑和数学来源于操作建构百万年以上的历史积累和理性内化。它是人类得以生存的实用理性的'度'的本体性的成果展现"。并且认为，"中国传统实用理性的最大缺陷和弱点就在于，对这一实践操作本性的感性抽象的意义和力量缺乏足够认识和充分发展。这也是中国缺乏高度抽象思辨的纯粹哲学的重要原因……今日提出'实用理性'，应该对自己这一传统进行必要的自我审视和批判"。"历史本体论从人类学（即整个人类文明）的哲学视角出发对'实用理性'所提出的界定，便已预设了这一'日日新'的含义。"只是需要相当的时日。

承接《历史本体论》（2002年）对海德格尔的评述，再次指出，从尼采到海德格尔是以理性方式更为复杂地突出了肉体生命的虚无和毁灭，尽管是反理性主义，其实质仍然是理性对自然情感的压倒和摧残。海德格尔的"未知死，焉知生"与孔子的"未知生，焉知死"在哲学上可作一对照。海德格尔哲学是"士兵的哲学"，"正是以极度抽象的理性凝聚鄙弃日常生活和生存以制造激情的崇高，从而使这种情感可以引向某种深沉的狂热"。"'未知死，焉知生'在战争时期可以是满怀激情无所计算地向前冲行；和平时期便也可以是无所计算地服药狂欢，唯当下快乐是务。"由尼采、海德格尔的无神论往下一转便是今日后现代的彻底虚无主义。主张用"情本体"来消化和填补海德格尔。

自《历史本体论》（2002年）提出"度"是哲学第一范畴之后，《实用理性与乐感文化》首次提出美学作为第一哲学观点。此前从《批判哲学的批判——康德述评》开启的重视人类心理本体建设的思想红线，经过主体性、乐感文化、情本体等思想历程，至此，美学作为第一哲学说水到渠成。

比较自己"实用理性"思想和杜威"实用主义"，认为杜威强调的观点和自己的看法几乎完全相同。"即：第一，劳动操作活动是人类经验的根本内容和基础；第二，符号运作包括数学演算是从这个基础（操作活动）中提取、抽象而成，却具有脱离一切特殊经验的独立性。"即先生所讲的操作建构的"理性内化"。指出杜威的不足是，只是从人们经验技艺的角度，而没有从人类历史宏观的角度来考察、讨论这一问题。"本文主张复活Dewey，补救他的缺失，并把他与Marx和改造了的中国传统接连融合起来。这样就要回到实用理性的第一范畴'度'。"

对此，有论者认为："杜威和李泽厚都强调数学和逻辑不是实体的东西，而仅仅是认知的工具和方法，并不是事物本身的属性……杜威对数学来源的某些描述似乎也跟李泽厚的哲学观点相似。杜威提及的不仅有操作，还有'一些设备'工具的使用。他将数学的发展看成一个从早期刻痕、划痕演化到后期形象和图表的历史过程。但是，他并没有以这些概念为基础。对于李泽厚来说，人类历史上工具的使用是他思想的中心，他建立的哲学思想也因此超越了杜威和其他实用主义哲学家。""李泽厚对世界的理解要比杜威的工具性认识更进一步，因为对他来说人类是这个世界上的生物。'实用'理性不是'实验经验主义'或'实验的逻辑'，而是人类历史存在的逻辑。他不属于实用主义，而是属于人类学本体论。"❶

阐述其"实用理性"之所以不属于"实用主义"，而属于人类学本体论，就在于"实用理性不停留在 Dewey 对生存情境（situation）的确定、处理、解决这一主体实践操作层面，而且要进入由人类历史所积累形成的对世界（自然与社会）的整体把握层面"。

第一次明确解释为什么说美学是第一哲学："自然人化论和实践美学之所以最后落脚为多项心理功能的复杂结构体，我称之为不断生成、变异和积累的文化心理结构的'审美方程式'或审美'双螺旋'（Double helix）。它不只有美学、艺术的意义，而更在于它具有人和宇宙自然共在的本体论的性质。'审美方程式'或'双螺旋'作为人的心理的最终构成（'成于乐'），在于它把'人和宇宙共在'连成了一体。这也就是美学为何成了历史本体论的'第一哲学'的缘由。"2010年先生和刘绪源对话时曾云：我这"美学是第一哲学"既是针对港台新儒家的道德形而上学，也是针对列维纳斯的"伦理学是第一哲学"。列维纳斯反对启蒙理性，强调责任高于自由，自由为了他人。先生认为，不是"德"（道德）而是"美"（即"度"）使人成为人。

该文系统论述"情本体"理论，云："不是认识，不是道德，不是心、

---

❶ 林琪（Catherine Lynch）：《李泽厚与实用主义》，安乐哲、贾晋华编《李泽厚与儒学哲学》，第213、221—222页。

性、理、气、道，不是上帝、灵魂、物质、绝对、精神，而是多元且开放的情感，才是生命的道路、生活的真理、人生的意义。""你所依归的'情'是为国为民为世界？是为名为利为权力为地位？是为科学而科学，为艺术而艺术？是为冒险、旅游或爱情？……这其实就是中国传统说的'立命'问题，即建立自己生命的意义，这与其说是伦理道德问题，更不如说是信仰—宗教的情感问题。"提出："儒家、孔子强调'一个世界'（这个尘世世界）的真实性和真理性，将这个世界的各种情感：男女、亲子、朋友、家庭、同胞、乡里、自然界（山水花鸟）之间的欢娱、悲伤、快乐、苦痛、相聚、离别、怀念、追思……提到哲学高度，确认自己历史性存在的本体性格，倒可能消解那巨大的人生之无。语言不是存在之家，历史—心理才是。中国哲学的重新发展可能消化海德格尔，也正好对应多元、动荡、偶然性巨大的廿一世纪的后现代人生。"2010年先生和刘绪源对话时曾云："我的哲学构想，和国内的思潮，好像没有太大的关系；但和世界的思潮有关系。没有海德格尔，没有现在这种世界性的难题，也不会有情本体……这是一种世界的视角，人类的视角，不是一个民族的视角，不只是中国视角。但又是以中国的传统为基础来看世界。所以我说过，是'人类视角，中国眼光'。"

自1985年主体性第三提纲提出"情本体"概念，后虽反复提及，实际在《论实用理性与乐感文化》中才真正充分展开论述。有论者认为："在他进入本世纪的作品中，'主体'基本被'本体'概念取代了，但仍然保持着以情为本的'文化—心理'结构。""'情本体'可算是李泽厚晚年体系的基石，他认为情本体'伦理—宗教'的走向可将牟宗三的体系摄于其下，更试图通过阐发该本体'伦理—政治'的走向，以'儒法互用'为主轴，为儒家复兴乃至中国政治思想的重建提出新的方案。"[1]"通过对中西文化的整合性的审视、反思和升华，李泽厚提出了'情本体'这个全新的哲学命题，

---

[1] 丁耘：《启蒙主体性与三十年思想史——以李泽厚为中心》，《读书》2008年第11期。

这意味着一场哲学革命，它的意义伴随着历史进程将愈益彰显。"[1]有论者认为"情本体"的重大意义，"不仅在于它寻求将哲学的焦点从对未有生命之先和死后的问题的讨论转换到活着的人身上，也在于他努力将之作为哲学的主题……它改变了哲学的焦点，将'人活着'作为本体。"[2]

关于如何理解郭店竹简上"情生于性"即性是情的本源。先生云："这里的关键是对'性'的界定。我把'性'解释为自然生命。这样，情就是对性的直接现实性，是性的具体展示。对'性'的陶冶便都落脚到情上……我所理解的'情生于性'，是情从自然之欲产生又高于欲，而宋儒所解说的，则是性有先验的善恶。"[3]

"中国的山水画有如西方的十字架，到处可见，指向不同的'超越'……人在这个神面前是非常渺小的。它给予你的，其实是一种情怀、心境，一种人生态度，一种超越人世凡俗的超脱感。所以这是一种准宗教情感，是'情本体'的最高形式。""'情本体'内推为'以审美代宗教'的宗教哲学，外推就是'乐于政通''和谐高于正义'的政治哲学。'儒法互用'，在古代就是让'道由情出'的'礼'来渗透、补充、冲淡纯由形式理性建造的'刑''法'。""现在首先要做的，就是不允许再出现情理混淆、徇情枉法，不能再让人情（现在，人情背后往往就是势力和利益）破坏法治……所以我现在不愿意多讲'情本体'，我们现在缺乏的是公共理性，缺乏的是细密制定和严格执行法律的形式正义。"[4]有论者认为：情本体学说强调的是"心理成本体"，以"情"作为克服"理"与"法"的异化的手段，但情本体学说同样也是从哲学角度对个体生存意义和价值的美学解释。"情本体"学说之"情"不是一个心理学概念，而是一个哲学概念；情本体学说也非心理学美学，而仍是一种哲学美学，是其人类学本体论哲学美学或实践性美学的一种

---

[1] 赵士林：《李泽厚美学》，前言，第2页。
[2] 郑炳硕（Byung-seok Jung）：《李泽厚之"情本体"与儒学哲学》，安乐哲、贾晋华编《李泽厚与儒学哲学》，第204页。
[3] 刘再复：《李泽厚美学概论》，第102页。
[4] 李泽厚、刘绪源：《中国哲学如何登场？——李泽厚2011年谈话录》，第100—101页。

衍生和延伸。❶赵士林评价道："提出'情本体'，将美学作为第一哲学，是李泽厚哲学对中西哲学乃至文化系统的某种承续，又是某种颠覆，更是因应时代问题，面向人类未来，对中西哲学乃至文化传统进行'转换性创造'的思想贡献。"❷

1月，《忆香港》发表（刊《明报月刊》2005年1月号），系刘再复为《明报月刊》电话约稿，总编辑潘耀明又传真约稿，约为香港说几句新年吉利话。云："十多年来，我来往香港有好些次。每次，主人和朋友们都热情招待和宴请，使我至今心怀感谢。"忆及十年前在香港中文大学会友楼题词情景。

1月，对谈录《要启蒙，不要蒙启——李泽厚谈2004年传统文化复兴思潮》发表（刊《外滩画报》2005年1月18日），谈及"孔子学院"："外国人要与中国人做生意，急需汉语人才，如此而已。"谈及蒋庆读经，云："我不欣赏'少儿读经'之类的笼统做法、提法，它很难与当年袁世凯的'尊孔'彻底分清。蒋庆甚至公开谴责蔡元培先生当年取消读经。在我看来，如果'五四'那批人是'启蒙'，那么一些人现在就是'蒙启'；把启开过的蒙再'蒙'起来。"

1月21日，与王天兵对谈（刊《第一财经日报》2005年2月23日，原题《甲申岁末与李泽厚先生谈天说地》），云："黑格尔的《小逻辑》里说（这是我概括的，黑格尔是分散说的），年轻人有三个特点：一是认为这个世界一无是处，必须彻底重估和捣毁；二是认为只有自己最了不起，不可一世；三是什么事情必须黑白两分，不可'辩证'。尼采至少把前两点高度抽象哲学化地表达出来。所以年轻人非常喜欢尼采。"

3月14日，于科罗拉多博尔德撰写《回答陈传席的批评》（后收入《李泽厚近年答问录》），再次强调《美的历程》并非艺术史而是审美趣味史，而

---

❶ 徐碧辉：《从人类学实践本体论到个体生存论——再论李泽厚的实践美学》，《美学》2008年第2卷。
❷ 赵士林：《李泽厚美学》，第106页。

且是"鸟瞰式的观花",因此不可能作任何细部分析。指出:"该书初版也确有两处错误,一处由中国文学史家章培垣教授指出,误蔡邕为蔡琰;一处由我自己发现,误郭璞为郭象。"云:"《历程》小书十余万言,上下数千年,纵横数万里(从文学、各类艺术到历史和哲学),涉及人物、作品、事件、思想百十,自己并非专家(也不可能'专'那么多家),实自不量力,姑妄言之。该书初版于1981年,历年屡次印刷,远非始料所及。所幸该书尚无大错,小错也不多,并已改正,更没有什么常识性错误。"

4月,《李泽厚谈张悦然》发表(刊《北京青年报》2005年4月28日),云:"我很早就讲,遭到很多人反对——作家不要学文艺理论,不要迷信什么东西。愿意怎么写就怎么写,不要管什么理论、什么人物、什么效果、什么作用等等。"

4月,病。手术住院。

8月,《新周刊》记者采访录发表(刊《新周刊》2005年8月,原题《李泽厚:现在的年轻人可能都不知道我》),谈起1980年代,云:"说起1980年代,应该可以算是一个启蒙时期,越往后看越会发现1980年代的可贵。1980年代是个梦想的时代,刚过了'文革',人人都憧憬未来,充满希望,怀有激情,但这些到1990年代却沦为笑谈。"谈及1980年代对青年人的影响时说:"早就有人说我是'精神领袖'。在1980年代这样说是一种表扬,但在1990年代,他们是用这话骂我。不过,我坚持认为,我做了我应当做的事而已。"

9月11日,和陈明对谈《继承传统的"神"而非"形"》(后收入《李泽厚近年答问录》),云:"其实我最讲传统……我承继的是这个传统的'神',而不求形似,更反对复古。"附录中谈及哲学史、思想史、学术史的区别,云:"'哲学史'记载可独立于特定时空环境却具有启发思维、影响人生的长久(甚至永恒)价值的思想家的视角和命题。如Plato的共相、Aristotle的个体、Kant的知情意三分、Hegel的逻辑、孔子的仁、老子的道、朱熹的理、阳明的心,等等。'思想史'则须联结具体时空环境来阐释思想的当时意义和后世影响。'学术史'是某专业知识、创获、成就的历史。如化学史、数学史、经学史、史学史等等，其性质与哲学史、思想史大不相同。"

9月，《新京报》记者采访录《"第一次发表学术文章"》发表（刊《新京报》2005年9月27日，原题《李泽厚：穿越美与不美》），云："我到美国有三大冒险：六十二岁的年龄要学开车，很多朋友都劝我不要学，但是我没有办法啊，在美国那种环境里，不学开车我没办法走路。第二个冒险就是必须讲课，我毕业后分到社科院，从来没有讲过课，到了大学里我必须讲课。第三点就是必须用英文讲课。没有办法，我硬着头皮去讲了，这三大冒险我总算都闯了过去。"

10月，采访录《哲学家只提供视角》发表（刊《新民周刊》2005年10月7日），指出："不喜欢夏志清的《中国现代小说史》。""严复说过，中学以博雅为主，西学以创新为高。大家对钱锺书的喜欢，出发点可能就是博雅，而不是他提出了多少重大的创见……现在对张爱玲评得太高了，我也不欣赏……我不读李敖的书，没什么好看的。（我认为）李敖是作秀。他很成功，我觉得作秀太累。"

10月，采访录《"我不承认思想已老化"》发表（刊《中国新闻周刊》2005年10月31日），"附录"谈超女："所以倒推来看，是不是说我们现在的生活不是很快活。中国的特点是前现代也好，现代也好，后现代也好，同时并存。因为进入现代社会，理性会控制一切，激情燃烧的岁月过去了，黑格尔所说的散文世界来临了。"

10月，《记忆》发表（刊《明报月刊》2005年10月号）："我上初中时，一个早晨能够背熟好几篇古文以对付考试，但过几天便忘得干干净净。""人类是历史地存在着，也即是说，是根据记忆在生存着、活动着，人的各种不同和记忆织成了历史的'同一事件'，那'同一'到底有多少真实呢？"

11月，《诗词一束》发表（刊《原道》第12辑，原题《李泽厚先生访谈》；2006年6月补抄《虞美人》一首、《七律》三首、《七绝》四首。收入《李泽厚近年答问录》），云："没有特别背景，那位年轻人喜欢旧诗，特别索要。

于是给了他。"

11月,接受《经济观察报》记者采访(刊《经济观察报》2005年12月5日,原题《浮生论事》为编辑所拟),云:"我只是在中国传统的基础上融化康德和马克思。我也吸收了不少后现代的思想。"认为周公、孔子、秦始皇是中国历史最重要、贡献最大的三个人,"秦始皇统一了中国……搞了书同文等等。汉字在维持中华民族的延续、发展和统一方面起了极大的作用……汉字具有神圣性、可崇拜性……没有汉字,中国很早就分成很多个民族国家了,就和欧洲分成那么多民族一样。而且,汉字控制着语言的发展,而不是语言控制文字的发展。在西方恰恰相反,是语言控制文字的发展"。"有人说我已在美学上远超朱光潜,哲学上远超冯友兰。我心里倾向接受,口头却连说不敢,我还没想清这到底是我的谦虚还是虚伪。"云:"我抓了一些根本性的问题。这样才能走进世界,和西方沟通。从王国维到冯友兰、牟宗三,都是走向世界,我希望将来能走进世界……对我的评价,可能要在我死后三十年或五十年。"

12月,为《中国美术全集》(黄山书社,2010年)作序,指出:"我刚从印度归来,看了好些印度的古建筑、雕刻和壁画,如Ajanta、Ellora石窟,khajuraho的神庙以及泰姬陵等等,以前我也看过埃及的金字塔和Luxor的巨大宫殿,柬埔寨的吴哥窟,秘鲁的Machupichu以及雅典的巴特隆神庙、欧洲的哥特式教堂。我总震惊于这些石建筑巨大体积给人的震慑和力量感,它们有时几乎以蛮力的形式展示着神(其实是人类总体)的无比强大、优越和威严,从而也常常慨叹中国传统都是木建筑,《洛阳伽蓝记》中描述的那些高耸入云的楼台寺庙统统没能留下。与这种感触相并行的,是对异域艺术狂放情感的强烈感受。带着骷髅项链跳舞的毁灭之神湿婆,既狂欢又恐怖;哥特式教堂狭窄却高耸、空旷的内部空间所传达的神秘、圣洁……它们对情感的激烈刺激,至今仍可依稀感受。而所有这些,中国艺术似乎都没有。"提出为何中国传统缺少巨大的石建筑问题?认为这与中国上古漫长的成熟的氏族体制保有反对滥用人力的原始人道与民主有关("巫史传统"),此观念最后形成和发展为儒家的"礼——仁"思想：对外追求等级秩序的社会和谐，对内追求情理互渗的人性和谐。既不禁欲，也不纵欲；既不否认鬼神，也不强调鬼神，"敬鬼神而远之"。总之，是非常肯定和重视人的现实生存和生活，强调清醒地、实用地、合情地处理它们。

12月，姚文元去世。

2006年

(丙戌)·77岁

1月,《南都周刊》记者采访谈1980年代发表(刊《南都周刊》试刊号,2006年1月20日,原题《理想、激情和希望的年代》),云:"中国社会的重大变化就是从90年代的经济大发展大变革开始的。人们都在想赚钱,使自己生活得更好,其他问题都变成次要的了。我认为这基本上是一种健康的发展。"谈及80年代的"新启蒙":"'新启蒙'是比较晚的,王元化他们在上海搞的,当时我已经不赞同了。因为那时中国的问题已不是启蒙的问题,而是要让思想、启蒙进入制度层面、化为制度的问题。所以我当时不赞成把一切的错误和问题都归根于文化的提法。"用一句话概括80年代:"苏醒的年代,理想、激情和希望的年代。"

2月,对话录《"超越"与"超验"》发表(2005年9月与杨国荣在上海的对话,刊《学术月刊》2006年2月号,原题《哲学对话:问题与思考》),云:"中国无宗教,中国以审美为代表的情,是在人的生活活动中发生的。世间真正值得留恋的就是你的人生,人生是情感性的,包括你个人所获得的成就,可珍贵的是它所唤起的情感完满的体验、把握真理的愉快,而不是外在的东西,也不是名利感、虚荣心。""我认为海德格尔之后就没有成气候的哲学家。海德格尔还是应该承认的,但是即使他,在晚期也沉迷于自己编织的语言迷宫里……20世纪是科技发达,人文消失的世纪。西方哲学、文艺整体上似不如19世纪。"

4月1日,夜半醉匆草《忆长沙》(原为《长沙百咏》序文,刊《明报月刊》2007年2月号),云:"在异域异常寂寞,更难得有来自家乡的音讯。""当时，是在第一师范读书，思想是愈来愈左，醉心于《西行漫记》《历史哲学教程》之类的书，自以为革命正宗，根本瞧不起储安平《观察》，现在想来，实在幼稚。"

4月，接受《原道》网电话采访（刊《原道》网，2006年4月18日，后收入《李泽厚近年答问录》）：明确表示反对陈明把施琅说成民族英雄的观点。"第一，伦理价值有绝对性；第二，我反对盲目歌颂清朝；第三，对施琅我持否定态度。""中国现在正在发展强大之中，特别要警惕这一点，国家弱小的时候倒没关系。一定要保持我们文化上的平和与宽容，不要重蹈德国、日本的覆辙，被民族主义情绪淹没、吞噬。不好斗不好战，这是中国能够长久居于世界文明之林的一个重要原因，这也是儒学的一个基本精神。儒家一向反对穷兵黩武，主张王道，反对霸道。"

4月，记者采访录《实用理性与实用主义三异同》发表（刊《南都周刊》2006年4月30日），指出实用理性与实用主义在哲学上有三同三异："同：一、两者都反对先验主义，都认为人的认识、道德和审美均由经验而来；二、都以人类的物质性生存为基础和目标；三、都非常强调人的操作实践活动，认为理性由此出，理性只是工具，都面向未来。异：一、实用理性强调人类生存和活动的超生物性，与生物适应和控制环境有根本的不同，这个不同起源于使用—制造物质工具，实用主义漠视这一点；二、实用理性强调历史的积累和文化对心理的积淀，认为从这里生发出客观性及普遍性的绝对标准和价值，重视历史成果，所以叫人类学历史本体论，实用主义不然，认为有用即真理，一切均工具；三、实用理性设定物自体作为经验来源和信仰对象，实用主义否定这一点。"

"我八十年代即明确反对世界公民的说法，这有文字可查，至今仍然如此。'我为人类工作'，本是马克思说的，我很喜欢这句话，所以也用了，但内容和马克思不同。马克思为人类提供了唯物史观和无产阶级世界革命的理论，我为人类提供我所理解的中国传统的巨大内涵和价值。基督教讲天主、耶稣的绝对性和普遍性，我讲天道（亦人道，即人类的生存延续）

的绝对性和普遍性。我说明中国传统不但完全可以与其他文明相匹敌，而且可以为其他文明所参考、吸取或采用……我把中国传统跟西方哲学和宗教做了一些具体的比较，提出了巫史传统、乐感文化、实用理性、情本体、度的哲学等等来解说中国传统或儒家学理，而不是停留在反复谈论民族精神、儒家传统等空泛或空洞的口号、观念上。包括在语言上，我有意识地学习、承续中国传统的简洁、明畅，来反抗高谈民族性却连文体都是西方后现代式的冗长、模糊。"

5月，对谈录《世界革命与民族主义》发表（2005年12月9日和王天兵对谈，刊《社会科学论坛》2006年5月号），云："但我认为在十九世纪和二十世纪上半叶，民族主义有其意义。现在在国际方面（比如苏联、南斯拉夫解体），民族主义很尖锐。正因为民族主义在很多地方出现，我更要强调它的危险性。"

5月，《漫说康有为》发表（刊《明报月刊》2006年5月号），云："作为思想家的康有为，他却仍应有崇高地位……他与现代保守主义思想源头的张之洞、激进主义思想源头的谭嗣同，鼎足而三，是中国自由主义的思想源头，至今具有意义。""他是'西体中用'的先驱……他缺少了'转换性创造'这一重要观念。""所以，他虽是中国自由派的源头，却须要批判和超越他，自由主义才可以在中国开花结果。"此文引起论者广泛关注，认为先生将"西体中用"的源头追溯至康有为，此说特别值得重视，这对于理解先生思想非常重要，且强烈提醒我们应当回到康有为，回到康有为的问题意识中，检讨康有为的得失并找到正确的道路。先生自1950年代初即研究康有为。1956年发表研究论文，1958年出版研究专著，直至21世纪初仍在关注康有为。从1950年代到现在漫长的研究过程中，康有为几乎是先生经常在写、在谈论的一个关键人物。但观点是有坚持也有变化的：坚持即充分肯定康有为改良思想的重大价值；变化是，1950年代的立场是褒革命和贬改良，但同时比同时代人更同情改良。1980年代前后，在《二十世纪中国资产阶级革命派思想论纲》一文之后，对康有为评价越来越高，认为康有为所选择的是英国式的改良方式，这种方式可以避免暴力革命，保持社会相对稳定和和谐，而不赞成法国革命的方式。1999年出版的和刘再复对话集《告别革命》，则多次更加明确地推崇和肯定康有为。有论者认为，"从这样的角度来展开对康有为改良思想的讨论，具有巨大的超前性"。先生对康有为的评论，"特别有意思的地方，是他对中国思想版图的描述。在李先生的思想史谱系的划分里面，康有为被认为是中国自由思想的源头，而不是一般认为的严复。李泽厚除了早期短暂认为谭嗣同在哲学上比康有为更深刻以外，1980年代以后，基本上肯定近代中国最深刻、最有洞见的人就是康有为"。"从康有为和'改革的马克思主义'中，李泽厚自然地得出，中国的发展是要告别革命，提倡改良。他给中国社会的发展提供了一个路线图。"路线图即先生认为中国社会发展的四阶段论。❶

5月17日，在纽约大学东亚系主办的"李泽厚2006年春季纽约大学讲座"上讲演并和师生讨论。

在回答主体性的英译问题时，指出：subjectality "是我自己创造的一个词。Subjectivity在西方语境里是主观的意思，是讲意识、心理、精神等方面；而主体是讲人相对于自然界和外界的客观的整体活动和存在，从而形成一个主体……三十年来，我一直坚持只有主体的物质的现实性的活动才是实践，因之，我讲的实践是使用和制造工具，认为这是人类生存延续的最基本的实践活动，而不是主观意识和思想的活动"。劳动就是指制造—使用工具，其他的劳动都是派生上去的，这是人类的源头。

谈及动物和人使用工具的区别时，指出："使用工具是动物也可以做到的。而人制造工具的必要条件是：脑的发展，有语音，有一定规模的群体，有外在生存的压力、无工具便不能生存等等。这些都是必要条件，再加上制造使用工具的多样性，就是充分条件。为什么强调制造工具？因为一般的动物都是用肢体作为工具的，而人发展到使用石头打石头，这最重要。这需有

---

❶ 干春松：《在"李泽厚与80年代中国思想界"座谈会上的发言》，《开放时代》2011年第11期。

很大的心理能力，这使得人产生独特的自觉注意力，和动物的注意力不同，后者注意的对象往往是和自己自然的直接的需要相关。而制造工具不同，不是为了吃，而是为了达到另外的目的，与吃只有间接关系。这一点不可小看，非常重要，它在形成人的心理上是很大的飞跃，产生具有韧性的自觉注意力、想象和因果观念的萌芽，等等，造成很重要的人和动物的区别。这是起点。"坦承自己之所以要提出人类学历史本体论，根本原因是要解决康德的先验论的来源，即"认识如何可能"应由"人类如何可能"来回答，人类要靠自己，不是靠上帝来拯救。

6月，于博尔德接受访谈，形成答问录《情本体、两种道德和"立命"》（后收入《李泽厚近年答问录》《人类学历史本体论》），谈及人性能力，认为："'人性能力'看来似是形式，其实却是人们心理中情理关系的某种具体结构，所以并不空洞。它虽然必须由历史上不断演变的相对伦理制度和规范所不断塑建，但这'形式'本身却超出这些伦理制度、规范的相对性和一时一地的历史性，而对人类具有绝对的价值和意义。"

谈及权利与善优先问题，指出："在现代社会，我主张由现代经济生活所决定的权利优先，也就是社会性道德优先……权利优先，贯彻着'人是目的'。善优先，则活生生有血有肉的人可以不是目的，灵魂、上帝、集体、革命才是目的。"论及情本体："我曾说过梁（漱溟）和钱（穆）比现代新儒家熊（十力）、冯（友兰）、牟（宗三）更为准确地把握了中国传统的特质和根本。但他们语焉不详，没有从哲学上展开，经常只是提示一下而已。"

"2006年4月《科学的美国人》杂志发表了一篇瑞士人类学家的研究成果，他们在苏门答腊对某一猿类的野外观察研究，得出的结论是'智力产生于文化'（intellgence-through-culture），即人的智力是通过文化生成的。这'文化'指的就是'使用工具'（tool use）在一定群体内由模仿而传播和保存。这一实证科学的假说与我三十年前的'文化心理结构'的哲学观点完全吻合，读后感到非常高兴。"表示"我期望未来世纪脑科学的发展，将科学揭开这一人性能力问题,进一步证实我这个'积淀论'的哲学视角的确当性,来更好地更有效地帮助人们去发展自己的才智能力,去创造、把握自己的命运"。

7月,撰写《批判哲学的批判——康德述评》30周年修订第六版后记并答问(刊《读书》2007年1月),指出:"本来,处在二百年前现代化入口,为建立现代社会性道德,需要摆脱中世纪宗教和神学的统治,康德祭起同样神圣的纯粹理性来替代上帝,以独立自主的自由意志来对抗前现代对权威的屈从,它给现代化所要求的个人自由开辟了道路。""我以为康德—黑格尔—马克思这一传统所提出有关人类(从而个体)命运问题,比后人包括比今日的学术明星所提出的问题和论点要坚实和重要。""今日全球一体化所带来的可能正可作为解读康德所追求的普遍性的真实基础,而法治基础上的世界公民和个人禀赋的自由发展,则可成为对全球未来的理想性展望。我所提出的历史与伦理二律背反,也正是由这一历史进程而提出,是承继这个康德—黑格尔—马克思传统而来,如上面已提到的大我小我问题。"

此前每版都有修改,大小不一,有时只改动几个字,但很重要。此版改动较大。还加了一段话,在第381页上。特别强调要注意德国思想的教训:"一个值得探讨的问题是,与康德、歌德不同,自费希特、谢林、黑格尔,到尼采、韦伯,到海德格尔、施米特,也包括显赫一时的各种浪漫派,尽管德国思想硕果累累,但如本书第一章所叙说,德国从分散、落后、软弱变而为统一、强大、富足的过程,由于对英、法所代表的资本体制和平庸世俗的不满和愤懑,它以民族文化的特殊性来对抗和'超越'现实生活的普遍性,却终于最后走上一条反理性的发疯之路。希特勒的出现和获得'全民拥戴'(包括海德格尔、海森堡、施米特等大量知识精英)并非偶然。我以为这是不容忽视的德国思想史的严重教训。"

先生这段话有鲜明的现实针对性。强调对常识、庸常的认同,重申自己多年提倡要重视英美那种看来浅薄平庸却非常合乎理性(reasonable)的

经验论和常识哲学,而不是高玄深邃颇具吸引力的理性或反理性的哲学。❶

9月28日,接受《原道》记者予沉访谈(访谈稿《孔诞、儒家与中国文化:从教师节谈起》刊《原道》第14辑,2007年)。

谈及华人学界朋友:"林毓生是我的老朋友,我1992年初就能去美国,并不容易,他出了不少力,我至今感谢。他某些自由主义的基本观点,我也非常赞成,当然也有不同的地方……我常说,君子和而不同。在海外华人学者中,我批评得最多的是杜维明,主要是反对他那'儒学三期说',他没帮过我什么忙,但我对他个人毫无意见。听说前几年他还说过我的好话,这很难得。我很喜欢傅伟勋,可惜他早逝。至今我仍非常怀念,尽管我跟他交往并不多。我一向不大和人来往,其他的华人学者接触极少,就谈不上什么了。当然,林顺夫、许倬云也是帮过我的忙的。我一直认为,学术观点不同,仍然可以是朋友。我和赵宋光、钱广华,几十年都如此,观点有差异、出入,也常常激烈争论,但一直是好朋友。"

谈到文化自信时,云:"我觉得自己有真正的儒家精神。"而很多儒者"气度太小"。"教育到底要怎么改,用什么教材,如何才是好教材,这才是值得研究和讨论的,这比定个教师节重要得多……把细枝末节强调了,根本的东西就被遮蔽掉了。没人禁止讲教育的根本问题啊,为什么要把细枝末节大讲特讲,把根本问题反而遮蔽掉呢。"

9月,《马克思主义在中国》出版(明报出版社,2006年),该书序言(写于博尔德)介绍云:"其中一篇是今年新作,其余均系旧作,但似乎尚不过时。'马克思主义在中国'始终是历史和现实的重大课题,值得赞同、反对、同情、仇恨以及中立的人来好好思量、估计或讨论、争辩一番,也值得不屑一顾或全不关心的人关照一下。因为它直接或间接牵连着十数亿人,包括香港同胞,也包括你、我、他(她)在内的切身利害,关系着中国今日和未来在经济、政治、文化上的走向。"

---

❶ 李泽厚、刘绪源:《该中国哲学登场了?——李泽厚2010年谈话录》,第31—32页。

认为马克思主义"至今'活着'并将继续'活下去'的三个方面,一是有关科技生产力的理论;二是对资本主义缺失的揭示和批判;三是对人类远景的理想。其中第一项最为根本和重要,是后二者的基础,这也就是我在《批判哲学的批判——康德述评》一书中大肆宣讲扩展的理论,即关于'使用—制造工具的劳动实践'或'生产力—科学技术是整个人类的基础'这一根本观点。""中国学哲学的人包括我自己,更容易为理性主义吸引,所以当时认为马克思《资本论》展示的方法了不起,远胜达尔文。这一直到'文革'中才开始怀疑。"谈及自己和马克思的区别,指出:"我的哲学是'人类学历史本体论'。有时我玩笑把它叫做'吃饭哲学',说它是唯物史观的一种通俗说法。其实它与唯物史观仍有好些重大差异。第一,'吃饭哲学'突出的是'人活着'这一基本事实和哲学主题,唯物史观则将这一主题完全纳入生产力—生产方式的哲学—社会学原理中,以至这个实在、具体的'人活着'看不见了……第二,'吃饭哲学'强调'吃饭'是为了'活',但'活'不是为了'吃饭',亦即'如何活'并不能解决'为什么活'(伦理学)和'活得怎样'(幸福问题即美学、宗教问题)。唯物史观把它们都放置在'如何活'中,认为它们是一定经济基础的上层建筑和意识形态。'吃饭哲学'则强调它们独立的价值和意义。'吃饭哲学'有唯物史观所忽视和缺少的伦理学和心理学的哲学理论,从而不能等同于唯物史观。"

认为被列宁称为叛徒的考茨基哲学功底差,是以达尔文进化论为基础,并没有真正了解马克思。倒是伯恩斯坦,虽然理论上也毫无深度,但"他更为踏实和更为理性,不随波逐流,不为革命情绪所左右"。"特别是他多年流亡英国对工人情况和运动的深入了解,使他从现实经验出发,第一个勇敢地提出了对马克思理论的'修正'。如他所说这'是根源事实对假说所作的订正',伯恩斯坦说得很明确:'修正主义,这一理论词汇翻译成政治语言,即是改良主义。'"即主张渐进改良,告别暴力革命。

申明自己"告别革命"观点的来源,"倒可以说直接来自恩格斯……我第一次读《法兰西阶级斗争》序(大概是1951年)便注意了这点……恩格

2006年（丙戌）·77岁

斯曾多次表述过放弃革命、转向改良的看法"。"在1886年为《资本论》写的序言中，恩格斯说马克思也得出'结论'，'只有英国这个国家，不可避免的社会革命能完全由和平的手段来实行'，其他国家则不可能。"

文末注明本文写于2005年6月手术前后，留作纪念。此注意味深长，或有担心身体重大变故，不妨将心中欲言未言或言而未尽之想法和盘托出之意。自《哲学答问》(1989年)、《哲学探寻录》(1994年)之后，这是先生又一次采用自问自答式著文，而且此后时常采用，俨然成为其别具一格之文体。先生曾云："因不可能常跑图书馆借书籍作规范性学术论证了，只好把积累已久的一些看法直截说出。以后也如此，便成习惯，也不管别人如何嘲笑或指责了。"在此后《"关于美育代宗教"答问》(2008年)中，先生更对此作进一步自我申辩："哲学本是从对话、答问开始的，属于意见、观点、视角、眼界，而非知识、认识、科学、学问。通俗的问答体可以保持论点的鲜明性直接性，不为繁文缛词所掩盖。当然，如我所说，难免简陋粗略，有论无证，不合'学术规范'。但有利总有弊。也许，利还是大于弊吧。《朱子语类》不就比《朱文公文集》更重要、影响也大得多吗？"

10月，回家乡湖南访亲叙旧。20日，和成惕四等同学相约宁乡县城聚会。应约为母校宁乡四中以及湘潭市一中题词。

11月11日，出席江西婺源举行的古村落保护与新农村建设论坛，谈及古村落保护时云："古村落应该保护，但如何保护好？……要有一种悲天悯人的心态，要注意建设的'度'，这样才会使得保护过程中的矛盾得以合理地解决，任何事情都不是一刀切那么简单的。"

11月28日，接受《瞭望东方周刊》记者舒泰峰访谈（访谈稿《李泽厚论家国天下》刊《瞭望东方周刊》2006年11月28日），认为："实用理性使中华文化拥有强大的生存能力，其中包括对异己的包容精神。清朝满族作为统治阶级，几百年下来它的语言、文字、习俗在无声无息中已经完全汉化，这是一个奇迹。不过另外一方面，'实用理性'确实也存在着缺陷。它缺乏纯思辨的力量，虽与'实用主义'不同，但的确表现出某种短视，过于重视眼前功利。"强调对"实用理性"需要进行改造，认识和纠正自己文化的弱点。这恰恰是重视历史经验的"实用理性"题中应有之义。

秋，与刘再复对话（后收入刘再复《李泽厚美学概论》，生活·读书·新知三联书店，2009年），先生提出："总之我认为，人类的生存、生活、延续，这才是根本，这也就是历史。我的《历史本体论》讲的正是这一根本。""马克思很少讲这一面［指历史的积累性、偶然性和存在（物自体）的神秘性、永恒性——笔者注］，它只强调历史的一切全在特定时空中，我则重视历史的产物具有超特定时空即所谓永恒的一面。历史属于人，积淀成了人的本体存在。"先生表示不赞成沟口雄三的亚洲表述说，"但我仍以为，以鸦片战争为起点的各种纷至沓来的外部刺激改变了中国，才真正开启了中国历史的新篇章。这是一个非常重要的事实……沟口的说法仍然是西方流行的否认进步、否认普世价值的文化观念，他的亚洲表述实际上是一种相对主义。他否认'欧洲表述'，实际上是要否认普世价值，也不承认在人类文明史上，欧洲在近现代确实是个先锋角色……各文明、文化、国家、民族都是在各种错综复杂又难以预料（即偶然）的内外部刺激震荡下兴衰存亡和变化着的"。

12月，撰写《实践美学短记》（之二）（后收入《人类学历史本体论》），提出："要特别提到的是想象功能和理解功能，由于它们与动物本能性的情欲和感（知）觉产生了更为复杂的组合、交织、渗透，便逐渐形成了变化多端似乎难以穷尽的心理结构，即我所谓的'审美双螺旋'。虽然这只是哲学假说，所谓情欲、感（知）觉、想象、理解四要素（见拙著《美学四讲》），也只是非常粗糙疏略的心理集团的称谓，其中还有更为繁复细密因素的关系和结构，这将是今后百年生理学—心理学等实证科学研究的问题。"再次从社会和谐角度进一步解释"美学是第一哲学"："中国古代'乐与政通'，强调从音乐即人的内心审美视角来测量和构建人际的和人与自然的秩序与和谐，正是实践美学提出'社会美'的中国传统资源：'乐'和审美不只是'艺术'，而是整个感性世界的秩序和和谐。美学在这里是'第一哲学'。它

甚至可以包含政治哲学在内。"❶

12月，与潘公凯对谈（对谈录《"四大主义"与中国现代美术》，刊《潘公凯：弥散与生成》第四卷《潘与四大主义》，中国艺术家出版社，2013年），认为马克思没有注意到理论有绝对价值，因为马克思是从黑格尔来的，把道德作为伦理，决定于历史，历史高于道德。坦承现在马克思这种相对主义的伦理学还是主流，而自己赞成康德伦理学的绝对主义，培养人性能力是绝对的。提出"人性能力"概念："以前我把它简单叫作'人性'，现在明确叫'人性能力'。这包括人的认识能力、道德能力和审美能力，这是人之所以为人而不是动物的特征所在。其中道德能力也就是伦理精神，这个东西本身对人类的生存非常重要。"这个人性能力或道德精神是培养出来的，而不是天生的或先验的。谈及现代画家，他表示很喜欢齐白石、林风眠、丰子恺，也喜欢吴昌硕、潘天寿、李苦禅，不喜欢任伯年、徐悲鸿。主张中国美学史的分期，近现代是从戊戌变法开始，而不是1840年。因为1840年那时没什么现代的美学思想和思潮。关于中国现代性问题，认为费正清的"挑战—反应范式"有缺点、弱点，但比柯文的"中国内在论"的新范式要好。不赞成中国现代从明中叶算起的观点。

12月，《李泽厚近年答问录》出版，收入2004年至2006年访谈录25篇（天津社会科学院出版社，2006年），其中节录了《再谈马克思主义在中国》的第二、第三部分，有删节，题为《关于马克思的理论及其他》。先生将一组诗作收入集中，且又补入《虞美人》等九首。后面补缀一段文字："余乏诗才，亦素不专心于此。偶有所作，乃顺口溜之打油，记一时之实遣一己之兴以自娱而已。自知诗格平弱，不足寓目，数十年极少示人。前日小友予沉携去一组并予发表。人生鸿爪，转眼成尘，率性再录数首以纪印痕，均不堪回首忆当年之旧作也。抄毕慨然。（2006年6月于Boulder）"

是年，撰写王柯平《中国思维方式》序（后收入《杂著集》），指出：

---

❶ 2006年12月7日草于三亚银泰度假酒店（Resort Intime），窗临大海，听涛声拍岸未已。

"也正是因为'天人合一',中国哲学不讲being(存在),不重essence(本质)与substance(实体),而讲becoming(过程),特重functions(功效)与relationships(关系)。阴阳不是光/暗、善/恶、上帝/魔鬼;这里没有二分法,没有本质主义,对世界的把握不是理性的逻辑方式,而是充满情感的审美方式。"

是年,《美学四讲》英译本出版,李泽厚与Jane Cauvel《美学四讲·面向全球视角,Lanham》;列克星敦出版社出版。以下文字仅见于《美学四讲》英译本中:

> 作为人类,我们开始使用工具,通过合作来生产、建造生存所必需的食物与住所。这些活动中的一些变成了"礼"(rituals),并由此成为了惯例(rites)。"礼"不仅是习惯的、有效的做事方式;它们也成为了正确的方式。语言随后描述和反映了这些礼仪,我们也学到了行为的好坏之别。道德出现了。习俗法典化而成为法律的一部分,而法律变成了制度(institution)的社会结构。从这个角度来看,制度是法典化、礼仪化的群体行为,远比原始的礼仪行为复杂。它是后者的自然演化,形成了人类心理。我认为将来科学会发现动物心理和人类心理之间的主要差别,以及人类究竟在多大程度上依赖了文化史。

> 中国圣人将巫的能量进行改造和理性化,变成"礼"和礼仪,将这些能量阐释为体现于音乐和诗歌中以具有建设性。西方学者认为缪斯的力量具有吸引力而又很强,但是捉摸不定,且对人类最珍视的能力理性是一种威胁。

> 我用"积淀"这个词,意指作为独特的人性能力的一种文化心理构造的人性,人性从使用工具、社会交往以及巫术的礼仪式的历

史进程中形成。人之所以为人者被"积淀"到个体,理性被"积淀"入感性,而社会则被"积淀"入自然。同时,原始人的动物感官和自然心理结构的人化获得了人性的特点。❶

是年,中国社会科学院推选首批"社科院士"学部委员。据香港《星岛日报》报道,哲学所上报先生为学部委员候选人,但被认为"不符合政治标准"。

---

❶ 参见 Li Zehou and Jane Cauvel, *Essays on Aesthetics*, Lanham, MD: Lexington Books, 2006,转引自詹姆斯·加里森(James Garrison):《世界看起来应该如何?李泽厚、孔子、康德和世界观察者》,安乐哲、贾晋华编《李泽厚与儒学哲学》,第 117—136 页。

2007年

(丁亥)·78岁

1月,《蒲公英》发表(刊《明报月刊》2007年1月号),云:"小黄花过不了多久就变成了圆圆的小白球。它们高耸、笔直,不摇不摆,但如果你手指稍稍一触,它便顿时粉碎。它们是失去了生命最后岁月的僵尸。""'繁华如注总无凭,人间何处问多情。'可怕的大白球代替了诗样的小黄花,你于是永远也找不回那失去的柔情和美意。"

1月,答问录《循康德、马克思前行》发表(刊《读书》2007年第1期,后收入《李泽厚集·批判哲学的批判——康德述评》),指出:这次《批判哲学的批判——康德述评》三十周年第六版修订的"要点"是:"更突出了康德最后一问'人是什么'?突出地将'文化心理结构'的主体(认识、道德、审美)界定为'人性能力'(人性的主要特征和骨干)作为'人之所以为人'来解说康德。'人是什么'迄今并无解答,'人性'更是古今中外用得极多但极不清楚、非常模糊混乱的概念。这次修订本的上述界定,自以为重要。当然,人性还有其他内容和部分。其次,全书修订得最多的是第九章,以更明确的赞赏态度表述了康德'告别革命'、言论自由、渐进改良、共和政体、永久和平等论点,并重提'要康德还是要黑格尔?''回归康德'等问题,认为康德从人类学视角所追求的普遍性和理想性,比黑格尔和现在流行的强调特殊、现实的反普遍性具有更久长的生命力。"该文收进书中时,改为《循马克思、康德前行》。"这是为了明确表示,《批判》一书表层上的确是讲由康德如何到马克思,深层思想上却是由马克思'回到康德',工具本体发展到今天,该回到讲文化—心理结

构了。"❶

3月，答问录《他们是精英和平民之间的桥梁》发表（刊《南方周末》2007年3月22日，记者张健），支持于丹、易中天，认为他们是精英和平民之间的桥梁，"但是重要的还是精英思想，精英的思想还是思想史的主流。比如你要了解古希腊，你是了解那些哲学家的思想，还是了解那些老百姓的思想？你要了解先秦时代的中国，你是去了解孔子、老子、庄子、孟子，还是了解先秦老百姓的思想？你当然主要是去了解前者，因为这些精英在当时站得更高，看得更远，想得更深。后人从中可获取的智慧、能力和知识要多得多"。当记者问及是否想成为布道者，先生云："我从来没想过。我没有这个能力，也没有这个兴趣。如果我的书一下子销二百五十万，那我就彻底失败了。我想王国维，他也会不情愿自己的书一下子就能卖二百五十万吧。"❷

4月，答问《"谈恻隐之心"》（于科罗拉多博尔德，后收入《人类学历史本体论》，天津社会科学院出版社，2008年），云："历史本体论是建立在人类学即人类的生存延续的现实而不是建立在纯粹理性的设定之上。但历史本体论虽然重视人类学的生理基础，却又同时强调人性不能等同于动物性，不能把人类的道德行为归结、统摄在社会生物学之下。尽管人类作为族类，会继续原遗传基因和各种动物本能以维持和延续族类的生存，但这生存毕竟已进入千万年的文明——文化的历史过程中，它已经不是动物本能和生物遗传所能决定的了。所以我的总观点仍然是'自然的人化'。"

谈及"积淀论"和"人类学历史本体论"的关系，云："积淀论主要讲了人类学本体论的内在方面，即文化心理结构亦即人性问题。"它分为"理性内构"（前用"理性内化"）、"理性凝聚"和"理性融化"（前用"狭义的积淀"），由之而有人的"自由直观""自由意志"和"自由感（享）受"。人

---

❶ 李泽厚、刘绪源：《该中国哲学登场了？——李泽厚2010年谈话录》，第91页。
❷ 李泽厚：《李泽厚近年答问录》，第84页。

类学历史本体论还有其外在方面，如"两种道德"论的伦理学，从而"和谐（Harmony）高于正义（Justice）""儒法互用"的政治哲学（此即'美学是第一哲学'的展伸），等等。"它们都是历史的而非先验或超验的，都正是人类学历史本体论的重要内容，贯穿着'情本体'这根主线。这主线当然以更为复杂丰富的形态展现在审美和艺术中。""总的说来，我以为，未来脑科学将具体发现人性或文化心理结构所具有的各种神经通道和结构的生理根基和形成机制，从而实证地解说人类通由历史和教育，社会文化向个体心理造成了积淀形式。"

7月，访谈录《〈论语〉的生存智慧具有普遍性》发表（刊《新京报》2007年7月6日，记者陈远），认为今天中国需要的，还是"德先生""赛先生"。"我不赞成的是复古主义、民族主义的孔子。汉代有素王的孔子，宋儒有圣人的孔子，康有为有民主的孔子，孔子的形象是不断在塑造过程中间的。"

7月，答问录《每一个女人都需要生一个孩子》发表（刊《新周刊》2007年7月15日，记者朱慧憬），云："我看到过一些极端的美国女教授，有事业，没有孩子，我以为是巨大的损失和遗憾。我也看到许多女人有了孩子之后，就没有事业没有自我，这也不好。女人要有自己独立生活的价值。养育儿女是女性最大的快乐和伟业，它一点也不低于男性任何伟大的事业。"

8月12日，在长春参加东北师范大学历史文化学院主办的"东亚思想史国际学术研讨会"期间，应校方邀请举行"李泽厚先生答问会"，数百名师生与会，其中有几位日本学者，走廊挤满了人。在回答人类思维方式与其所处的社会形态关系时，认为人类思维方式归根结底，是由物质生产方式决定的，不是简单的时间问题。重申中国传统思维方式有它的特点，也有它的弱点："中国没有希腊形而上学的思辨追求，但是，中国思维注重联想、直观地把握。有一种创造性思维，既不是演绎出来的，也不是归纳出来的，是自由想象出来的。这种思维方式对创造、发明、发现有什么好处，还值得研究。所以我提出以美启真。"在回答有关《论语今读》和传统文化问题时说，自己是在1980年代反传统最高潮时写作《论语今读》的。

强调："现在来了个180度大转弯。现在不要用孔子、《论语》或者传统来掩盖当前最重要的东西。世界其他文明都没有了，只有中华文明维系到现在，这是很了不起的。中国大可走出自己的道路。真的走出来，这对全人类都是极大的贡献。"在回答"我们应该选择做怎样的学者"时，指出："每个人的个性都不一样，每个人的内在构成比脸的不同更大。一个自由的社会应该允许不同的人生选择。年轻人最重要的是认识自己的潜力在什么地方，这是很难的事情。兴趣并不代表能力。每个人都有自己的天赋，要客观地认识自己，发现自己的个性。实现自己的人生潜能，是人生最大的幸福。"在回答"旅美前后，您的思想有没有变化？在面临外来压力的时候，您是否打算改变？"时，李先生郑重指出："我在（19）89年之前之后没有任何变化……香港报纸说，李泽厚是两面不讨好，两面都挨骂。现在我不要讨好任何人。我很顽固，我的文章一个字也不改。我认为对的我就坚持。"

8月，答问录《希望保持批判锋芒》发表［刊《南风窗》2007年8月（上），记者阳敏］，云："八十年代的《读书》起了思想启蒙作用，所以影响很大，它突破了很多禁忌，包括那些风花雪月、'言不及义'的消闲文章，在当时也正是一种突破。九十年代后期《读书》严肃地关注、讨论国内外现实问题……例如，三农问题便是《读书》提出引起广泛关注，在《读书》历史上是有示范意义的空前创举，非常难得。"

10月29日，参加由哈佛大学哈佛燕京学社主办的"儒学第三期的三十年"学术座谈会（北京），黄万盛、陈来、朱维铮、陈少明、江宜桦、陈祖为等与会（会议发言，刊《开放时代》，2008年第1期）。重申新儒学最大问题是忽视汉儒；儒家精神是信什么教都可以。认为"儒学三期"，作为一个学派，可以向宗教性方面深入探求，但是不要搞成"儒教"。"我们需要原创性的东西，不要做洋奴，也不要国粹。怎么样来走出一条自己的路，带有创造性的一条路。"

是年，哥伦比亚大学出版社出版《二十世纪哲学指南》（英文版），其中中国哲学一章的论文由汉学家安乐哲（Roger T. Ames）撰写。该章分两类介绍了九位中国哲学家：第一类是"新儒家"，包括梁漱溟、熊十力、牟宗三、唐君毅、冯友兰、钱穆、徐复观；第二类是"马克思主义的改革者"：毛泽东、李泽厚，以整整两页文字评述李泽厚，可见作者对李泽厚的突出重视。安乐哲将李泽厚称为"康德学者"，是"当代中国最著名的社会批评家之一"，认为："与康德一样，李泽厚以其积淀理论调和科学和人类自由，但同时又从中国的视角反对康德的心灵形而上学。李泽厚早期对康德的研究促成后来他转向与儒家传统的潜在前提相一致的中国哲学，目标为释放中国龙，为它注入继续发展的新活力。在李泽厚那里，康德式的范畴并非提供一个发现普适原则的基础，而是成为阐发和尊重文化差异的动态过程。"❶

---

❶ 贾晋华：《二十世纪哲学指南中的李泽厚》，《东吴学术》2013 年第 6 期。

2008年

(戊子)·79岁

春,答问《补充说明》(后收入《人类学历史本体论》),论及动物本能与人类理性,云:"关键就在:这个'普遍必然'是神的或'纯粹理性'即先验的普遍必然(A)?是生物生理即动物本能、先天生理的普遍必然(B)?还是人类自己建立起来的实用理性(即在生物先天基础上的理性化提升)的'普遍必然'即客观社会性(C)?牟(宗三)是A,M是B,我坚持C。我认为人类心理(亦即'人之所以为人'的主观方面)是生物族类的自然本性经由历史(集体)和教育(个体)所积淀而形成的理性化成果,其中包括理性凝聚的道德自觉或自由意志……C是含有科学含量和科学前瞻的哲学视角。"

4月,《关于"美育代宗教"的杂谈答问》(2008年4月,科罗拉多博尔德,和刘再复对谈,后收入《人类学历史本体论》),对海德格尔"语言是存在之家"提出质疑,认为"语言是存在之家"的"语言"实际是超越人类语言的"语言",是那个"太初有言"的"言",是耶稣基督。从而存在的家园,是上帝,是宗教信仰。提出:《圣经》的"太初有言"是神的动作、创造、道路,中国传统的"太初有为"是人的动作、创造、道路,即以创造—使用工具为本体存在基础的是生活和生存。人的语言把人的动作、创造、道路、生活和生存保留起来,传给后代。只有在这个意义上,语言或可说是存在之家,是语言说人而非相反,因为人的生存延续就存在于这个人类的经验记忆的历史性之中,满载着历史经验的公共语言,成为人的生存、延续即"人活着"的基本条件,但它不是"人活着"本身。

关于宗教和信仰问题,提出:"人类学历史本体论当然持心脑一元论,认为任何心理都是脑的产物，包括种种神秘的宗教体验。没有脱离人脑的意识、心灵、灵魂、精神、鬼神以及上帝。科学实证地研究非语言所能替代的人的各种情感、感情、经验，十分重要。""人对自己的确了解得太少，廿一——廿二世纪恐怕应该成为核心研究对象，这不但对人们生理健康，而且由于对人的思想、情感、行为、意识，也包括宗教情怀和神秘经验作出实证的科学了解，便非常有益于人类和个体去掌握自己的命运。"认为，每个人神经元的动态过程、通道、结构都是独一无二、彼此不同的，即具有个体的选择性偶然性，此即历史性。而这些不同不仅表现为"人性能力"的不同，也表现为"人性情感"的差异，即"一室千灯"。"脑科学还处在婴儿阶段，这些问题的解说至少是五十年至一百年以后的事。"

关于宗教传统问题，认为中国文明"早熟"性的"巫史传统"，使得中国没有"沉重的肉身"问题，相反，而是在肯定这个物质性的生存世界，肯定这个"沉重肉身"的重生、庆生基础上来追求精神的超越或超脱，这也就是以"天地境界"为最高情感心态和人生境地的审美主义传统。

关于"以美育代宗教"，指出："对许多宗教来说，仰望上苍，是超脱人世；对中国传统来说，仰望上苍，是缅怀人世……从'天道'即'人道'说，人既是向死而生，并不断面向死亡前行，与其悲情漫怀，执意追逐'存在'而冲向未来，就不如认识上不断总结过往经验，情感上深切感悟历史人生，从人世沧桑中见天地永恒，在眷恋、感伤中了悟和承担……这正是从孔老夫子到蔡元培、王国维、鲁迅提倡的'美育代宗教'。当然，从宗教社会学看，实际上替代不了。过去、现在、未来都仍然有许多人信仰各种宗教。但既然总有些人不信，不去跪拜上帝鬼神，在心理需求上，'天地境界'的情感心态也就是对天地神明的宗教性的感受和敬畏……所以，'以美育代宗教'在宗教社会学的某种意义上，也可以说是以儒学代宗教。"

先生坦言"天地境界"一词取自冯友兰，却又不同于冯友兰。冯的"天地境界"受程朱讲的"理世界"体系的基本观点的笼罩制约，既有神秘主义倾向，便很难具体落实到人间。冯不谈宗教，却不能以美育代宗教，不能张扬中国哲学特征的审美主义,特别是未能阐扬它与历史主义交融所形成的人的情感。而自己是"两种道德论"者,宗教性道德主要依靠情感教育,所以才有"以美育代宗教"。

在此,先生深刻发掘"以美育代宗教"这一文化命题的深刻内涵,试图以此整合中西方文化,为面临现代化困境的人类提供一条通向未来的光明大道。"以美育代宗教"的现代性方案由蔡元培明确提出。而在1949年以后的中国思想界,先生是这一方案的最有力的鼓吹者;并且做出了极为深刻的理论阐释。对于这一理论的巨大思想意义,目前中国思想界还未能有很好的认识。

5月,《人类学历史本体论》出版(天津社会科学院出版社),收有《哲学探寻录》(1994年)、《说天人新义》(1999年)、《历史本体论》(2001年)、《论实用理性与乐感文化》(2004年)、《有关伦理学的答问》(2006、2007、2008年)、《实践美学短记》(2004、2006年)、《关于"美育代宗教"的杂谈答问》(2008年)、《哲学自传》(2003年)、《〈批判哲学的批判——康德述评〉三十周年修订第六版后记并答问》(2006年)等章。

6月,访谈录《我和八十年代》发表(刊《经济观察报》2008年6月9日,记者马国川),回顾1980年代的学术经历,认为1980年代的美学,"充当了思想解放运动的重要一翼,或者说发挥了思想启蒙的作用。思想启蒙没有满足于对'文化大革命'历史悲剧的简单清算,而是向着民族的历史与文化的深处挖掘,结果形成了'文化热'。"

7月,《李泽厚集》(10卷本)出版(生活·读书·新知三联书店),包括《批判哲学的批判——康德述评》(修订第六版)、《美的历程》、《华夏美学·美学四讲》、《中国古代思想史论》、《中国近代思想史论》、《中国现代思想史论》、《论语今读》、《历史本体论·己卯五说》(增订本)、《实用理性与乐感文化》、《杂著集》。

10月,出席贵州大学中国文化书院举行的"中国传统文化与中国特色社会主义的理论建构"研讨会,与师生对谈,云:"政治哲学在世界上已经是显学了，我估计这门哲学将来在中国也可能成为显学。政治哲学作为伦理学的一部分，我很重视伦理学的相关研究。"提出，教育学就是研究人性的问题。"人性这两个字，古今中外用得最多，我觉得不管是中国还是外国都没有把这个问题讲清楚。人性的很多事与人作为一种生物或一个动物的生存有关。所以人性化一点，就要满足一个人作为一个人的基本需要，这就叫人性。另一方面，人又具有与动物性不同的一种性质，所以讲，如果人行同禽兽，那就没有人性了。"

强调特别重视脑科学问题，认为："脑科学能说明很多问题，包括灵魂存不存在，到底有没有完全脱离身体的存在，人可不可以真正地不朽等等。这牵涉宗教的神秘经验问题。"推荐大家读威廉·詹姆斯的《宗教经验种种》。"只要充分研究了人性，就可以了解到现在每个人的DNA都是不一样的。因此你能够发现这个人与那个人之间的独特性，能够发现你存在的独特性的生理基础。这样，我们才能发现每个人的潜在能力，每个人也才能发挥自己的独特性。将来的教育就是要挖掘每个人的潜在能力。如何挖掘要靠脑科学和神经生理学。"重申其"积淀论"，解释社会的历史文化如何变成个体心理。❶

11月，《读书》杂志发表丁耘《启蒙主体与三十年思想史——以李泽厚为中心》，以李泽厚为中心，评述改革开放三十年思想史发展历程。文章指出："以李泽厚的康德解释为原点，基本上可以确定一个参照系，为这三十年来的思潮起伏绘出一个比较清楚的图景。"认为"三十年思想史"经过了人、主体、此在、政治的动物等几个概念环节；"人对应于对象，主体对应于客体，此在对应于世界—存在，政治动物对应于文明—国家"。而三十年思想史的真正起点是李泽厚的主体性学说。丁耘对李泽厚思想作出高度评价："如果反观三十年思想史的真正起点——李泽厚的主体性学说，似乎也可以说，这三十年的观念历程，就是主体性自身的辩证法，只是这个主体性的辩

---

❶ 据贵州大学中国文化书院网站信息整理，编者按语称系记录稿，未经本人审阅。

证展开已经超越了启蒙自身的内容。与时代精神的展开类似，李泽厚本人的思想，无非就是'主体性'概念的不断充实与发挥。""'情本体'的提出实际上已经是在借鉴海德格尔以推进康德——李泽厚认为牟宗三也在不同的方向上做了同样的事情。'儒法互用'学说运思精警，切中了后施特劳斯时代政治思想讨论的一个要害：中华政制或者中国国家形态的本质究竟是什么？更难能可贵的是，李泽厚试图从'情本体'推出其'伦理—政治'维度。这在'欲求整全'已被所谓'政治科学'剥夺了权威的今天，是绝无仅有的努力。这是体系的开端，是牟宗三之后唯一真正的中国哲学冲动。"丁耘认为，先生虽其哲学体系未作详细阐述和推演，但"对于一个真正的哲学开端来说，接下来的工作，也许只是必要的余事而已"。先生曾表示，对于"必要的余事"这五个字特别欣赏。

11月30日，中国文化研究所"戊子岁尾雅集"在国际俱乐部饭店举行，先生与会。参加会议的还有杨振宁、何兆武、戴逸、汤一介、乐黛云、李学勤、王蒙、范曾、余敦康、严家炎、冯其庸、李希凡等，并分别发言。

12月，深圳评选改革开放"三十年三十本书"，《美的历程》入选；十年前深圳评改革开放"二十年二十本书"同此。

5月9日，王元化逝世。

2009年

(己丑)·80岁

3月,和刘再复对话(后收入刘再复《李泽厚美学概论》,生活·读书·新知三联书店,2009年),云:"前两年有一篇批评我的文章便承认我'五十年而未曾有大变'。必须是有人类主体性才有个体主体性(如情本体),先有美的根源(或本质)才有审美对象。前者讲清楚了才能展开后者,否则便犯理论错误……历史和逻辑是一致的。一些批评者说我把'规范'(价值)和'发生'(历史)混在一起,哲学就变成了发生学了,其实这恰恰是历史本体论的特色所在。规范、价值、意义都是通过历史才建立起来,这恰恰是我的哲学的一个基本观点。"

坦承其研究的重心"的确是探讨美感如何发生、美如何成为可能、什么是美的根源等问题。我将'循康德、马克思前行'改为'循马克思、康德前行',就是说不是从康德走向马克思,而是从马克思走向康德,即从马克思的工艺—社会结构走向康德的文化—心理结构"。

谈及对现代作家的评价:"在现代文学中,我最崇尚鲁迅,觉得他大大超过其他作家,包括张爱玲、沈从文等,当然也是郭沫若、茅盾、老舍等无法可比的。鲁迅具有他人所没有的巨大的思想深度,又用自己创造的独特的文体,把思想化作情感迸射出来,确实非同凡响……巴金有热情,但是他的作品是热情有余,美感不足,可以说毫无艺术形式,缺乏审美意味。老舍多数作品流于油滑,也缺少思想情感力量与审美意味。"

3月,为顾明栋《原创的焦虑——语言、文学、文化研究的多元途径》(南京大学出版社,2009年)作序,曰:"虽未窥全豹,但所读章节中所提出的如孝顺与俄狄浦斯情结、道与Logos、诗无达诂、中西书写符号等等,都是饶有意思的实在问题。Logos与道,顾论其同,我论其异,角度显然有别;在汉字问题上,顾、我二人观点又颇相似。顾在电话中说,他非常赞同拙著新版《中国古代思想史论》中那段我自以为十分重要却至今无人理睬的讲汉字起源的看法,我听了当然高兴。有同有异、有似有别,切磋琢磨,相互启益,这不正是中国传统讲的'以文会友'其乐融融的学术之谊么?"

7月,和刘再复谈话录《共鉴五四新文化》发表(刊《万象》2009年第7期),认为:"谈论中国近现代史,特别是近现代文化史,前不可能绕过康梁,后不可能绕过陈、胡、鲁。他们是重要的文化历史存在。可以不讲陈寅恪、钱锺书,但不可不讲鲁迅、胡适。"先生提出"五四"批判孔家店不同于"文革"的批孔,"两者实质内容,恰好相反。汉代'独尊儒术'以来,唐、宋、元、明、清都尊孔。其中的确有维护封建专制统治的方面。康有为的变法改制还必须打着孔子的旗号,可见走向现代化,行步维艰。直到'五四'才直接挑战孔子,结束两千年一贯的尊孔历史"。"中国现在最需要的还是'五四'推出来的两先生:德先生与赛先生,我高度评价孔子,但反对以尊孔的潮流来掩盖现代文明所要的科学与民主……孔子是我们的重要资源,但不能代替我们的现代创造。"

重申应该告别"新启蒙","因为我认为80年代后期直到今天,主要的问题已不是启蒙,而是如何改良和改革制度。建立新的制度,比空喊启蒙更迫切、更重要,也更艰难,更需要研究讨论。即使从思想文化层面,也不能停留在启蒙水平"。

评述五四新文化诸子曰:"胡适和周作人不同。他的作风很好,有成就而仍然宽容、谦和,其自由主义思想、风格,在中国至今仍有重要价值。但他的思想确实不如鲁迅深刻,例如说中国的问题是'五鬼闹中华',未免太浅薄了。周作人散文中是有些小知识,但不是大知识。钱锺书才可以算大知识、大学问。他的学问甚至可以说'前无古人,后无来者'。但也无须来者了。可惜,他在可开掘思想的关键之处,却未能深'锥'下去。"列举钱锺书《管锥编增订》的第一篇为例，评价曰："多精彩。这段话把中国的'圣王'秘诀，他们最重要的手段和技巧是什么，全揭开了，讲到了关键。如果继续开掘下去，以钱锺书的学识本领，极易将帝王术各个方面的统治方略全盘托出而发人深省，可惜却戛然而止，转述其他。""把张爱玲说成比鲁迅更高，实在可笑。艺术鉴赏涉及审美对象诸多因素的把握和综合性的'判断'，不能只看文字技巧。张爱玲学《红楼梦》的细致功夫的确不错，但其境界、精神、美学含量等等，与鲁迅相去太远了。要论文字，陀思妥耶夫斯基恐怕不如屠格涅夫，但他的思想力度所推动的整体文学艺术水平却远非屠格涅夫可比。陀思妥耶夫斯基的伟大正在于他那种叩问灵魂、震撼人心的巨大思想情感力量。"

9月19日，何方来信，云："收到赠书，非常高兴，并已诵读一遍。由于感谢无门，遂从丁伟志处打听到您的电子邮箱，并随函附去几篇近作。但一直未得回音。后遇吴思，才知道您仍在北京，并未返美。因此又产生求见的念头，不知能否在您从外地回来后前往拜谒。"

10月，访谈录《学者李泽厚》发表（刊《三联生活周刊》2009年10月12日，记者陈晓），云："我个性不适合搞政治。我搞政治，客观上有可能，主观上也不是完全没有这个能力。但我不愿意和人发生联系，人缘不好。政治需要你去组织，跟人打交道，我只能搞书本……我就是个书生。"

10月，撰写《伦理学纲要》序，云："本书《伦理学纲要》是从我著作中有关论议伦理学的部分摘取汇编而成，它们分别写于世纪交替以来的不同时日，这次汇集未作改动，加以短文《新一轮儒法互用》作结尾。"先生强调，本书文字虽然形式结构上自无系统条理之可言，而且还有不少重叠雷同反复陈说的地方，但内在脉络和论证说法相当一贯，而且不断有所补充扩展。总的说来，就是继承中国情本体传统，在人类学历史本体论哲学视角下，从"人之所以为人"出发，将道德、伦理作内外二分，道德作宗教性与社会性二分，人性作能力、情感、观念三分，提出"共同人性""新一轮儒法互用"等来讨论伦理学的一些根本问题，虽然挂一漏万，但自以为甚为重要。坦言:"由于各种主客观原因,我的文章,大多匆忙写成,未及锤炼,是以论证疏略,语言平浅,资料不多,概括稍快。诸作如此,本书亦然。但钩元提要,别见洞天,旨意深淳,自成一统,亦不遑多让。"

12月29日,接受凤凰网记者采访(记者陈芳),回答"2020年:未来十年会怎样?"云:"在中国最困难的时候,我一再发表过我对中国是'审慎地乐观',现在仍如此。但当时更强调'乐观',现在更强调'审慎'。我现在非常担心的是教育问题,从幼儿园到大学,问题非常严重,巨大恶果却一时难被彻底认识……"

撰写《新一轮"儒法互用"》(后收入《伦理学纲要》),明确提出"和谐高于正义""至善"是"人类的生存延续"等论点,颇不同于传统说法。并说"人性善"与"天行健"一样,是儒学的有情宇宙观,它只是关乎信仰、情感的宗教性道德,即相信人性本善。

《文艺理论研究》第4期发表《我参与的当代美学讨论——刘纲纪先生访谈录》,刘纲纪谈及与先生共同担任主编的《中国美学史》,认为该书有三个优点:第一,该书企图为了解中国美学提供基础,侧重于对中国美学的哲学基础作比较深入的探讨;第二,比较重视资料;第三,对中国美学整体的构架、基本脉络作了梳理。谈及两人对《中国美学史》的学术合作时,刘纲纪曰:"这部书的写作得到了李泽厚的极热诚的鼓励、支持、帮助和推动,这也反映了我们之间的深厚友谊。但这部书是我独立写出来的,我参考了他的一些看法,但绝不是照搬,我作了独立的更深入的阐发,而且参考的地方我也都注明了。书中的观点是我自己研究的结果,决不是复述他的看法。譬如,我在绪论中提出中国美学的六大特点,这是我独立研究出来的,当然也参考了他的有关文章,但他的文章并没有像我这样提。他写的第一卷的后记里面有些问题,过去我一般不同别人谈这些事,这次我想借此机会把一些事情交代清楚。"有关李、刘在《中国美学史》合作过程中的学术交往、思想交流和观点交融情况,可参见二人自1979年至1996年近

20年间的200余封通信。

12月，刘再复《李泽厚美学概论》出版（生活·读书·新知三联书店，2009年），内容包括主篇"李泽厚美学概论（2006—2009）"，由2006年在台湾东海大学的讲稿增补而成；"李泽厚与中国现代美的历程（1991）"，是在芝加哥大学东亚系"中国现代文学"课程的讲稿。另有副篇"与李泽厚的美学对谈录"12篇。其自序称，人性中都有"贵远贱近""贵耳贱目"弱点，而我骄傲地以为自己却并无此病："我感到自己非常幸运，在出国后的二十年里能不断向泽厚兄学习和求教。历史把我们抛到一起，抛到落基山下的一个叫做博尔德（Boulder）的小城里，让我们一起散步，一起沐浴高原的灿烂阳光，一起领略人间精彩的智慧。真理多么美呵，智慧多么美呵，我常独自感叹。如果不是漂流海外，如果不是离李泽厚先生这么近，我真不知道他除了具有天分之外，还如此'手不释卷'，如此勤奋；也不知道他除了对哲学、思想史、美学、文学深有研究外，还对古今中外的历史学、伦理学、政治学、教育学具有如此深刻的见解。这才使我明白哲学家对世界、对人生见解的深度来自他们涉猎的广度。李泽厚用百分之九十的时间阅读，只用百分之十的时间写作……"

7月11日，任继愈逝世。
7月11日，季羡林逝世。
10月31日，钱学森逝世。

2010年

(庚寅)·81岁

1月,《伦理学纲要》出版(人民日报出版社,2010年)。

5月,撰《认识论纲要》序,云:"书名是夸张了,为对应《伦理学纲要》而拟,实际只是对认识论某些问题的看法而已。"先生强调,中国哲学因为是"生存的智慧",所以中国实用理性发达,忽视逻辑和思辨缺失,颇待自省改善。"度"作为第一范畴在认识论需重视"数"的补充,阴阳、中庸和反馈系统的思维方式需强调抽象思维之优长以脱出经验制限。"秩序感"作为"以美启真"和"自由直观"更值深入探究。

5月,撰《存在论纲要》序,云:"中国本无存在论(即本体论ontology),本纲要为友朋怂恿,将拙作中有关'人活着'及某些宗教—美学议论摘取汇编,与前二《纲要》合成三位一体,为本无形而上学存在论传统的中国'哲学',顺理成章地开出一条普世性的'后哲学'之路。"

5月,撰《哲学纲要》总序,交代该著内容、结构,云:本书由《伦理学纲要》《认识论纲要》《存在论纲要》合成,三书均有小序,此处总序只想重申:三书均系旧货,并无新作,为一更醒目之书名,重新组装出版而已。如已有拙著《人类学历史本体论》,则此书无需再购。广告术乎?唯唯否否;告别人生、谢幕学术、留作纪念是实。呜呼,"匪贵前誉,孰重后歌:人生实难,死如之何"(陶潜)。月照四松,书以代牲,自寿并兼自祭,尚飨。庚寅五月李泽厚时年八十序于异域波镇。

6月7日,刘再复应邀到常熟理工学院"东吴讲堂"讲学,作题为《李泽厚哲学体系的门外描述》的讲演(讲演稿刊《东吴学术》2010年创刊号),

刘再复认为李泽厚的哲学体系由纯粹哲学、历史哲学、伦理哲学、文化哲学、政治哲学、美学哲学等六个板块组成。其最纯粹的哲学问题，也是最根本、最宏观的哲学问题，是把康德"认识如何可能"，转变为"人类如何可能"；历史哲学最著名的是"历史积淀说"；伦理哲学的创造性研究成果在于"探究个体内在道德的差异"，分清社会性道德与宗教性道德；政治哲学在于指出"中国文化的政治理想是追求和谐"；文化哲学的重要贡献是揭示出中国文化是"一个世界"即人的世界或现世世界，提出"巫史传统""实用理性""乐感文化"等重要命题；美学研究上，完成了对王国维、蔡元培"以美育代宗教"观点的学术论证，发现了儒家美学中"情本体"这一重要精神之核。

6月，《关于教育的两次对话》（和刘再复）发表（刊《东吴学术》2010年第3期），指出："近年来我的思考重心虽然是情感本体，但是七十年代末与八十年代初，我就预感到这一点。我在一九八一年发表的《论康德黑格尔哲学》中就说：'这可能是唯物史观的未来发展方向之一：不仅是外部的生产结构，而且是人类内在的心理结构问题，可能日渐成为未来时代的焦点。语言学是二十世纪哲学的中心，教育学——研究人的全面生长和发展、形成和塑造的科学，可能成为未来社会的最主要的中心科学……这也许恰好是马克思当年期望的自然主义人本主义，自然科学和人文科学成为同一科学的伟大观点。'这篇文章写于二十年前，那时中国经济处于崩溃边缘，生产力遭到严重破坏，因此，我的思考重心不能不放在'工具本体'作为'基础'的问题，但是我也预感到未来时代的焦点并非工具本体问题。二十年来世界科技的迅猛发展，使我感到这个焦点已无可回避。教育面临的最关键的问题乃是能否把人培育成为一种超机器、超生物、超工具的社会存在物，而不是机器的奴隶和仅能使用工具的存在物。"

6月，访谈录《时代和它的李泽厚》发表［刊《南方人物周刊》2010年6月14日，为封面人物，先生题词曰："惜彼春华，仓惶避狼（后改为"豺"）虎；抚今秋日（后改为"暮"），白眼看鸡虫。题封面照，自寿，并谢朋友们"],云:"(1980年代)胡乔木、邓力群当院长时(我)从助理研究员提了研究员,那是越级提拔了……他们确实想提拔我当副院长,或明或暗说了多次,因此遭到很强烈的反对。我对这件事兴趣不大……我这个人一辈子最讨厌开会,现在也是,包括学术会议,觉得无聊。""胡乔木、邓力群都要我入党,我不好说我不入。但我知道绝不会通过,因为哲学所对我有意见,我挨过整。一些领导担心我被提拔了他们的官位保不住。我写了入党申请书,又要了回来。他们再要我入我就不入了。""毛泽东什么时候想结束'文革',我根据材料判断是武汉'七二〇'之后,问戚本禹,他是当事人,证明是对的,很高兴。我特别想了解毛泽东跟刘少奇、林彪到底是怎么回事,不想半辈子糊里糊涂地被打发掉了。""我不会有墓志铭。但我准备将来把脑袋留下来,冷冻,过三百年,或者五百年,再拿出来。这件事我都向老婆孩子交待好了。在美国很多人已经这么做了,有的人是想复活,我觉得复活是不可能的。我是想证明文化是不是影响了大脑,几百年后,是不是可以从我的大脑里发现中国文化的残迹,证明我的积淀理论。如果证明有影响(文化影响大脑),我觉得比我所有书加起来贡献都要大。"

6月,八十寿辰,赵汀阳作《李泽厚的中国"度"》(为李泽厚八十寿辰而作),指出:"李泽厚是最早意识到'中国道路'问题的思想家之一。他似乎认为,中国道路虽有不少失误,但主要策略还是基本可取的。需要革命时,革命是对的;需要告别革命时,告别革命也是对的;先发展经济,将来再完善政治,这些都是中国形势下的有效选择。李泽厚老师曾经对我说道,从革命到告别革命,许多人不理解其中逻辑,结果'左派和右派都对他不满意'。但他坚信他对中国的理解是更成熟的,因为他是从中国特定形势去分析中国的事情的,而无论左派右派,都是水土不服的西方观点。""也许与对中国方法论的深度把握有关,李泽厚对中国的未来多有独到预见。在公开或私下的预言中,几乎所有中长期(10—20年)的预言都应验了,令人敬佩。"❶

---

❶ 赵士林、高明主编《李泽厚研究》第1辑,中国财富出版社,2014年,第1—3页。

7月6日，访谈稿《90后看似嬉戏逍遥，却可随时挺身而出》发表（刊《东方早报》，记者卢雁），告诫今天的青年人要汲取历史教训，对一切"热"，如"国学热""孔子热"等，都要持建设性的理性态度。"唯一令我担忧的是中国的教育"，中国教育问题很大。"比如现在靠学校评比、校外竞赛等活动来刺激学生学习的积极性是完全错误的，对学生是有害的。要培养学生对学习和学科本身的兴趣。今天的教育可能更多的是在培养有知识没能力的学生，像判断能力、天马行空的想象力、严谨有序的逻辑能力都比知识本身更重要。"

7月，和王岳川对谈录《文化重量与海外前景》发表（刊《中华读书报》2010年7月24日），云："造字以后，（文字）慢慢和语言接轨，这个东西要好好研究，而且我认为语言是要表达情感的，一些以前没有、后来才有的，譬如感叹词什么的，这些东西怎么样和文字结合起来？……关键问题是文字怎样和语言结合起来。"

8月于京华寓所再记，云："北京大学出版社来约此稿，当年沙滩、未名湖初读哲学景象似又依稀如见。岁月如斯，伤痕犹在，怅惘何已。并此谢谢编辑王炜烨先生。"

8月，接受《凤凰周刊》记者采访（访谈稿《现实让美变得困难》刊《凤凰周刊》2010年第28期，记者袁凌），谈及自己"审慎地乐观"的态度，曰："我的看法有微调，'审慎乐观'没变，但重点由'乐观'转为'审慎'。"20年前大家比较悲观，故需要指出乐观的理由。现在乐观的宣传比较多，所以觉得应该强调审慎。

8月31日，开始连续三天参观上海世博会（刊《东方早报》9月9日）。《东方早报》特意为先生量身定制了一份三天的观博行程：第一天，参观欧洲片区，主要参观西班牙馆、德国馆、法国馆；第二天，亚洲片区，主要参观中国馆、日本馆、沙特馆；第三天主攻浦西城市最佳实践区，主要参观城市未来馆、汉堡案例馆、罗阿案例馆。先生云："这次来世博会主要就是看建筑，因为建筑是最能长久影响人们心理的艺术形式。"参观过程中，先生说:"城市化是我们必须要走的路,中国还在城市化的进程中,(城市)建筑一方面要便于人们生活,同时也要考虑怎么影响人的心理……像北京的'大裤衩''鸟巢',还有那个'巨蛋',我觉得挺好。我觉得在天安门附近再建传统宫廷式的建筑,没意思了,所以我挺喜欢国家大剧院那个建筑的。人们需要一些千奇百怪的建筑,巴黎的埃菲尔铁塔当年骂声一片,现在成了巴黎的标志建筑。这个世界现在需要的是多元、丰富。"

9月11日,由中国社会科学院哲学研究所美学研究室、《世界哲学》杂志社、《读书》杂志编辑部和跨文化研究院联合主办的"李泽厚思想学术研讨会"在北京第二外国语学院召开,中国社会科学院、北京大学、清华大学、中国人民大学、北京师范大学、北京语言大学、中国艺术研究院、北京第二外国语学院30多名特邀专家学者及40多名博士、硕士研究生出席了本次会议。与会学者高度肯定了李泽厚思想的原创性、开放性和包容性,认为李泽厚在世界哲学视野下推进了美学、中西哲学以及思想史的研究,并对20世纪60年代以来的文化与文学思潮产生了显著的影响;李泽厚的思想应纳入中国当代思想史,其地位在于他是中国马克思主义向现代转型的枢纽人物。也有学者对先生的一些学术概念如"美学是第一哲学""情本体"等提出质疑。

与会者提出了一个非常有趣的话题——"李泽厚究竟像谁?"有论者说,从马克思主义及其本土化的角度来看,李泽厚更像是"中国的卢卡奇(György Bemát, 1885—1971)",从20世纪80年代的社会影响来看,李泽厚更像是"萨特(Jean-Paul Sartre, 1905—1980)在中国",因为他当时在知识界也被推举为"青年导师"。还有论者说,李泽厚与中世纪思想导师阿伯拉尔(Peturs Abalard, 1079—1142)一样,都属于思想暗淡时期寥落的孤星,而问题在于:"为什么我们这个时代没有群星璀璨思想家,而只有李泽厚这样的孤星?"在国外也有类似的说法,顾明栋就认为,李泽厚的哲学美学思想颇像英国文化思想家雷蒙德·威廉斯(Raymond Williams, 1921—1988)和法国的著名社会思想家萨特。刘悦笛则认为,李泽厚更像是"中国的杜威"。杜威与李泽厚的思想在"经验""社会""实践"和"符号"四个方面观点都非常接近,但在"制造工具""积淀说"和"物自体"三方面,又存在着不可忽视的差异。❶

9月,和易中天对谈录《警惕民族主义和民粹主义合流》发表(刊《新京报》2010年9月18日),被问及中国应该走哪条路,认为"重要的是不能走哪条路"。云:"我今年七月份去欧洲走了一趟,专门到波兰看了奥斯维辛集中营,这个地方我一直想去看……当时我就想,一个邪恶的理论,而且是非常肤浅的理论,一旦忽悠了群众,和权力结合——希特勒可是通过选票上台的——可以造成多么巨大的灾难,由此可以推论出理论工作的意义,即反对邪恶的理论、思潮、思想,非常重要。"

9月,接受《教师月刊》记者等访谈,访谈录《教育是个大问题》(刊《教师月刊》2011年第1期,记者林茶居、朱永通及子恒等),提出:教师的魅力在于把学科的魅力传达给学生,让学生对这门学科有兴趣。启发他真正的兴趣。教育就是要启发,不能填鸭,从小学就开始。我一再讲,关键在培养能力,而不是知识,知识是死的。记那么多死的知识有什么意义?要学会发现问题才有意义。

9月,访谈录《耄耋之年李泽厚》发表(刊《凤凰周刊》2010年第28期,记者吴海云),谈及人类学历史本体论:"我抓住了一些根本性的问题,我的那些概念,不仅中国可以用,将来西方也可以用。对我的评价,可能要在我死后30年、50年。"

9月10日,卞毓方来访(访谈录《寻找大师花絮——李泽厚》刊《海燕》2012年第12期),坦言自己到了美国,考虑问题和在国内基本一样,是同心圆,圆周扩大,圆心没变。在美国非常寂寞。所以每年都要回来走一走。有个现象,在国外的男人,多喜欢经常回来,女人习惯于异乡,回不回无所谓。说:"我有三个缺点,一、不记人,今天跟你谈话,下次见面,我会不

---

❶ 参见刘悦笛《素描李泽厚》,《文艺争鸣》2011年第3期。

认得你。二、不记声音，你下次来电话，我肯定听不出。我儿子给我打电话，我会反问，你是谁？三、不记路，我在美国开车，都是我爱人告诉我如何走。为此三不记，得罪不少人，你要给我宣传宣传，争取大家谅解。"

10月24日，访谈稿《李泽厚再谈思想与学问》发表（刊《东方早报》，记者张明扬），批评王元化所说的"要做有思想的学问家和有学问的思想家"，"这讲法意义不大，哪个真正的思想家没有学问作根底，哪个学问家没有一定的思想？王先生的话恰恰把当时那重要的现象给掩盖了。"认为陈寅恪真正成功的不是《柳如是别传》，而是隋唐史研究，"厉害在于材料并不是用得很多，眼光非常锐利，洞察力极强，抓住史实，寥寥数语，就把问题说清楚了"。"他说到秦代的那一套是从孔夫子那里来的，我经常引他这句话，其实他对这句话提到一下而已，也并未论证但极有分量，与传统说法根本不同，至今不都还大骂秦始皇么？""秦始皇我倒是肯定的，假使没有秦始皇，那中国不知道要分成多少国家了。中国最大的优点之一是保持了千年的大一统局面，中央集权的体制在中国历史上起了非常重要的作用。秦皇汉武是不容否定的。汉武帝时代，虽然打仗死人不少，但维护了一个以汉文化为主的局面。"

10月，和秦晓对谈（谈话录刊《财经》2010年11月号），认为"中国要搞出中国自己的现代性，但不是'反现代的现代性'，而是建立在现代化基础上既吸取、继承启蒙理性，而又融入中国传统元素（如'情本体'）的现代性。不能因为现代化暴露出的问题而否定现代化、否定全球化、否定启蒙理性。中国特别需要的是培育一种宽容、怀疑、理性的批判精神。也只有它才能真正有利于判断是非，并逐渐褪去和避免由各种民族主义、道德主义、民粹主义煽起的情绪狂热和政治盲动"。

从10月18日开始，与刘绪源作了三次哲学长谈，后整理成《该中国哲学登场了？——李泽厚2010年谈话录》。下旬，到苏州小住，于环秀晓筑度假村修改书稿。自序曰："十月二十七日修改于苏州环秀晓筑度假村，此处茂林修竹，清雅可喜。可惜时仅三日，无书可查，错漏忘遗，在所难免。如读者愿看而此身尚存，或可有增补纠谬之日。"返美后于11月13日再记曰："虽然又作了一次修改，依旧是仓促匆忙，远未尽意。而言文杂混，已不类对谈，就此歇手也罢。"游览无锡鼋头渚、苏州虎丘、阳澄湖等地。

11月，答问录《改良不是投降，启蒙远未完成》发表（刊《南方周末》2010年11月4日），云："人文学科的书你看一本两本是不行的……因为它不是一级一级走的，它需要泡，就像泡菜，泡久了就变酸了，泡短了又不熟。我倒是比较喜欢读历史书，《纲鉴易知录》《国史旧闻》都是很好的书。"

11月，访谈录《当下中国还是需要启蒙》发表（刊《新京报》2010年11月23日，记者武云溥），评价慈禧："废除科举就是慈禧太后做的，这是很大的胆识，把以前读书人做官的途径都打断了。我觉得她死得太早，晚死十年才好。慈禧晚死十年，不会有袁世凯作乱。要么她就早死十年也好，戊戌变法就成功了。"认为"对宗白华的评价恐怕比对朱光潜的评价要更高。学术地位、学术贡献还是要靠时间来检验啊"。

12月，为《李泽厚论教育·人生·美——献给中小学教师》作序（杨斌编选，华东师范大学出版社"大夏书系"，2011年），指出："我一向认为，中小学老师在指引年轻人的人生道路上可以产生关键性的影响，比大学老师重要得多。那么，这本书就算我对中小学教师们献上的一份敬意吧，愿它能得到你们的喜欢。"

12月，年底，"凤凰网"年终策划专题："十大学者纵论中国向何处去"，先生与周有光、吴敬琏、资中筠等十位学者参与。

是年，《诺顿理论和批评选集》（诺顿出版公司出版）出第二版，收录李泽厚所著《美学四讲》（英文版）第八章"形式层和原始积淀"（The Stratification of Form and Primitive Sedimentation）。这是一部甄选、介绍、评注从古典时期到现当代世界各国批评理论、文艺理论的权威性著作。编者在该书前言中自豪宣称，第二版最重要特色之一是选入四位非西方学者著作，包括中国的李泽厚。此版总共收录包括柏拉图、亚里士多德在内的148位作者的185篇作品，被誉为国际文艺理论和批评的"黄金标准"。❶在书目部分,编者详细列举、介绍李泽厚著作及其被翻译为多种语言的情况,以及西方对李泽厚的研究,指出:"在此节中,李泽厚详细阐释了积淀的本质。这篇文章融合中西美学理论而形成一个看似简单实则日趋复杂的艺术理论,使人联想到维柯、休谟、席勒、黑格尔、皮埃尔·布迪厄和巴巴拉·哈默·史密斯等西方美学家的著作。"❷

"形式层和原始积淀"章的主要观点是:"认为最早的审美感受并不是什么对具体'艺术'作品的感受,而是对形式规律的把握、对自然秩序的感受……这是因为原始人类在生产活动中对自然秩序、形式规律已经有某种感受、熟悉和掌握的缘故。它所以在变化中要朝着某种方向,遵循某种规律,就因为原始积淀在起作用。""人类在原始的劳动生产中,逐渐对节奏、韵律、对称、均衡、间隔、重叠、单复、粗细、疏密、反复、交叉、错综、一致、变化、统一、升降等等自然规律性和秩序性的掌握熟悉和运用,在创立美的活动的同时,也使得人的感官和情感与外物产生了同构对应……这种在直接的生产实践活动基础上产生的同构对应,也就是原始积淀……在这种原始的积淀中,已在开始形成审美的心理结构,即人们在原始生产实践的主体能动活动中感到了自己的心意状态与外在自然(不是具体的自然对象,而是自然界的普遍形式规律)的合一,产生审美愉快。由此应得出一个结论——审美先于艺术。""但艺术作品的形式层不止是原始积淀,尽管原始积淀是其中极为重要的方面、内容和因素。如'美感'一讲中所指出,作为艺术作品的物质形式的材料本身,它们的质料、体积、重量、颜色、声音、硬度、光滑度……与主体的心理结构的关系,也构成艺术作品诉诸感知的形式层的重要问题。"

《诺顿理论和批评选集》最看重作品的原创性。该书选编顾问、美国德州大学教授顾明栋曾推荐刘勰《文心雕龙》、陆机《文赋》和叶燮《原诗》

---

❶ 贾晋华:《走进世界的李泽厚》,《读书》2010年第11期。
❷ 《诺顿理论和批评选集:李泽厚》,余春丽译,《东吴学刊》2013年第6期。

的章节，均被评委会否定。此后才在现当代众多理论家中选中先生《美学四讲》章节。在推荐评语中，顾明栋重点介绍李泽厚如何批判地继承了马克思和康德的哲学和美学思想，以中国传统特有的历史感为思想武装，以人类总体的历史实践为切入点，融合马克思的历史唯物论和康德的人类知识的认识论，创造性地提出文化积淀理论；并介绍他在其构建的哲学理论基础之上，结合中国传统的美学思想，从历史人类学的角度重新审视了西方美学的一些核心问题，在诸如"美学的概念""美的概念""美的本质""美感"和"艺术是什么"等核心美学问题上提出了不同于西方美学家的系统性看法。同时着力强调李泽厚美学思想的原创性，即在对康德的人类认知先验论的批判基础上提出的三大积淀理论：原始积淀、艺术积淀和生活积淀理论。顾明栋认为，李泽厚入选《诺顿理论和批评选集》"具有标志性意义，这不仅是西方主流学界对其个人学术成就的认可，更为重要的是反映了中国总体学术的现状"。"说明中国文论已不再是局限于中国的区域性研究，而是已经具有真正世界意义的学术"。❶

《华夏美学》由 Maija Bell Samei 翻译成英文在美国夏威夷大学出版社出版，受到西方学界广泛关注。《东西方哲学》《中国季刊》等海外权威刊物都为此书发表了书评。有论者指出："李泽厚是毛泽东时代之后最重要的中国哲学家之一。他的康德研究对当代中国哲学已经产生巨大影响，但其著作迄未引进英语世界。直到《华夏美学》的翻译，对此情况才算有所补救。Maija Bell Samei 翻译的李著《华夏美学》（中外文化出版公司，1989年），拿出了中国美学发展进程的概貌。该书所涵盖的视野，相当于李那本非常流行的《美的历程》（香港牛津大学出版社，1994年），但更富于哲学深度，也更多注重其康德阐释。""李泽厚的展望给人启发、让人鼓舞，如果'世界哲学'终有可能实现，很大程度上将归功于孔夫子与康德。至少

---

❶ 顾明栋：《〈诺顿理论与批评选〉及中国文论的世界意义》，《文艺理论研究》2010年第6期。

《华夏美学》提供了一个富有吸引力的解释,为何中国哲学与文化是'审美的'而不是科学的和逻辑的。无论就其提出的问题、作出的回答,还是敞开的可能性来说,这都是一部精彩的著作。"❶李泽厚曾自言:"我是孔夫子加 Kant。""'孔夫子加 Kant'是个重要概括,外国书评者和中国编辑如此独具慧眼,颇为佩服。"❷

---

❶《孔夫子与康德的"对话"》,《"以儒学为主的美学"》,《中华读书报》2013 年 8 月 7 日。
❷ 李泽厚:《回应桑德尔及其他》,生活·读书·新知三联书店,2014 年,第 118—119 页。

2011年

(辛卯)·82岁

1月,《哲学纲要》出版(北京大学出版社,2011年),总序云:出版该书是为了"告别人生、谢幕学术、留作纪念"。该书由"伦理学纲要""认识论纲要""存在论纲要"组成,"认识论纲要"增加一篇从未发表的《答问》,谈到"度"与"数""发现与发明""秩序感"等重要观点。"秩序感是某种具有概括性质的个体主观感受,与个体的偶然关系很大而不是普遍性的客观方法或逻辑推论。所以'美'只能'启真',而不就是'真','真'还必须经过严格的逻辑推理和数学演证才能得到。""形式感受很重要。新的秩序感可以发现(实际是发明)新规律。比起实验室的经验数据来,科学家们常常更看重这种可以作为原创推动力的新感受,即由直觉所'发现'的新秩序。这(指秩序感。——笔者注)是认识论有关创造发明的重要问题,是'理性内构'与'理性融化'、审美与科学渗透的问题。秩序感是'以美启真'的核心。人通过独具个性的审美—秩序感的培育可以指向新的'发现'和创造。尽管科学中秩序感的审美(感知、想象、理解、情感)因素会迅速指向和消失在概念性的逻辑判断和繁复推理中,而不同于审美常驻和深化的艺术。"自云:"《发现与发明》这一节,很重要,是《美育代宗教》的续篇。"指出:对情感而言,是发现;对认识而言,是发明。"发现"就是一种宗教性情感,是情感上相信宇宙作为物自体的存在;"发明"则是理性上知道"物自体"本不可知。规律都是人的发明、创造;引大数学家迈克尔·阿蒂亚(Michael Atiyah)的话说:"数学都是发明。"

此著出版后,曾有论者据此对李泽厚哲学体系的内在逻辑关系作出概括和梳理：一个中心："活"，亦即"生生"，具体展现为"人与宇宙—自然的物质性的协同共在"。一个出发点："为"（实践，践行，行健，"自强不息""太初有为"）。一个背景：人类总体的生存延续和历史积累过程。一个主题：人类命运。一个哲学：美学作为第一哲学。两个基本点：始于"度"而终于"情"。两大本体：工具本体，心理本体，双本体实为一体，表现为形式力量与形式感受。三支柱：认识论，"以美启真"，提出实用理性；伦理学，"以美储善"，提出巫史传统；存在论，"以美立命"，提出乐感文化。与之相配而提出三句教：历史建理性，经验变先验，心理成本体。三支柱与三句教，皆由"活"生发，从三方面分别指向如何活、为何活、活得怎样。三大纲要：由认识论、伦理学和存在论，展开真善美（知意情）的探索，以理性内构（认知的自由直观）、理性凝聚（道德的自由意志）、理性融化（审美的自由享受）三大方面来塑建心理形式（人性能力）；相应于知、意、情，分别提出工具本体（使用—制造工具）、两种道德（宗教性私德—社会性公德）、心理本体的情理积淀（理性在感性中的渗透和融合）。四大来源：孔子（包括庄子、荀子、《礼记》），马克思（包括达尔文、杜威、皮亚杰），康德（包括休谟、黑格尔、爱因斯坦），海德格尔。人类学历史本体论坚持康德的"人是目的"，以马克思为康德提供历史来源和经验基础，并扎根于以孔子为代表的厚生贵生的中国传统，把人类总体的生存延续作为最根本的出发点；"以孔老夫子来消化康德、马克思和海德格尔，奋力走进世界中心"。❶

2月，和刘再复对谈录《彷徨无地后又站立于大地——鲁迅为什么无与伦比》发表（刊《鲁迅研究月刊》2011年第2期），认为鲁迅"从提倡启蒙到超越启蒙又返回启蒙，把'提倡'和'超越'的矛盾冲突和结合融汇充分展现出来，所以特别深刻丰富"。对中国文化，鲁迅是得其"神"，不在乎其"形"："他身上恰恰体现了中国文化的主体精神，这种精神就是求生存、求温饱、求发展，也就是'天行健''天地之大德曰生''生生之谓易'的总精

---

❶ 周瑾：《生命的同心圆——李泽厚〈哲学纲要〉评注》，《社会科学论坛》2012年第12期。

神。凡是有益于这一目标的他都吸收，凡是不利于这一目标的一概批判，他说过，凡是阻碍中国人生存、温饱、发展的，无论是古是今，是人是鬼，是《三坟》《五典》，百宋千元，天球河图，金人玉佛，祖传丸散，秘制膏丹，均一概打倒。看似激进反传统，却抓住了中国文化的根本，这比那些大喊国粹至上、国学至尊的古今名士要高明得多。是鲁迅而不是这些国粹派才真正是中国的'民族魂'。"

2月22日，先生与刘绪源谈话节录《红楼梦与"乐感文化"》发表（刊《文汇报》）。先生说，我赞同周汝昌的看法。他考证得非常好，我认为在百年来《红楼梦》研究里，他是最有成绩的。不仅考证，而且他的"探佚"，很有成就。我也觉得两宝的婚姻，因为是元春做主，没人能抗。姐姐的政治位势直接压倒个人，那给宝、黛、钗带来的是一种多么复杂、沉重的情感。周汝昌论证宝玉和湘云最终结为夫妇，不然你没法解释"因麒麟伏白首双星"；还有脂砚斋就是史湘云等，我觉得都很有意思。"周说此书写的不仅是爱情而是人情即人世间的各种感情。作者带着沉重的感伤来描述和珍惜人世间种种情感。一百二十回本写宝玉结婚的当天黛玉归天，具有戏剧性，可欣赏，但浅薄。周汝昌的探佚把整个境界提高了，使之有了更深沉的人世沧桑感，展示了命运的不可捉摸，展现了色即是空，空即是色。这是大的政治变故对生活带来的颠覆性的变化，以后也不再可能有什么家道中兴了。所以我很同意可有两种《红楼梦》，一个是一百二十回，一个是八十回加探佚成果。后者境界高多了，情节也更真实、更大气。但可惜原著散佚了，作为艺术作品有缺陷。我不知道你们看《红楼梦》有没有这个感觉，我发现，这部书不管你翻到哪一页，你都能看下去，这就奇怪啊！"

2月23日，周汝昌诗赠李泽厚。诗小序云："辛卯正月二十日沪《文汇报》刊出李泽厚先生答问文章摘录，涉及拙著考证、探佚诸端，因又赋诗抒怀即兴，寄与归智贤友并乞转达李先生。"诗曰："考证功能探佚行，仁人不斥转嘉评。高山流水琴何幸，霁月光风镜最明。审美崇阶形而上，论红尊次十三经。灯宵花市才收罢，又见禅师内照灯。"

4月,《该中国哲学登场了?——李泽厚2010年谈话录》(和刘绪源)出版(上海译文出版社,2011年),开场白曰:"后现代到德里达,已经到头了;应该是中国哲学登场的时候了。当然还早了一点,但可以提提吧,我先冒喊一声。愿有志者、后来者闻鸡起舞,竞创新思,卓尔成家,走进世界。那我二十多年前在《中国古代思想史论》(1985)后记中说的想要'为王先驱'的意愿,也就可以实现了,有厚望焉。"

总结其学术思想的三个阶段:从1950年代到1962年发表《美学三题议》止,是第一阶段。"文革"以后到1992年初出国,是第二阶段。从20世纪90年代,延伸至今,是第三阶段。云:"在第三个阶段中,提出'巫史传统'和'情本体'等,这个阶段当然更重要。但这阶段仍然坚持和发挥了使用一制造工具和积淀等基本论点。"学术思想三阶段一脉相承,即人类学历史本体论之哲学思想。

先生指出,《批判哲学的批判——康德述评》"这本书通过'批判'康德,初步表达了我的哲学思想。我的研究,着重心理。哲学也好,美学也好,康德也好,中国思想史也好,都如此。积淀也就是实践、历史、文化在人的心理上的累积、沉淀。所以我的哲学、美学、中国思想史、康德,在这一点上是同一的,同属一个同心圆。""'度'其实也就是美,正是'度'创造了各种形式感。"

纵论王国维、陈寅恪、钱锺书:"我以为,论读书多,资料多,恐王不如陈,陈不如钱;但论学术业绩,恐恰好相反。王国维一篇《殷卜辞中所见先公先王考》,抵得上多少本书啊,太了不起了,有洞见!……真正能代表陈寅恪治学水平和治学方法的,还是他的《唐代政治史述论稿》《隋唐制度渊源略论稿》那些书。"谈起自己平生抱负,曰:"我有王国维同样的感慨:做文学,才力不够;做哲学,思辨不够;一辈子不喜欢与人打交道,'没有生活',怎么写小说?一辈子不喜欢苦思冥想,精雕细琢,怎么做哲学?本想做历史,却丧失了机会,做历史要有大量的资料、书籍。我下乡劳动、'四清',不下乡则开会、检讨,浪费了二十年;出国后不能大读中国书,又是二十年，于是一生报销了。"

强调命名之重要："命名是非同小可的。老子也讲过：无名，天地之始；有名，万物之母。""我认为，有名，命名，不是简单记一个人一个事物的名字，比如一个物件，一个茶杯，而是记一个事情，所以归根到结绳记事。我认为，记事，是记录或纪念发生过的一件事。那就是最初的历史了……这里可以总结出很重要的中国式思维，那就是：走入历史，重视经验。"

认为中国的文字不是语言的复写："我认为中国的语言学家，从马建忠到王力，都可能犯了错误。他们都用西方的格式来研究语言。"中国文字的源头是"结绳记事，文字不是把语言写下来，而是记录事情。最初的文字，就是要把发生的事情（也就是历史经验）记下来的符号如绳结，慢慢才演变为文字，最后才和语言结合，它作为符号系统，中国文字始终不是语言的复写……中国文字一直统治着语言"。

解释其人类学历史本体论："历史本体论"开始就是叫"人类学本体论"。"西方也有人类学哲学，那是把人归结到动物性那里去；而我强调的是历史。这历史就是人类的经验，由经验构成人类的历史。这就是我的人类学，所以后来又叫人类学历史本体论，以与西方的哲学人类学区别开。"

评述杜威有关节奏与自然万物、与人的生活的联系，强调："而我认为，这里最关键的，还是通过生产劳动的实践操作，发现整个宇宙——自然的物质存在的形式关系。"而这种关系中最本源最根本的，是"人在物质操作的长久历史中所积累的形式感受和形式力量"。这种形式感受和形式力量，具有巨大的普遍性和绝对性，贯彻到各种工艺技术和生活秩序中，这是个体生命活生生的动作和感受。对这种形式感的体验、领悟和自由运用，就是由"度"到"美"的过程。强调美与创造性的关系："正是一个个充满偶然性和自发性的活生生的生命，沟通着人与宇宙。这种沟通，也正是人类个体创造性的源泉。"

5月，撰写《从"两德论"谈普世价值与中国模式》（刊《东吴学刊》2011年第4期），提出："两德论"认为这普世价值既不是先验论原则，也不是自古便有，而是历史发展到特定时期所生发出来的。

8月，和童世骏对谈（刊"中国学术论坛"网，2012年3月2日），指出："全球一体化使这问题特别明显，但是这并不消除多样性；恰恰相反，全球化可以向更加合理的方向发展，并且适应不同的文化和宗教。也就是说可以既有差异又有共识，保持两者之间有张力，并不是消极地对立，社会存在从而给共识以一个非常强大的物质基础。""马克思主义有自己的优势，应该加以很好的发展。"

秋，《六十年代残稿》发表（刊《中国文化》2011年秋季号，总第34期），文前有作者写于2011年9月4日的小序，云："这是清理旧物时发现的一份残稿。与今观点有异有同。已无发表价值，但一些朋友坚主保存，拟付丙丁者竟转而成铅字，可自笑也矣。当年稚态可掬，大雅君子谅之。睹物感怀，半个世纪就这样过去了，又不免自叹长进太少也。"❶ 该文观点是先生整个思想大厦的基石。关于《残稿》写作时间，先生进一步明确为1961年到1963年，主要是在1961年。关于思想来源，先生云："当时读了很多的书，很多是外国原著。主要是来自康德，受康德的启发。""今天重读《残稿》，很自负。50年过去了，不需要改动。"

9月2日，《南方周末》发表《易中天品人录：独立之精神，自由之思想》，该文列专节《李泽厚：学问可以有另一种做法》，云："恢复高考以后进大学的头几拨本科生和研究生，被称为'读李泽厚和朦胧诗成长的一代人'。这几乎是一个学者所能获得的最高荣誉。他对我的直接启示是：学问可以有另一种做法，文章可以有另一种写法，人更可以有另一种活法。永远走自己道路的李泽厚，无意间成为我人生转型的灯塔。"

---

❶ 2013年4月4日，笔者与先生通话，谈及这篇残稿，先生云："此文发表时我并没认真看，因为不主张发表。最近，因为该刊要发表我的另一篇文章，我才仔细地看了当年的《残稿》。乃觉得这篇《残稿》十分重要。后来最重要的思想和观点，在该文中都已经确立，最重要最基本的思想的源头都在这里。因为关于'人类如何可能'的思想，在整个世界学术史上，是我第一个提出，至今仍无人提出。或许若干年后西方学者才会提出。西方学术界认为是上帝造人，或者认为是自然进化而来。至今没有人从哲学上提出。人性是什么？我在该文中认为理性就是人性特色之一，就是人的心理结构，是动物在制造工具过程中产生的。"

9月3—4日，北京大学高等教育人文研究院召开"八十年代中国思想的创造性：以李泽厚为例"国际研讨会，徐友渔、陈来、刘悦笛、干春松、杨煦生、王柯平、刘康等30余名国内外学者与会，围绕"八十年代氛围中的李泽厚""启蒙：超越救亡，告别革命""李泽厚哲学的张力与创造性"三个问题展开讨论。杜维明主持讨论会，指出："问题意识是非常重要的，李先生为我们提出的问题，我们不一定能解决，但他提出的问题对我们有理论也有现实的意义。"他认为，李泽厚是"做哲学的，而不是研究某一种哲学的"，是一个以生命从事哲学活动的人。杨煦生提出："把自己的生命置于这么一种情态，让生命成为一种跟时代共同历险、共同焦虑的过程，正是李泽厚的特点。""李泽厚以他的敏感、他的理论洞见、他的坚韧，不断变换各种方式回到他所关心、所提出的问题，根据当时特殊的语境，不断重新面对这些问题。正是这样，他把我们这个时代面临的许多矛盾和困境不同程度地凸显了。"刘康认为："他是整个八十年代思想的一面旗帜。他是一个话语的发明人……他就是一个提出很多问题的话语发明家或曰思想家。李泽厚实际上关心的都是当代问题，是一个对社会积极干预的思考者。在这个意义上，我认为他不是个哲学家，他对所谓哲学、所谓本体论或终极关怀等的思考，都是从现实社会的问题出发。李泽厚是中国少有的最具问题意识的思想家、理论家。"先生提交了书面发言：《走出语言牢笼》。❶

11月，访谈录《告别辛亥革命》发表（刊《财经》2011年10月号，记者马国川），云："如果没有辛亥革命，中国可能会通过渐进改良的方式实现社会的转型。在辛亥革命之前，清政府已经在进行改革。比如，那时制订的法律，在今天看也是很超前的……这些法律明确赋予国民以言论出版自由的权利，相当不错。另外，很多主要省份都有了咨议局，议会已经成型。各地立宪派已经大体长成，许多新的制度、机构、规则也在不断建立、筹划和实行。"

---

❶ 杜维明等:《李泽厚与80年代中国思想界》,《开放时代》2011年第11期。

11月5日，采访录《中国精神在于包容》发表（刊《华商报》，记者王锋），认为："启蒙要落实在制度上，才算完成。"启蒙，不是要谁去启蒙谁，更不是要一些精英来启蒙大众。启蒙就是要让自由、民主、人权、平等这些理想最终得到实现。"启蒙概念，大家一般都能接受了，但如何把它落实到体制和制度上，才是真问题、大问题。要根据不同现实来落实，不要照搬西方。"认为国学有王国维派，也有马一浮派："我赞同王国维，反对马一浮。"

　　认为传统不能简单地回归："如果只是穿古代衣服，或恢复什么七夕情人节，诸如抱住'六经'不放，恕我直言，这些恰恰是传统的'形'。我们要继承的是传统的'神'。我们这个民族及文化之所以能延续这么长时间，不像古埃及、巴比伦、古印度等被打断、消失，为什么？真正的中国精神，恰恰是善包容，肯学习，能吸收，可消化，这样才能生存、延续、发展、壮大。这才真是《周易》讲的，变则通，通则久，生生不息。"不赞成所谓"民国范儿"说法，并不认为民国就真那么好，特别不赞成美化蒋介石。如果用一句话总结中国哲学，那就是："中国哲学，就是生活大于语言。"

　　谈及政治话题时云："我不写五十年前后的书，就是关心政治。我不参加各种活动，就是不参与政治。我有政治判断的能力，但我没有参与政治的能力。因为我不愿意与人交往。正如我没做生意的能力一样，尽管我很会理财。"

2012年

(壬辰)·83岁

4月15日,美国国会图书馆中文馆员宋玉武来信,云:"我们正在筹建现代中国研究特藏,旨在收集文化名人的手稿、日记、书信、笔记、书画、照片、声像等原始文献,以供后人研究。先生对中国文化乃至世界文化都有杰出贡献,您的手稿文献自然属于我们的收藏范围。"先生未予回复,也未寄任何材料。

6月,《中国哲学如何登场?——李泽厚2011年谈话录》(和刘绪源)出版(上海译文出版社,2012年),该书提出"太初有言"(逻辑—理性—语言—两个世界)与"天行健"(即"太初有为":行为—生命—情理—一个世界)的区分以及"学而第一""情本体的外推与内推""两种可能性"等重要论点。云:"几十年来一直萦绕着我的,是如何'走出语言'的问题。所谓'走出语言',是指走出当今语言哲学的牢笼……我本不大相信语言是人的家园或人的根本。中国传统使我想到,凭借它也许能突破当今哲学的某些界限和窘境……我正是要回归到认为比语言更根本的'生'——生命、生活、生存的中国传统……这是从人出发,以人为本,而不是从上帝、理性或语言出发。这也就是当年(上世纪六十年代)我为什么要从人类起源(即'人类如何可能')来探究这个'走出语言'的可能出口。""'积淀'一直很重视生理因素,其中包括个体之间的差异。总之,一方面反对社会生物学(sosial biology),将人还原为动物;另方面反对社会构造论(social construction theory),认为人只是意识构建的社会产物,而比较赞成新近的生物社会科学(biosocial science),我认为,它将成为'走出语言'趋向心理的科学基础。"

先生认为,其用中国眼光发明的"积淀说""情本体""度作为第一范畴"等等,这些视角和概念,可以是世界性的。自云:"在美国,家里常年订一份《科学美国人》。还有一份脑科学杂志 Mind,我一直看……当然不是什么文章都看,像物理学、宇宙学等等,我看不懂,也没兴趣。但讲生理,讲医学,讲考古,我都看。""与当代大哲如海德格尔等人对现代科技多持摈弃和悲观的态度不同,我一直乐观地关注当代科技,并企望不断有新的突破。"

6月,赵士林著《李泽厚美学》出版(北京大学出版社)。赵著评论曰:"在很难出现哲学家的年代里,李泽厚作为一个哲学家出现在人们的视野中。他的哲学思想有类似康德的丰富的完满性,有黑格尔那样的宏大的历史感,还有马克思那样的彻底的科学精神。李泽厚还以一位思想史家的视角,从极深刻的层面把握中国人的风神与智慧,他的思想脉络是从孔子到鲁迅的真实延续。仅仅作为美学家的李泽厚,就已使'少年高旷豪举之士多乐慕之,后学如狂'(沈瓒:《近事丛残》),更何况他还是一位真正具有当代精神的学人,他的学术思想,凝聚着当代的深度与广度。"❶

7月,撰写《悼念》(刊《明报月刊》2012年10月号),悼念英年早逝的"虽不很熟但待我很好的女性朋友"Laura,并云:"世上不公平的事本来就多,不料如斯暮岁还要遇到这非常残酷的一次。既不能说,也只能写这几句了。我自己封笔多年,这次是破例了,也只有这一次的破例了。"

9月23日,先生登门拜访107岁高龄的周有光先生(部分对谈内容刊《东方早报》新媒体创刊号)。周有光对先生说:"你大名鼎鼎的,一向景仰。请你写个电话,否则将来没办法联络了。你的书我都看了,真是了不起啊。"宾主就健康问题交流对话半小时。

年底,为周有光先生致生日祝词:"一是祝贺周有光先生一百〇八岁诞辰,祝他长寿更长寿;二是今年曾见过周老,至今难忘。现在百岁高龄者不

---

❶ 赵士林:《李泽厚美学》,第4页。

乏其人，但像周有光先生生命力如此旺盛，思想如此敏捷，恐怕是硕果仅存了。年事这么高了，还有这样旺盛的思想活力，还对世界、中国、人生具有这么高的热情与关怀，还在不断接受东西方的各种新信息，而且还能作明快的判断，实在令人钦佩。周老不为潮流而动，对任何尖锐的问题都保持清醒的头脑和独立的思想，尤其不简单。中国学界太多情绪，但情绪不是学问，不是真理，情绪没有价值。而周老的言论不带情绪，只有对历史负责的深邃思考。例如对于传统，极端者要么把传统踩入地下，要么捧上天空，现在的国学热就是把传统捧上天，但周老不为国学热所动，他提醒说，这不是进步的表现……独有周老既坚持民主，又提醒不能急，这便是理性。"

10月，访谈录《小步走，慢慢来》发表（刊《中国企业家》2012年第20期，记者萧三匝），提出：有必要梳理一下以下几位理论家。一是卢梭。他讲公意，这就造成了后来的人民民主专政。二是马克思。讲阶级斗争是历史发展的动力，但一个社会主要是靠阶级和谐、妥协才能生存下去，靠天天斗是不行的。马克思、恩格斯本人都承认，奴隶社会比原始社会要残酷得多，但这是历史的进步。所以我一直强调伦理主义与历史主义二律背反的问题。什么时候伦理主义占上风，什么时候历史主义占上风，值得深入探讨……三是尼采。他导致的就是纳粹，蔑视群氓，那是赤裸裸的，所以希特勒也是赤裸裸的，就我这个种族行，其他种族都不行，犹太人是最坏的。如今有人张口闭口就是海德格尔、卡尔·斯密特，这些人都是尼采右派，都是走向法西斯主义的，他们不是讲上帝跟魔鬼的永恒斗争吗？尼采左派是福柯、德里达、德累斯，走向无政府主义。这都是尼采种下的恶果。搞理论的，你提出什么，至少要对得起自己的良心。

11月，《李泽厚：伦理学答问补》发表（刊《读书》2012年第11期），提出其伦理学的要点是做出了三个重要区分：第一是对中外一直都混同使用的伦理（ethic）、道德（morality）两词做了前所未有的严格的词义区分，即将伦理作为外在社会内容、规范和道德作为内在心理形式、结构的区分。第二是在内在心理形式、结构上，又做出人性能力（理性动力）与人性情感

（情感助力）的区分，并强调情感助力的重要性。第三就是内在心理形式、结构（包括能力和情感）含有传统宗教性与现代社会性的不同内容的区分。

重申："人之所以为人"是"学"的结果。"学"首先是"学"做人的行为活动，它具有形上的本体性格，也正是"度"的具体呈现。

修正其之前在《伦理学答问》中关于"人性情感是道德行为动力"的说法：我以前说"动力"，不很妥当，因为此词词义含混，易生误解，应予订正。同情心或"恻隐之心"是"助力"而非"动力"，"动力"仍是理性命令。

如果用简单一句话概括其哲学主题，即：以"人类如何可能"来回答"人性"（包括心灵）是什么，这也就是"双本体"（工具本体和心理本体）的塑建问题。几十年讲来讲去无非是这主题的展开，这倒似乎是前人在哲学上没有做过的。而且还有现实意义，因为随"告别革命"之后的便是"建设中国"。如此巨大的时空实体，如何建设？对世界对人类将有何影响？兹事体大，谈何容易。前景茫茫，命运难卜；路途漫长，任重道远。事在人为，偶然性却很大，稍一曲折，便数十年。怵惕戒惧，可不慎欤？勉乎哉。

11月，赵士林主编《李泽厚思想评析》出版（上海译文出版社，2012年），该书收录丁耘、干春松等研究先生思想的论文10篇，并附2000年以来中国大陆李泽厚思想研究论著索引（研究专著5部，学位论文24篇，期刊论文166篇）。赵士林在该书序《李泽厚哲学的当代意义》中指出：尼采、福柯、海德格尔等几种哲学路向都是现代哲学富于智慧的发现和创获，但是都未能通向人生问题的解决。李泽厚就是从审视和解答"人活着"这个问题出发，开始了他的"人类学历史本体论"的哲学建构：晚近二十年，李泽厚则在寓居海外的渊默中，进入人类视角，审视中华文化的内在价值，在更深的层面上整合中西哲学，确立了"人类学历史本体论"的哲学系统，为全球化时代人类的价值取向等人生根本问题，提供了中国式的具有世界意义的解答，同时也为中国问题的解决提供了具有广阔世界前景的方案。赵士林提出，李泽厚的个人学术史可以分为三个时期：

1. 1950—1960年代（苏式马克思主义框架和问题意识中的理论创造）；

2. 1980年代（引领思想解放潮流）；

3. 1990—2010年代（世界视野，中国眼光）。

赵士林认为李泽厚个人学术史的三阶段，分别具有不同的时代背景。三个阶段的学术历程有一以贯之的创造精神，又有因应不同时期问题的关注重点、理论风格、学术建构，从思想学术文化的角度鲜明而深刻地回应了当代中国和世界的重大变迁。

2014年先生和刘悦笛对谈时曾云："所以，赵士林的划分是不对的，好像我以前完全是苏化的，接受苏联的，其实不然。手稿残稿（指《六十年代残稿》。——笔者注）他也看过，是经过他才回到我这里的。但他就没注意。也不止他，好些人说我好像是上世纪80年代突然冒出来的，以前好像就是苏化的……一开头我就跟苏联的社会派不一样。"

6月7日，何炳棣逝世。

2013年

(癸巳)·84岁

5月,为王世德《文艺审美学文集》作序。

9月,先生著作《哲学纲要》获第二届"思勉原创奖"。该奖是为弘扬华东师范大学教授吕思勉先生治学精神而设立的文史哲类学术成果奖项。

11月,先生1980年代的研究生黄梅出版小说《结婚话语权》(光明日报出版社),作者以与李先生两次电话交谈作为书序。电话中黄梅云:"您自己的书从第一本起就不用别人作序,书本身就摆在那里说明问题。"此说得到先生认可。谈到性格,先生云:"我是独立大队,单枪匹马,所以一直受各种人的各种欺侮,从二十岁到八十岁,我也活过来了。你自己有本事,就能活过来。"黄梅记得,当年在社科院哲学所上小课时,先生曾云:"生活就是这样,想死很容易,跳楼好了!但是活着却难多了!你要思考并决定怎样活着!"黄梅忆及当年和先生游北大情景:走在北大未名湖边,先生指着一栋小红楼:"我刚入北大,得了肺结核,被隔离住在这个小楼上,整天读书。"我正在想着您年纪轻轻得肺结核病是多么可怜,先生却忽然问我:"你读过刘索拉的《你别无选择》吗?她还是学音乐的,出手就不凡。"

11月5日,复刘绪源电子邮件,对刘著《美与幼童——从婴幼儿看审美发生》初稿提出意见,曰:"……文中提出或涉及了许多问题,我都有兴趣,似可做几倍的扩展,作更详细的分析和解说,也可更集中探讨一两个小题目,如通过儿童文学看情感与想象的关系、四因素如何交错形成不同的美感(这题目我多年一直想做,因弄别的搁下来了)等等。"

12月,接受《东方早报》采访,访谈录《李泽厚:经改比政改难,难在阻力更大》（共识网发布，记者卢燕），对中共十八届三中全会通过的《中共中央关于全面深化改革若干重大问题的决定》发表评论，云："总的来说，《决定》比我预想的要好得多，有点出乎意料。我认为这是继邓小平的改革和中国加入WTO之后，对中国最重要的改革步骤。近廿年来，我一直在讲，中国要走一条自己的路，如果这个《决定》能够执行并完全实现，这是中国走自己的路很大的一步。关键在于能否兑现。"

12月，《形式层和原始积淀》分别以中英文发表［刊《东吴学术》2013年第6期，选自李泽厚《华夏美学·美学四讲》（增订本），第366—374页，"艺术"第二节，生活·读书·新知三联书店］，此前该文被收入《诺顿理论和批评选集》。

12月，余春丽译《诺顿理论和批评选集：李泽厚》发表（刊《东吴学术》2013年第6期，译自 Vincent B. Leiteh, ed., *The Norton Anthology of Theory and Criticism,* New York & London: W. W. Norton & Company, 2010, pp. 1744–1747）。

该文指出："李泽厚在融合东西方众多思想传统的基础上构建了他的美学和哲学体系，而其著作的最深根基则是康德、马克思（他将之与马克思主义区别开来）及传统中国思想。他提出了一系列有关主体性、人类知识及美学的崭新论述，不仅将马克思和康德联系在一起，还通过与传统中国思想的贯通而对这两位思想家作出了独到的再阐释。"李泽厚在哲学上通过将眼光投向人类历史，对康德形而上学的"物自体"理念发起了挑战；以"人的自然化"弥补了马克思的"自然的人化"，又以基于中华民族长期经验和实践的唯物论的"实用理性"弥补了康德的"先验理性"。该文认为，李泽厚在美学上的主要贡献在于将实践引入关于美的本质的研究，即：探讨美的本质不仅要考虑个体的、感官的、心理的及文化的反应，还要注意集体创造性实践的物质和社会范畴，包括美感在时间中的发展。文章强调："李泽厚的积淀理论明确地将劳动理论添入凝结于构成艺术传统的美学形式中的社会心理和历史，具有十分重大的意义。"

12月，贾晋华《二十世纪哲学指南中的李泽厚》发表（刊《东吴学术》

2013年第6期），该文引述汉学家安乐哲在《哥伦比亚二十世纪哲学指南》一书中对李泽厚的介绍和评价。安乐哲评论李泽厚是"当代中国最著名的社会批评家之一"，文章同时指出：虽然安乐哲在此篇评介中国哲学的论文中为李泽厚提供了最长的篇幅，给予了最重要的位置，但两页的篇幅毕竟有限，李泽厚哲学思想中的许多命题在此文中仍然未能涉及。此外，由于此书的目标是20世纪哲学，李泽厚在21世纪第一个十年的思想高峰期中的大量重要哲学观念也未能进入此文的评述范围。

2014年

（甲午）·85岁

春，《李泽厚演讲：由巫到礼》发表（刊《中国文化》2014年春季号，发表时有增删，系根据先生2001年6月在香港城市大学讲演录音整理）。

1月，对谈录《李泽厚、干春松：未来中国政治之走向——关于"中国式自由主义"发展路径的对话》发表（刊澳门大学主办的《南国学术》2014年第1期），先生认为，中国自近代以来有三派：激进派，以谭嗣同为代表；保守派，以张之洞为代表；自由派，以康有为为代表。认为康有为是中国自由主义的源头、鼻祖。从其发展路径看，它与通常意义上的西方自由主义相比有着三个不同的特点——历史性："中国的自由主义并不认为是'天赋人权'——不是'by nature'，也不是'given by god'，也不是基督给予、上帝给予的，而是历史进化出来的。"理想性："中国的自由主义不认同历史的终结，认为还有更好的社会，会有超越资本主义的新社会。"情感性："中国的自由主义是情感性的自由主义……所以，我讲'情本体'，讲两种道德，讲情感信仰的宗教信仰。"

谈及是否认同自己"事实上是个马克思主义者"时，先生云："我对《资本论》的批评很重要，但至今没人注意，既无人赞成，也无人反对。我认同邓小平的改革路线。"

谈及未来中国的发展走向时，先生强调：中国目前需要的不是理想社会，而是社会理想；中国必须经受现代性的洗礼，但也不能照搬西方。认为中国式自由主义，"定义和名号都不重要，内容才重要。你可以说它是'中国式自由主义'，也可以说是'社会民主主义'，也可以说成是'后马克思主义',也可以认为是马克思主义中国化,都可以,我不反对。"重申儒学对中国人"文化心理结构"的深刻影响:"农村的老百姓并不知道孔夫子,也不拜孔夫子,孔夫子主张的礼制和政治体制都崩溃了,但老百姓的价值观念、行为模式、生活态度、思维方法、情感表达、人生看法等等却还是孔夫子的那一套,这才是儒学的真正根本所在。把这非自觉的潜能变为自觉的力量,这才是我主张的儒学,而不是什么建个教、立个庙、拜个像、穿个唐装、叫喊个圣人等等。"

1月,和刘悦笛对谈,三篇谈话录相继发表。谈话录之《从"情本体"反思政治哲学》发表(刊《开放时代》2014年8月号),先生认为,自己的东西是整体,所有内容都有勾连,不是具体的哪一个和哪一个有勾连。认为,"礼"来自人类的"生存情境",首先就是以制造和使用工具为特点的社会生活,是人独有的生活方式、生活状态。从"情"到"礼",是伦理;从"理"到"情",是道德。"那么多伦理学都没讲清楚的问题,我觉得,我的伦理学讲清楚了。"

谈话录之《关于"情本体"的中国哲学》发表(刊《文史哲》2014年第3期),先生认为,道德不只是一种情感。道德一定是要有理性渗入的;不承认动物有什么道德情感,反对"社会生物学"。先生指出,康德的厉害,就在于一下子抓住最本质的东西,即道德是纯理性的。康德比黑格尔强多了。"我对中国是抱有希望的……有些事情就是要看两百年。老实讲,一百年以后恐怕就见分晓。一百年并不长,要看远一点,志气要大一点。"认为,现在第一流人才在商界,第二流人才在政界,第三流人才在学界。人文学科研究要寄希望于未来真正的贵族,有闲暇的贵族。

陈来为该次谈话录作"特约评论人语",认为先生之"思想气质无疑是偏于经验型的经世致用,与湖南大儒先贤王船山、谭嗣同在思想风格上有些接近,甚至与毛泽东的哲学气质也有些神似"。

谈话录之《"情本体"是世界的》发表(刊《探索与争鸣》2014年第4期),坦承"六十年代手稿"是其思想的一个重要源泉;关于实践的许多观点来源于当时对《1844年经济学—哲学手稿》英文版的阅读和思考，该"手稿"上留有许多阅读时的批注。自云："在美学领域大概最早是我提出实践美学思想的。"认为自己开始对儒家有明确的认识，也是在1960年代。"那时我还没有用'实践理性'的说法，最早我用的是'中国理性主义'，以示中国的理性主义跟西方不一样。"认为中国理性的特点就是从动物本能上升为理性，与西方的"上帝让我爱，我才爱"是不一样的。中国人的"情"是一种普世价值，这个提法更容易被全世界的人接受，中国人的爱里有本能性的一面。中国的"人情"会对世界产生贡献。

谈话录之《"情本体"对谈拾遗》[1]，谈及思想转向时云："我没有转什么向，我的特点是从来不转向。写我的书，倒可以有些世界影响，如果写得好的话。将来我的书留下来，恐怕首先是在西方，而不是在中国。是被西方人发现。"

谈及刘小枫，先生认为刘最好的书还是《拯救与逍遥》，后来的再版，他说是修改，实际上是重写过。"但是，再怎么重写，他的基本东西没法变……'反传统'那是反得最厉害的，现在又大讲中国传统。所以我讲，如果有本书，就把他前后讲的引出来，对照一下。""发现他的思想矛盾是怎样转弯的，一步一步怎样变成这个样子的。因为他的'国父论'不是突然出来的。"

谈及桑德尔，说自己写这本《回应桑德尔及其他》"完全是偶发性的，根本没有想写这些东西。看了他的书以后，觉得不根据情况，他的理论也不对。他反对自由主义，我认为罗尔斯比他强"。

谈及国内儒学圈子，刘悦笛忆起先生几个月前的打油诗："老左上位，新左惭愧；自由避畏，儒教报废。"

4月，《回应桑德尔及其他》出版（生活·读书·新知三联书店，2014年），对迈克尔·桑德尔《正义》《什么是金钱不能买的》等著作中的观点

---

[1] 未发表，后收入《李泽厚对话集［廿一世纪（二）］》。

展开批评。坦言这本书就是伦理学，就是讲"两德论"，就是要把"两德论"讲得更清楚一些。重申"礼生于情"的中国哲学传统，与"理性至上"的西方正义观是有差异的。在看到市场经济带来的巨大好处的同时，也看到它带来和可能带来的各种问题、祸害甚至灾难，要站在这个"历史与道德的张力"或"二律背反"的维度上来作出各种具体的"度"的把握和判断，以指导规范人的行为。中国现在还处在市场尚未主宰一切的时候，更要未雨绸缪。

谈到桑德尔书中列举好多道德在市场冲击下丧失的事例，以及桑德尔强调应有更高的价值指向和道德精神来指引政治，并将市场对道德的侵害归结于"价值中立"，先生指出："所以我反对 Sandel 的批评。我以为 Sandel 没有重视发达国家的过往历史和发展中国家现在首先需要从中世纪脱身出来的现实。"再次肯定多年来一直主张的强调法治而几乎没谈民主，即于 1995 年提出的"四顺序"论。

明确提出不赞同社群主义和桑德尔："总体说来即便在美国，社群主义也不可能取代自由主义，只能作它的某种解毒剂而已。我所讲的'现代社会性道德'大体相当于自由主义，除自由、平等、独立、人权、民主外，诸如宽容、妥协、合作、相互尊重、价值中立等等也在内，都是以现代社会的公共理性为基础。我认为应该承认它们也是道德，并把它们与任何以情感信仰为特色的宗教性道德区分开来，Sandel 等社群主义却强调两者不可区分。"

桑德尔在这两本书里提出"市场社会"的严重问题等，是值得参考和深思的。中国正可未雨绸缪。但他们的基本理论不能同意和接受，因为这容易导致倒退，重新回到各种传统、风习、主义、意识形态的主宰控制下，心安理得、心甘情愿地作驯服工具和螺丝钉，并以之为"道德"和"贡献"。自由主义如罗尔斯的"差异原则""重叠共识""权利优先于善"是中国需要而可以接受的，并通过中国"道始于情""关系主义"而予以修正，亦即"范导和适当构建"。

4月，香港牛津大学出版社出版该书繁体字版。先生在该版中将"正义"

改为"公正"。认为此译更符合西方理性传统。❶

5月9—27日,受邀在华东师范大学开办"伦理学研讨班"。分别于9日、12日、15日、19日、21日连开四场"伦理学"讨论课及一场哲学对谈,以自由讨论的方式,与众人一起探讨"道德、伦理与人性"和"市场与道德及两德论"等问题。讨论课从诸多经典实例入手,探讨了作为人性的道德心理结构、"宗教性道德"与"社会性道德"两种道德的区分、道德是"经验的"还是"先验的"等伦理学问题。先生强调,开设"伦理学研讨班"的目的,在于唤起大家的意识,争取提出一个既有中国特色又有世界普遍意义的伦理学。"中国的知识分子应该抱有一种历史使命感,去思考中国如何能走出一条属于自己的现代化道路。"

此次课程,以先生新著《回应桑德尔及其他》及《伦理学纲要》《伦理学答问补》、桑德尔《公正》等为讨论对象,引起学界广泛关注,被称为2014年度中国思想界、文化界的标志性事件。之所以选择桑德尔作为回应、批判的对象,是因为先生和桑德尔在这类"大问题"上有共同的关注,有一些类似的思考,但也有不同的见解。

5月21日,先生与陈嘉映、杨国荣、童世骏同台对谈,郁振华主持。讨论话题主要是"何谓哲学"。先生认为哲学不是知识,亦非信仰,哲学属于"意见",是对人生、对世界的根本性的意见,而不同于一般的意见。

《文汇报》《解放日报》《长江日报》《羊城晚报》《中国社会科学报》等多家主流媒体予以报道。有报道认为:李泽厚先生在华东师大开设"伦理学讨论班",媒体和公众的关注,使得半个月的研讨班,成了一个文化事件。

5月,和杨国荣对话伦理学问题。对话稿《伦理、道德与哲学——李泽厚、杨国荣关于伦理学问题的对话》发表(刊《中华读书报》2014年6月11

---

❶ 迈克尔·桑德尔,美国哲学家,美国哈佛大学政府系讲座教授,美国人文艺术与科学学院院士,当代西方社群主义(共同体主义)最著名的理论代表人物。曾获英国牛津大学政治哲学博士,20世纪80年代初以其对罗尔斯正义论的批评而蜚声西方学界。主要学术代表作有《自由主义与正义的局限》(1982年)、《自由主义及其批评者》(1984年)、《民主及其不足》(1996年)等。

日），重申区分伦理与道德非常重要，认为："从世界范围看，在对康德研究中，忽视了康德所犯的一个很严重的错误，即康德把道德与伦理混在一起，因此他就没有区分一个是心理形式，一个是社会内容。"先生强调，区分道德与伦理的关键是突出心理形式，也就是建立人之为人的根本点。

6月，先生授权，由邓德隆、杨斌编选的《李泽厚话语》出版（华东师范大学出版社，2014年），该书从先生数百万言著作中选辑400则哲思妙语，从人生、社会、历史、治学、艺文、美学、哲学等方面，全面展示其思想精华与哲学智慧。

6月，赵士林、高明主编《李泽厚研究》（第1辑）出版（中国财富出版社，2014年），收录近年先生思想研究论文18篇。赵士林作序云："李泽厚的思想学术贡献已成为跨世纪中国思想学术文化史的丰碑，在当代中国，还找不到一位学者，在哲学、思想史、美学领域均作出创立范式的贡献……无论赞成他还是反对他，讨论廿—廿一世纪中国的思想学术问题，都绕不过他，都不能不从他那里获取支援意识。"

9月，《李泽厚对话集》（六卷七册）出版（中华书局，2014年起陆续出版），分别为"八十年代""九十年代""廿一世纪（一）""廿一世纪（二）""浮生论学""与刘再复对谈""中国哲学登场"。论者认为"对话集"1980、1990年代提出的许多思想对困扰当前的问题和矛盾依旧具有启发意义；而哲学对谈实乃"李泽厚思想导论"。

10月12日，散文《泽丽妹妹》发表（刊《东方早报》），云："泽丽妹妹是我心中一位最亲近的人。虽然数十年不在一起，平常也少往来和通讯，但不知是什么缘故，一想起她和与她通电话时，总泛起心中那样一种的亲切。"文章忆及童年的艰难生活和堂兄妹五人的深厚情谊。

10月，世界儒学文化联合会（The World Consortium for Research in Confucian Cultures）在夏威夷大学举行首届会议，主题为"儒学价值观与变革中的世界文化秩序"。会议目标是批判性地探讨在新出现的世界文化秩序中儒学文化的意义和价值。会议讨论了如下问题：何为"儒学"文化的当代模式？儒学文化的历史缺失和局限是什么？它能给新出现的世界文化秩序作出什么贡献？如果要成为推动积极变革的世界性资源，在我们这一代儒学文化必须如何革新？其中一个小组"李泽厚小组"成员所作的四篇报告通过研究李泽厚的著作探讨了这些问题。

10月，刘绪源《美与幼童——从婴幼儿看审美发生》由江苏凤凰少年儿童出版社出版。该书专从审美发生的视角对儿童期作出思考，阐述想象在儿童审美中的作用。书的封底印有先生的话："你的研究甚有意义，望不断深入。尊文提到幼儿和儿童的形式感也极重要。可惜搞美学的人根本不重视，尽写一大堆无聊的空洞文章。最感兴趣的仍是一些最基础性的问题，如无关文学内容的节奏，它是儿童要求秩序感的一种，它与动物的差异和区别究竟何在（动物的节奏感是甚么？）似仍值深探。希望能汇集更多材料，做更详细深入的探讨，这会很有价值，比作别的意义更大。"

该书扉页题辞曰："本次研究得到李泽厚先生的关注和指导，书中有些论点取自李先生人类学历史本体论，谨致谢。"后记再次鸣谢曰："这里要特别感谢李泽厚先生。2012年末，我全无准备地忽然陷入这一课题的热烈思考，同此前两年与李先生所作的两次对谈（已经整理成《该中国哲学登场了？——李泽厚2010年谈话录》和《中国哲学如何登场？——李泽厚2011年谈话录》二书，由上海译文出版社出版）是大有关系的。我的思考和写作开始后，又得到了李先生热情的鼓励和支持，年逾八旬的他在美国通过小小的iPad逐章读完我的全部初稿并提出意见，这很令我感动和感激。书中不少重要观点，如将审美发生的终极根源推到人类使用和制造工具，就是取自李先生人类学历史本体论的发明。"

冬，撰写《〈论语今读〉》中华书局版序，交代该著初版于香港天地图书公司，后相继出版并多次印行，各版正文前均冠有"初稿"字样，"盖表不甚满意而拟作补改修订之意"，"原拟参阅《孔子集语》《孔子家语》、出土简帛及近年出版之各种《论语》译注、研究，对《今读》全书特别是'译做一较大修订之计划,已难履行,实成泡影。从而'初稿'字样此次新版便应撤除,虽又增一人生大憾,却无可如何也矣"。此次再版增1980年发表之《孔子再评价》为附录之缘由:"三十五年前之旧作矣,似仍可读,收此文以不忘当年发表时所遇之阻力、艰难和波折,并志《今读》由来有自,即在不断反传统高潮中力求再证传统,而非赶今日'儒教''国学'之时髦也。"

9月9日,汤一介逝世。

2015年

(乙未)·86岁

1月,《由巫到礼 释礼归仁》出版(生活·读书·新知三联书店,2015年),前记曰:"此书集旧文四篇新作三则,盖由巫入礼归仁为中华文化关键所在,虽学界寂然,但问题至要,上述诸文尚能相互照应,略成一统,乃冒不韪,反复组编,重叠啰嗦,读者鉴谅。"旧文四篇分别为《说巫史传统》(1999年)、《"说巫史传统"补》(2005年)、《中华文化的源头符号》(2005年)、《初拟儒学深层结构说》(1996年);新作三篇分别为《由巫到礼》(2001年演讲记录,2014年发表)、《释礼归仁》(2014年)、《为什么说孔夫子加Kant》(2014年)。

《释礼归仁》认为,周公是"由巫到礼",孔子是"释礼归仁",因为礼崩乐坏,必须为"礼"找一个替代巫术神明的坚实依据,这即是孔子的"仁"。孔子"释礼归仁"的根本意义在于,经由"释礼归仁",包括孟子、荀子,已经转化性地创造为世间人际士大夫知识人的神圣的历史使命感和社会责任感,以这种神圣使命感和历史责任感来超越个体有限的生存和生命,使这个有限个体存在获得了神圣的生活意义、人生价值和生存意向。强调指出:"释礼归仁"之所以是"由巫到礼"的延续和深化,就在于孔子将周公制作的巫术理性化的"礼乐"人文体制归结为内在人性的心理塑建,这便完成了天人之际的交会历程,也正是自然人化的完成。

《为什么说孔夫子加Kant》指出:支持康德等人启蒙理性的普遍价值,反对反理性、反启蒙;但不赞同启蒙理性所宣扬的绝对价值,不赞同康德的"先验"。康德之外还要加上马克思,加上孔夫子。马克思的经济基础理论才是使人从各种违反人是目的的传统束缚中解放出来的真实基础;孔子将外在人文礼制归结为内在的情理结构，实际是提出塑建人性，使"心理成本体"，这是中外哲学史上的大事。

先生对其人类学历史本体论作出高度概括和精辟总结："我提出和回答的是三大问题。一、人类如何可能？答曰：使用—制造工具的历史经验产生了理性。二、什么是人性？答曰：情理结构，自然情欲与理性的各种矛盾融会。三、人为何在中国传统中位置较高？答曰：巫史传统、一个世界之故。所以，人类学历史本体论以孔夫子为主，吸收和消化 Kant 与 Marx。这也就是认为，以中国五千年文明、近千万平方公里和十几亿人口的巨大时空实体的实践、探索为基础，今天中国应奋力走出一条自己的现代化道路……从而虽然艰辛悲苦却仍然坚韧不拔地走出一条无需依傍上帝的道路，也就是人类自己塑建自己，自己创造历史、创造未来的道路。它将始终在各种不确定性、不可预测性和偶然性中奋力前行。"

春，演讲稿《阴阳五行：中国人的宇宙观》发表（刊《中国文化》2015年春季号，总第41期），系根据先生2001年7月9日在香港城市大学讲演录音整理。

3月，和刘再复对谈，曰："我虽然也讲艺术哲学、审美心理学，但重心的确是探讨美感如何发生、美如何成为可能、什么是美的根源等问题。我将'循康德、马克思前行'改为'循马克思、康德前行'，就是说不是从康德走向马克思，而是从马克思走向康德，即从马克思的工艺—社会结构走向康德的文化—心理结构。还是这条人类主体实践的大思路……人性不是上帝赐予的，也不是先天生物本性，恰恰是通过历史（就人类说）和教育（就个体说）所积淀形成自然的人化。所以我把人看作历史的存在，不仅在外在方面，而且也在内在方面。我所谓'内在自然的人化'即此意也。这观点是（20世纪）60、70年代开始形成的。"[1]

5月26日，回复刘绪源邮件，云："文章很好，你在百忙中还能读许多

---

[1] 刘再复：《李泽厚美学：循康德、马克思和儒学前行》，安乐哲、贾晋华编《李泽厚与儒学哲学》，第266页。

书，不容易。阿伦特的说法好像来自她的老师海德格尔。最近使我高兴的事是我一直认为海德格尔与纳粹有精神上的联系，非常厌恶那些为海德格尔辩护的中外知名学者，这点你可能也知道，因此近日发现了海的反犹笔记并因之撤销那个讲习，真是大快人心。"评论刘的文章说："我以为你已抓住了一些要害问题，非常之好，远远超过了好些研究美学的教授们。需要的是纵深发掘。例如，可通过对不同年龄的儿童读物的观察和分析，研究审美的发生史和其中各因素的具体不同组合和结构，以及与审美相关和无关的愉快的不同种类和层次，在这些不同层级和种类中各要素的关系，等等等等，有很多有趣的题目可作，以经验材料来补充纯理论资料的引用。"

6月，《什么是道德？——李泽厚伦理学讨论班实录》出版（华东师范大学出版社，2015年），该书完整记录了2014年5月9日至5月27日，先生在华东师范大学开设的四次伦理学讨论课和两次哲学对谈盛况。该书整理后记指出：此次讨论课场场爆满，气氛热烈，形成了深刻的思想交锋，为青年学子、哲学爱好者与学术大师平等对话搭建了极好的平台。

7月，《哲学纲要》（最新修订版）由中华书局出版，在北京大学出版社2011年初版基础上，增加《李泽厚：伦理学答问补》一文（刊《读书》2012年第11期）。

8月，讲座记录稿《历史本体论的起点》[附：有关说明（为十月夏威夷会议作，2015）]发表（刊《学问》2015年第1卷，花城出版社主办），此记录稿为2006年5月17日上午，先生在纽约大学东亚系主办的"李泽厚2006年春季纽约大学讲座"上的讲演和讨论记录。

10月8—12日，由世界儒学研究联合会（The World Consortium for Research in Confucian Cultures）主办，在夏威夷大学召开题为"Li Zehou and Confucian Philosophy"（"李泽厚与儒家哲学"）的国际学术研讨会，中、美、德、加、日、韩、斯洛文尼亚等国学者参加。先生特别撰写《有关说明（为十月夏威夷会议作，2015）》提交会议，提纲挈领简明扼要就李氏哲学若干重要问题作出阐释。

有关"人类学历史本体论"(简称"历史本体论"):

历史本体论(historical ontology)以人类逾百万年制造——使用工具来获取食物、赢得生存的实践活动,以及这种实践活动经验所构成语言中的语义(理性)、智力和感受(包括秩序感、形式感等等)来论证人类如何可能,强调工艺——社会和个体心理作为生存本体(root, substance, body, final reality, not "noumenon")即人文和人性的双向进展。其中关键是文化向心理的历史积淀(sedimentation)所形成的文化心理结构(cultural-psychological structure)。

有关"两德论":

我严格区分了伦理(Ethics,外在制度、风俗、规约、习惯……)与道德(Morality,内在心理,如意志、情感、观念),这也是前人没做过的。由前者构建后者,后者反馈作用于前者,这也就是人文(文明)与人性(心理)的辩证关系。历史本体论视人类总体的生存延续为最高的善或"至善"。

有关实用理性和实用主义区别:

实用理性强调历史的积累和文化对心理的积淀,认为从这里生发出客观性及普遍必然性的绝对标准和价值,重视历史成果,所以叫人类学历史本体论。实用主义不然,认为有用即真理,一切均工具。

有关西体中用:

"西体中用"通由"中体西用"的方式和理论以实现自己，整个"中体西用"成为"西体中用"之"中用"过程中的组成部分或阶段，此非始料所及，却成为历史曲折前行的实然。但历史不会止步于此，"中用"会继续创造出适合于"西体"（即现代化的物质生活，它由百余年向西方开放而输入）的更佳新形式。

11月4日，《中华读书报》发表《李泽厚：答高更（Paul Gauguin）三问》。在10月份夏威夷会议上，有20位学者与会，先生是活跃的参与者，共作了五次非正式发言。先生讲一口英文，不时迸发出哲学锐思。会后，先生同意将这些发言整理成文。此即会议发言的整理稿。

此次会议，先生带去《人类学历史本体论》（天津社会科学院出版社2010年，第三版）的封面，封面上有一幅后印象派大家高更的晚年名作："我从何处来？我们是什么？我们往何处去？"先生曰："这三问恰好表明了我要探求的问题，我把这本书的封面撕下来，带去给大家看看。"关于第一问，一般有两种回答，一是上帝造人，一是社会生物学观点，认为是由动物基因突变而来。先生认为："中国的儒学恰恰不同意这两种看法，而认为人类文明（civilization）、文化（culture）都是历史的产物，有一个历史形成、发展的进程。概括起来，可以说是人类本身创造了自己。这也是我几十年来的基本观点。"

关于第二问"我们是什么？"先生曰："我的回答是，我们是一种制造—使用工具并有人性心理的动物。""人性主要是指人所特有而为动物所无的文化心理结构。落实到个体上，便是情理结构。"

关于第三问"我们往何处去？"先生曰："我不知道。"但是从哲学领域提出两点意见。一是心理学转折，由20世纪的分析哲学、语言哲学转向"情理结构""情本体"。二是希望有"第二次文艺复兴"（20年前即已提出），回归原典儒学，把人从机器（高科技机器和各种社会机器）的束缚下解放出来，重新确认人是目的，发掘和发展个性才能。

11月,撰写《人类学历史本体论》(2016年)前记,交代该著诸多版本变化情况,云:

> 本书原名《哲学纲要》,2011年出版于北京大学出版社,同年7月改正众多错漏后第2次印行。2015年由中华书局出版。因某些缘由,该书不拟再印,并交青岛出版社更名出版。但更名实乃恢复,如本书总序所说,《哲学纲要》主要由《人类学历史本体论》(天津社会科学院出版社,2008年5月初版,同年8月再版,2010年3月三版)拆装重组,略加其他旧作而成。指出两书重叠,读者购一即可。当年为八十自祭自寿以纪念研读哲学,不料转瞬又活了五年,但殒殁毕竟邻近,似不如恢复本名,以留存"人类学历史本体论"作自己的独特记念为是。此次除纠正各种谬误、添加若干新篇旧作(均标明年份)及少数处所有增删订改外,别无变更。2015年11月于异域波城。

12月,改订2009年10月所撰《伦理学纲要》序。将"道德作宗教性与社会性二分,人性作能力、情感、观念三分",修改为"道德又外作传统宗教性与现代社会性二分,内作能力(意志)、情感、观念三分",并以此为基点,讨论伦理学的一些根本问题,而不断有所明确、补充和扩展。如确认道德心理和行为中,理性为动力,情感乃助力;人性能力在道德域乃(自由)意志,等等。

12月,改订2010年5月所撰《认识论纲要》序。补充云:"我很少在哲学中谈论过于具体的问题,这里愿破例强调,在中学设立独立的形式逻辑课程很为重要。"将"'秩序感'作为'以美启真'和'自由直观'更值深入研究"修订为:"在理论上,'默会知识''秩序感''形式感'与'以美启真'和'自由直观'等等,更需要作深入探究。"

2016年

(丙申)·87岁

5月,《李泽厚论著集》第二版出版(台湾三民书局)。书前有出版社"再版说明",曰:"'李泽厚'三个字代表着深刻思考、理性批评,因此追随者众,其著作更是被广泛盗版、翻印,劣质品充斥于市。1990年代,本局不惜巨资取得李泽厚先生的著作财产权,随即重新制版、印刷,以精致美观的高品质问世。此次再版,除重新设计版式、更正旧版讹误疏漏之处,并以本局自行撰写的字体加以编排,不惟美观,而且大方,相信于读者在阅读的便利性与舒适度上,能有大幅的提升。"

6月,《人类学历史本体论》(原名《哲学纲要》)由青岛出版社出版。在北京大学出版社2011年版《哲学纲要》基础上,增补文章为:《前记》(2015年)、《李泽厚:答高更(Paul Gauguin)三问》(2015年)、《伦理学答问补》(2016年)、《为什么说孔夫子加Kant》(2014年)、《关于"理性内构"》(2015年)、《主体性(subjectality)哲学认识论》(1979、1984年)、《关于"美育代宗教"答问》(2016年),以及附录三篇——《哲学自传》(2003年)、《第四提纲》(1989年)、《历史本体论的起点》(2006年)并附录(2015年)。

7月,《东西方哲学》(Philosophy East and West)出版特刊第66卷第3期,发表2014年10月世界儒学文化研究联合会在夏威夷大学举行的"儒学价值观与变革中的世界文化秩序"研讨会上讨论先生思想的若干篇论文。

9月,《伦理学补注》发表(刊《探索与争鸣》第9期),即对《什么是道德(李泽厚伦理学讨论班实录)》之补充注释。先生主张用历史主义而不是功利主义和自由主义方法论分析道德,在具体的时空和环境、条件下对道德问题做出具体的判断和处理。要严格区分伦理与道德，伦理专指外在社会规范，道德专指个体行为和心理，如此可更好地解答有关道德的疑难和问题。认为，"道德"，应指群体规范要求，经由历史和教育（广义），培育为个体的自觉行为和心理，从自觉意识一直到无意识的直觉。在中国正面临前所未有的社会变迁的背景下，个体的平等、自由、独立、权力，取代了传统的关系主义和角色伦理，只有提出情本体，重视人性情感，将关系、角色的社会伦理建构原则，转换性创造为情感、心理的塑造，才能为中国的美德伦理寻找新的根基。先生修正了自己曾将中国传统的"安身立命"与基督教的"终极关怀"相提并论的错误观点，改称基督教的上帝与中国的"安身立命"仍然不同。"安身立命"是以横向的人间情爱为最后的皈依，基督教是以纵向的人与上帝的爱为最终本体；基督教以拯救灵魂为使命，中国士大夫以怀万世忧乐为担当。

12月，《〈康德新解〉英译本序》发表（刊《社会科学报》2016年12月19日）。《康德新解》即1979年出版的《批判哲学的批判——康德述评》，《康德新解》是最初拟定的书名，因为当时各种情况，未能采用。此次出英译本，沿用初定书名。坦言所谓新解，是想在叙述、介绍、解说和评论康德哲学的过程中，初步表达自己的"人类学历史本体论"哲学思想。

而自己是马克思主义者的理由是：坚持认为制造—使用工具的群体实践活动是人类起源和发展的决定性因素，从而，这也就是认同马克思、恩格斯所提出的制造工具、科技、生产力和经济是自古至今人类社会生活的根本基础。由此认为自己是儒学—马克思主义者。

先生认为，达尔文的终点是自己另开炉灶的起点和前提，并接受达尔文生物进化论，但"人是什么""人类如何可能""人何以为人"已非自然演化所能决定或解释，而属于人类自我塑建问题。

写作《〈给孩子的美的历程〉序》（中信出版社，2017年），云："年轻的读者们：《美的历程》是一本讲欣赏中国文艺的书，1981年出版的……那么，为什么要读这些东西呢？这是个大问题。很难讲。有人说，既然是心理情感的构建,那便与培育'一颗中国心'也有关系。但有这么重要和严重吗?我不知道。我只愿你们在这多义、朦胧,和不明确性的领悟琢磨中,能读出些中国传统的味道和兴趣来。祝愿　读这本书快乐!"

2017年

（丁酉）·88岁

2月，新春之际，赵宋光之子赵小刚向先生发电子邮件拜年。先生对50多年前和赵宋光先生的讨论仍记忆犹新，和赵小刚有一番颇为有趣的讨论。以下为先生给赵小刚的几次回复。

2月7日：

新年伊始，祝一切顺遂。也请你顺便问问你父亲：他的工艺学理论是否包括未来时代将芯片植入大脑、基因研究制造"完美"人类以及带来的问题，等等。可看Ryle那本书和他本人的文章。人的语言不同于动物的语言就在其语义保留了制造——使用工具及相关人际关系的语义。当年我强调这一点，令尊强调语言的交流方面，这就是分歧处；共同处是都认为制造——使用工具的活动（并非动物也有的一般动作）在逻辑上优先。尽管好些动物包括鸟类也使用甚至制造工具，人类与之有何不同，我在另处已有说明，当年与令尊似尚未及讨论此问题。

2月9日：

六十年代我向令严说过，其工艺学理论似带有中世纪手工艺特色，包括小学数改，通过个体肢体动作形成口诀，最后落脚处和重要性仍在背熟口诀，用于解题，如同背熟乘法口诀一样。这当然是一具体的重要贡献，所以我支持（令严的文字改革、键盘改革特别是珠算改革，我一直持怀疑和反对态度。至于音乐理论，我完全外行，从未表态，"不知为不知"是也）。但从哲学说，将人心理性化机械化的总趋势和途径及其利弊，很值得探究。不知令严如何考虑的。

2月16日：

又，与此相关，当年与令尊另一分歧在于，令尊认为在人类学本体之前有自然本体论，我不同意。后来我干脆加上了"历史"两字。我以为，令尊太不重视具体的历史，键盘改革珠算改革均有此问题。康德早说过，逻辑的可能性不等于现实可能性。现实便包括也意味着历史。

2月27日：

我从不担心机器人能控制人类，担心的是"完美的"基因人。

4月，《举孟旗，行荀学》发表（刊《探索与争鸣》2017年第4期），提出反对孟子的"不虑而知，不学而能"的良知良能说，也不赞成王阳明"行即知，知即行"的知行合一说。这种主张不仅抹煞了认识的"知"与道德的"行"之间的差异、距离和问题，而且将道德视作人人具有的自然的天赋能力。

重申为什么要举孟旗而行荀学。因为中国是巫史传统，没有宗教，它是"一个世界"观的"乐感文化"。这个世界观赋予整体宇宙、人生以乐观的、积极的、深厚的情感色彩，即"有情宇宙观"。中国哲学的"有情宇宙观"认为处理一切事物，包括人自身的生长发展，需要理性（实用理性），仍然是"立于礼"，但是作为支持、鼓励、帮助这个生长发展得以完成、得以圆满的，却是乐观主义的这个世界的世俗或非世俗的感情："成于乐"（乐感文化）。这就是中国伦理学的品格，它也可说是一种儒学内部的"儒法互用"，即以情润理,范导行为,并将个体修身与治国理政亦即将宗教性道德与社会性道德混同构建,合为一体。

先生明确指出:"上面所说的'举孟旗',便不再是举朱熹'天理人欲'的'四端'心性旗,而是举孟子充满情感的自由意志旗。这是由宋明理学回归原典儒学,这才是中国人的情感信仰所在,似宗教却非宗教,它是审美形上学的有情宇宙观,也是道德领域的'情本体'建构。"

6月,撰写《〈李泽厚散文集〉序》,介绍其散文集编选原委,表明其矛盾态度:选编者"把我书籍中的序跋和正文中的某些段落、字句抽取选编或摘编出来,作为散文,收入此集,我虽然最后点头称是,但心中总觉不安不妥,因为那只是些理论观念,特别是马先生从各书中摘凑成文的那几篇,好些出自对话,并非文章,根本谈不上其为散文,尽管都经我看过,我也作了一些增删修改,但如一些序跋、选编一样,仍然并非散文,我却没有甚么足够的理由和办法来分辩了"。

该散文集的编选,填补了李泽厚研究的一个空白,即学人普遍着眼于先生的哲学、美学、思想史等学术成果,而没有或很少关注先生的文字风格。散文集通过集中辑录先生狭义和广义的散文,集中展示了先生同时作为散文大家的文采风流。此前即有细心的论者注意到先生的文采:"哲学家的理性与诗人的感性在情本体学说中得到高度统一。强烈的人生沧桑和诗性在此显露无遗。也可以说李泽厚以哲学家的身份走进中国学术界,却以诗人的身份淡出。它早年的论著严谨、理性,思辨性极强,把对人类的炽热情感隐藏在冷静的理性的学术探究之中,显示出哲学家的智慧与思辨性。但从中已可以窥见出某些诗人的特质……不论是否同意他的观点与结论,但他的读者却不能不为他的作品中所流露出来的对于人类的深挚的热爱所打动,不能不为其中的沧桑之感和苍凉之感所震撼,不能不为他给我们写下如此深挚动人的著作,创设出如此具有学理性却又深具人生情味、诚挚情感的学说而感动。"[1]

---

[1] 徐碧辉:《从人类学实践本体论到个体生存论——再论李泽厚的实践美学》,《美学》2008年第2卷。

先生曾经夫子自道曰:"我对文字没什么特别的追求,辞达而已矣。我喜欢文章能够读,能够朗朗上口,这也是中国传统……上世纪七八十年代讨论文章的本质特征时,我倒讲过文章不一定要有形象性,有情感性就可以了。"❶

7月14日,先生与刘悦笛对谈,因涉及问题广泛被命名为《哲学对谈》(《李泽厚、刘悦笛2017年哲学对谈录》,刊《社会科学家》2017年9月)。先生表示完全不赞成牟宗三"宇宙规则就是道德规则,道德秩序就是宇宙秩序,宇宙本身是道德的"观点,"宇宙本身怎么是道德的呢?没有人类,甚么叫道德,为什么要道德,那什么意思呢?"

认为牟宗三一个很大的问题,就是要把感性的、心灵的东西,变成"超验"的。断言那是不可能的事。

先生说对宋明理学问题,本来想写一本很厚的书,但是自己兴趣比较广,没有去做。又说他已经把这个描述出来,几十年来就是没人(详细去)做。"我的书,留下很多很多空白,没人做!"

8月,《伦理学纲要续篇》由生活·读书·新知三联书店出版。该书集先生近年发表之四篇作品:《回应桑德尔及其他》(2014年)、《什么是道德?——李泽厚伦理学讨论班实录》(2015年)、《伦理学补注》(2016年)并附录(2017年)。以具体事例论说了《伦理学纲要》所提观点,即伦理、道德作外内区分,由伦理而道德、道德三要素、两德(宗教性私德和社会性公德)关系、动物有否道德、何谓"兼桃孟荀",以及不赞同社会生物学、自由主义、社群主义等,继续贯彻了先生哲学的儒家情本体(情理结构)和历史—教育是塑建人性关键的总论点。

8月,安乐哲、贾晋华编《李泽厚与儒学哲学》出版(上海人民出版社,2017年)。世界儒学文化研究联合会在夏威夷大学举行了以"儒学价值观与变革中的世界文化秩序"为主题的首届会议,其中一个小组宣读了数篇专门

---

❶ 李泽厚、刘绪源:《该中国哲学登场了?——李泽厚2010年谈话录》,第117—118页。

讨论先生著作的文章。次年，该联合会继续组织了题为"李泽厚与儒学哲学"的小型会议，以深化讨论、充分评价先生思想与儒家哲学之关系。这是第一次以健在的中国大陆人文学人为主题的国际学术研讨会。本书即从此次会议论文里选出15篇文章编辑而成。两位主编撰写了导论。正文15篇论文分三辑：第一辑"李泽厚与儒学现代化"，第二辑"李泽厚对儒学哲学的重新阐发"，第三辑"李泽厚的美学理论与儒学"。

导论解释本文集命名为"李泽厚与儒学哲学"而非"儒学哲学家李泽厚"的三点理由，作者特别强调的是第三点也是最重要的一点："李泽厚是一位具有广阔的全球兴趣的、自成一格的哲学家，不应被削足适履以求符合任何现有的中国或西方派别。"

导论反复强调先生是一位世界哲学家（或许可以说"具有中国特色"）。认为中国在当今时代正在经历历史上最重要的变革，融合的中国哲学将被目前虽然尚不清楚，但肯定会推动中国生活和思考方式剧烈转化的一些事件所影响。"可以肯定的是，李泽厚无疑是，并将继续是这场大戏里的显著角色。但是，可能更为重要的是李泽厚作为世界哲学家所产生的影响。在一个我们见证了世界经济和政治秩序经历了天翻地覆变革的时代里，我们可以期待李泽厚成为形塑这一变化中的世界文化秩序的突出重要力量。"

学者们认为，李泽厚是当代最重要的哲人之一，其思想"力图对当前这样一个既尝试复兴各种传统，又根据全球化世界中占据主导地位的经济、政治和价值结构的需求来努力调和或缓解诸文化遗产的时代作出回应。李泽厚通过对中国传统价值及知识中的若干重要方面进行更新与重思，从而为当代哲学论辩作出了巨大贡献……因此，这项工作不仅有助于中国自身未来物质与精神发展道路的建设，亦为世界哲学作出了独特而有价值的贡献"。[1]

---

[1] 罗亚娜（Jana S. Rosker）:《李泽厚与现代儒学：一种全球文化的哲学》，安乐哲、贾晋华编《李泽厚与儒学哲学》，第50页。

"着眼于人类发展这一更大的视角，李泽厚进一步将儒学伦理学与康德的理性主义相结合，发展出其情理结构的理论，希望通过对公共理性的多种现代形式的创造性转化和融合，使得儒学珍视人类存在、人类情感以及和谐社会关系的伦理学能够成为普遍理想和普世价值，从而对疗救当代社会所处的严重境况及建构新的人文主义和世界文化秩序作出贡献。"❶

"李泽厚给出'人类如何可能'的答案是人类学历史本体论。他开启了研究人类使用和制造工具的先河，得出了实用理性和人性能力是不断进化的结论，说明了人类本质、繁荣自由的人性能力，以及个体生存的意义。人性既不是生物进化的结果，也不是上帝或者超自然赋予，而是人类自己创造的漫长历史的产儿。李泽厚的历史本体论顺应了实用主义的趋势，同时也进入了一个更大的新领域。"❷

"综观李泽厚的著述，其哲学探索涉猎了康德、黑格尔、马克思、杜威、皮亚杰、弗洛伊德、尼采、马克斯·韦伯、海德格尔、罗尔斯、中国儒学、道家、禅宗，后现代主义等众多思想资源。李泽厚从实用理性角度出发，着力重思和挑选了相关理论来构建自己的思想结构……他主要依靠批判性反思和转化性创造两种手法，而这两种手法又融会着跨文化研究和重构性动机。"❸

10月，刘绪源《美与幼童——从婴幼儿看审美发生》（增订版）出版。作者在扉页上题写："本项研究及最后修订均得到李泽厚先生关注指导　有些重要论点取自李先生人类学历史本体论　谨致谢忱"；在"增订版后记"中写道："远在美国的李泽厚先生一再鼓励我集中精力做这一研究，他读过书中大部分原稿，并一一提出宝贵意见，还不时给我以重要点拨，这次增补的关于秩序感的研究就是他出的题目。李泽厚先生的教益，

---

❶ 贾晋华：《李泽厚对儒学情感伦理学的重新阐述》，安乐哲、贾晋华编《李泽厚与儒学哲学》，第179—180页。
❷ 林琪（Catherine Lynch）：《李泽厚与实用主义》，安乐哲、贾晋华编《李泽厚与儒学哲学》，第222页。
❸ 王柯平：《李泽厚的实用理性观》，安乐哲、贾晋华编《李泽厚与儒学哲学》，第247—249页。

永将铭记在怀。"

11月15日,"赵宋光学术思想研究中心"在广州星海艺术学院成立。先生从美国发来贺词:"宋光是当年真能和我讨论学术的难得好友,尽管某些观点分歧大,争弁多,但彼此始终胸无芥蒂,都踏实、严肃地去追求真理。他的成就我以为尚未得到足够重视,因此更祝贺和希望研究中心的成立并能取得突破性进展。"

1月14日,周有光逝世。

2018年

(戊戌)·89岁

2月,《关于"伦理学总览表"的说明(2018)》发表(《中国文化》2018年春季号)。

指出:"情本体"说法源起于1980年《孔子再评价》(该文"仁的结构"部分),1990年代在《历史本体论》《论语今读》中将之展开为"两德论""情理结构"的伦理学论说,近年似颇有回响,但误解更多。认为,"伦理学总览表"(始见于三联版《回应桑德尔及其他》,略修订后收入青岛版《人类学历史本体论》及三联版《伦理学纲要续篇》)概括了自己有关伦理学的基本想法,故作此说明。"我希望几十年或更长时间以后,'情'(Qing)与'度'(Du)这两个在我的哲学中占有重要位置的中文词汇,能与'道'(Dao)、'阴阳'(Yin-Yang)等英译一样,成为西文的通用词汇。因为这些词都很难找到可以恰当对应的西语译名。"

再次肯定刘绪源《美与幼童——从婴幼儿看审美发生》(修订版,江苏凤凰少年儿童出版社,2018年)关于动物性的情绪如何发展变化为人化的情感,从而形成专属于人类的情理结构的研究,具有重要的理论意义。认为此种研究进路正符合自己主张的实践美学的建树道路,自己所提出的只是实践美学的哲学基础,刘绪源做的是实证性的具体研究。

否认自己的"两德论"是受罗尔斯《政治自由主义》(1993年)一书的影响而提出。曰:"我最初提出'两德论'是《哲学探寻录》,该文作于1991年春,1994年春改毕,刊出于同年香港《明报月刊》(第7—10期)……Rawls该书出版,当时我并不知道,也未看过。之后,我读到该书中提出可与传统脱钩的'重叠共识'(overlapping consensus),觉得与我讲的'两德论'的现代社会性道德颇有相似之处。"

阐释自己的"两德论"与"重叠共识"有两大差异:一是罗尔斯没有交代这种"重叠共识"有何基础、如何可能和有何来由,"两德论"对此却有所阐释;二是罗尔斯未谈传统宗教性道德与现代社会性道德的关系,而"两德论"则恰恰非常重视这个问题,认为二者可以"脱钩"即区分,但不能完全脱离,并提出传统道德对现代社会性道德可以起某种"范导"(regulative principle)和适当构建(properly constitutive principle)的原则作用。

4月,《李泽厚散文集》出版(马群林编选,世界图书出版公司),次月,香港中华书局出《李泽厚散文集》繁体字版,增9篇。

6月8日,微信赠诗与读者。"口占一首:庭院轻摇消暑,蓝天白云松树,夏夜清凉,欲把时光留住。无据无据,明日乘风归去。"

10月,《伦理学杂谈——李泽厚、刘悦笛2018年对谈录》发表(刊《湖南师范大学社会科学学报》2018年第5期),先生提出其伦理学说最重要的有三点:第一,从伦理到道德,由外而内。不同于牟宗三和杜维明,牟是从道德到伦理,是由内而外。第二,"两德论",即道德分宗教性道德和社会性道德。第三,道德要素三分:观念、意志和情感。曰:"我的伦理学,比我的美学可能更简明清晰。"先生强调,自己的情本体并不是到处强调爱,而是强调情理结构。"有的时候,情感必须服从理智的支配。这才是贯彻自由意志,这才是真正的情本体。"只有吸收和消化外来的东西才能有创新和发展。中国文明素来如此。而自己正是吸收了Kant、Marx,特别是加上现代科学,因此,"对我的东西的将来,我非常放心"。"暂时没有人注意没有关系。""许多时候真理不大容易被人们接受,或害怕接受。我多次说过,包括Einstein的相对论,一开始也受到当时的大物理学家的反对和指责。Kant也如此。我坚持我的哲学,倒也从不怕任何挑战。"

谈及现代科技譬如手机带来的异化问题,先生曰:"这证明我的工具本体的重要,是最基础性的。异化问题很复杂,我早说过,有些异化是必要和重要的。为科学而科学，为艺术而艺术，为某建设而奉献一生，以及在商言商，等等，也就是这种必要的异化。Marx反对和要纠正的是不自由非自愿的劳动异化。这问题还需要进一步研究。""手机、电器，对生活方式改变多大，对人际关系、对个体心理、观念、思想、情感情绪影响多大，以后工具本体还会有新的发明创造，还会对心理本体有极大的影响和改变。"重申："Heidegger的问题，不在于他做过纳粹的校长，那是次要的。""问题是他的哲学本身有问题，有严重缺陷和谬误。"认为海德格尔哲学的精神，和纳粹是相通和一致的。因此，先生表示越来越不喜欢他。

12月，《重视武侠小说的文学地位——悼金庸先生》发表（刊香港《明报月刊》第12期），坦言自己不是金庸迷。曰："但有件事却至今未忘。九十年代初我出国，单枪匹马，赤手空拳打天下，得一美国客座教席，虽努力教学，但并不稳定，路过香港时，他知道我的情况，便邀我去其家，赠我六千美金。这当然是好意，但我心想如此巨人，出手为何如此小气，当时我还正接济国内堂妹寄出工资中的三千美元，我既应约登门拜访，岂能以六千元（美元。——编者注）作乞丐对待，于是婉言而坚决地谢绝了。他当时很感惊讶。聊天后，我告辞时，他一直非常客气地送我至山上别墅的大门以外。此事除同往的耀明兄和再复知道外，我未向任何人提过，因对他对我这均属小事，不足言之。今日赞歌漫天、备极哀荣之际，既无话可说，就说出来，算作不合调的悼念吧。因虽出手不够大方，但他毕竟是一番好意呀。"

12月，《八十年代中国文化书院忆往》发表（刊《书屋》2018年第12期）。忆及当年中国文化书院与汤一介、庞朴、孙长江等在北海痛饮畅叙、豪谈阔论之"雅聚"往事，改篡陈与义词以抒怀，曰："忆昔五龙亭上饮，坐中多是豪英。波光湖影去无声。笑谈微醉里，新月又增明。三十余年如一梦，此身虽在堪惊。闲从小院赏初晴。古今多少事，不随时序更。"

附：陈与义原词《临江仙·夜登小阁忆洛中旧游》："忆昔午桥桥上饮，坐中多是豪英。长沟流月去无声。杏花疏影里，吹笛到天明。二十余年如一梦,此身虽在堪惊。闲登小阁看新晴。古今多少事,渔唱起三更。"

12月,《由巫到礼 释礼归仁》英译本由美国Brill出版社出版,英译书名为《中国思想的根源——由巫到礼 释礼归仁》,安晓波译。

1月10日,刘绪源逝世。
10月30日,金庸逝世。

2019年

（己亥）·90岁

1月，英文著作《走他自己的路：李泽厚与当代中国哲学》由美国SUNY出版社出版，Jana S.Rosker著。

5月，选编本《寻求中国现代性之路》出版（李泽厚著，马群林编选，人民东方出版传媒、东方出版社），该书为《中国文化书院导师文集·李泽厚卷》的精装本，删《走向心理》，增《关于中国传统与现代化的讨论》《关于"理性内构"》《"美育代宗教"答问》三文。全书收作者"最有影响和最重要的篇章"19篇，涵盖先生在中国思想史、伦理学、美学、哲学等领域的代表性作品。其中，末篇《伦理学新说述要初稿》（2018年）为新撰作品。先生撰《书院忆往》一文以为跋。云："近些年来我陆续发表了一些有关伦理学的文章、自拟的答问、对谈，绝大部分都收入青岛出版社、人民文学出版社出版的《人类学历史本体论》一书'伦理学纲要'和北京三联书店出版的《伦理学纲要续篇》，因系不同年月的写作和论议，繁复有余，重叠屡见，有点散漫无章，今经马群林先生大力协作、不断鼓励，遂拆散旧著，摘要组接，剪贴裁拼，再加补益，新章无多，新貌或显，似略成统系，乃谬称新说，其详，仍请参阅拙作旧著并望指教是幸。"

6月，《伦理学新说述要》出版（世界图书出版公司），从"由外而内"讲道德的起源："我愿特别提出的一点是，这个由外而内、由伦理到道德，都有一个严厉强迫的过程和性质。""内在道德的良知良能，归根结底是来自外在群体的严格和严厉的伦理命令。"认为无论多么玄妙高贵的道德修养行为和形而上学，都挽救不了也复兴不了中国，一个民族良好道德的形成，首先要期待于良好的国家体制。

6月，选编本《从美感两重性到情本体：李泽厚美学文录》出版（马群林选编，山东文艺出版社），该书收录自1950年代以来先生重要的美学观点，凸显其美学的基本理论脉络与思想特质。先生撰前记曰："本想略事修饰，却已无力能为，强勉以求，适得其反。深感人生易老，亦感时事迁移，年逼九旬，或将以此书告别兹世矣。"新撰《作为补充的杂谈》一文。引述陈昭瑛语，说明"美学为第一哲学"源自黑格尔派代表人物费尔巴哈，意味着"发生的优先性"和"逻辑的优先性"。云："自《美学四讲》后，我离开美学领域整三十年，对国内美学情况，知之极少，不便谈论。但大体看来，自分析美学占据统治地位数十年之后，由于与现实生活严重脱离，而这期间与科学技术和经济迅猛发展同步，生态恶化、市场化商品化的生活景貌和实质突出加重，个体欲求的速增，人际关系的淡薄，暴力、吸毒、漂泊、性放纵、抑郁、无聊……使得'生态美学''环境美学''生活美学'应运而生，开始旺盛，它们在探讨研究许多具体问题上当有贡献和益处，却未能在哲学上有所突破。"认为所谓生态美学、生命美学以及所谓超越美学等，都属于"无人美学"。感叹在"美学作为第一哲学"命题中最为突出也最为重要的，是偶然性问题。但此题太难，"本想写本小书，从Epicurus、庄子、郭象谈起，但年衰体弱，已非力所能及，这次只好知难而退了"。

6月，《人类学历史本体论》新版出版（人民文学出版社），含《伦理学纲要》《认识论纲要》《存在论纲要》三册。《前记》溯源穷流，交代该书版本演变："本书原名《哲学纲要》，2011年1月初版于北京大学出版社，同年7月改正众多错漏后第2次印行。2015年7月由中华书局出版。2016年6月增添若干新篇旧作由青岛出版社更名出版。更名实乃恢复，因《哲学纲要》主要由《人类学历史本体论》（天津社会科学院出版社，2008年）拆拼重组而成，当年为八十自祭自寿以纪念研读哲学，交北大出版……此次由人民文学出版社出版，应出版社要求，书分三册，有所增删。"解释何以将伦理学置于认识论之前，何以伦理学的"理性凝聚"在认识论"理性内构"

之先。"因为捕获中大型动物的生产活动和分享食物的生活活动所要求的秩序、规范最为重要，所谓形式逻辑的同一律、矛盾律首先产生和适用在此处，这也是人类实践中的首要创造。原始人群的扩大（黑猩猩群体不超过50）更需如此。我以为，思维规范来源于此伦理规范，并由存在的确定感（安全性）、秩序感而转化为语言—思维的确定性、秩序性（语法）等等。认识中记忆的挪移开始人类认知的自觉想象，开启了感性与理性的桥梁设建。"

新撰文章《我的认识论的几个要点》（2018年），认为今天的人工智能仍然只是人的非有机生物体的巨大拓展，即人工智能仍然只是机器，只是工具，无法替代人的整个心灵，"以美启真"和"美学是第一哲学"的巨大课题仍然颇待今后详加探讨。

7月，《批判哲学的批判——康德述评》英译本出版，改书名为《康德新探：一个儒学—马克思主义者的视角》。

8月，《上海文化》2019年第8期发表王普明文章《国外实践美学研究述评》，评介三十年来国外对李泽厚实践美学研究状况。指出国外实践美学研究始于1980年代后期，2010年《美学四讲》部分章节入选《诺顿理论和批评文集》之后，表明实践美学已成为国际学术界认肯的重要研究对象。此后，实践美学研究人员扩大至世界各地，研究方法更趋多样，有深度阐释、横向比较、纵向推进与探索等，呈现出富有活力的态势。国外学者普遍视"积淀说"为实践美学最大成就，认为它有助于克服康德"主体性"理论的唯心主义缺陷，荣格的"原型说"及相似西方理论的静态性不足。

12月1日，刘纲纪先生逝世。先生撰挽联送别：忆当年合作音容宛在，虽今朝分手友谊长存。

2020年

(庚子)·91岁

1月,《从美感两重性到情本体——李泽厚美学文录》收入"中国当代美学大家丛书"(山东文艺出版社),新增《关于神经美学(2019)》一文。该文认为脑科学研究的走向"正是美感二重性和四要素集团的哲学美学所认定的科学方向,即审美心理学将成为一门独立的、庞大的实证科学学科,它是实践美学所指愿的方向"。引述神经科学前沿研究成果,认为这些论说似乎以科学实证方式在检验自己的实践美学观点。首次提出"大美学"概念,"实践美学在其已出现和尚待出现的各种分支和分化的不断开拓发展之中,将回到自身的哲学基础,在严格的实证科学依据支持下,认定美因先于确定的'真''善'从而拥有'启真''储善'和实现人的各种潜能的条件,进而有发展到'与宇宙和谐同在'的天地境界的可能性,甚至或可成为替代宗教的美育,是之谓'大美学'(the Great Aesthetics)"。认为这"大美学"是在尼采宣告"上帝死了"之后,中国哲学对世界文明所可能做出的重要贡献。

1月,和刘悦笛2019年对谈录《历史、伦理与形而上学》发表(《探索与争鸣》2020年第1期),先生指出历史有三性。一、具体性,指一定的时间、空间和条件。二、积累性,指伦理观念如仁、义、公正等——都是历史的积累,并非超历史的存在。三、偶然性,历史与伦理的二律背反即人类命运的悲剧,便与偶然性相关。认为伦理道德有三条基本来路。一、动物性,即动物的本能。二、天赐,是指对超人类的不可知的物质物自体的信仰。三、积淀,积淀成直觉,是先伦理后道德而非相反。

7月14日,《南方人物周刊》发表记者访谈《九十李泽厚 最后的访谈》

（记者卫毅），解释自己近年常用自问自答表达方式的原因，曰："我觉得对话体裁适合我晚年的表达方式，干脆、鲜明、直接，不必引经据典、搬运资料来仔细论证，不是高头讲章，不为繁文缛节所掩盖。"重申哲学只是"制造概念，提出视角以省察一切"。

谈及疫情对全球化的影响，指出："全球化会推迟，但也不会推迟特别长。经济是互相需要的，高科技的发展在推动经济一体化……高科技是有利于全球化的。国家之间全部切断不大可能。当然了，这得看国家领导人的智慧。历史经常在前进倒退，有时候倒退几百年都有。汉朝人口已经达到六千万了，战争让人口大大削减。历史上的战争和瘟疫，死的人太多了，'白骨露于野，千里无鸡鸣'（曹操诗）。现在比起历史上那些倒退，要轻得多了。"强调"我对中国和世界的前途是乐观的"。

透露自己已经联系了冷冻大脑的机构，并且已经捐了8万美金，每年还得交几百美金会员费，不是为了复活，要求保存越长越好，等到脑科学发达的时候可以进行研究，期待能从大脑里发现文化的残迹，以证明自己的积淀理论。

访谈在和读者告别声中结束："我从来都不信神。命运是自己决定的，不是神决定的。只能自己反思自己。靠神是靠不住的……总之在这里，我最后要向读者说的一句话就是：谢谢！这算是告别吧！"人生情味，慷慨深挚。

附录一

李泽厚著作目录

《门外集》，长江文艺出版社，1957年。

《康有为谭嗣同思想研究》，上海人民出版社，1958年。

《批判哲学的批判——康德述评》，人民出版社，1979年。

《中国近代思想史论》，人民出版社，1979年。

《美学论集》，上海文艺出版社，1980年。

《美的历程》，文物出版社，1981年。

《李泽厚哲学美学文选》，湖南人民出版社，1985年。

《中国古代思想史论》，人民出版社，1985年。

《走我自己的路》，生活·读书·新知三联书店，1986年。

《中国现代思想史论》，东方出版社，1987年。

《华夏美学》，新加坡东亚哲学研究所出版，1988年。

《李泽厚集——思想·哲学·美学·人》，黑龙江教育出版社，1988年。

《马克思主义在中国》，生活·读书·新知三联书店，1988年。

《美学四讲》，香港三联书店，1989年。

《李泽厚十年集》（6卷本），安徽文艺出版社，1994年。

《李泽厚学术文化随笔》，中国青年出版社，1998年。

《论语今读》，安徽文艺出版社，1998年。

《世纪新梦》，安徽文艺出版社，1998年。

《己卯五说》，中国电影出版社，1999年。

《告别革命——二十世纪中国对谈录》（和刘再复），台北：麦田出版社，1999年。

《探寻语碎》（杨春时编），上海文艺出版社，2000年。

《浮生论学——李泽厚、陈明2001年对谈录》，华夏出版社，2002年。

《历史本体论》，生活·读书·新知三联书店，2002年。

《美学旧作集》，天津社会科学院出版社，2002年。

《走我自己的路（对谈集）》，中国盲文出版社，2002年。

《自然说话》（与吕澎、赵士林、易丹、舒群、肖全对话），湖南美术出版社，2004年。

《实用理性与乐感文化》，生活·读书·新知三联书店，2005年。

《马克思主义在中国》，香港：明报出版社，2006年。

《李泽厚近年答问录》，天津社会科学院出版社，2006年。

《人类学历史本体论》，天津社会科学院出版社，2008年。

《李泽厚集》（10卷本），生活·读书·新知三联书店，2008年。

《伦理学纲要》，人民日报出版社，2010年。

《哲学纲要》，北京大学出版社，2011年。

《该中国哲学登场了？——李泽厚2010年谈话录》（和刘绪源），上海译文出版社，2011年。

《李泽厚论教育·人生·美——献给中小学教师》（杨斌编），华东师范大学出版社，2011年。

《中国哲学如何登场？——李泽厚2011年谈话录》（和刘绪源），上海译文出版社，2012年。

《回应桑德尔及其他》，生活·读书·新知三联书店，2014年。

《李泽厚对话集》（7卷本），中华书局，2014年。

《人类学历史本体论》（原名《哲学纲要》），青岛出版社，2016年。

《由巫到礼　释礼归仁》，生活·读书·新知三联书店，2015年。

《什么是道德？——李泽厚伦理学讨论班实录》，华东师范大学出版社，2015年。

《伦理学纲要续篇》，生活·读书·新知三联书店，2017年。

《李泽厚散文集》（马群林编），世界图书出版公司，2018年。

《从美感两重性到情本体——李泽厚美学文录》，山东文艺出版社，2019。

《中国文化书院导师文集·李泽厚卷》，东方出版社，2019年。

《伦理学新说述要》，世界图书出版公司，2019年。

《人类学历史本体论》（新版），人民文学出版社，2019年。

附录二

推荐杨斌的
《李泽厚学术年谱》

刘再复

一

在落基山下的"象牙之塔"中，到处是书。我一本一本翻阅，然后放下。读到杨斌的《李泽厚学术年谱》(复旦大学出版社，林建法主编的"年谱丛书"之一)，精神为之一振，没有放下，一口气读完。读完之后，我立即打电话给李泽厚："刚刚读了杨斌所编著的您的《学术年谱》，我可以用四个字作一评价：'丰功伟绩'。我是说，杨斌编写出这么好的一部年谱，丰功伟绩。不是夸您丰功伟绩。"泽厚兄说："有这么好吗？多年前杨斌开始计划编写年谱时，我还不断给他泼冷水哩。"我回应说："怎么可以泼冷水？别看杨斌是个中学教师，这可是大学教授级的老师，大学教授未必能编写得如此认真，如此有水平！"泽厚兄听我说完，才表示"那我也好好读一遍"。上个星期天(5月22日)，我们一起去游泳，在游泳池里我问："怎样，杨斌编著的年谱很棒吧！？"向来持怀疑与拒绝态度的泽厚兄，这才委婉地说了一句："我们有许多静悄悄的读者，他们倒是真读书。"不错，杨斌正是一个静悄悄的读者，默默无闻，但他下了"十年磨一剑"的功夫，终于书写有成，编撰出有分量有见识的著作。

李先生所说"静悄悄的读者"，可能也是源于杨斌和邓德隆先生合编的《李泽厚话语》之序二。在此序文中，杨斌说了一段很值得注意的话：

不同于1980年代李泽厚风靡大学校园，此时的李泽厚却是在民间流行，而且，读者年龄和职业的覆盖面很广。既有1980年代的大学毕业生，带着深深的怀旧情绪从李泽厚那里重温往昔激情，也有1990年代以及之后的迷茫学子，面对乱花迷眼的社会现实，从李泽厚那里寻找生活、工作以及社会人生的答案；既有干部、教师，也有军人、学生，甚至包括商界人士（譬如本书的另一位编者邓先生），而且往往在相互信任的人之间口口相传，有老师影响学生，有同学劝勉同学。大家就这样不声不响悄悄地读着，层次不同但一样深爱，角度有异而各取所需，都能从中汲取到思想营养和人生智慧，乃至透视纷繁世相寻找生活慰藉的能力……我自己还曾不止一次经历过这样的事。两个朝夕相处的同事，双方无话不谈，还曾一起出过差，有过不止一次的促膝交谈，但是，三五个甚或六七个寒暑下来，竟然都不知对方也是李泽厚的"铁杆粉丝"。直到有一天，这一层窗户纸被偶然地捅破，才恍然如人生初见，于茫茫人海中觅得知己，从此，在各自心灵深处，油然获得一种情感、志趣甚或人格的高度认同。

杨斌在此点破一种现象：1980年代李泽厚风靡于大学校园，此时的李泽厚却流行到民间。在民间中，大家不声不响地读着，层次不同但都怀有深爱之情。读了这段文字，我不仅感动不已，而且深受启迪。近日我读杨斌的《李泽厚学术年谱》，更加确信，民间真有李泽厚的深爱者。而且敢于断言：中国苏州，又出了一个认真的名副其实的学者了。这位静悄悄的学人，静悄悄地阅读，静悄悄地开掘，静悄悄地把李泽厚先生的真知灼见从学术上层带入社会基层更宽广的地带。我本来就敬重中小学老师，这回杨斌的"年谱"工程又让我坚信，在中小学教师队伍里，藏卧着许多普普通通却有真才实学的精英，他们有品格，善于排除各种杂音而作出正直的判断，谁优谁劣，最为清晰。他们有才华，不怕艰辛地把自己的选择与判断用各种形式展示出，甚至用最"笨"、最费力的形式（年谱）展示出来。在当下鱼目混珠、许多假人假货冒充权威的语境下，这种有品格有才华的耿直之士是多么宝贵呵。

二

我说杨斌编写出《李泽厚学术年谱》乃是"丰功伟绩"绝非溢美之词。这么说首先是杨斌选择的"谱主"李泽厚本身的创造业绩实在太丰富,太"靠谱"太值得作"谱"。此谱以贾晋华的《走进世界的李泽厚》为代序。贾文告诉国人一项重大信息,即美国六位哲学教授,用严格的"黄金标准"和客观的历史视野,甄选出世界两千多年(从古希腊到今天)148位最优秀的哲学家的185篇作品,编辑出《诺顿理论和批评选集》(由美国诺顿出版公司出版)。此选集是当下西方各大学最流行,最重要的文史哲教材。入选的哲学家,上起古希腊的柏拉图、亚里士多德,下至美国的女学者朱迪丝,东方只有四家入选,日本、阿拉伯、印度各一家,中国只选了李泽厚。编者在考虑选择哪一位中国哲学家时,也想到古代《文心雕龙》的著者刘勰和现代的诸位哲学家,但最后还是选中了李泽厚。其编者在书中说:"李泽厚是当代中国学术界的一个奇观。"我个人深知这一事件"非同小可",它涉及中国文化的荣誉,所以特别到博尔德书店购了两部(1000多页),一本送给李泽厚,一本留给自己,当然也是留给祖国。尽管我已远离中国,但血脉深处还沸腾着中华民族的文化光荣感和责任感,对于李泽厚这样一个重大思想学术存在,冷观者有之,嫉恨者有之,当然珍惜者和崇敬者也很多,但像杨斌如此珍惜,而且用多年的日日夜夜呕心沥血地搜集、查证、编撰,则很稀有。从李泽厚的高祖父(清朝将领)、中学作文文本直到今日的马文君(夫人),从随心所欲所作的诗词戏言到把握人类脉搏的学问思想,全都作了有条有序的梳理。这里面包含着多少心血和多少汗水?!杨斌这个尚未被中国学界充分认识的名字,其默默所创造的文化实绩,我们怎么可忽略?

说其"丰功伟绩",当然还在于,这部《年谱》的学术价值。我虽然未把李泽厚作为研究对象,但从青年时代就喜爱李泽厚先生的著作,后来又因为苍天所赐的学缘,让我数十年(从国内到国外)总是生活在李先生的身边。口头上虽称其"泽厚兄",心里却明白眼前这个学术巨人乃是自己不可多得的良师,因此也没有一天不读他的书。像《批判哲学的批判——康德述评》

· 409 ·

我读了至少有20遍。也因此,我可以算是一个比较熟悉李泽厚的人了。然而,读了杨斌的《李泽厚学术年谱》,我仍然感到新鲜,感到一种巨大的文化存在完整地在面前跳动,延伸,召唤。我读了一页又一页,欲罢不能。最后才止于杨斌的"后记"。

此时想想,觉得杨斌先生最为了不起的是把李泽厚那么丰富繁杂的学术思想整理成简明的李泽厚学术史、思想史了。全谱固然很少学术判断,但其学术事实与学术思想则有条有序,有始有终,自成线索。尤其可贵的是《年谱》把李泽厚思想的源头与来龙去脉勾勒得非常明晰,这不容易。例如《年谱》展示,李泽厚的思想之核,"历史本体论""人类学历史本体论",其发端乃是"主体性实践哲学"。《年谱》记载,早在1964年(即50年前),李泽厚在与好友赵宋光论学时就已有此论此念的萌动了。这之后,李泽厚又将康德与马克思联结起来,倡导"主体实践哲学",提出"积淀"应从"人类的(共同)""文化(共同)的"和"个体的"三个层面进行剖析,认为"认识是理性的内化",表现为百万年积累形成似是先验的感性时空观、知性逻辑形式和因果观念;伦理是"理性的凝聚",表现为理性对感性欲求的压抑、控制和对感性行为的主宰、决定;审美则是"理性对感性的渗透融合"。"积淀"理论重视理性与感性、社会与自然、群体与个体、历史与心理之间的紧张以及前者如何可能转换成后者,最终落脚在个体的独特性和创造性,以获取人的自由:认识的自由直观,伦理的自由意志,审美的自由享受,等等。这样,《年谱》就把"历史本体论"的如何起步,如何演化,如何成形(体系)全厘清了。

又如著名的"情本体"命题,《年谱》揭示,早在1987年,李泽厚在《关于主体性的第三个提纲》(刊于《走向未来》1987年第3期)就指出:人性就是心理本体,其中又特别是情感本体。之所以是本体,正因为它已不是生物性的自然存在,而是对有限经验的超越。它是人之所以为人的内在根据……马克思、弗洛伊德、海德格尔三位提出的问题恰好是人的三大基本问题——生、死、性,而心理本体的人性建构与它们直接相关。这之后的第二年，即1988年3月，李先生在新加坡东亚哲学研究所所写作并完稿的《华夏美学》，又指出：所谓华夏美学，是指以儒家思想为主体的中华传统美学……儒所派生的"情本体"美学、"乐感文化"，极大地拓展了中国美学精神的深度与广度。阅读《年谱》之前，我只记得李先生在《美学四讲》的结尾曾高喊"情感本体万岁"所以断定"情本体"命题产生于出国之前。读了《年谱》之后，才完全记起李先生其实早有非常理性的论证。《年谱》把"情本体"命题的历史沿革理清楚了。"沿革"，正是深度。再如于90年代在海外和我共同提出的"告别革命"命题，有人认为我们是"突发奇想"。其实李先生的重改良、辞革命的思想早已形成。《年谱》揭示，早在1955年，即李先生25岁（即将在北京大学哲学系毕业，第二年分配到中国科学院哲学研究所筹办处）时就在《文史哲》（1955年第2期）发表论文《论康有为的〈大同书〉》，称此书是"有卓越识见的天才著作"，对康有为的许多启蒙主张给予相当高的评价，这也是在50年代的历史条件下给予康有为的最高评价。这之后，李先生在"文化大革命"结束后的70年代所著的《中国近代思想史论》，又对严复、康有为的改良思想再次给予很高的评价。革命是20世纪的历史主题。出国后，李先生终于有机会对"要改良，不要革命"的思想作出充分的表述。从1955年谈论康有为到90年代中期谈论康有为，事隔40年，但李先生的改良思想一以贯之，并没有什么"飞跃"与"裂变"，只是表述得愈来愈完善与充分而已。这是我去年对共识网的网友们提出的看法（无裂变），《年谱》证明我的论点没有错。

当然，我也可以对《年谱》提出更多苛求。希望《年谱》所记载的重要事实，如高中作文（17岁，在湖南省立一师）《反东坡晁错论》，读后让我感到新鲜，觉得杨斌把李先生青少年的稀有之作发掘了，很不简单。而这篇作文倒是反映我所认识的李泽厚为人治学的基本特点：一是很理性；二是不在乎权威（苏洵苏轼父子）。这种精神气质一直延续到今天。如果杨斌先生在展示李先生少年文本时也略作点评，《年谱》将更有价值。当然，这是苛求。其实，《年谱》已够完美了。去年我读了刘锋杰、李春红教授所著的《刘再复学术年谱》,让我惊叹于他们所下的扎实功夫,今年又读了杨斌先生的《李泽厚学术年谱》,让我再次惊叹有识者的精神心量。祖国那边的知音多么可敬佩呵。

2016年6月3日

美国　科罗拉多

(原载《东吴学术》2016年第5期)

《李泽厚学术年谱》

(复旦版2016)后记

东坡云:此心安处是吾乡。

初读李泽厚需上溯至1980年代中期,第一本书是给我带来莫大启迪的《走我自己的路》,这在很多地方说过,此不赘述;系统地再读李泽厚已是约十年之后,读的是安徽文艺出版社的六卷本《李泽厚十年集》,该书带给我巨大的思想激荡和心灵慰藉,也已在《李泽厚论教育·人生·美——献给中小学教师》的长篇后记中详述,不再重复了。从那时起,阅读李泽厚便成为我的一种精神需求,无论海角与天涯,大抵心安即是家,浸润其间,流连忘返,春温秋肃,如闻謦欬。2001年春举家南迁之时,李先生的书,自然是搬家时有限的必带之物,在我,是视之为随身携带的家园,有如诗人海涅所说"随身携带的祖国,随身携带的耶路撒冷"。

但是,真正对李泽厚萌生研究兴趣的,还得从先生和陈明对谈录《浮生论学》说起。既是"浮生",便少不了人物大量的生平事迹;标题"论学",其求学经历、治学路径、学术因缘自然成为书中不可或缺之内容,李先生谈锋甚健,再加上陈明机智聪明的谈话策略,确实掏出了李先生的许多人生猛料,倒也使先生形象由过去从学术书籍得来的严肃恭谨变得蔼然可亲起来,读来兴味盎然,十分过瘾,让我油然产生进一步了解、走近和研究的兴趣。坦诚地说,没有这本谈话录,就可能不会有我后来与李泽厚先生的深入交往,也就不会有这本学术年谱的著述冲动。因此,在这里要向陈明先生道一声感谢,虽然我们至今仍然缘悭一面。人生如萍,对于吹拂过你的每一缕清风自当铭记。

和李泽厚先生的联系与问学过程,是一本专著的题材,在此就按下不表了。总之，由电话而拜访，从面谈到邮件，寒来暑往，岁月漫长，鸿爪雪泥，未敢有忘，我和这位在哲学、美学和思想史浩瀚星空作逍遥游的学术巨星一步一步地走近，阅读李泽厚的视角也在渐渐地转换。以前读李更多的是浸润，在深刻缜密的思想和丰茂润泽的文字中乐不思蜀，流连忘返，常常是沉醉不知归路；而现在，则更多的是寻觅：这话曾经在哪儿说过？这观点最初产生于何时？这思想的发展脉络是怎样的？不知不觉地也就进入了研究的过程。

这期间做了三件事。最初的写作是作李先生诗词释读。先生公开发表的诗作不多，但时间跨度很大，起自1945年读初三时写的《虞美人》，一直到1976年"文革"结束，这段时间的经历读者几乎一无所知。虽然李先生自谦说"余乏诗才，亦素不专心于此……诗格平弱，不足寓目"，但在我看来，这些诗作中隐藏着作者丰富的人生故事，尤其是深藏着诗人尚未为外人知的心灵密码，而透过这些人生故事和心路历程，无疑可以更深更远地走近先生的心灵深处。于是，我开始了这段非常辛苦也颇艰难的心灵寻踪。先生一开始是满口拒绝，经不住我的软磨硬泡，慢慢变得被动地问什么答什么，再到后来亲笔纠正我解读的错缪之处。一篇"诗词释读"的完稿，我感觉和李先生的心理距离缩短了许多，一个在时代大潮中搏风击浪，在人生逆境中奋斗抗争的强者形象在我的脑际渐渐清晰丰满起来。接着是编了李泽厚先生的两个读本：《李泽厚论教育·人生·美——献给中小学教师》《李泽厚话语》（和邓德隆合编），有关这两个选本峰回路转柳暗花明的编选过程，我都分别在两书的前言、后记中作了详细说明，需要补充的是，这两本书的编选过程，恰恰为我触摸李先生的思想发展脉络奠定了深厚基础，或者毋宁说，在做这三件事的同时，核心目标又都指向一件事，就是同时也在为这部学术年谱做奠基、积累和沉淀工作。诗词释读是在情感心灵上辨识纹路，编选读本是在思想之树上探寻年轮，事实上，年谱的文字撰写乃至反反复复的修补订正工作也正是和这三件事同步进行，相得益彰。在此，我要对两位编辑老师郑重地道一声感谢，一位是《东吴学术》的执行主编林建法先生，一位是华东师范大学出版社大夏书系的朱永通先生。林主编不仅全文刊发了拙作《李泽厚诗词释读》，而且不惜篇幅，让《李泽厚学术年谱》初稿在《东吴学术》分三期连载面世，以求在更广泛层面上听取读者意见，此次收入年谱丛书又让我有了不断丰富臻于完善的机会；朱老师则是李泽厚两个读本的策划编辑，《李泽厚论教育·人生·美——献给中小学教师》和《李泽厚话语》均源自永通兄的热心倡导与积极推动。应该感谢的还有赵宋光教授、周春良博士、邓德隆先生、王尧教授、林茶居主编、刘绪源先生、赵景阳博士、黄友爱先生等诸位朋友，他们也都以各自不同的方式参与、帮助和促进了上述工作，在当下这样一个被称之为"历史终结"、激情消逝的散文时代，还有人因为志趣相投声气相通而提供真诚无私的帮助，这份情谊可以说弥足珍贵。

  当然，最应该感谢的还是本谱谱主李泽厚先生。我在《李泽厚话语》"后记"中曾经说过，李先生向来不赞成编辑他的选本、撰写他的传记之类与他相关的工作，静悄悄地活着，静悄悄地写，静悄悄地逝去最好，他应对此类事情的战术有三：首先坚决反对，反对无效，继之以劝阻，劝阻不成再拖，"等等再说，等等再说"。同样，对于编撰这本年谱的态度也是如此。开始是坚决反对，但是，当我把厚厚一摞年谱初稿寄给他审读时，他终于不忍拂逆我的一片深厚心意，亲笔改正了一些史实上的错误。他声言只纠错，不增补，但在这纠错过程中，实际上还是被动地补充了好些第一手素材。至于我无数次地在电话里向他请教有关疑难困惑，他也给予了说明或指点。但先生并非有问必答，未予回答者仍居多数，"等等再说，等等再说"仍然是他的口头禅。尽管如此，我对先生依旧充满感激，可以说，没有李先生的大度和包容，就不会有这本年谱的问世。当然，毋庸讳言，和先生的学术成就与地位相比，这份年谱还显得十分单薄；同时由于我的谫陋粗疏，这样那样的问题和不足乃至舛误或许在所难免，这个责任自然完全由我承担。我会一如既往，持之以恒，虚怀恭谨，临渊履冰，使之不断丰富臻于完善，以最大努力争取配得上先生对我的这份信任与厚爱，也不辜负先生倾尽平生竭诚拥抱的伟大时代与故国山河。

最后，想说一说本谱的序言。对于李泽厚这样一位大师的学术年谱，请谁作序或选择一篇怎样的文字为序，的确是一个颇费思量的难题。高山仰止。因其研究范围之广博视角之宏达造诣之精深，很难用一篇序文在高度厚度宽度上同时兼顾，对先生学术作出恰如其分的全面评价；另一方面，社会转型期特有的多元、芜杂、喧嚣甚至淆乱的价值取向和话语体系，也尚未准备好如何看清这一座巍峨入云的学术山峰，既然"不识庐山真面目"，也就难免"横看成岭侧成峰"。刘再复教授、赵士林教授都曾有力作高度评价李泽厚的杰出成就，请他们（或选用他们的文章）作序完全应该而且颇有可能，但前者乃先生至交，后者为先生弟子，而在撰写年谱过程中李先生曾谆谆告诫，引亲友学生之言作评价殊为不妥。有鉴于此，经过反复思索，我想到了澳门大学贾晋华教授的两篇文章——《走进世界的李泽厚》《二十世纪哲学指南中的李泽厚》，这两篇在国内媒体公开发表的文章，以学者独有的理性与冷静，对李泽厚先生的学术成就和影响，作了客观公允、严谨翔实的介绍，以事实说话，不作评价，不事修饰，本真朴素，令人信服。乃向贾教授祈请，教授欣然应允。贾教授还特地让我作一说明：因为题旨所限，两文中所述对李泽厚的学术评价仅止于20世纪，进入21世纪以来，李泽厚的学术研究又有新的重大进展。能以贾文代序，我深感荣幸，谨此对贾晋华教授表示崇高敬意与谢忱。当然，遗憾总是有的，不仅是如贾先生所言的时间限制，而且，这两篇文章仅着眼哲学与美学，而哲学、美学之外，李先生对中国思想史和中国现代社会转型方面的理论建树，近年来对"人类向何处去"即人类命运问题的终极性伦理关怀，我以为尤其具有重要的现实意义和当代价值！江山有待，花柳无私，就让时间去弥补这一缺憾吧。

回望三十年阅读李泽厚的悠悠岁月，我对生活充满了庆幸和感恩。如果说，前十多年的读李，是在迷茫中对精神家园恓恓惶惶的寻觅，那么，近十多年的读李，则是在精神上不断"返乡"的幸福之旅，编撰年谱过程中的山重水复，便是山一程水一程走进先生的思想和心灵，也走进自我精神故乡的过程。李泽厚思想让我对时代、对社会、对人生获得了一种崭新的视角和认知，这是生活给予我的丰厚馈赠！

  谢谢复旦大学出版社，谢谢责任编辑蒙莎老师，谢谢他们为本书出版付出的努力。

  是为记。

杨斌
2016年（丙申）新春，爆竹声中于姑苏

后　记

本书是《李泽厚学术年谱》的增补版。在复旦版（2016）基础上增补了约20万字，翻了一番还多。因此有必要就新增内容作一简要说明。

大致说来，增补内容主要包含如下几个方面。

首先，是较多增加了有关李先生的学术背景、学术交往和学术评价。初版由于受篇幅限制，主要内容为谱主学术活动、学术成果和学术思想。人是社会的产物，人物活动离不开其社会环境，学术活动也是如此，不管是主动还是被动。在体例上，本书把与谱主有关系的重要人物重要讯息在年末列出，文字虽简，但也在一定程度上彰显出人物活动的背景和环境。对谱主重要的学术活动则不惜笔墨，努力还原历史场景。譬如，1950年代的美学大讨论，这是李泽厚先生在学术界初显身手的重要事件。那么，这场讨论因何而起，如何深入，其他论战诸家观点如何，分歧何在？本次增补作了比较深广的发掘和展开，读者可以由此进一步了解讨论始末，进而加深对谱主学术思想发展的认识。对于谱主重要的学术观点，都力求引用学术界有代表性的评价，正反两方面的都有，以帮助读者明白这些观点的价值、意义和社会影响。

其次，是在梳理谱主思想发展脉络上增加较多篇幅，也将其置于更为突出的位置。作为学术年谱，清晰明了地厘清谱主思想的形成过程和发展脉络，自是题中应有之义，初版即已秉持此念，做出了一定努力。此次增补，着墨更多，努力使其线索清晰，脉络分明，发展演进有迹可寻。李泽厚先生乃一代名家，其学术体大思精，涉及哲学、美学、思想史等，领域广，创见多，同心圆环环相扣，山重水复，波澜起伏，因此，真正弄清楚其思想演变的来龙去脉，实非易事。譬如，在李泽厚思想大厦中居枢纽地位的"积淀论"，明确提出这一概念在写于1960年代初的《积淀论论纲》，而最初萌生可能要上溯至1950年代的美学大讨论，彼时讨论自然美时提出"人化的自然"实乃"积淀论"之思维起点；而"人化的自然"则又源自马克思的《1844年经济学—哲学手稿》，于是，追根溯源还要从谱主何时接触到这一重要历史文献入手。如此，方可合理地解释：1960年代初李泽厚和赵宋光之间的私人学术讨论，直接起因是为参与当时学术界"先有劳动，还是先有人？"的争鸣，而思想发展上的潜在动因其实与"人化自然"思想遥相呼应。正是在1962年发表的《美学三题议——与朱光潜同志继续论辩》中，作者创造性地将"人化自然"由马克思的"外在自然"拓展到人的"内在自然"，从而又成为《批判哲学的批判——康德述评》（1979）中人类主体性包括"工艺—社会结构"和"文化—心理结构"这一重要思想的先声。围绕这样重要的思想发展轨迹，本次修订增加了比较多的材料。与此类似的还有"救亡压倒启蒙""儒道互补""儒法互用""西体中用"等，本书也力求沿流溯源，弄清原委。

最后，是在文本梳理基础上增加了较多第一手资料，让严肃的学术面孔之外有点细节，有点血肉，增强一些立体感和可读性。年谱不是人物传记，当然更不是文学创作，人物形象不是年谱写作的目标追求。但是，年谱又是传记的别体。一些原始资料自身带有的生活气息，对保持年谱内容的丰富性生动性还是会有所帮助。幸运的是，多年来，笔者和李泽厚先生通过电话、邮件、微信尤其是若干次面对面的访谈，积累下较为丰富的第一手资料，成为本年谱的一大特色。譬如谱主当年下乡劳动的一些计划、笔记，可以为我们还原生活场景，了解人物的艰辛经历。再譬如一些私人信件，也让我们更多地感受人物的生活气息，了解其心路历程，有的还能帮助我们解开某些学术谜团。"在此如常，略感郁郁，虽全家在此，故土之思油然，年岁日增，心理老化，亦可悲也。每夜均喝酒。因气候终日如此，虽有冷气，竟日仍昏昏然，不思做事。"如此文字，无疑让我们见到先生学者生活的另一面。再如,李泽厚和刘纲纪共同领衔的《中国美学史》,在1980年代曾产生广泛的社会影响,那么,这两位主编是如何共同运筹这本著作的?各自发挥了怎样的作用?李刘二人的通信,为我们提供了一些比较翔实的资料。

此外,自复旦版年谱交稿之日算起,至今已近五年。五年来,李泽厚先生的学术研究又有许多新成果,增补这些自是顺理成章。我们高兴地看到,近五年来,年届耄耋的李先生仍在不时发表对世界、人生的意见,而对伦理学方面着墨尤多。今年是李泽厚先生九十华诞。在此,我们由衷地祝福先生健康长寿,对这位已然走向世界的东方哲人新的思想智慧充满期待。同时,也对李先生一直以来对本书写作提供的关心、帮助和支持表示衷心感谢!

"桃李春风一杯酒,江湖夜雨十年灯。"这部学术年谱的编撰是一段漫长的旅程,沿途风光无限。哲人思想的旖旎风景、色彩斑斓的逻辑画卷以及诗一般的华彩辞章,常常让我沉醉其间流连忘返,而众多师友林林总总的帮助和激励更让我感动莫名。初版后记中曾列出一串竭诚致谢的名单,旧雨新知,从未敢忘;借此机会,再表谢忱!此次年谱增补过程中,又曾得到刘悦笛研究员、刘纲纪教授、彭富春教授、朱志荣教授、马群林先生、陈军先生、陈英铨博士、王海龙博士、葛健先生、张隽蔚女士等人的关心和帮助,尤其是刘景琳先生和他所在的广西师范大学出版社以及合作单位孔学堂书局、南昌大学的张国功教授及本书责任编辑陈真、凌金良、刘光炎、徐碧珊,为本书出版均做出重要的努力。远在大洋彼岸的刘再复先生,在年谱初版时,即写出激情洋溢赞誉有加的评论文章并见诸报端,给我以莫大的激励和鞭策。多年以前,时在复旦大学进修的老同学仲波兄、在北京大学读研的学生姜长苏君、在北京电影学院深造的李勇表弟,曾分别从北京、上海等地寄来李泽厚先生的著作数种(记得分别是《中国古代思想史论》《中国近代思想史论》《己卯五说》),这对于当年生活在苏北小城买书极为不便的我而言,实在是极为珍贵的馈赠。谨此一并向他们表示诚挚的感谢！

是为记。

杨斌
2019年初夏于苏州初稿；2020年4月修改定稿

此次年谱增补版出版，一波三折，其间复杂历程，可谓艰辛。新补文字固然甚丰，删节之处亦有不少。山重水复，终仍柳暗花明也。

2020年11月又记

本著所引李泽厚文字，主要依据《李泽厚集》（2008年三联书店版），个别依据之前的单行本。

2021年1月再记